三联·哈佛燕京学术丛书
学术委员会：

季羡林（主任）　李学勤

李慎之　苏国勋

厉以宁　陈　来

刘世德　赵一凡（常务）

王　蒙

章永乐 著

此疆尔界

"门罗主义"与近代空间政治

Shifting Boundaries

A Global History of the Monroe Doctrine

生活·讀書·新知 三联书店

This Academic Book
is subsidized by
the Harvard-Yenching Institute,
and we hereby express
our special thanks.

Copyright © 2021 by SDX Joint Publishing Company.
All Rights Reserved.
本作品版权由生活・读书・新知三联书店所有。
未经许可，不得翻印。

图书在版编目（CIP）数据

此疆尔界："门罗主义"与近代空间政治/章永乐著.—北京：生活・读书・新知三联书店，2021.4（2022.3 重印）
（三联・哈佛燕京学术系列）
ISBN 978-7-108-07076-0

Ⅰ.①此… Ⅱ.①章… Ⅲ.①门罗主义–研究 Ⅳ.① D871.2

中国版本图书馆 CIP 数据核字（2021）第 025814 号

责任编辑	钟　韵
装帧设计	蔡立国
责任印制	卢　岳
出版发行	生活・讀書・新知三联书店
	（北京市东城区美术馆东街 22 号 100010）
网　　址	www.sdxjpc.com
排　　版	北京金舵手世纪图文设计有限公司
经　　销	新华书店
印　　刷	河北松源印刷有限公司
版　　次	2021 年 4 月北京第 1 版
	2022 年 3 月北京第 2 次印刷
开　　本	880 毫米 × 1230 毫米　1/32　印张 12.75
字　　数	295 千字
印　　数	5,001-8,000 册
定　　价	58.00 元

（印装查询：01064002715；邮购查询：01084010542）

本丛书系人文与社会科学研究丛书，
面向海内外学界，
专诚征集中国中青年学人的
优秀学术专著（含海外留学生）。

·

本丛书意在推动中华人文科学与
社会科学的发展进步，
奖掖新进人才，鼓励刻苦治学，
倡导基础扎实而又适合国情的
学术创新精神，
以弘扬光大我民族知识传统，
迎接中华文明新的腾飞。

·

本丛书由哈佛大学哈佛 - 燕京学社
（Harvard-Yenching Institute）
和生活·读书·新知三联书店共同负担出版资金，
保障作者版权权益。

·

本丛书邀请国内资深教授和研究员
在北京组成丛书学术委员会，
并依照严格的专业标准
按年度评审遴选，
决出每辑书目，保证学术品质，
力求建立有益的学术规范与评奖制度。

思文后稷,克配彼天。
立我烝民,莫匪尔极。
贻我来牟,帝命率育。
无此疆尔界,陈常于时夏。

——《诗经·周颂·思文》

亚洲铜　　亚洲铜
击鼓之后　我们把在黑暗中跳舞的心脏叫做月亮
这月亮主要由你构成

——海子《亚洲铜》

献给张晓波，逝去的思想者

目 录

绪论 "门罗主义":一个空间政治概念的全球旅行 *001*
  一 问题、进路与方法 *010*
  二 "门罗主义"与空间政治的四个层次 *022*
  三 多极化与不确定的全球秩序前景 *043*
  四 余论 *057*

第1章 超越西半球:美国"门罗主义"话语的嬗变 *061*
  一 从"门罗主义"到"威尔逊主义":连续还是断裂? *065*
  二 从威尔逊回到门罗? *092*
  三 余论 *102*

第2章 中欧的"拦阻者"?"门罗主义"、大空间与国际法 *106*
  一 从19世纪到"一战" *108*
  二 欧洲公法的衰变 *121*
  三 凡尔赛体系的结构性缺陷 *129*
  四 大空间秩序与新国际法 *139*
  五 余论 *153*

第3章 暧昧的"抵抗":日本"亚洲门罗主义"话语之兴起 *160*
  一 "亚洲主义"与"门罗主义"概念的结合 *164*

二　"一战"与日式"门罗主义"的上升与受挫 ················· *179*
　　三　日式"门罗主义"的全面来临 ····························· *190*
　　四　余论 ·· *207*

第4章　近代中国"省域门罗主义"话语的谱系 ················· *211*
　　一　超国家、国家与省域："门罗主义"话语的三个层面 ··· *219*
　　二　辛亥革命之后的"省域门罗主义" ························· *228*
　　三　余论 ·· *274*

第5章　"亚洲门罗主义"话语之祛魅 ······························ *279*
　　一　梁启超：引领风潮的祛魅者 ·································· *282*
　　二　孙中山：财政自主与话语自主 ······························ *293*
　　三　蒋介石：在美日"门罗主义"之间 ························· *310*
　　四　战国策派："大力国主义"的前景 ························· *321*
　　五　李大钊：朝向未来的"门罗主义"批判 ··················· *326*
　　六　余论 ·· *332*

参考文献 ··· *337*
关键词索引 ·· *369*
后记 ··· *377*
出版后记 ·· *391*

Shifting Boundaries
A Global History of the Monroe Doctrine

Contents

Introduction	The Monroe Doctrine: The Global Travelling of A Concept of Spatial Politics
Chapter One	Beyond the Western Hemisphere: The Metamorphosis of the Monroe Doctrine in the U.S.
Chapter Two	The Catechon of the Central Europe? The Monroe Doctrine, Großraum, and International Law
Chapter Three	The Dubious "Resistance": Rise of the Japanese "Asian Monroe Doctrine"
Chapter Four	The Lineage of the Discourse of Provincial Monroe Doctrine in Modern China
Chapter Five	The Disenchantment of the "Asian Monroe Doctrine"

Bibliography
Glossary
Epilogue

绪论

"门罗主义":一个空间政治概念的全球旅行

> 太平洋!太平洋!大风泱泱,大潮滂滂。
> ——梁启超《二十世纪太平洋歌》[1]

人生活在空间之中。各种财产制度、统治模式与生活方式,无不以对空间的分配、占有和使用为基础。当人们舒适地栖居于某个空间之内并以其为中介展开种种活动时,通常并不会将这一空间整体作为对象和客体加以凝视。空间脱离中介状态,成为对象和客体,一般是因为人们所接受或习惯的空间边界(boundary)受到某种挑战,从而引起了某种不适感。为了将边界回复到让己方感到相对舒适的状态,持有歧见的不同群体就开始对空间展开对象化和客体化的考察,并以各种物理与心理的力量,来加固特定人群与特定空间之间的关联。当围绕空间边界的分歧和冲突达到一定强度的时候,"空间政治"就发生了。

当两个原始部落就狩猎地盘的边界发生争论乃至开战的时候,我们就可以看到"空间政治"的原始形式。相比于今天高度发达的

---

[1] 张品兴主编:《梁启超全集》,北京:北京出版社1999年版,第5427页。

"空间政治",原始部落的斗争当然缺乏丰富多样的物理力量的工具,但更欠缺的是今天五花八门、令人目不暇接的种种话语形式,其所涉及的空间层次也是极其有限的。而在今天,人类的空间政治发展出了非常多的层次,已经从国家边界以及超国家的区域边界的安排,发展到对全球空间乃至对外太空空间的争夺,而像"网络空间"这样比地理空间更为抽象的空间,更已经成为当代空间政治的焦点。❶ 丰富的空间政治也产生了类型众多的法律规则,它们有时候能够"定分止争",有时候直接服务于冲突一方,成为战争的工具,从而形成了所谓的"法律战"(lawfare)。❷

在19世纪欧洲主流的历史与社会理论中,空间被逐渐置于从属于时间的位置。❸ 人类历史被视为一个按照不同阶段渐次发展的过程,而空间上不同的社会,可以按照其所处的不同发展阶段与文明程度,被置于时间线的不同位置,而欧洲文明处于最为先进的位置,因而拥有某种领导乃至支配其他区域的资格。那是一个欧洲列强相互协调、试图宰制欧洲之外的族群/国家的时代,这种征服和支配不断被解释为欧洲列强站在先进的历史—时间位置教化万邦的伟业。

然而到了20世纪,随着欧洲列强相互之间冲突的加剧,空间的理论地位不断上升——政治地理学(political geography)/地缘政

---

❶ 美国领导的北大西洋公约组织在其2019年12月3—4日的伦敦峰会中正式批准把太空纳入北约防务领域,与陆、海、空和网络并列为五大战场。鉴于"战争是政治的延续"(克劳斯维茨语),北约的这一战场名单,本身就是空间政治场域之名单。

❷ 关于"lawfare"的概念,参 Orde F. Kittrie, *Lawfare: Law as a Weapon of War*, Oxford: Oxford University Press, 2016。

❸ 这也是 Barney Warf 和 Santa Arias 在 *The Spatial Turn: Interdisciplinary Perspectives* 一书中做出的判断。Barney Warf & Santa Arias edi., *The Spatial Turn: Interdisciplinary Perspectives*, London & New York: Routeledge, 2009, pp. 2-3. 笔者与之共享对于19世纪主流意识的判断,然而对于"空间"在20世纪何以获得更高的地位,笔者更强调各种结构性力量的互动,而非少数学者的著述。

治学（Geopolitics）❶是在被视为具有相似"文明程度"的欧洲列强（尤其是英国与德国）的区域和全球角逐中诞生的，因为冲突各方在文明等级论中的历史—时间定位相似，空间的差异得以凸显；而发源于欧洲的两次世界大战，是对欧洲中心的线性时间观与文明等级论的巨大打击，促生了亚非拉的"去殖民化"，一个又一个主权空间获得了其法律上的独立性；而后殖民国家曲折的社会经济发展经历，更是带来了一波对于"中心""边缘"空间位置的探讨。❷

在社会主义阵营中，莫斯科基于对自身的历史—时间位置的自信，不断总结和推广自己的"普遍经验"，但也不断遭遇到各国共产党在具体的地理空间中自主探索的挑战，尤其是中国对于革命与建设应当"因地制宜"的强调，体现出极强的空间性。而在"铁幕"的另一边，美国推广的是时间—历史维度极其显著的"现代化理论"，以与莫斯科的时间—历史论述相竞争。在冷战即将落幕之时，福山（Francis Fukuyama）做出"历史终结"的预言，祭出一种以"承认"（recognition）为基础的线性时间—历史观，试图以此统

---

❶ 拉采尔（Friedrich Ratzel）的学生、瑞典政治学家约翰·鲁道夫·凯勒（Johan Rudolf Kjellén）是从政治地理学向地缘政治学发展的承上启下的人物。关于这一发展进程，可参 Joe Painter & Alex Jeffery, *Political Geography*, London: Sage, 2009; Colin Flint, *Introduction to Geopolitics*, Lodon: Routledge, 2017。

❷ 从依附理论（the Dependency Theory）到"世界体系"（world system）理论的一个理论光谱鲜明地体现了这种空间意识，代表作有［阿根廷］R.普雷维什：《外围资本主义：危机与改造》，苏振兴、袁兴昌译，北京：商务印书馆1990年版；［美］保罗·巴兰：《增长的政治经济学》，蔡中兴、杨宇兴译，北京：商务印书馆2014年版；［埃及］萨米尔·阿明：《世界规模的积累》，杨明柱等译，北京：社会科学文献出版社2008年版；［埃及］萨米尔·阿明：《不平等的发展：论外围资本主义的社会形态》，高铦译，北京：商务印书馆2017年版；［美］安德烈·贡德·弗兰克：《依附性积累与不发达》，高戈译，南京：译林出版社1999年版；［美］伊曼纽尔·沃勒斯坦：《现代世界体系》，郭方等译，北京：社会科学文献出版社2013年版；［意］杰奥瓦尼·阿瑞基：《漫长的20世纪》，姚乃强等译，南京：江苏人民出版社2001年版；等等。

摄广阔的全球空间。❶然而在将近三十年后，面对全球不同区域空间纷繁复杂的发展趋势，他不得不尴尬地给自己的理论打上了补丁："历史的终结""推迟"了。❷

这三十年中发生了什么呢？在后冷战时期，"全球化"（globalization）这个时间—历史色彩浓重的概念得以流行，并一度带动了对"全球"（global）这一空间观念的密切关注。美国新闻评论家托马斯·弗里德曼（Thomas L. Friedman）曾在2005年出版以《世界是平的》（The World Is Flat）为题的畅销著作❸，当时，无论是在美国还是中国，许多知识人和弗里德曼一样，想象正在进行的历史进程会带来一个资本、商品与技术知识自由流动的、日益均质化的全球空间。这个空间让许多人感觉到一定的新颖性，是因为它冲击了我们所熟悉和习惯的民族国家的空间边界。只是对于弗里德曼与他的许多受众来说，这种冲击给各国民众带来的好处远大于损失，因而值得拥抱。三年之后，英国学者马克·莱昂纳德（Mark Leonard）出版了《中国怎么想？》（What Does China Think?），该书以弗里德曼的"平的世界"概念为背景，将作者所采访的一系列中国思想者对世界秩序的想象概括为"有墙的世界"（the walled world）。❹这似乎在暗示，尽管中国已经加入WTO（世界贸易组织），成为全球化经济举足轻重的参与者，但中国的思想者们仍然更习惯于民族国家的秩序，更慎于在政治上迈出新的步伐。

然而，2008年的莱昂纳德大概无法想象，在十年之后，是美国而非中国，变成一个最热衷于"修墙"的国度。美国总统特朗普

---

❶ Francis Fukuyama, *The End of History and the Last Man*, Glencoe, IL: Free Press, 1992.

❷ Louis Menand, "Francis Fukuyama Postpones the End of History", *New Yorker*, September 3, 2018, https://www.newyorker.com/magazine/2018/09/03/francis-fukuyama-postpones-the-end-of-history.

❸ Thomas L. Friedman, *The World Is Flat: A Brief History of the Twenty-first Century*, New York: Farrar, Straus and Giroux, 2005.

❹ Mark Leonard, *What Does China Think?* London: Fourth Estate, 2008.

（Donald Trump）公开宣布自己是"民族主义者"而非"全球主义者"❶，他的标志性竞选主张，就是在美国与墨西哥边境修建一堵围墙，防止拉丁美洲难民/移民的涌入。然而在这里，20世纪美国所热衷的建构普遍时间——历史观的努力已经消失，剩下的只是对民族国家空间内部主体族群狭隘利益的宣扬。也是这位总统，发动了对包括美国盟友在内的许多国家的贸易战，以及对中国的科技战、金融战，并退出《关于伊朗核计划的全面协议》，试图用自身的金融霸权❷，迫使一系列欧盟国家放弃与伊朗的贸易。

特朗普政府利用经济与产业的依赖关系来打击其定义的"竞争对手"，甚至是自己的盟友，其结果是迫使各国重新考虑这种相互依赖关系，调整产业供应链，建造非美元的国际货币结算系统。在此背景之下，我们已经清楚地看到，"世界不是平的"，我们所生活的空间，正在发生着重组，许多旧的边界和围墙正在不断加固，一些新的边界和围墙还在不断出现。

在种种"修墙"行为之中，美国在拉丁美洲的作为尤为引人注目。在2018—2019年，特朗普政府采取了一系列重新加强美国对拉丁美洲支配力的外交政策：推翻奥巴马政府与古巴的缓和战略，重新寻求古巴的政权更迭；指责中国的"一带一路"倡议给一系列拉丁美洲国家带来"债务陷阱"；指责俄罗斯对于委内瑞拉马杜罗政府的支持，在委内瑞拉、玻利维亚扶植反对派，推动政权更迭；以召回大使的方式，对多米尼加、萨尔瓦多和巴拿马等拉美国家自

---

❶ Quint Forgey, "Trump: 'I'm a nationalist'," October 22, 2018. https://www.politico.com/story/2018/10/22/trump-nationalist-926745，2020年2月25日最后访问。

❷ 本书在葛兰西的意义上使用"霸权"（hegemony）一词，即霸权的构成中不仅包括了强制（coercion），也包括了同意（consent），但霸权所维护的秩序归根到底并不服务于被统治者。关于"霸权"一词意义的历史演变，参见［英］佩里·安德森：《原霸：霸权的演变》，李岩译，北京：当代世界出版社2020年版。

主决定与北京建交表示不满。

特朗普政府更是在2018年10月签署的《美墨加贸易协议》（USMCA）塞入了一个"毒丸"（poison pill）条款，规定协议中的任一成员国如与"非市场经济国家"达成自由贸易协议，其他成员国可以在六个月后退出。这一条款意味着，如果加拿大、墨西哥与中国达成自贸协定，美国就可以单方面退出《美墨加贸易协议》，这对加拿大与墨西哥的对外贸易权力构成实质性的限制（尽管加、墨两国在形式上同意了这一协议）。这些做法无一不体现美国将美洲（或西半球）视为专属势力范围的意识。

特朗普政府不仅在行动上重新加强对美洲国家内政的公开干涉，在话语上也毫不隐晦。2018年2月1日，时任国务卿蒂勒森（Rex Tillerson）在得克萨斯州奥斯汀的一场演讲中，赞扬1823年门罗（James Monroe）总统提出的"门罗主义"是一个"显而易见的成功"，称这一原则在当下仍然与它刚刚问世的时候一样具有现实相关性，并指责中国"国家引导的发展模式"（state-led model of development）是对西半球的威胁。❶ 2019年3月3日，CNN主持人在访问时任美国国家安全事务助理的博尔顿（John Bolton）时提问：美国一边把委内瑞拉的马杜罗形容为"独裁者"，却又在全球支持其他独裁政权，是否自相矛盾？博尔顿给出否定的回答，称因为委内瑞拉位于"我们的半球"（our hemisphere），对于委内瑞拉，美国不惮使用"门罗主义"这个表述。❷

2019年4月17日，博尔顿又在宣布针对古巴、委内瑞拉与

---

❶ Robbie Gramer & Keith Johnson, "Tillerson Praises Monroe Doctrine, Warns Latin America of 'Imperial' Chinese Ambitions," February 2, 2018, https://foreignpolicy.com/2018/02/02/tillerson-praises-monroe-doctrine-warns-latin-america-off-imperial-chinese-ambitions-mexico-south-america-nafta-diplomacy-trump-trade-venezuela-maduro/.

❷ Interview with U.S. National Security Adviser John Bolton, March 3, 2019, http://edition.cnn.com/TRANSCRIPTS/1903/03/sotu.01.html.

尼加拉瓜的制裁时评论称："门罗主义依然存在，而且生机勃勃。"（the Monroe Doctrine is alive and well）《经济学人》评论认为，此话针对的正是俄罗斯与中国在拉丁美洲日益增长的影响力。❶ 美国纽约州宾汉姆顿大学（Binghamton University）荣休教授詹姆斯·佩特拉斯（James Petras）撰文指出，特朗普政府正在推行一种"新门罗主义"（Neo-Monroe Doctrine），试图重建美国对拉丁美洲的全面支配。❷

然而，"新门罗主义"真的新颖吗？❸ 在历史上，美国使用"门罗主义"来干涉其他国家的内政，是一个反复出现的现象。当1823年詹姆士·门罗（James Monroe）总统在其国情咨文中提出后来被命名为"门罗主义"的一系列外交主张的时候，他是在划出一个"超国家"的区域空间，试图排除域外势力的干涉。此时的美国尚缺乏干涉拉美国家内政的能力，但随着时间的推移，美国很快能够以排除域外势力干涉为名，推进自身在北美大陆的领土扩张，进而实现对区域内其他国家内政施加影响。

"Monroe Doctrine"这一表述在19世纪50年代出现，从一开

---

❶ "John Bolton and the Monroe Doctrine," *The Economist*, May 9, 2019, https://www.economist.com/leaders/2019/05/09/john-bolton-and-the-monroe-doctrine.

❷ James Petras, "Latin America in the Time of Trump: US Domination and The Neo-Monroe Doctrine," April 23, 2018, https://www.globalresearch.ca/latin-america-in-the-time-of-trump-us-domination-and-the-neo-monroe-doctrine/5637399.

❸ "新门罗主义"的概念，在历史上曾经多次出现。笔者使用Proquest美国报刊数据库发现，以下美国英语报刊在以下年份发表过标题中包含"New Monroe Doctrine"字样的文章：*Bankers' Magazine*（1911年第2期），*The Graphic*（1896年第1期），*Outlook*（1898年8月27日，1905年2月11日），*Advocate of Peace*（1896年第2期），*The North American Review*（1905年第4期），*The Youth's Companion*（1916年第1期），*International Marine Engineering*（1917年第5期），*The Living Age*（1921年12月10日），*The Spectator*（1896年1月25日），至于正文中包含"New Monroe Doctrine"字样的报刊文章，更是数不胜数。"门罗主义"概念在历史中不断获得新的解释，使得"新门罗主义"的讨论，在各个时代都有可能发生。

始就是一个设定特定空间边界的概念与符号,围绕这个概念与符号,衍生出了种种与这些边界的正当性相关的理论,乃至"区域国际法"(regional international law)的实践。❶19 世纪 50 年代的美国已经将干涉之手伸向中美洲,并在那里与英国势力发生冲突。19 世纪末,美国的美洲霸权地位获得英国承认。西奥多·罗斯福(Theodore Roosevelt)总统在 20 世纪初将"门罗主义"发展成为支持美国在西半球扮演"国际警察"角色的主义。从那时候起,美国一直具有干涉拉美各国内政的能力,但究竟干涉到什么地步,取决于美国自身的外交需要。在"一战"中大讲各民族自主选择自己发展道路的伍德罗·威尔逊(Woodrow Wilson)总统以及后续的三任共和党总统其实都热衷于干涉拉丁美洲各国内政。

在 20 世纪 30 年代,富兰克林·罗斯福(Franklin Roosevelt)面对拉美各国对美国的怨气,提出"睦邻"(good neighbor)政策,减少对拉美的公开干涉,将一些单边主义的干涉形式变成多边主义的形式,换取了拉美各国在"二战"中对美国的支持。但到了冷战时期,美国以排除"共产主义威胁"为名,在美洲施行强化版本的"门罗主义",加强对一系列国家内政的干涉,给它们留下了新的历史创伤。❷借用博尔顿的话说,从 1823 年到冷战时期,"门罗主义"一直"存在,而且生机勃勃"(alive and well)。

冷战的结束使得"共产主义威胁"这一干涉主义的借口逐步淡出历史舞台。但更重要的是,业已确立单极霸权的美国对其全球帝国之梦具有前所未有的信心,而拉丁美洲不过是其全球帝国所支配的

---

❶ 关于"门罗主义"与拉丁美洲区域国际法的关联,参见[德]巴多·法斯本德、安妮·彼得斯主编:《牛津国际法史手册》(上卷),李明倩等译,上海:上海三联书店 2020 年版,第 539—564 页。

❷ Gaddis Smith, *The Last Years of the Monroe Doctrine: 1945-1993*, New York: Hill and Wang, 1994.

区域之一,其特殊性正在消退。正如提出"修昔底德陷阱"的格雷厄姆·艾利森(Graham Allison)在其晚近的《新势力范围》("The New Spheres of Influence")一文中明确指出的,在冷战之后美国决策者不承认"势力范围"的原因是"整个世界实质上都变成了美国的势力范围"。❶ 当美国致力于通过某种"多边主义"姿态为其霸权维持普遍主义外观时,在拉美大肆宣传"门罗主义",并不是最为有效的话语策略。

于是,后冷战的美国放低了"门罗主义"调门。在1995年,耶鲁大学历史学教授加迪斯·史密斯(Gaddis Smith)出版了一本题为《门罗主义的最后岁月》(The Last Years of the Monroe Doctrine)的著作,仿佛"门罗主义"的历史已经终结了。❷但美国官方的正式宣告要到2013年才发生,当年11月,奥巴马政府的国务卿克里(John Kerry)在美洲国家组织总部发表演讲时公开表示,"门罗主义"的时代已经终结,美国将不再致力于干预其他美洲国家事务。❸ 但2018—2019年美国重新加强对拉美的控制与干涉的态势表明,尽管"门罗主义"的干涉性存在增强或削弱的周期性变化,但干涉本身并不会缺席。

美国的评论家们也以己度人,将"门罗主义"这个词转用于美洲或西半球之外的空间,比如说,指责"一带一路"倡议是中国版的"门罗主义",其意图在于将美国的影响力排除出相关区域。❹ 日本学者卯木孝则在其2016年出版的《国际关系和太平洋战争的起

---

❶ Graham Allison, "The New Spheres of Influence: Sharing the Globe with Other Great Powers," *Foreign Affairs*, March/April 2020.

❷ Gaddis Smith, *The Last Years of the Monroe Doctrine: 1945-1993*.

❸ Keith Johnson, "Kerry Makes It Official: Era of Monroe Doctrine is Over," *The Wall Street Journal*, November 18, 2013.

❹ Steven F. Jackson, "Does China Have a Monroe Doctrine? Evidence for Regional Exclusion," *Strategic Studies Quarterly* Vol. 10, No. 4, 2016, pp. 64-89. Joshua Kurlantzick, *Charm Offensive: How China's Soft Power is Transforming the World*, New Haven: Yale University Press, 2007, p. 11.

源》(*International Relations and the Origins of the Pacific War*)一书的最后煞有介事地比较当代中国与近代日本，探讨当代中国会否走向日本式的"亚洲门罗主义"。❶ 在这些表达之中，一个值得注意的现象是，许多评论家在将"门罗主义"用到美国身上时，视之为一个具有正面意义的词，一用到中国身上，就成了坏词。"门罗主义"意义的丰富性，由此可见一斑。而中国的理论工作者要回应这样的评论，也就面临着一个先决问题：什么是"门罗主义"？

一 问题、进路与方法

回答"什么是'门罗主义'"这个问题并不像表面上看起来那样简单。从1823年门罗总统发表宣言到21世纪的今天，"门罗主义"这个符号已经广泛流布于世，早就不再是一个专属于美国的符号。而其解释即便在美国内部也经历了惊人的变迁，更不要说美国之外的种种基于本土需要的五花八门的解读了。要搞清楚"门罗主义"这个符号在不同的时空下究竟意味着什么，我们迫切需要一部"门罗主义"符号与话语的全球传播史，这部历史不仅追溯"门罗主义"话语和符号的解释所经历的惊人变迁，更要展现出这种变迁背后围绕"政治空间"的边界而展开的"空间政治"的形态类型。就目前既有的研究文献来看，这样的一部专著尚付阙如，因而为本书提供了运思与论述的空间。

如果仅仅注意到"门罗主义"概念在近代世界发生了重大影

---

❶ Ko Unoki, *International Relations and the Origins of the Pacific War*, New York: Palgrave Macmillan, 2016, pp. 177-195.

响,这绝非什么新的认识。在中、日、英、德等不同的语言中,已有不少著作与论文探讨"门罗主义"在美国的成长史,或在对于德国卡尔·施米特(Carl Schmitt)的国际秩序理论、日本的"亚洲主义"话语、中国的"联省自治"运动和对"亚洲主义"话语的接受和回应等主题的具体研究之中,零星地注意到"门罗主义"符号和概念的存在。在"门罗主义"的原产地美国,对于"门罗主义"解释史的研究尤其丰富,试举几例:德克斯特·珀金斯(Dexter Perkins)著有多部关于"门罗主义"发展演变历史的著作,其对于1823—1826 年、1867—1907 年两个时段的研究,史料尤为详细[1];杰伊·塞克斯顿(Jay Sexton)的《门罗主义:19 世纪美国的帝国与民族》(The Monroe Doctrine: Empire and Nation in Nineteenth-Century America)一书[2]则以美国的国家建设与帝国建设为线索,对美国"门罗主义"在 19 世纪的演变进行了分期和理论思考。

弗朗西斯·博伊尔(Francis Anthony Boyle)的《世界秩序的基础:国际关系的法律主义进路 1898—1922》(Foundations of World Order: The Legalist Approach to International Relations [1898-1922])[3]、胡安·斯卡菲(Juan Pablo Scarfi)的《国际法在美洲的隐秘历史:帝国与法律网络》(The Hidden History of International Law in the Americas: Empire and Legal Networks)[4] 以及克里斯托弗·洛西(Christopher

---

[1] Dexter Perkins, *The Monroe Doctrine, 1826-1867*, Baltimore, Md: The Johns Hopkins University Press, 1933; Dexter Perkins, *Monroe Doctrine, 1867-1907*, Baltimore, Md: The Johns Hopkins University Press, 1937; Dexter Perkins, *A History of the Monroe Doctrine*, Boston: Little, Brown and Co., 1955.

[2] Jay Sexton, *The Monroe Doctrine: Empire and Nation in Nineteenth-Century America*, New York: Hill and Wang, 2011.

[3] Francis Anthony Boyle, *Foundations of World Order: The Legalist Approach to International Relations (1898-1922)*, Durham and London: Duke University Press, 1999.

[4] Juan Pablo Scarfi, *The Hidden History of International Law in the Americas: Empire and Legal Networks*, Oxford & New York: Oxford University Press, 2017.

Rossi)的《辉格派国际法：伊莱休·鲁特、门罗主义与美洲的国际法》(Whiggish International Law: Elihu Root, the Monroe Doctrine, and International Law in the Americas)❶则是国际法史作品，侧重考察美国政府和政治精英于19世纪末、20世纪初在西半球经营区域霸权的国际法策略以及与拉丁美洲政治—法律精英的互动关系，在后两部作品中，"美洲国际法"是重要的研究对象，拉丁美洲法学家对于"门罗主义"的解释，是理论探讨的重点之一。胡安·斯卡菲的近作《"门罗主义"的去自然化：拉丁美洲法律反帝主义在现代美国与对"门罗主义"的半球性再定义面前的兴起》(Denaturalizing the Monroe Doctrine: The Rise of Latin American Legal Anti-Imperialism in the Face of the Modern US and Hemispheric Redefinition of the Monroe Doctrine)一文更是探讨了拉丁美洲法学家的"门罗主义"解释的反帝意涵。❷上文提到的弗朗西斯·博伊尔著作则展示了美国在拉美的区域霸权与此后的全球霸权经验之间的连续性。❸格兰钦·墨菲（Gretchen Murphy）的《半球式想象：门罗主义与美帝国叙事》(Hemispheric Imaginings: The Monroe Doctrine and Narratives of U.S. Empire)❹以及格雷斯·利文斯通（Grace Livingstone）的《美国的后院：从门

---

❶ Christopher Rossi, *Whiggish International Law: Elihu Root, the Monroe Doctrine, and International Law in the Americas*, Leiden & Boston: Brill Nijhoff, 2019.

❷ Juan Pablo Scarfi, "Denaturalizing the Monroe Doctrine: The Rise of Latin American Legal Anti-Imperialism in the Face of the Modern US and Hemispheric Redefinition of the Monroe Doctrine," *Leiden Journal of International Law*, Vol. 33, Issue 3, pp. 541-555.

❸ 这里还值得一提的是 Arnulf Becker Lorca, *Mestizo International Law: A Global Intellectual History 1842-1933*, Cambridge: Cambridge University Press, 2014。该书部分内容涉及了"门罗主义"与国际法之间的纠缠。法斯宾德与彼得斯合编的《牛津国际法史手册》对于拉丁美洲区域国际法的讨论，简略地提到"门罗主义"的影响。见［德］巴多·法斯宾德、［德］安妮·彼得斯主编：《牛津国际法史手册》，上海：上海三联书店2020年版，第539—564页。

❹ Gretchen Murphy, *Hemispheric Imaginings: The Monroe Doctrine and Narratives of U.S. Empire*, Durham & London: Duke University Press, 2005

罗主义到反恐战争的美国与拉美关系》（*America's Backyard: The United States & Latin America from the Monroe Doctrine to the War on Terror*）❶ 则侧重在美国帝国建构的语境之中，追溯其与拉丁美洲各国关系的变化，进而理解"门罗主义"意义的变迁。

在德语世界中，对于美国"门罗主义"最有影响力的分析和评论，来自卡尔·施米特在"二战"结束之前的国际法与国际秩序评论。施米特区分原初的、具有真正的区域空间精神的"门罗主义"与突破区域空间，转向全球干涉主义的"门罗主义"，主张德国应当学习前者的精神，打造自身的"大空间"秩序。施米特将德国的未来战略与对"门罗主义"的重新解释关联在一起，从而构成"门罗主义"话语全球传播史中举足轻重的一环。而"门罗主义"话语在德国的传播史和接受史的另一个重要环节，是希特勒在1939年提出的"德国门罗主义"。❷ 洛塔尔·格鲁赫曼（Lothar Gruchmann）的《国家社会主义大空间秩序："德国门罗主义"的建构》（*Nationalsozialistische Großraumordnung. Die Konstruktion einer "deutschen Monroe-Doktrin"*）对希特勒的"德国门罗主义"话语进行了批判，该著作同时也激烈抨击施米特的"门罗主义"批判，认为"德国门罗主义"对于"门罗主义"的挪用，严重偏离了其美国"原版"的精神。此著作出版于1962年，可以说代表着"二战"之后德国主流的反思话语。❸ 同时，值得指出的是，英语学界和汉语学界在探讨德国在两次世界大战之间的地缘政治与国际法思想时，其讨论空

---

❶ Grace Livingstone, *America's Backyard: The United States & Latin America from the Monroe Doctrine to the War on Terror*, London & New York: Zed Books, 2009.

❷ Alton Frye, *Nazi Germany and the American Hemisphere, 1933-1941*, New Haven: Yale University Press, 1967.

❸ Lothar Gruchmann, *Nationalsozialistische Großraumordnung. Die Konstruktion einer "deutschen Monroe-Doktrin"*, Stuttgart: Deutsche Verlags-Anstalt, 1962.

间客观上会比"二战"之后的德语学界更大。如刘小枫教授2020年发表的《"门罗主义"与全球化纪元》对于施米特的"门罗主义"思考进行了基源性的阅读,将抗美援朝与"禁止外部空间大国进行干涉的国际法的大空间秩序"关联起来,是对施米特思想在东亚语境中的意涵的全新探讨,颇具深意。❶

日本进入本书的视野,与施米特的"门罗主义"话语剖析中留下的线索有关。施米特的论述触及了美国越出西半球之后在东亚与日本发生的复杂外交关系,尤其提到了日本的"亚洲门罗主义"话语。施米特的评论是高度浓缩的,但提供了最为关键的线索,引导本书寻找相关文献,由此可进而发现,日本的"亚洲主义"话语在19世纪末与"门罗主义"话语发生化学反应,并逐渐影响日本政府的国际战略,近卫笃麿、浮田和民、大隈重信、金子坚太郎、石井菊次郎、小寺谦吉、德富苏峰、泽田谦、柳泽慎之助、竹内太、村熏雄、末广重雄、田川大吉郎、田村幸策、松原一雄、内田康哉、广田弘毅、天羽英二、横田喜三郎等人的论述都在"亚洲主义"与"门罗主义"话语的融合和交织之中,留下了自己的痕迹。❷ 同时,一个重要的事实是,在"二战"中,施米特分析"门罗主

---

❶ 刘小枫:《"门罗主义"与全球化纪元》,《学术前沿》2020年第3期。
❷ 其中,标题中含有"门罗主义"的作品就为数不少,如:立作太郎《门罗主义与远东》(1911年)、《日美新协商与门罗主义》(1918年)、《地区性的门罗主义与九国公约》(1940年),金子坚太郎《日本门罗主义与满洲》,蜷川新《日美宣言与门罗主义》(1917年),佐佐穆《门罗主义与四国条约之关系》(1922年),泽田谦《东洋门罗主义》(1922年),竹内太《日本门罗主义之必然性》、柳泽慎之助《宣称远东门罗主义吧》(1932年),末广重雄《关于远东门罗主义》(上·下)(1934年)、《远东门罗主义与日本》(1935年)、《东亚新秩序建设与美国门罗主义》(1942年),田川大吉郎《两美与东亚的类型——闻听远东门罗主义说》(1936年),田村幸策《门罗主义的新解释与亚细亚》(1940年)、《大东亚共荣圈的国际关系与门罗主义之关系》(1943年),小室诚《东亚门罗主义的重点》(1941年),等等。参见英修道编:『日本外交史关系文献目录』,庆应义塾大学法学研究会,1961。

义"与"大空间"的国际法著作,在安井郁、松下正寿、田畑茂二郎等日本国际法学者中也引发了模仿。而这意味着,日本对于美国"门罗主义"话语的接受和运用,既有直接的渠道,也有间接的、以德国为中介的渠道。

本书对于日本近代"亚洲主义"的思考,在很大程度上受到竹内好在"二战"之后对于"亚洲主义"的剖析的启发——竹内好揭示了日本"亚洲主义"话语所宣称的对西方的"抵抗"中所存在的暧昧性,并且从"抵抗"的观念出发,设想了一种别具一格的"亚洲"界定方式。❶ 但竹内好并未系统论述"亚洲主义"与"门罗主义"之间的关系,因而也为本书的继续探讨,留出了些许发挥空间。

中文文献对于"门罗主义"在华传播史的研究较为薄弱。到目前为止,郭双林教授对于"门罗主义"话语与清末国家民族认同之间关系的研究,是少有的较为成熟的"门罗主义"话语传播史研究。❷ 该文提供了重要的线索,引导本书研究清末旅日精英(尤其是《清议报》编辑团队)对于"门罗主义"话语的吸收和转化。而以此为基础,笔者进一步搜寻关于民国时期的地方主义空间政治如何吸纳和转用"门罗主义"话语的史料,颇有斩获。有的史料(如湖南的"省宪"运动和"门罗主义"话语的关联)曾在其他学术脉络中获得其他研究者的关注,但从未被纳入"门罗主义"全球传播史的脉络。同样,对于康有为、梁启超、孙中山、李大钊等人与日本"亚洲主义"的关联,学界已有一系列很成熟的研究,但这些研

---

❶ 竹内好:「方法としてのアジア」,『日本とアジア 竹内好評論集第3巻』,筑摩書房,1966,第419—420頁。
❷ 郭双林:《门罗主义与清末国家民族认同》,郑大华、邹小站主编:《中国近代史上的民族主义》,北京:社会科学文献出版社2007年版,第327—348页。

究往往只是附带性地注意到"门罗主义"话语和符号在这些思想者的论述中的存在,因而可以在专题性的"门罗主义"话语与符号研究中,获得重新处理。刘小枫教授2020年发表的《"门罗主义"与全球化纪元》则讨论了"门罗主义"话语与近代中国历史的若干节点,在问题意识上对本书第四章有所启发。❶

综上所述,本书所尝试的对前人研究的推进,不在于发现全新的史料,而在于引入新的问题意识——一方面是在一个新的视野中重述已有的对于"门罗主义"话语的研究;另一方面是从其他学者研究的"边缘"之处切入,将他们偶尔提到的"门罗主义"概念与话语,作为研究的线索,加以进一步挖掘,尝试将千万颗散落各处的珍珠,串联在一起,勾勒出"门罗主义"概念演变的轨迹以及意义的光谱。这一研究的最终指向,是为理解近代以来中国在全球秩序中的位置提供一个新的切入点和观察角度。

本书的写作得益于国际法史领域中的"帝国与国际法"研究路径。近年来,国际法领域的批判法学家以及一些历史学家致力于重新书写国际法的历史,打破"威斯特伐利亚神话"以及将国际法与主权国家/民族国家进行关联的"欧洲中心主义"传统叙事,转而将近代欧洲区域国际法的形成与殖民帝国的扩张关联在一起。在他们看来,近代从欧洲扩散到全球的国际法并不是在欧洲的封闭空间里造成的,而是在其通过殖民和帝国扩张与外界互动的过程中被塑造出来的,并经常扮演帝国扩张与霸权工具的角色。❷ 欧洲区域国际法的"国际性",也是随着历史的进程而不断

---

❶ 刘小枫:《"门罗主义"与全球化纪元》,《学术前沿》2020年第3期。

❷ Martti Koskenniemi, Walter Rech & Manuel Jiménez Fonseca edi., *International Law and Empire: Historical Explorations*, Oxford: Oxford University Press, 2017, pp. 1-20.

变化的。❶ 本书对于"门罗主义"全球史的研究，有助于探索若干殖民帝国的扩张事业与同时代的国际法实践／观念之间的关系：美国的帝国扩张深刻影响了拉丁美洲的区域国际法，进而影响到全球的国际法（如威尔逊主义对凡尔赛—华盛顿体系下的国际法的影响），然而20世纪的美国政府慎于承认"门罗主义"是一项国际法原则，以防止其他力量与其分享对"门罗主义"的解释权；德国与日本在20世纪30—40年代的帝国扩张则频繁诉诸美国"门罗主义"先例，其理论家则主张将"门罗主义"变成真正的国际法原则，从而产生"大空间国际法"或"广域国际法"的理论尝试，尽管遭遇失败，但在国际法史上留下了深刻的印记。

本书包含了许多国际法史的内容，但又不仅仅是国际法史著作。在一定程度上，本书也可以被纳入晚近兴起的"全球思想史"（global intellectual history）的脉络。❷ "全球思想史"是"全球史"与"思想史"的交叉。我们通常称为"全球史"的研究进路，其重要旨趣在于克服以民族国家为中心的历史叙事的狭隘性，克服传统历史写作中的一系列欧洲中心主义预设，强调呈现各种历史构成因素跨国（transnational）乃至于"全球"的关联。然而，何谓"全球的"，在写作实践中呈现出不同的取向。"全球的"可能与"普遍历史"（universal history）的信念相关联——在今天，对于"全球化"的许多探讨，就预设了全人类已经被纳入同一个历史进程，具有同样的未来发展方向；但"全球的"也可能只意味着在比较研究中，尽可能地纳入更多的地域和文化传统，而比较对象之间并不一定存

---

❶ Jennifer Pitts, *Boundaries of the International: Law and Empire*, Cambridge & London: Havard University Press, 2018.

❷ 国内对于"全球思想史"进路已有一定介绍，如李宏图：《全球思想史：重思现代全球秩序的思想起源》，《华东师范大学学报（哲学社会科学版）》2020年第5期。

在相互影响的关系，因而"全球性"是有待于研究者建立的"视角"和"眼光"——他们既要看到比较对象的独特性，同时又要建立一个共通的比较框架。❶

"全球性"也可能存在于跨越民族、文化乃至文明边界的中介因素身上，比如说茶叶、蔗糖、咖啡、奴隶贸易、违宪审查制度、实证主义观念❷的全球旅行。而这些中介因素在跨越边界时所发生的形态、意义与功能的变迁，尤其能体现"全球性"，如大卫·阿米蒂奇（David Armitage）对于美国《独立宣言》全球传播史的研究，就是对跨境影响关系的具体追溯。❸本书对于"门罗主义"概念与话语的研究，其"全球性"并非基于某种先验的普遍历史观念，而是研究对象本身的跨境流动性。处于不同历史时空的历史行动者们，各自拥有不同的空间政治议程，但不约而同地诉诸"门罗主义"概念与话语来表达自己的诉求，而这就使得我们有可能以"门罗主义"的话语谱系作为切入点，考察这种话语谱系生长过程背后的地方性的空间政治冲突。在这方面，佩里·安德森（Perry Anderson）的《原霸：霸权的演变》（*The H-Word: The Peripeteia of Hegemony*）❹为本书提供了一个典范——作者关注的绝不仅仅是

---

❶ Samuel Moyn & Andrew Sartori edi., *Global Intellectual History*, New York: Columbia University Press, 2013, pp. 5-8.

❷ 相关作品，如 Andrew F. Smith, *Sugar: A Global History*, London: Reaktion Books, 2015; Helen Saberi, *Tea: A Global History*, London: Reaktion Books, 2010; Jonathan Morris, *Coffee: A Global History*, London: Reaktion Books, 2018; Olivier Pétré-Grenouilleau, *Les Traites Négrières: Essai d'Histoire Globale*, Paris: Editions Gallimard, 2004; Tom Ginsburg, "The Global Spread of Constitutional Review," Keith E. Whittington, R. Daniel Kelemen & Gregory A. Caldeira edi., *The Oxford Handbook of Law and Politics*, Oxford: Oxford University Press, 2008, pp. 81-98。

❸ David Armitage, *The Declaration of Independence: A Global History*, Cambridge, MA & London: Harvard University Press, 2008.

❹ Perry Anderson, *The H-Word: The Peripeteia of Hegemony*, London: Verso, 2017. 中译本为［英］佩里·安德森：《原霸：霸权的演变》，李岩译，北京：当代世界出版社 2020 年版。

"霸权"一词的意义流变,更重要的是展示这种意义流变背后的历史情境和具体政治过程。

要阐明"门罗主义"话语的全球旅行历程,无疑需要对时间与空间的高度敏感。就研究进路而言,本书是一个概念史(conceptual history)的尝试。观念史家洛夫乔伊(Arthur O. Lovejoy)在其《存在巨链》(*The Great Chain of Being*)中所实践的以"观念单元"(Unitideas)为基础的观念史方法❶,并不适用于本研究。显而易见,"门罗主义"并不是一个自我运动的"观念单元",而是一个在具体的时空中不断流转的符号,它被不同政治力量使用,并在实践过程中获得具体意义,不断经历着解释和重新解释。对此,我们更需要"语用学"(pragmatics)与"谱系学"(genealogy)的研究视角。1823年的门罗总统或许根本无法想象他所阐述的原则,能被威尔逊总统以一种脱离美洲空间的方式来使用;而威尔逊总统恐怕也很难想象,他对"门罗主义"的创造性阐释,到了中国,竟然会被运用到省域的独立与自治运动之中。概念(concept)的传播过程中充满了意外的断裂和变形,而这在根本上源于人类政治实践的丰富性和多样性。

如果以一种本质主义的眼光来研究"门罗主义"符号与话语的传播史,那么有可能走向这一方向——认为1823年门罗总统所阐发的"门罗主义"是最为正宗的"门罗主义",而之后的种种解释,都在不断偏离这一原点,充满着扭曲和误解。施米特对于美国"门罗主义"的剖析,就设定了一个"原版",与各种扭曲和变形的版本相对立。不过,我们需要清醒地看到,施米特的论述方法本身就是对其"政治的概念"的生动演示,服务于他自己的敌/友区分

---

❶ Arthur O. Lovejoy, *The Great Chain of Being*, Cambridge, MA: Harvard University Press, 1971.

和相应行动策略,其目的在于在美国的官方话语内部制造出一种内在矛盾,借助"起源"的权威,来支持德国在外交领域对于"门罗主义"话语的借用。而本书采取的谱系学视角,恰恰是要弱化"起源"的特权地位——历史行动者们是否熟悉1823年门罗总统所阐发的"原版"的"门罗主义",是否知道他们的解释在多大程度上偏离了这一"原版",并不是探究的关键点所在。尤其是在近代中国,我们可以在不少历史行动者的论述中看到将"门罗主义""联邦制""民主""自治"等制度与观念"一锅煮"的现象,他们中的一些人恐怕只是从报章上偶尔看到了有人在用"门罗主义"指称一种政治态度,然后就依样画葫芦,其所使用的"门罗主义"这一符号,未必对应着任何系统性的理论。

后世的解释与"原版"之间的距离,并不表明后世的历史行动者缺乏理解力或者"良心败坏"。从历史经验来看,立足于自身当下的需要,将历史上流传下来的事物作为行动的资源加以应用,本来就是人类行动的常态。作为历史经验的研究者,我们需要做的是理解和解释这种距离何以出现——如果在同一个时空中,有一群人不约而同地在用类似的方式使用一个词语,不管他们是否了解这一词语在起源时空中的原初含义。这就可以构成一个值得关注的现象,我们可以通过追踪这个词语的意义流变,来探究政治社会发生的运动。

但在呈现概念的意义流变的同时,我们也无须像概念史家柯史莱克(Reinhart Koselleck)那样,刻意强调"概念"的模糊性与歧义性。话语实践中经常会出现意义重叠(overlapping)的现象,这种重叠之所以能够发生,本身就具有深刻的历史实践的原因:特定的时代境遇使得不同的历史主体有意或无意地向相似的方向行进。在"门罗主义"概念的演变过程中,我们不妨使用归纳的方法,区分出意义模糊与流变的层面与意义相对稳定的层面❶，并探究使这种语义分布成为可能的历史条件。

在分析观念传播时，本书在很大程度上受到微观史（micro-history）的代表人物卡洛·金兹堡（Carlo Ginzburg）对于形态学（morphology）的运用的启发。金兹堡经常通过认定两种时空跨度较大的话语在形态上的相似性，形成理论假设，并通过寻找二者的"中介环节"（intermediary link），建立起传播与影响的证据链条。❷ 本书第四章对近代中国的"省域门罗主义"、日本所介绍的美国"门罗主义"以及日本的"大亚洲主义"之间关系的探讨，在很大程度上参考了这一研究方法。尽管这几种话语在时空上的距离并不像金兹堡所处理的许多案例那样遥远，形态学的进路仍然在本书的研究过程中起到了很大的帮助作用：美国"门罗主义"的口号"America for the Americans"（美洲是美洲人的美洲）与中国"省域门罗主义"的口号"广东是广东人的广东""湖南是湖南人的湖南"在形态上的高度相似性，在本书的研究中是一个重要的起点，而具体的研究方式则是"执其两端"，寻找一系列具有"家族类似"的"中介环节"，并将这些"中介环节"按照时间顺序排列，进而探寻影响力传播的具体渠道和途径，其研究过程如同探案，根据既有的线索提出假设，然后再寻找新的证据，对假设进行证实或证伪，以重建历史图景。不过，由于史料的缺乏以及作者搜集分析能力所限，在一些论述点上，本书提供的只是一种盖然性的证明，证据链条的进一步完善，仍有待于方家继续推进。

---

❶ 这一主张得益于黄兴涛教授。参见黄兴涛：《概念史方法与中国近代史研究》，《史学月刊》2012年第9期。

❷ Carlo Ginzburg, Raymond Rosenthal trans., *Ecstasies: Deciphering the Witches' Sabbath*, Chicago: University of Chicago Press, 1991, p. 15.

二 "门罗主义"与空间政治的四个层次

在描述本书的问题意识与研究方法之后,接下来需要交代其结构与具体内容。全书前三个章节分别探讨"门罗主义"话语在美国、德国与日本的演变,后两个章节探讨近代中国与"门罗主义"话语的复杂关联。对于"门罗主义"话语的演进而言,大英帝国一直是一个重要的推动者,但由于这一主题与美、德两国的密切关联,本书的处理方式,是将与英国相关的内容,分散到论述美国与德国的两个章节。西班牙、法国等国与"门罗主义"话语的关联,本书也作类似处理。

先来看"门罗主义"在其原产地的发展演变。英语中的"Monroe Doctrine"一词出现于19世纪50年代,是对美国詹姆士·门罗总统在1823年所发表的国情咨文中主张的美国外交政策原则的追溯式命名。❶然而,在这一命名出现之时,美国政府对于门罗总统政策的解释,就已经与门罗总统的原初关注有所不同。从19世纪50年代以来,"门罗主义"概念更是经历了一百五十多年的演变,被不同的政治力量赋予了丰富多彩,甚至于光怪陆离的含义。

美国19世纪的"门罗主义"使用的标志性口号是"America for the Americans"(美洲是美洲人的美洲),一个原本起源于19世纪50年代本土排外主义运动的口号。❷"门罗主义"在诞生之初,就与

---

❶ 关于"Monroe Doctrine"一词出现的具体时间,参见 Paul Dickson, *Words from the White House: Words and Phrases Coined or Popularized by America's Presidents*, New York: Walker Books, 2013, p. 106。

❷ John Bassett Moore, "The Monroe Doctrine," *The Annals of the American Academy of Political and Social Science*, Vol. 96, *The Place of the United States in a World Organization for the Maintenance of Peace*(July 1921), pp. 31-33. "America for the Americans" 作为一个口号,(转下页)

"美洲"、"西半球"或"新世界"的空间单位意识紧密关联在一起，它是对欧洲列强刚建立不久的、以君主制—王朝主义为正当性原则的维也纳体系的反抗，是对神圣同盟干涉拉丁美洲革命的拒斥，有着清晰的保护新大陆共和政体的诉求。人们常将19世纪的"门罗主义"与"孤立主义"相关联。然而，"孤立"于欧洲事务，并不等于抑制自身在西半球的扩张。在1823年，美国的边疆还在不断向西扩展。在讨论门罗总统咨文的表述时，国务卿亚当斯已经将目光投向了时属墨西哥的得克萨斯和时属西班牙的古巴，试图为美国未来整合这些地方留足政策空间。❶ 在"美洲"或"西半球"这一空间内部，"门罗主义"可以成为美国霸权力量扩张的利器——它通过强调"外部威胁"的存在，唤起空间内其他成员的恐惧感，进而以排斥外部干涉的名义，对空间内的其他成员建立支配，甚至吞并或分割其国土。

美国扩张的潜力，甚至体现在其国名和政府形式之中。美国的国名是 United States of America，America 实际上是洲名，表明这个国家是建立在美洲。"United States"指向美国的联邦制结构，这种结构给美国的扩张提供了很大的灵活性——对新领土的吞并，可以通过建立独立国家，再加入联邦的方式来进行，而加入联邦的政治

（接上页）发源于19世纪40—50年代美国出现的反天主教移民的"一无所知"（know nothing）运动。1854年，这一运动的领导组织改为"美国人党"（American Party），该党在1856年的总统大选中，公开喊出了"America for the Americans"的口号，以动员本土新教徒反对天主教移民。参见 Robert North Roberts et al., *Presidential Campaigns, Slogans, Issues, and Platforms: The Complete Encyclopedia*, Vol.1, Santa Babara, CA: ABC-CLIO, LLC, 2012, p. 17. 由于围绕奴隶制的斗争激化，该党的反移民议程未能在选举中成为主流，该党势力也为美国的两大政党所吸收。但"America for the Americans"这一口号却流传了下来，并被运用于倡导"门罗主义"的场景。

❶ Charles Francis Adams edi., *Memoires of John Quincy Adams, Comprising Portions of His Diary from 1795 to 1848*, Vol 6, Philadelphia: J B. Lippincott & CO., 1875, pp. 177-178.

单位仍然可以保留相当的自主性。这个国家一开始是13个国家的联合,但在其领土持续西扩的过程中,不断有新的"国家"(state)成立,进而加入美国。从理论上说,这个扩张的过程可以不断持续,只要是在南北美洲内进行,无论美国的国土有多大,其国名均没有任何"违和"之处。因而,在"国"与"洲"之间,并没有一道绝对的界限。❶

从19世纪上半叶到20世纪初,美国领土不断扩张,其经济、政治与军事实力也不断增强。"门罗主义"的重要口号"America for the Americans"的实质意义,也就日益从"美洲是美洲人的美洲",变成"美洲是美国人的美洲"。在19世纪美国与英国在拉丁美洲的角逐中,美国从英国的"非正式帝国"的实践中学习到了不少做法:比如说,以军事力量为后盾,通过贸易和金融的力量来获取利润,而非获取新的领土;从1794年英美《杰伊条约》(*Jay's Treaty*)开始,美国多次运用仲裁的方式解决两国矛盾,进而将仲裁的方法推广到解决美洲国家之间的矛盾。在此,政治与经济被区分开来,经济的力量被视为一种中立的、基于合作者的自愿配合而扩展的力量。到了19世纪末美国资本越出美洲的空间,延伸到太平洋彼岸,在中国寻求"门户开放"政策,而这并不被视为对"门罗主义"的背离;不仅如此,在西奥多·罗斯福总统看来,二者是高度相似的:如果说"门罗主义"旨在阻止欧洲列强在美洲获得新的领土,"门户开放"则旨在阻止它们在中国获得新的领土。❷ 用威廉·A. 威

---

❶ 从国名上看,"去地域化"最为彻底的,其实是苏联。其国名全称为"苏维埃社会主义共和国联盟",苏维埃是理念,而非地域或民族的名称。从理论上说,即便是西半球的古巴,也可以申请成为苏联的加盟共和国。

❷ Gregory Moore, *Defining and Defending the Open Door Policy: Theodore Roosevelt and China, 1901-1909*, Lanham: Lexington Books, 2015, p. 45.

廉姆斯（William Appleman Williams）的话说，"门户开放"政策是一种帝国式的反殖民主义（imperial anti-colonialism）。❶

1903年梁启超在旅美期间读到西奥多·罗斯福总统在芝加哥发表的关于"门罗主义"的演讲时，即敏锐地觉察到，"门罗主义"正在向着"世界者美国人之世界"方面演变。❷"门罗主义"被重新解释，用于支持越出既有的空间边界，在更大的空间里进行扩张和干涉。在"一战"期间，威尔逊总统在这个方向上做出了更为大胆的尝试，将"门罗主义"解释为一种无区域空间限制的全球性政治原则，从而为美国的全球影响力提供正当性论证。因此，在"一战"结束之前，"门罗主义"在美国的解释，已经完成了从"美洲人的美洲"到"美国人的美洲"再到"美国人之世界"这三个阶段的演变。

不过，不管美国的"门罗主义"解释发生多大的变化，它在话语形式上保持了一个稳定的特征——划出一个超国家的区域空间范围，界定越过边界的入侵力量，进而以抵抗和排斥入侵力量的名义，来扩张本国的国家利益。美利坚帝国的掌舵者们避免称美国为"帝国"（empire），避免赤裸裸地谈论美国的帝国野心，而是将扩张打扮成为自我防卫，或对区域内其他国家和民族利益和共同价值观的捍卫。即便是在美西战争之后，美国事实上已经成为一个领土型殖民帝国，其统治精英仍然在话语上强调自己反对殖民主义和帝国主义，将对菲律宾的统治和对古巴的控制打扮成为帮助被监护者成长的文明教化事业。❸

---

❶ William Appleman Williams, *The Tragedy of American Diplomacy*, New York: Norton & Company, 1972, pp. 19-57.
❷ 梁启超：《新大陆游记节录》，《梁启超全集》，第1155页。
❸ 更为系统的探讨，参见 Daniel Immerwahr, *How to Hide an Empire: A History of the Greater United States*, New York: Farrar, Straus and Giroux, 2019。

"教化的使命"（the mission to civilize）并非美国所特有的意识，而是一系列殖民帝国所共享的话语。美国的独特性在于其基于空间划分的否定性的话语形式——认为自身是在新世界（new world）重生的西方文明，要比腐败的老欧洲更健康，更充满勃勃生机。美国先是在西半球排斥欧洲列强，继而通过"门户开放"政策，在东亚制约乃至排斥欧洲列强，后来又将欧洲列强之外的势力设定为排斥对象。比如说1956年，美国驻塞内加尔首都达喀尔（Dakar）总领事布朗（W. Mallory Browne）曾致电美国国务院，提议美国针对苏联和亚洲的共产主义势力宣布"欧非门罗主义"（Eurafrican Monroe Doctrine）。❶ 凡此种种，都是在不断地界定其试图主导的政治空间内的同质性和异质性，尤其是通过认定和排斥异质性的因素，来不断重新生产出政治空间内的同质性，并让其认定的敌人承担为自己辩护的举证责任。"门罗主义"的话语演变史，就是一部美国在国际秩序层面不断区分敌友的历史。

而在"门罗主义"传播到其他国家之后，与当地的空间政治诉求相结合，产生的是五花八门的用法："一战"后的泛欧主义者开始讲"欧洲是欧洲人的欧洲"；德国公法学家卡尔·施米特提出了"大空间"（Großraum）理论，为德国在欧洲的扩张提供论证；日本的理论家提出"亚洲门罗主义"或"东洋／东亚门罗主义"，以支持日本在朝鲜、中国甚至东南亚的扩张；意大利在巴尔干半岛主张自己的"门罗主义"，中国报章称之为"巴尔干门罗主义"❷；在苏联，托洛茨基曾批评"一国建成社会主义"的主张为"社会主义的门罗

---

❶ Stanley Shaloff edi., *Foreign Relations of the United States, 1955-1957, Vol. XVIII: Africa*, Washington: United States Government Printing Office, 1989, pp. 164-165.
❷ 《意大利也倡门罗主义》，《中央周刊》1928年第26期。

主义"；❶ 在 19 世纪 80 年代，澳大利亚尚未成为自治领（dominion）的时候，就针对南太平洋提出了自己版本的"门罗主义"；❷ 印度的尼赫鲁总理针对南亚次大陆—印度洋提出"印度门罗主义"；❸ 在非洲，牙买加的黑人民族主义者与泛非主义者马科斯·加维（Marcus Garvey）模仿"门罗主义"，疾呼"非洲人的非洲"（Africa for the Africans）；❹ 而 20 世纪 60 年代戴高乐政府对于中非和西非的法国前殖民地的外交政策，也经常被称为"法国门罗主义"；❺ 而在近代中国，不仅有诸多针对美国与日本版本的"门罗主义"的评论，更有"中国是中国人的中国""广东是广东人的广东""湖南是湖南人的湖南"这样的口号，都与源于西半球的"门罗主义"话语具有一定的家族亲缘关系。这些现象可以表明，"门罗主义"式的话语，可能会在不同层面的政治空间发挥界定边界的作用。

近代国际秩序的观念基石是具有清晰领土边界的主权国家。以此为锚点，我们可以将政治空间划分为国家（state）、超国家（supra-state）与次国家（sub-state）三个层次；如果我们进一步从"超国家"

---

❶ Richard B. Day, *Leon Trotsky and the Politics of Economic Isolation*, Cambrdige & New York: Cambridge University Press, 1973, p. 167.

❷ Neville Meaney, *The Search for Security in the Pacific, 1901-1914*, Sydney: Sydney University Press, 2009, p. 16. Merze Tate, "The Australsian Monroe Doctrine," *Political Science Quarterly*, Vol. 76, No. 2（June 1961）, pp. 264-284. Cait Storr, "'Imperium in Imperio': Sub-Imperialism and the Formation of Australia as a Subject of International Law," *Melbourne Journal of International Law*, Vol. 19, No. 1, 2018, pp. 335-368.

❸ James R. Holmes & Toshi Yoshihara, "India's 'Monroe Doctrine'and the Gulf," Jefferey R. Macris & Saul Kelly, *Imperial Crossroads: The Great Powers and the Persian Gulf*, Annapolis: Naval Institute Press, 2012, pp. 147-166.

❹ Robert A. Hill edi., *The Marcus Garvey and Universal Negro Improvement Association Papers, Vol. IX: Africa for the Africans, 1921-1922*, Berkeley & Los Angeles: University of California Press, 1995, p. 115.

❺ Walter Feichtinger, *Sorting Out the Mess: Wars, Conflicts, and Conflict Management in West Africa*, Wien: Landesverteidigungsakademie, 2007, p. 50.

层面再分出"全球"与"区域"两个层次,那也可以说存在四个层面的政治空间。这些层面都可以运用"XX是XX人的XX"这样一个"门罗主义"的典型句式。本书对史料的呈现将证明,这些层面的空间意识,经常会相互启发、相互支持。然而,从总体上说,"门罗主义"话语主要被运用于"超国家"与"次国家"层面。

在历史文献中,"德国是德国人的德国"(Deutschland den Deutschen)、"法国是法国人的法国"(La France aux français)这样的口号通常不会被称为"门罗主义",原因在于,在"门罗主义"话语诞生之前,国家层面已经有一种强有力的"主权"(sovereignty)话语,起到划定国家政治空间边界、排除外部干涉的作用。"主权"话语是欧洲的一系列王国在与神圣罗马帝国皇帝和罗马天主教教皇的普世管辖权进行斗争的过程之中发展出来的[1],它否定了封建秩序下同一片土地上重叠交叉的管辖权,支持一个国家的中央政府在一片领土之上确立统一和排他性的管辖权。17世纪欧洲三十年战争之后,独立的主权国家,被广泛接受为国际法体系的基本单位。而"主权"的对外排斥功能,被视为理所当然的现象。接下来,封建时代流传下来的国家作为君主的支配之物(dominium)的传统观念,受到法国大革命与1848年革命的强力冲击,君主纷纷将自己统治的正当性建立在民族的同一性之上。于是,"法国是法国人的法国""德国是德国人的德国"就成了常规的国家观念的表达。而国家既然已经拥有"主权"这一强大符号,就不需要额外的符号来证成自身对领土边界之外的势力侵入的抵抗和排斥。

争议主要发生在民族的文化边界和国家的政治边界不统一的条

---

[1] Walter Ullmann, "The Development of the Medieval Idea of Sovereignty," *English Historical Review*, Vol. 64, No. 250, 1949, pp. 1-33.

件之下：那些不认同既有的国家边界的族群，是否有权利创设自己的主权国家，或带着所居住的土地加入一个邻近的、由本族人统治的主权国家？在19世纪，随着"神圣同盟"捍卫的君主制—王朝主义的正当性不断衰落，民族（nation）的正当性不断上升，民族边界与国家边界之间的紧张，也就日益凸显。比如说，在波兰被普鲁士、奥地利与俄国瓜分之后，波兰人是否可以宣布"波兰是波兰人的波兰"，从而将他们的普鲁士、奥地利与俄国统治者驱逐出波兰旧土？捷克与波兰大量讲德语的德意志人，是否可以从捷克与波兰脱离，带着他们所居住的土地，加入德国？同为德意志人国家的德国与奥地利是否应当联合成为一个国家？在这种情况之下，边界变动的主张者仍然会诉诸"主权"概念，只是认为民族共同体是最终的"主权"/"制宪权"（constituent power）主体，应该从民族居住的边界出发，重新划定国家的领土边界。

以"主权"为概念基石的近代欧洲经典国际法被传播到世界各地，被奉为重组国际秩序的圭臬。在这一视野下，非西方的族群只需要将"主权"概念与自身的边界诉求结合起来，就可以生产出领土空间的对外排斥性，无须发明其他理论。因而，从19世纪以来，"门罗主义"这一符号适用的空间斗争，主要是在两个层面展开：一是"超国家"的区域（regional）乃至全球（global）层面，二是"次国家"的省域层面。❶ 德国、日本两国的文化—政治精英主要是

---

❶ 不过，值得指出的是，"超国家"或"次国家"层面的"门罗主义"话语并非与"主权"话语绝缘。在很大程度上，"主权"的话语是"门罗主义"话语的参照物。在欧洲产生的经典的近代国际公法以主权国家为基本单位，"主权"所包含的对内支配力和对外排斥力，受到欧洲列强的广泛承认，享有极高的正当性。如此，国家层面的"主权"话语与实践，就能够为其他空间单位争取自主性的行动提供一种范例——通过扩张，"超国家"的区域有可能整合为一个主权国家单位，而通过分离主义运动，省域也可能会变成新的国家。

在区域层面,借用"门罗主义"话语符号来服务于自身的空间政治议程。而在近代中国,一方面是一些文化—政治精英会对其他国家在区域和全球层面的"门罗主义"话语做出回应;另一方面,也出现了一种极具独特性的历史经验:"门罗主义"话语符号从"超国家"层面"下行",在省域层面的空间政治中得到了大量应用,形成"省域门罗主义"话语。

"一战"结束之后,尽管威尔逊主导建立国际联盟的计划在美国国内遭到挫折,美国未能加入国联和国际常设法院,但美国在欧亚两洲的强大影响力,已经是客观事实。欧亚两洲的列强均处于美国的干涉压力之下。对于欧亚两洲的区域霸权建构者而言,美国的"门罗主义"演变史不仅提供了一个绝佳的区域霸权成长的范例,更提供了一套在美国前面自我辩护的话语。在德国,卡尔·施米特致力于为德国的重新崛起作理论论证,对美国的"门罗主义"进行重新解释,从中区分出一个致力于排斥域外干涉的原初阶段,以及一个偏离"门罗主义"之"初心"的帝国主义—干涉主义阶段。

用施米特的政治神学眼光来看,支配"门罗主义"解释的力量,经历了从《新约·帖撒罗尼迦后书》中保罗所说的"拦阻者"(ὁ κατέχων)到"不法者"(ὁ ἄνομος)或"敌基督者"的转变。❶ 施米特号召德国学习更为原初的"门罗主义",担当起"拦阻者"的角色,以对抗正在流行的帝国主义—干涉主义形态,并在此基础上提出其"大空间"理论,将西半球或美洲解释为美国的"大空间",美国作为一个主导国(Reich),以自身的政治原则辐射"大空间";

---

❶ 国内学界对施米特"拦阻者"概念的解读,参见徐戬:《施米特与"拦阻者"学说》,《海南大学学报(人文社会科学版)》2020年第1期。

而德国将在欧洲谋求类似的地位，并排斥域外势力的干涉。按照施米特的设想，随着时势的发展，整个世界有可能会重组为若干个"大空间"，以主权国家为基础的国际法，也将转化为另一种不同的形态。

日本比德国更早受到"门罗主义"的深入影响。1872年，日本外务省聘请曾任美国驻厦门领事的法裔美国人李仙得（Charles Le Gendre）为顾问，后者向日本执政精英传授了美国的"门罗主义"外交政策经验，鼓励日本以教化蛮邦的名义，在亚洲确立自己的势力范围。到了19世纪末，倡导"大亚洲主义"的日本政治精英明确地将自己主张的"亚洲主义"与美国的"门罗主义"话语结合起来，寻求在东亚确立日本的势力范围，其话语中出现的常见要素是"黄白种争"，是对日本领导"亚洲解放"的期待。然而日本国力相比于欧美列强尚弱，1902年日本又加入了英日同盟，在外交政策上长期采取"协调主义"，这使得日本官方很难采用一种对抗式的日式"门罗主义"表述。

然而"协调主义"的话语在一定程度上也能够支持日本在东亚的势力范围诉求——承认欧美的"文明程度"领先，但又认为日本加入英日同盟，可以证明日本在"文明程度"上已经与英国并驾齐驱，能够在东西方文明之间起到一种协调者的作用，进而在区域事务中发挥领导者的作用，而1904—1905年的日俄战争，更是被用来证明日本的领导资格，进而加快日本对朝鲜的吞并。

"一战"爆发后，日本执政精英趁着欧洲列强无力东顾，将其"东亚门罗主义"部分转化为日本的对华政策，先强迫袁世凯签订"二十一条"，后通过"西原借款"来影响北洋政府。美国白宫的对日政策，也是允许日本以美国的"门罗主义"来类比其与中国的关系。然而，在战后的华盛顿会议上，日本对中国的支配遭到了欧美列强的削弱，日式"门罗主义"转入低调阶段；1931年"九·一八"事变之后，日式"门罗主义"卷土重来，在受到英美等国的反弹之后，日本于1933年3月退出了国际联盟，进而更为公开地谋求对中国的支配。在"二战"爆发之后，日式"门罗主义"的关注区域，从"东亚"进一步扩展为包含了东南亚乃至南太平洋的"大东亚共荣圈"。"二战"期间日本的国际法学家们汲取施米特的"大空间"理论，推进自身的"广域国际法"的发展，在"大空间"或"广域"内部各国关系这一议题上，做出了新的论述。然而随着德日两国被盟军击败，欧亚大陆区域霸权模仿美国的"门罗主义"重构全球秩序的尝试也就此折戟沉沙。

德日两国对"门罗主义"话语的运用与美国自身对于"门罗主义"话语的运用存在着一些差异。美国对于"门罗主义"话语的运用，始终不乏"文化霸权"（cultural hegemony）层面的考量。这体现在几个方面：第一，无论是在西半球，还是针对全球，美国执政精英都强调自身对于所谓"民主政体"的捍卫，即便实际操作经常与其宣传大相径庭；第二，尽管"门罗主义"从一开始就是在一个超国家的"区域"层面展开的，并逐渐发展成为一个与全球空间有关的原则，但国家层面的"主权"话语，从来没有完全从美国的"门罗主义"话语中消失。

一个重要的典型是，在1914年美国国际法学会第八届年会上，曾在罗斯福总统任内担任国务卿、时任参议院司法委员会成员的共和党资深政治家鲁特（Elihu Root）发表演讲《真正的门罗主义》（"The Real Monroe Doctrine"）称，"门罗主义"不是国际法，但基于国际法所认可的自卫权（the right of self-protection），后者是国家主权的题中应有之义。"门罗主义"旨在为美国自身的安全维持一个

外部环境，它并不损害或控制其他美洲国家的主权。❶

按照鲁特的解释，欧洲列强对于拉丁美洲内政的干涉，将不仅是对拉美国家主权的侵犯，同时也是对美国国家主权中所包含的自卫权的侵犯。这可以说是对发源于欧洲的"主权"观念的扩张解释。它意味着，美国执政精英的"主权"观念，虽然基于自身的领土边界，但其防卫的范围并不仅限于其领土边界之内；在其领土之外的一个区域范围内，美国认为自己有权利以"自卫"的名义来对他国实施保护和干预，这一策略，是将其他国家的主权"虚化"与"空洞化"，但并非断然否认它们主权的存在。显然，对于美国而言，这种主权观念是无法普遍化的，因为如果其他国家主张同样的权利，区域内部的冲突就会不可避免。但不可否认的是，美国执政精英毕竟没有完全抛弃"主权"的观念。

与此相关的是，由于"帝国"（empire）一词的语义不仅关乎政治体内部的同质化程度，同时也与君主制政体存在一定关联，美国统治精英既然强调自身捍卫一个由共和国构成的"半球"，因而往往将"帝国"与旧大陆列强相关联，慎于将"帝国"一词用于指称自身，或者虽然羞羞答答地用了"帝国"一词，但强调自身的经营之道迥异于旧大陆的列强，是仁慈的和自由主义的，关注被统治者的自治能力的培育和殖民地的社会进步。菲律宾和波多黎各是两个经常被引用的例子。这种"例外主义"论调忽略了美国在其他殖民地（如关岛、萨摩亚）采取的不同的政策，也忽略了英国政府直接

---

❶ 鲁特避免直接讨论1904年的"罗斯福推论"，而是引用了老罗斯福1906年12月3日的国会讲话，该讲话称"门罗主义"并不意味着美国的优越地位或对美洲国家行使保护权。鉴于老罗斯福说过"温言在口，大棒在手"（Speak softly and carry a big stick），鲁特引用的这番讲话，可以被理解为老罗斯福"温言"的一部分。Elihu Root, "The Real Monroe Doctrine," *The American Journal of International Law*, Vol. 8, No. 3 (July 1914), pp. 427-442.

统治印度之后的各种仁慈与自由主义的形象塑造，其事实基础是非常可疑的。❶ 但是，在话语层面，可以说，美国统治精英对"帝国"话语的态度，总体上要更加内敛，对于以"帝国"话语取代"主权"话语，倾向于持更加谨慎的态度。

相比之下，德日两国对"门罗主义"话语的借用，在很大程度上简化了美国"门罗主义"话语与实践之间的暧昧关系：首先是砍掉了美式的"保护民主（或共和）政体"的修辞，政体形式并不是德日理论家所设想的区域内部同质性的关键所在；其次，19世纪美国在西半球遭遇到的最有力的竞争，是英国区分政治支配和经济渗透的"非正式帝国"实践，在这一背景下，美国的"门罗主义"实践，也日益体现以自由市场经济原则为基础的政治/经济二分，并将资本的跨境流动视为一种中性的现象。这一区分在德日关于"生存空间""大空间"的讨论中被弱化，区域内的原材料产地、消费市场以及产业链的整合，带上了寻求"生存"的政治意义。与此密切相关的是，德日两国的理论家更直截了当地宣布，应当弱化国家主权，将国际法建立在"大空间"或者"广域"的基础之上，殖民扩张的话语不再是"犹抱琵琶半遮面"，而是直接走到了前台。

这种经过重新解释的"门罗主义"，显然比美国的"门罗主义"更为坦诚，更少伪善的因素。但在这里我们也许可以回顾法国箴言作家弗朗索瓦·德·拉罗什富科公爵（François de La Rochefoucauld）的一句格言："伪善是邪恶向美德的致敬"（hypocrisy is a tribute vice pays to virtue）❷——对伪善的批评，既可能出于对真正美德的追求，

---

❶ Julian Go 通过对大英帝国与美帝国的比较，破除"美国例外主义"论述，颇为发人深省。Julian Go, *Patterns of Empire: The British and American Empires, 1688 to the Present*, New York: Cambridge University Press, 2011, pp. 67-102.

❷ La Rochefoucauld, John Heard, Jr. trans., *La Rochefoucauld Maxims*, Mineola, New York: Dover Publications, 2006, p. 27.

也可能基于对美德是否存在的根本性怀疑。

最后，让我们转向中国。中国曾经自视为一个古老的亚洲区域国际秩序的中心，在19世纪下半叶，清廷外交官员一度试图借助"亚洲"的话语，来保存既有的朝贡体系。然而，欧洲列强的入侵，以及日本明治时期的对外扩张，逐步摧毁了这个体系，中国自身也沦为东西方列强的半殖民地，甚至连保持在国际体系中的"二等国"（所谓的"半开化国家"）的位置都岌岌可危，中国的政治—文化精英难以设想由当下积贫积弱的中国来保护一个更大的区域空间（尽管有理论家设想了这样的远景）。于是，"门罗主义"在中国的传播和应用，出现了两个不同的方向：

第一个方向，是将"门罗主义"运用于次国家的空间——省域。在世纪之交，梁启超领导的《清议报》编辑团队密切关注美国征服菲律宾的战争，在其刊物上介绍美国"门罗主义"的发展与菲律宾抗美民族独立运动的走向。"XX是XX人的XX"这一句式，被《清议报》编辑团队同时用到超国家、国家与次国家层面。尤其是欧矩甲的《新广东》，推广了"中国者，中国人之中国也"以及"广东为广东人之广东"两个反满口号，影响了其他省份（如湖南）的留日精英的反满论述。

不久之后，辛亥革命爆发，各省宣布脱离清廷自立，但这一革命路径也导致了革命中产生的中央政权缺乏整合力，"省域门罗主义"在许多省份从一种口号成为一种制度现实：一系列地方实力派掌握了当地的军事、财政与人事大权，相对于中央政权具有极大的独立性。袁世凯试图重建北京政府在军事、财政和人事上对于地方的控制，其在1912—1915年的种种国家建设尝试，最终因为称帝所引发的地方实力派反弹而付诸东流。1916年袁世凯死后，北洋集团进一步分崩离析。1917年，在"府院之争"和张勋复辟之后，段祺瑞拒绝恢复《临时约法》，孙中山南下广州建立护法军政府，民国的法统出现分裂，南北两个政府均自称中央政府，相互对峙。南北的统一，重新成为一个棘手的问题。

"一战"期间，美国成立官方宣传机构公共信息委员会（Public Information Committee），并在中国设立分部，大力宣传美国正面形象以及威尔逊的思想，在中国产生了巨大的影响。尽管威尔逊在巴黎和会的表现导致其在中国的声誉一落千丈，在许多中国知识分子那里，"门罗主义"仍然保持为一个正面词汇，与"联邦主义"一样，均反映了"民主"、"自治"甚至"民族自决"的理念。20世纪20年代初，中国兴起"联省自治"运动，许多省份都试图制定本省宪法，推行自治，并宣称要在未来联合产生新的中央政府。许多后来的革命者参与了"联省自治"运动。1936年，毛泽东在对美国记者埃德加·斯诺谈话时曾指出，在1920年，他曾经是美国"门户开放"和"门罗主义"的追随者。[1] 在威尔逊总统那里，"门罗主义"与"门户开放"确实是统一的，因为两个口号都致力于为崛起中的美国消除扩张的障碍——先是脱下"西半球"这件紧身衣，进而要求其他国家对美国资本与商品开放。

然而，威尔逊1917年对"门罗主义"进行去空间限制的解释，在中国激发的却是对省域空间边界的强调——在这里，"省域门罗主义"恰恰与"门户开放"形成对立。那些试图通过"省域门罗主义"推进大众政治参与的青年很快发现，"省域门罗主义"的真正主导者，还是旧军阀、旧官僚，他们经常用"自治"的口号来对抗实质的国家统一，更不可能给真正的参与式平民政治留出空间。随

---

[1] 刘朋主编：《中共党史口述实录》（第1卷），北京：中国古籍出版社2010年版，第3页。

着国共两党在 20 世纪 20 年代走上通过社会革命统一全国的道路,"省域门罗主义"的声誉也就日益趋于负面,与军阀的割据、排外、抗拒统一关联在一起。当然,日本自从"九·一八"事变以来不断强化"门罗主义"符号,进而全面侵略中国,也对省域门罗主义形象的"黑化"产生了直接影响。

第二个方向是对美日两国的"门罗主义",尤其是日本仿照美国"门罗主义"打造的"亚洲门罗主义",作出回应。不少中国旅日精英都经历过先被日式"门罗主义"感召,后又因为种种原因"祛魅"的过程。康有为在 1898 年底流亡日本时曾试图借助"亚洲主义"话语来寻求日本政府帮助,但没有取得任何实质进展,并很快在各种压力之下离开日本,这一经历让康有为对日本的评价一落千丈;滞留日本的梁启超被"亚洲主义"话语吸引的时间比康有为更长一些,但世纪之交时美国征服菲律宾所带来的震撼,将梁启超引向了对"帝国主义"的关注,很快意识到美日两国的"门罗主义"均是一种帝国主义话语。相比之下,孙中山在反满革命、"二次革命"以及后续的"三次革命"中,都对日本官方与民间的支持有所期待,摆脱日式"门罗主义"话语,经历了一个更为复杂的过程;日本政府在孙中山发动的"护法运动"中,站在北洋政府一边,最终将孙推到对立面。1924 年孙在神户发表的以"大亚洲主义"为主题的演讲,决定性地弃了日本主流的"亚洲门罗主义"论述。

在全面抗战打响之后,面对日本的"亚洲门罗主义",一些论述者(如蒋介石)从"均势"原则出发,试图引入美国的势力来制约日本,为了取悦美国,不惜刻意对美国的"门罗主义"与日本的"门罗主义"进行区分,对前者进行一定程度的美化。抗战中的国家主义思想流派"战国策派"的一些作者,借助斯宾格勒(Oswald Spengler)的文化形态史观,参照中国春秋战国的历史经验,将当下命名为"战国时代",预测未来的前景是全球各区域经过统合,产生若干"大力国",并最终走向世界一统;洪思齐还希望中国能够以"亚洲联邦"的形式,实现对朝贡体系下旧藩属的整合。❶

然而最令人惊异的还是李大钊。早在东渡日本之前,李大钊就已经是日式"门罗主义"的尖锐批判者,"一战"期间日本的侵华政策,进一步坚定了李大钊的批判态度。我们也可以注意到,与同盟会—中华革命党长期以日本为活动基地不同,李大钊所参与缔造的新式政党从来没有期待从日本获得资源支持,在对日认识上一开始就保持着高度的独立性。由此来看,国共两党在20世纪30—40年代对日政策的差异,可谓"冰冻三尺,非一日之寒"。但更重要的是,李大钊在成为马克思主义者之前,就已经对霸权的逻辑有着深刻的认识与批判。他所设想的亚洲,既不是日本支配的亚洲,也不是以中国为中心的朝贡体系的复活,而是以各民族的自由与平等为基础进行重构的亚洲;他所设想的世界,也是这样的一个世界。今天在天安门城楼上的"中华人民共和国万岁"以及"世界人民大团结万岁"两句标语,可以说延续了李大钊的这一关怀。

历史研究者或许会拿着放大镜,在1958年10月6日毛泽东起草、以彭德怀名义发布的《中华人民共和国国防部告台湾同胞书》中找到一丝美日"门罗主义"的痕迹。这一宣言书抨击美国对于中国统一事业的干涉:"一个东太平洋国家,为什么跑到西太平洋来了呢?西太平洋是西太平洋人的西太平洋,正如东太平洋是东太平洋人的东太平洋一样。"❷ "西太平洋是西太平洋人的西太平洋"在

---

❶ 《战国策》第10期(1940年8月15日),转引自曹颖龙、郭娜编:《战国策派》,长春:长春出版社2013年版,第359页。
❷ 中共中央文献研究室编:《毛泽东文集》(第7卷),北京:人民出版社1999年版,第421页。

形式上采取了"XX是XX人的XX"这一典型的"门罗主义"句式,然而这一宣言书的关注点在于排斥美帝国主义对于中国主权事务的干涉。次年3月18日,毛泽东在会见日本社会党书记长浅沼稻次郎时又明确指出"西太平洋要由西太平洋自己的国家来管"。❶这一表述的用意在于倡导中日两国人民携手,共同排斥美国的占领和对本地区事务的干预。

虽然"西太平洋是西太平洋人的西太平洋"与美国流行的"美洲是美洲人的美洲"口号以及日本流行的"东洋是东洋人的东洋"口号结构相似,但它的着眼点并非为任何国家划定"势力范围",而在于唤起区域内各国共同反对帝国主义的压迫。"西太平洋"的表述,也不意味着这里有一种类似"亚洲主义"的区域主义的出现,或者朝贡体系下的宗藩关系意识的复兴,因为当时中国战略决策者的"西太平洋"或"亚洲"论述,始终是镶嵌在"亚非拉"这个全球性的反帝联盟大框架之中的。这里的关键并不在于某个特定区域与外来干涉者的矛盾,而在于帝国主义与其潜在的全球反抗者联盟——"亚非拉人民"乃至"世界人民"之间的矛盾。一个进一步的证据是,1960年4月6日,周恩来总理接见智利文化教育界人士,在评论美国的对台政策之后,提出"美国有门罗主义,而你们拉丁美洲应该有个新的拉丁美洲门罗主义,不让人家干涉,自己团结起来,完全组成一个强大的经济力量"❷。周恩来总理建议的"拉丁美洲门罗主义",其重点就在于拉美国家建立一个共同的经济体系,自主与其他国家展开经济交往,摆脱美国的控制。这无疑体现

---

❶ 中华人民共和国外交部、中共中央文献研究室编:《毛泽东外交文选》,北京:中央文献出版社1994年版,第371页。
❷ 中共中央文献研究室编:《周恩来年谱(1949—1976)》(中),北京:中央文献出版社2007年版,第302页。

了当时的中国联合拉美进步力量抵抗帝国主义的努力。

本书以"门罗主义"话语的传播和解释演变为线索对近代历史进程的重述,也许有助于读者反思一些流传甚久的历史叙事。比如说,由于美国在"二战"中参与了世界反法西斯阵营并做出了重大贡献,"二战"后的美国产生了许多论述,将美国与轴心国的分野描写得如同是光明与黑暗的区别。这种"非黑即白"的描述影响深远,但掩盖了一个重要的事实,即德、日、意在崛起过程中,都曾羡慕美国在拉丁美洲的"门罗主义"实践,并试图加以解释和模仿。施米特在这方面提供了一个极其典型的理论样本。他在20世纪30年代末批评美国过河拆桥,明明自己是在西半球搞"门罗主义"起家的,在达到普世帝国主义阶段之后,动辄以全人类普遍利益的名义来对全球各个区域的事务进行干预,不允许其他国家按照美国19世纪"门罗主义"先例在本区域推行类似的排斥域外干预的实践。这一批判可以为我们理解美国从区域霸权向全球霸权的过渡,提供重要的思想启发,有助于克服我们在不经意间接受的美国自身的"辉格党式史学"(Whig history)叙事。❶

但与此同时,从施米特对美国越出西半球之前的"门罗主义"实践的肯定与推崇来看,施米特的"门罗主义—大空间"理论为全球单极霸权秩序提供的替代方案,可以被概括为若干区域霸权的共存。施米特对于普世帝国主义进行的批判往往是非常深刻的,尤其是不断揭示出后者的实践与其价值观论述之间的背离,这对普世帝国主义的受众而言,有可能具有某种思想解放意义。然而,近代德国没有像中国那样跌到谷底,施米特并不会像中国的士大夫一样,

---

❶ 对"辉格党式史学"的批评,参见[英]赫伯特·巴特菲尔德:《辉格党式的历史阐释》,李晋译,北京:生活·读书·新知三联书店2013年版。

对于朝鲜、安南、印度和波兰这些弱小国家的命运产生"兔死狐悲"之情。❶ 而为了论证德国寻求区域势力范围的正当性,在20世

---

❶ 本书若干章节的历史叙述和理论探讨,都涉及施米特的国际秩序/国际法与政治神学思想。目前无论在西方学界,还是在国内学界,都或多或少存在一种"猎巫"心态:谁引用或探讨了施米特,谁就是施米特的同情者乃至爱慕者,就有成为"纳粹桂冠法学家"的渴望。这种"猎巫"心态是可笑的。施米特敏锐、犀利,并具有较为系统的理论,一些中国学者借助施米特的概念工具来建造脚手架,以建设和丰富扎根于中国历史与当代现实的理论大厦,他们中的大部分拥有这样的自觉:脚手架终究是脚手架,并不是最终完成、用以栖居的房子,这些探索值得学术上的认真对待。但为了避免不必要的误读和争论,在此表明本书的理论立场或许是必要的:一、施米特是一个立足于德国作为"区域霸权"历史经验的理论家,他从这一位置出发对全球普世帝国主义的批判非常深刻,但终究包含着内在的霸权主义逻辑。特别突出的是,施米特曾用"波兰不是国家"来对俄、普、奥在18世纪对波兰的三次瓜分进行正当化,而在1939年,他所展望的"大空间"里包括了波兰,至少是其有德意志人居住的部分领土([德]卡尔·施米特:《大地的法》,刘毅、张陈果译,上海:上海人民出版社2017年版,第144页)。在《游击队理论》中,施米特在毛泽东的《念奴娇·昆仑》中读出了相互独立的、互不干涉的"大空间"的意涵([德]卡尔·施米特:《游击队理论》,《施米特文集》[第1卷],刘宗坤、朱雁兵等译,上海:上海人民出版社2004年版,第296页)。然而实际上诗人所写的是全球反对帝国主义的图景,而"世界革命"是施米特从根本上拒斥和反对的。中国近代在全球秩序中是被全球霸权和区域霸权同时压迫的对象,产出了更为彻底的反帝反霸的思想,这些思想是一笔宝贵财富。二、对于理解20世纪中国革命以及由此而建立的中国宪制而言,时间性是一个具有根本性的维度,人们需要阅读马克思、恩格斯、列宁和毛泽东而非施米特,来理解这种时间性。因为施米特从其政治神学出发,从一开始就将国际共运与美国的普世帝国主义同样视为"敌基督者",他甚至将苏俄的苏维埃政权理解为基于少数人掌握的"贵族制宪权",原因就在于,他的理论逻辑与"先进性""先锋队"这样的观念是抵触的,而如果剥离时间性,当然就只能够看到革命者在全国人口中仅占少数的表面现象,而无法探讨他们对于未来、对于民族与人民的根本利益与长远利益的代表。如果施米特的理论可以被用来解释20世纪中国革命的话,它最多也只能阐述这场革命的反帝反殖的属性与民族主义维度,而这场革命中包含的社会革命的正当性以及与世界革命之间的关系,仍然会被他打上问号。三、基于历史证据来看,"纳粹桂冠法学家"本来就是对施米特与纳粹关系的略为情绪化的表述,毕竟,施米特在与纳粹党的短暂"蜜月期"后很快被边缘化。然而,施米特的"大空间"理论,确实与第三帝国的对外扩张,有着强烈的呼应关系。我们也不应忘记,20世纪30年代末,施米特引以为同盟的是主张"亚洲门罗主义"的日本帝国主义,而不是奋力抗击日本帝国主义的中国军民,而日本"二战"期间的国际法学家也确实运用了施米特的"大空间"理论来为"大东亚共荣圈"做法律上的论证。

纪30年代,施米特甚至还将日本的"亚洲门罗主义"引以为潜在同盟。❶

借助对于美、德、日三国"门罗主义"的探讨,我们有可能进一步推进对于近代中国在全球秩序中的位置的理解。中国革命史一般的叙事是,近代中国沦为半封建半殖民地社会,成为帝国主义的压迫与剥削对象。但基于对于"门罗主义"话语以及背后的空间政治的探讨,我们还可以进一步补充:近代中国是全球霸权竞逐者与区域霸权的支配与争夺对象;更复杂的是,当时中国的许多统治精英,从李鸿章到蒋介石,都有意识地借助全球霸权竞逐者来牵制区域霸权对于中国的蚕食与吞并,这一策略有时奏效,有时失灵;即便偶尔奏效,也不是因为中国自身拥有足够的遏制侵略的实力,而只是因为列强之间有相互牵制的决心与行动。

自从19世纪中期以来,清王朝的政治权威就不断衰减,"门罗主义"话语在中国国内激发的不是竞逐超国家区域霸权的雄心,而是省域自立的呼声。中国历史上素有"封建"与"郡县"之争,随着19世纪清廷权威的衰败,天平一度偏向于"封建"一侧。但就其话语形态而言,我们很难说这是历史上的"封建论"的简单复归。毋宁说,同时代的许多西方列强提供了一种新的参照,让中国的论者看到,地方自治可以带来一种纤细入微的治理,激发基层活力,带来不同地方单位之间的竞争,进而使国家变得更加强大。在清末民初,无论是立宪派代表康有为,还是革命派代表孙中山,都对地方自治寄予厚望。对于前者而言,欧洲的"众小竞争",产生了"交通灵便,政化易感,风俗易激,相师相忌,相扶相迫,而交

---

❶ [德]卡尔·施米特:《以大空间对抗普世主义:论围绕门罗主义的国际法斗争》,《论断与概念》,朱雁冰译,上海:上海人民出版社2006年版,第313页。

相进化于无已也"❶的效果,中国有必要在保障国家统一的前提下,以地方自治调动基层积极性,从而促进国家建设;对于后者而言,地方自治是"训政"时期人民学习如何行使政治权利,进而实现全面当家做主的关键一环。❷

然而,晚清与民国的"地方自治",是在中央政权衰微、列强环峙的环境中所发生的。随着北洋集团走向衰败,诸多"地方自治"的呼吁者很快发现,中国已经陷入了军阀割据与混战而无法自拔,"地方自治"很容易成为地方军阀垄断对地方社会的支配权的借口,在这种支配之下,本地民众在地方公共事务中的参与是一个遥不可及的梦想。这种碎片化的局面,也削弱了中国对外部压迫做出反应的能力。一个通过政治—社会革命重新整合中国的历史进程,在20世纪20年代启动,最终在20世纪中期结出硕果。而中国军民抗击日本"亚洲门罗主义"的斗争,是这一"旧邦新造"的历史进程的重要组成部分。最终克服"省域门罗主义"的"延安道路",正是在抗战期间形成并发展成熟——革命者对于国内秩序与国际秩序的改造,是在同一个历史过程中展开的。

三 多极化与不确定的全球秩序前景

在20世纪上半叶,欧亚两洲曾经涌现出一批关于"门罗主义"的理论探讨。本书试图对其中的代表性话语进行梳理和分

---

❶ 康有为:《德国游记》,载姜义华、张荣华编校:《康有为全集》(第7集),北京:中国人民大学出版社2007年版,第433页。
❷ 孙中山:《建国方略》,中国社会科学院近代史研究所中华民国史研究室等合编:《孙中山全集》(第6卷),北京:中华书局1982年版,第204—205页。

析，并指出"门罗主义"符号是正在崛起的区域霸权利用美国的区域霸权经验来制约美国普世帝国倾向的话语工具。当然，不可否认的是，这种"门罗主义"话语的运用，指向某种"多极化"的全球秩序主张，其基本特征是若干区域霸权的共存以及对各自势力范围的统合。

在冷战结束近三十年后，美国的单极霸权已经在松动之中，世界秩序的多极化已是显而易见的趋势。我们会听到德国的理论家呼唤德国在欧盟之中发挥更大的领导作用，并增强欧盟在美国主导的跨大西洋联盟中的战略自主性❶，看到法国总统马克龙疾呼加强欧盟的主权❷，尽管欧盟从来都不是一个主权国家；我们会看到俄罗斯的理论家举起"欧亚主义"（Eurasianism）旗帜，并寻求"欧亚主义"与中国"一带一路"倡议的联结。❸ 而在2020年的新型冠状病毒的全球大流行中，美国确诊与死亡人数都居于世界第一，在这样的情况下，特朗普政府还宣布切断与世界卫生组织（WHO）的关系，可谓完全放弃了对于全球抗疫领导权的争夺，而美国国内爆发的反种族主义运动，又进一步削弱了美国在国际上的道义形象。在这一背景之下，"何种多极化"的问题也变得比以往更具有紧迫性。而历史经验，则能够为我们当下提供借鉴与教训。

当代中国的"多极化"世界秩序主张对于美国单极霸权产生了

---

❶ Herfried Münkler, *Macht in der Mitte: Die neuen Aufgaben Deutschlands in Europa*, Hamburg: Edition Körber-Stiftung, 2015.

❷ Emmanuel Macron, "Initiative for Europe" (Sorbonne Speech, September 26, 2017), http://international.blogs.ouest-france.fr/archive/2017/09/29/macron-sorbonne-verbatim-europe-18583.html.

❸ 2018年12月12日下午，俄罗斯学者亚历山大·杜金曾在北大发表题为《欧亚地缘政治语境中的"一带一路"》的演讲，涉及这一主题。讲座内容概括：https://www.youtube.com/watch?v=jOv1EYDFSck。

相当大的冲击，其引发的一种反弹是，西方世界的一些评论者经常用"门罗主义"这个词来给中国的一些政策贴标签，比如说，称中国的"一带一路"倡议是一种"门罗主义"实践。❶ 这似乎是在暗示，中国的"多极化"主张，与当年德、日两国的区域霸权建构并无实质差异。但无论是从历史还是从当代实践来看，这种暗示都是误导性的。

以"一带一路"为例，历史上的"丝绸之路"从来都是各民族与文明的互联互通之路，中国的中原王朝在最强的时候也只能够对西域有所影响，将整条"丝绸之路"视为中原王朝的势力范围，本来就是不合史实的。甚至连"丝绸之路"这个名称都源于19世纪德国贵族费迪南·冯·李希霍芬（Ferdinand von Richthofen）的命名。而美国国务院早在2011年，就针对阿富汗局势，提出了"新丝路"（New Silk Road）区域合作计划❷，这一计划并没有在美国的国家战略中获得优先地位。不久，中国提出了"一带一路"倡议，将"丝路"的概念发扬光大。当代的"一带一路"并不像"美洲"一样，是一个可以在观念上界定的封闭空间，它的重点是"带"与"路"，是穿越不同地缘政治空间的交通线，它强调的是开放、连接和沟通，而不是封闭和排他性的控制。"一带一路"是一个"互联互通"的倡议（initiative），而中国在其中的角色，更确切地说是"首倡者"，而不是支配者。

---

❶ 有代表性的论述，如 Steven F. Jackson, "Does China Have a Monroe Doctrine? Evidence for Regional Exclusion," *Strategic Studies Quarterly*, Vol. 10, No. 4, 2016, pp. 64-89； Changhoon CHA, "China's Westward March: Strategic Views of One Belt, One Road," *The Korean Journal of International Studies*, Vol. 15, No. 3 (December 2017), pp. 483-500。另一种指责是认为中国的南海政策体现出中国式的"门罗主义"，参见 Christopher Rossi, *Whiggish International Law: Elihu Root, the Monroe Doctrine, and International Law in the Americas*, Leiden & Boston: Brill Nijhoff, 2019, pp. 196-200。

❷ Lynne M. Tracy, "The United States and the New Silk Road," October 25, 2013, https://2009-2017.state.gov/p/sca/rls/rmks/2013/215906.htm.

事实上,"一带一路"连接的某些空间,恰恰是某些区域强国的敏感区域。比如说,俄罗斯的一些欧亚主义者(Eurasianists)长期将中亚视为俄罗斯的排他性势力范围,如果"一带一路"是一个"门罗主义"计划,那么在中亚,必然会发生中国与俄罗斯对于排他性支配资格的争夺。在美国压力之下,中俄两国近年来在地缘政治上有很多合作,中国对于俄罗斯在中亚的传统影响保持着高度的尊重,都是有目共睹的现象。而中国的东方与东南方更是被从横须贺、冲绳到樟宜的一系列美国军事基地所包围,从地缘政治上说,美国在这些地方的军事控制力不言而喻。然而,显而易见,"一带一路"倡议并没有以"亚洲"的名义,直接质疑和挑战美国在亚洲的军事存在。

虽然目前国际舆论中还没有出现将"一带一路"倡议与大英帝国鼎盛时期的空间思维方式作类比的评论,但在这里预先做出回应有益无害。大英帝国在20世纪上半叶,尤其是在1928年《凯洛格—白里安公约》(即《巴黎非战公约》)的酝酿和签署过程中,也曾经模仿美国的"门罗主义",宣布自己版本的"门罗主义",人称"英国门罗主义"(British Monroe Doctrine)。但因为大英帝国是一个全球性海洋帝国,一度拥有全球最强的海军,它的"门罗主义"首先关注的并不是像"美洲"这样的有边界的大陆空间,而是海洋上的交通枢纽,如苏伊士运河、马六甲海峡、博斯普鲁斯和达达尼尔海峡等,英国海军如果能够控制这些交通枢纽,就能够保证整个帝国的安全。❶因此,英国对于任何威胁到其海军对这些枢纽的控制

---

❶ 当然,正如曾担任大英帝国印度总督的寇松在20世纪初指出的,英国不仅是当时世界上最强的海洋国家,也拥有最广阔的陆地领土疆界,是世界上最大的陆地强权。[英]寇松:《论疆界》,张世明等主编:《空间、法律与学术话语:西方边疆理论经典文献》,哈尔滨:黑龙江教育出版社2014年版,第157—158页。不过,着眼于不同的陆上领土相互之间的联结方式,大英帝国的海洋性仍然是第一位的。

的行为，都非常敏感。"一带一路"的思维，是这种"路由器"理念吗？这也是没有根据的类比。在英国的海上帝国衰落之后，美国是其唯一的后继者，当代世界的主要海上交通枢纽，在很大程度上处于美国军事基地的力量辐射之下，中国又能够排他性地控制上述哪个海上交通枢纽呢？

而在其他一些更为抽象的空间冲突之中，中国诉诸的也是防御性的"主权"原则，而不是具有扩张性的"门罗主义"。比如说，在网络空间中，中国以"网络主权"来对抗美国的全球网络信息霸权，修筑"防火墙"，并要求数据的本地化存储❶；在司法问题上，中国以"司法主权"来批评美国法院帝国式的"长臂管辖"（long-arm jurisdiction）。这都是基于传统的"主权"观念提出的防御性主张。

而在全球金融领域，美国主导的 SWIFT（环球同业银行金融电讯协会）与 CHIPS（纽约清算所银行同业支付系统）控制着最为重要的金融通信网络系统，外国企业如果以美元进行国际贸易结算，就很难绕过它们，但这两个系统早就已经是美国对他国金融与贸易活动建立"长臂管辖"的常用工具。面对这一金融空间限制，2019年初，德国、法国、英国发起建立 INSTEX（支持贸易往来工具）结算机制，以绕开美国对伊朗制裁法令的"长臂管辖"；2015 年 10 月，中国也启动了人民币跨境支付系统（CIPS），以保持人民币跨境支付结算的独立性。这些努力是针对金融霸权、保障国家金融主权的防御性行动。如果说金融通信网络是一个新的空间的话，它并不像地理空间那样，是一个总量上限被定死的空间，而是具有很大

---

❶ 参见刘晗：《域名系统、网络主权与互联网治理历史反思及其当代启示》，《中外法学》2016 年第 2 期。

的弹性,各个国家都可以建设基于自身货币的独立结算机制,从而为国际金融与贸易的从业者提供多种选项。

许多读者注意到,美国的特朗普政府反复申明对"全球主义"(globalism)与"全球化"(globalization)的反对,并大讲"主权"(sovereignty)原则。比如说,2017年9月19日特朗普总统在第七十二届联合国大会上的演讲,提到"sovereignty"一词达到二十一次之多。❶ 然而,特朗普所讲的"主权"原则,是将美国在过去两个世纪中建立起来的大量帝国式的域外管辖权(extra-territorial jurisdiction),都纳入"主权"的范围之内。用国内法来管辖国际事务,早已经成为美国法律运作的常态。因而特朗普的"主权"话语根本不具备"主权平等"的意涵,其实际用意,是利用"主权"话语的对外排斥功能,甩掉美国过去所承担的大量国际义务,但不减损美国在国际体系中的种种特权地位。从"霸权"(hegemony)理论的经典作家葛兰西(Gramsci)的眼光来看,这就意味着美国全球霸权中"同意"(consent)的要素出现弱化,而"强制"(coercion)的维度变得更加突出。❷

我们更需要理解的是,许多指责中国奉行"门罗主义"的种种话语,恰恰贯彻了美国执政精英一贯的"门罗主义"思维逻辑:界定异质性的因素并加以排斥。在这些评论者看来,中国在自己主权范围内实行的政治、经济与社会模式本身就已经干扰了美国试图在全球建立的同质性秩序,如果中国胆敢划出一个"超国家"的区域空间并推广自己不同于美国的政治、经济与社会实践,那更是证明

---

❶ Remarks by President Trump to the 72nd Session of the United Nations General Assembly, https://www.whitehouse.gov/briefings-statements/remarks-president-trump-72nd-session-united-nations-general-assembly.

❷ [英]佩里·安德森:《原霸:霸权的演变》,第23—28、130—141页。

中国是全球空间中的破坏分子,这种指责要求中国承担为自己辩护的举证责任。这种"先发制人"进行话语攻击的策略,一直是美国外交政策传统的一部分。

不过,基于本书对于"门罗主义"话语谱系的历史研究,我们可以做出这样的反驳:在当下,倡导霸权主义式"新门罗主义"的,是美国而非中国。当代中国所倡导的,是"人类命运共同体"的理念,这一概念的具体内涵,还在发展之中。但从目前的实践来看,它既不同于以人类普遍利益和"国际社会"代表自居、动辄指定人类"公敌"的帝国主义—干涉主义,也与基于"势力范围"意识的"门罗主义"大相径庭。在 2020 年新型冠状病毒疫情的全球大流行之中,中国刚刚走出最艰难的处境,尚处于虚弱的状态,即向许多发展中国家乃至于发达国家提供了抗疫物资和医疗援助。病毒并不承认国界,它的传播打破各种空间界限,将全人类置于恐惧之中,中国只有帮助其他国家走出"至暗时刻",自己也才能够获得真正的安全,在此,利他与利己是高度统一的。这就是"人类命运共同体"精神的生动实践。

当代中国的国际秩序主张,有着古代中国历史经验的渊源,更是 20 世纪以来中国革命与建设路径的延伸。从全球比较的视野来看,古代中国的历史经验具有自身的鲜明特征:由于海洋、高山与沙漠的阻隔和保护,今日中国版图所覆盖的地理空间几乎是自成一体,而建立于农耕之上的古代中原王朝,只要能够保持内部不乱,在大部分时间里相对于周边具有力量上的优势,因而在心理上也具有很强的安全感。美国"门罗主义"历史经验中包含着的根深蒂固的疑惧,以及从疑惧到"先发制人"的行为模式,是在从欧洲到美洲的"万国竞争"的条件下形成的,但这绝非古代中国中原王朝的心理模式与行为模式。接下来,在 19 世纪,中国被抛入一个万国竞争的国际体系,迅速跌到谷底,这一经历削弱了中国在地缘政治上的安全感。但在朝贡体系崩溃之后,中国国力的孱弱,使得其很难设想对某一个超国家的区域的支配,同时,沦为半殖民地的遭遇,使得中国对于国际体系中的弱小民族与国家的境遇能够产生深刻的共鸣,对于区域霸权和全球霸权的逻辑具有某相当程度的敏感性。

通过20世纪漫长的革命与艰苦的建设,中国重新实现内部整合,打造出了强有力的国家主权,并在此基础上对外开放,由于开放的程度与步调是中国自主可控的,中国得以在开放的过程中避免重新陷入"依附"的境地。而这就是汪晖教授总结的中国的"自主性开放"历史经验的关键所在。❶ 基于"己所不欲,勿施于人"的精神,中国在对外交往时,也比较强调尊重各个国家的平等主权,并倡议在此基础上相互开放,互联互通,尊重文明的多样性,倡导文明之间互相借鉴。"人类命运共同体"的思维承认,任何国家,无论大小,都会在一定的区域之中拥有并发挥自身的影响力,这是一个经验事实;但影响也是相互的,区域内的国家,相互之间存在一种"共生"关系。各国影响力的发挥需要尊重区域内的其他国家、民族与文明,其底线要求是对主权的尊重,比如说,商业贸易的影响力不能建立在"强买强卖"的基础之上,更不应用强制力限制区域内国家与其他国家的正常交往。

一个区域的国家在平等、自愿的基础之上联合成为类似欧盟这样的超国家的政治单位,不失为迈向"人类命运共同体"的积极行动。事实上,由于产业分工与工业供应链的复杂化,以及科技创新成本的提高,世界上绝大部分国家没有能力打造完整的工业体系、完全依靠自身的资金和人员开展科技研究,实现重大突破的难度也

---

❶ 汪晖:《中国崛起的经验及其面临的挑战》,《文化纵横》2010年第2期。

愈益加大。通过区域一体化来打造相互配合的工业体系，建构统一的区域市场，发展科研合作，已经成为发展的内在要求。比如说空中客车（Airbus）公司，就是建立在法国、德国、西班牙与英国四个欧洲国家的合作之上，这些国家中的任何一个，都难以单独建立起完整的大飞机产业链。在2020年新冠病毒的全球大流行之中，欧盟的决策精英们进一步意识到了欧盟在制造业上的产业短板，而要补足这一短板，区域一体化的意义进一步凸显。不过，各种区域的联合，同样存在着蜕变成为区域霸权的"门罗主义"计划的风险——大国违反区域内国家的意愿，限制与阻碍后者与域外国家的正常交往。如何保持联合的自愿与平等互利的性质，一直是区域一体化的内在挑战。

如果说以上视角强调的是主体的主观能动性，对于国际关系的现实主义者而言缺乏说服力，我们接下来可以切换到一种更具现实主义色彩的视角：在当代世界，中美两国都存在着经济实力与军事—政治实力之间的深刻不对称，由于这种不对称，目前根本不存在中国"取代"美国单极霸权地位的现实可能性，而且中国根本没有这样的主观意图。中国的经济实力居于全球前二，制造业增加值已超美、日、德总和，而且正在成为世界上最大的单一消费市场，但中国的军事与政治实力及经济实力有着巨大的差距：中国迄今仍然是一个未能实现国土完全统一的国家，仍然是一个被美国军事基地包围的国家，仍然是一个因为自身发展模式与欧美的不同，经常在欧美主导的国际舆论中饱受围攻的国家。而美国恰恰相反，在经历过帝国的"过度扩张"（overstretch）之后，其经济实力正在相对衰落，产业出现了严重的"空心化"，但其军事与政治实力仍然强大，其统治机器不会坐实经济实力的相对衰落，肯定会采取各种超经济的手段来为美国经济"输血"，而美国的一些盟友会被迫在这方面跟随美国。在这样的条件下，中国企业在海外进行正常的经济活动都可能会遭到美国及其盟友以国家安全、社会制度等为借口的种种围堵。近年来，我们已经目睹中兴、华为、Tiktok 等企业在海外的经营受到超经济因素的干扰，在这种条件下，中国要寻求超经济的强制，更会引起难以应对的反弹，必然是自我挫败的。

同时我们也可以看到，中国的政治社会组织模式，更具有内聚性而非扩张性的特征，这一特征使得中国能够在面对类似瘟疫这样巨大的生存灾难的时候，避免"散装"和"甩锅"，实现迅速的组织动员并克服危机，但它也同时对资本与个人（包括那些"走出去"闯荡国际空间的资本与个人）施加了很多限制，不赞同这种限制的人称其为抑制个体的首创精神，赞同这种约束的认为这是对"占有性个人主义"（acquisitive individualism）的节制，但不管是何种评价，在这样的模式之下，东印度公司式的、渴求利润的冒险家借助国家力量进行扩张的行为方式，很难占据主导地位。

这种内聚性同时也在一定程度上体现于中国的产业结构。20世纪上半叶地缘政治斗争中的重要概念 Autarky（经济上的自足）对于今天的绝大部分国家而言都是一个不现实的概念，对于中国也基本如此。但我们也要看到，中国实现经济"内循环"的能力要强于世界上大多数国家。从 20 世纪 50 年代以来，中国已经在自身的广袤国土上，建立起了全球独一无二的、从低端到中高端一应俱全的产业体系，是全世界唯一拥有联合国产业分类当中全部工业门类的国家。而特朗普政府对中国发动的贸易战、金融战和科技战，实际上进一步推动了中国经济的"去美国化"，迫使中国构建国内与国际"两个循环"。在 2020 年的新冠疫情之中，我们可以看到中国的经济体系已经展现出相当程度的"内循环"能力，经受住了极端情况的考验。

在当今世界，已经进入后工业社会的发达国家与尚未工业化的发展中国家的经济利益经常处于冲突之中。但由于产业部门和产业链的完整性，中国无论是与发达国家，还是与发展中国家，都可以有大量合作点，并能够在两类国家之间扮演某种协调的角色。在这样的内外条件之下，即便仅仅着眼于中国综合国力的继续增长，推动与各国平等互利式的合作，也是最有效的手段。但同时我们也要指出，这种冰冷的现实主义视角，无法把握历史经验和记忆对于一个国家行为方式的深刻塑造。

当然，全球秩序的演变是不同力量互动的结果，并非哪个国家能够单方面决定。在今天，空间政治的形态还在不断更新之中，正在兴起的空间政治斗争与"网络主权"相关，但又不仅限于"网络主权"。而这就是以数据和技术标准的控制权为中心的斗争。在正在到来的"物联网"时代，对于数据的控制，成为极为关键的基础性权力（infrastructural power）。在这个时代，少数跨国公司手中掌握的数据，可能超过世界上绝大部分的政府。民族国家政府在本国领土范围内对于合法暴力的垄断，其基础正在受到严重的削弱，"数字封建主义"（digital feudalism）❶ 将是世界上大多数政府难以克服的统治障碍。对于物理空间名义上的主权，将日益变得空洞化，而极少数有能力将这些跨国公司整合到一个复合体之中的政府，在空间政治斗争中就会具有优势。但即便是有这种能力的政府，也会面临着复合体内部"谁控制谁"的问题。

与此同时，在一个产业链越来越长，产品之间的相互配套性日益重要的时代，技术标准在很大程度上成为市场空间的"入场券"，

---

❶ Sascha D. Meinrath, James W. Losey & Victor W. Picard, "Digital Feudalism: Enclosures and Erasures from Digital Rights Management to the Digital Divide," *Advances in Computers*, Vol. 81, 2011, pp. 237-287. 另见王绍光：《新技术革命与国家理论》，《中央社会主义学院学报》2019 年第 5 期。

不同的、相互排斥的技术标准，就可能形成对市场空间乃至政治空间的分割。如果友好合作是基调，不同的技术标准之间总是可以找到衔接和兼容的可能性。比如说，在卫星导航领域，目前世界上存在美国的 GPS、中国的北斗导航、俄罗斯格洛纳斯导航系统三个有能力覆盖全球的系统（欧洲建立了伽利略系统但运行不畅）。2019 年，面对美国的压力，俄罗斯格洛纳斯导航系统开始与中国的北斗导航对接和融合，这意味着两国在军事上的合作进一步深入，同时也为相关民用工业的合作留下了广阔空间。

然而，这种关键基础设施技术标准的制定权，关系到科技—经济霸权的未来命运，因而总是会引发种种政治焦虑。举例来说，自从 2019 年以来，中国 5G 技术大规模投入商用，就让美国的许多执政精英忧心忡忡，因为这关系到的是关键性基础设施的标准，谁掌握了这一标准，谁就有可能在未来建立对这一基础设施之上的产业生态圈的主导能力。美国执政精英满世界游说，不遗余力地阻止各国使用华为公司的产品和技术，阻止全球的芯片代工厂为其代工，这可以说是史所未有的现象，但背后的焦虑是非常真实的。技术标准的重要性在于，它一旦确定下来，并以之为基础形成经济社会交往和产业链，如果加以逆转，带来的经济成本就会非常大。这种"低可逆性"带来的结果是，在近代用非常正式的国际条约建立的同盟关系，在今日可能会通过共享一种技术标准，悄无声息地完成，从而使得结盟的法律形式本身反而变得无足轻重。

政治技术化的结果，同时也是技术的政治化。围绕技术标准的斗争，成为理解当代空间政治的关键切入点。在这一背景下，我们将看到更多更为抽象的、由不同技术标准所划出的边界，它和舆论观念层面既有的"我们""他们"之区分，可能重合，也可能发生错位，但一旦确立，就具有很大的稳定性，进而有可能反过来塑造身份认同。在国际秩序层面，究竟是一个单极霸权设定技术标准、控制数据，还是存在不同但能够相互沟通、协同创新的平台空间，这将是未来斗争的关键所在。

当然，在这里仍然存在两极秩序与多极秩序的差异。2019年9月24日联合国秘书长古特雷斯（António Guterres）在联合国大会上设想过这样一种结果："我担心可能出现'大分裂'，世界分裂成两个阵营，地球上两个最大的经济体建造两个独立的、相互竞争的世界，每个都有自己的主导货币、贸易和金融规则，自己的因特网和人工智能能力以及自己的零和地缘政治和军事战略。"❶毫无疑问，古特雷斯的空间观念比单纯的地缘政治观察角度要更加完整，也更有现实感。相比于20世纪上半叶，当代的空间政治早已经多维化、抽象化了，互联网与金融的力量，以及由供应链所组成的工业体系，其边界与主权国家的物理边界未必重合。20世纪的美国早已经向我们演示了一个霸权国家如何在表面上不触及其他国家地理空间边界的前提下，实质性地影响乃至支配其他国家的政治、经济与文化生活。"二战"之后，人类也曾目睹过两极化的冷战秩序。但我们需要记得的是，在20世纪70年代，中国成为推动两极对立秩序走向终结的重要力量，并从后续的国际体系中汲取了一定的经济发展能量。如果中国陷入一种新的两极对立秩序，它给中国带来的压力，要比一个多极化秩序更为显著；与此同时，当不同国家需要在两个不同的选项之间站队的时候，世界的多样性本身，也会受到严重的削弱。

不过，对于"脱钩"和"两极化"，现实之中也不乏一些结构

---

❶ "联合国秘书长古特雷斯：提请各国警惕中美出现'大分裂'"：https://www.guancha.cn/internation/2019_09_25_519175.shtml，2019年10月6日最后访问。

性的制约因素：在冷战时期，美苏两大阵营不仅在意识形态上高度对立，在经济上也缺乏交集；而在今天，中国手中持有大量美债，而美国资本也在中国有大量投资。中国已经成为世界上最大的单一消费市场，更是全球独一无二的"全产业链"国家，美国有诸多企业既需要中国的消费市场，也离不开中国的制造能力与产业配套能力。在2020年的全球新型冠状病毒的大流行之中，中国集中精力抗疫，大量工厂推迟开工，给全球供应链带来了巨大的震荡；而当欧美各国政府在"隔岸观火"之后开始正视本国疫情之时，却面临着战略物资的匮乏困境，此时中国已经成为全球疫情蔓延局势下的一个"安全岛"，加速复工，向世界各国供应各种物资。在全球秩序的剧烈震荡之中，越来越多的国家能够认识到，中国制造业稳定运转，在全球危机中发挥着某种稳定器的作用。

对于中国物资的过度依赖，在2020年的疫情持续期间成为许多国家公共舆论讨论的热点问题。在疫情过去之后，一些国家可能会考虑国际供应链的脆弱性，在本地重建一些生产战略性物资的产业。但面对灾疫之后的经济社会不稳定，各国要尽快恢复经济，完全抛开原有的供应链，另起炉灶，所面对的必将是多重的障碍：一个国家的政府要求已经"走出去"的企业放弃14亿人的巨大市场，服务于其所设定的国家利益，这需要巨大的利益补偿，更需要确立国家政权对于私人资本流向的强大主导能力。在一个政客需要企业提供政治献金以赢得竞争性选举的政治制度之下，这一操作也许在个别产业和领域能够奏效，但不可能获得全面的成功。2020年11月东盟十国以及中国、日本、韩国、澳大利亚、新西兰15个国家签署RCEP（区域全面经济伙伴关系协定），这一事实本身就充分表明，即便有些国家在政治与军事上长期与美国结盟，在经济上也缺乏与中国"脱钩"的动力；而RCEP的签署，使得西太平洋各国与中国"经济脱钩"变得更不可能。

这并不是说，美国执政精英的"新冷战"举措在未来就会偃旗息鼓——即便在全球疫情最为肆虐的时候，美国执政精英的"遏制"姿态也从来没有停止；而是强调，中国在坚持"底线思维"，做好较长时间应对外部环境变化的思想准备和工作准备的同时，也要看到，有利于"多极化"和"多边主义"的因素仍然会持续存在，对于这些资源条件的恰当组合运用，可以将世界秩序推向一个更为公正的方向。

四　余　论

本书对"门罗主义"话语传播史的考察，既是对空间政治及其话语（包括法律话语）形式的研究，也是对19世纪以来美国与世界之关系的思考。从人类历史来看，只要有划定排他性空间的实践，就有可能产生表达排他性空间意识的话语。发源于美国的"门罗主义"话语，不过是古今中外千千万万种空间政治话语中的一种，但从19世纪以来，"门罗主义"话语国际影响力骤然增长，乃至流布于全球，为各种各样的政治势力所借用，这本身构成一个引人注目的历史现象，值得深入研究。

在这一传播进程的背后，是美国从西半球的区域霸权走向全球霸权的历史进程。美国在各个区域的"在场"（至少是作为潜在听众），使得这些区域的文化—政治精英们有动力将本地的空间政治诉求，"翻译"成为某种"门罗主义"式的话语，从而在一个拥有美国听众的空间中获得更好的表达效果。在今天，既然美国仍然没有完全丧失国际体系中的单极霸权地位，美国的影响力存在于全球各地，我们可以预测，"门罗主义"话语的传播史，仍然会获得不断的续造。

这是一个充满不确定性的时代。自从柏林墙倒塌以后，对于"全球化"前景的乐观畅想风靡一时，资本的跨境流动与增值，被视为是中性的、可以与政治相分离的运动。然而，世界没有真正变成一马平川的原野。后冷战时期高歌猛进的"全球化"，终因世界各国及其国内各社会阶层利益分配的高度不均，而遭遇种种激烈反弹，而最为精彩的反弹大戏，不是在别的地方，而恰恰是在美国的政治舞台上演。如果说在小布什执政时代，美国确实有一批新保守主义者怀着传播福音的心态，试图以一种时间—历史观念统摄广阔的全球空间，从而推行美国的制度和价值观，特朗普时代的华盛顿早就丧失了这种自信和冲动，余下的是竭力维护美国既有特权地位的保守心态。

这种保守性的表现之一是，特朗普政府的"门罗主义"话语正在弱化罗斯福—威尔逊时代的扩张性"门罗主义"话语中所隐含的"政治/经济"二分，它以一种防御的姿态，强调其他国家的经济活动可能会对美国的政治利益构成威胁——当然，特朗普政府不允许其他国家对美国做出类似的推定，仍然希望全球对美国资本保持"不设防"状态。在其执政的四年，特朗普事实上完成了一个"扳道工"的工作，使得后续的美国政府，在很大程度上也不得不继承这一将经济政治化的路径。

最后，在2020年，全球遭遇了新型冠状病毒的大流行。并不令人意外的是，后冷战时期全球金融与商业网络的不断拓展，同时也为瘟疫的全球传播准备了渠道，但谁也未能预料这场瘟疫惊人的烈度。病毒通过恐惧，将全球联为一体，但同时也激活了在"全球化"的过程中被削弱的种种边界，当人们固定不动时，资本的流动也停滞了。从柏林墙倒塌到 2020 年大瘟疫，后冷战时期的美式"全球化"，终于走完了它的生命周期。

大瘟疫之后，许多国家和区域单位将不得不更重视风险的管控，比如说，在本地重建一些并不符合"比较优势"理论的产业，以保证战略性物资的供给；在一些社会政策领域，限制自由市场经济原则的适用，增强社会的抗风险能力。强调国家和区域空间自主性的声音将会持续上升，因而有可能为"XX 是 XX 人的 XX"这样的"门罗主义"式话语提供更大的繁殖空间。2020 年的欧盟政治家比以往更强调"欧洲主权"的理念，而西太平洋各国也通过 RCEP（区域全面经济伙伴关系协定）的签订，加强了区域经济整合。人们已经越来越清楚地看到，"一花独放不是春"，单极霸权秩序本身具有巨大的风险。在一个被资本与军事力量"夷平"的世界里，人类文化与生活方式的多样性与丰富性必将难以保障，被霸权支配的族群和个人，其能够达到的卓越，其能够为全人类做出的贡献，也被人为地设置了某种"天花板"。

然而，20 世纪上半叶充满动荡与杀戮的历史告诉我们，"多极化"存在不同的路径。严分畛域、高墙林立，相互竞争的区域霸权划界而治，压抑着最为弱小的国家与民族，这也是一种可能的"多极化"路径，但肯定不是我们所期待的和平与繁荣的人类文明的特征。20 世纪上半叶德、日理论家仿照"门罗主义"提出的不同区域霸权划界而治的设想，如果付诸实施，将意味着当下以联合国为代表的全球协调机制的终结。但即便将这种设想付诸实践，也无法避免一种内在的不稳定性——美国"门罗主义"的演变史表明，当区域霸权面对全球霸权时会强调"区域主义"，但一旦自身具有成为全球霸权的机会，"区域主义"就可能会被抛弃；而中国北洋时期运用"门罗主义"话语的军阀割据政治也呈现出类似的机会主义特征。不同区域霸权划界而治的秩序,也无法回应21世纪人类所面临的种种重大风险,如气候变化、大瘟疫、全球经济的波动等。

因而,比简单的"多极化"呼吁更重要的是探讨"什么样的多极化"。国际组织和国际协调体系总是有被霸权国家利用的可能性,但这并不是放弃它们的充分理由。以联合国为核心的战后国际协调机制,是在总结威尔逊主义与国际联盟失败的基础之上建立的,可以说是来之不易的制度成果。在美国特朗普政权推行"单边主义"、与联合国之间的矛盾摩擦日益增大的今天,加强联合国的协调与领导作用,加强发展中国家在联合国中的地位,与"多极化"的方向恰恰是一致的。全球各国需要在新的历史条件下,克服霸权国家以资本增值为实质导向的"伪普世主义",探索"国际主义"的新形态,既承认文化与政治制度的多样性,又加强国家之间的协作,增进世界人民的健康与福祉,应对人类面临的共同问题。

为此,我们需要不断地思考空间政治,尤其是边界(boundary)的位置与作用。边界发挥着隔离的作用——分出人群并保持他们之间的差异,保护一个政治共同体对自己命运的掌控力,其中也包括了控制病毒跨境传播的能力。但边界也完全可以成为促成沟通、合作与共同演化的"接触地带"(contact zone),成为承载国际主义(internationalism)的"道义地带"。在"多极化"时代来临之时,我们希望这个时代不至于完全重蹈近代世界霸权逻辑和"势力范围"思维的覆辙,期待国家、民族与文明之间的边界,成为保持差异—多样性和沟通交流的黄金线。空间政治的各种新旧形态在今天的交织和展开,将检验这究竟是不是一种奢望。

第1章

超越西半球：美国"门罗主义"话语的嬗变

> 啊啊！大西洋呀！晨安！大西洋呀！
>
> 晨安！大西洋畔的新大陆呀！
>
> 晨安！华盛顿的墓呀！林肯的墓呀！Whitman 的墓呀！
>
> 啊啊！惠特曼呀！惠特曼呀！太平洋一样的惠特曼呀！
>
> 啊啊！太平洋呀！晨安！太平洋呀！太平洋上的诸岛呀！
>
> ——郭沫若《晨安》❶

1919年1月7日，美国总统伍德罗·威尔逊结束了在欧洲大陆为时三周的巡回演讲，回到巴黎。在过去的三周里，他在欧陆各大城市受到了几近顶礼膜拜式的欢迎，无数灼热的目光投向他，期待他宣讲的"美国方案"能够为这片满目疮痍的大陆带来和平。❷ 当

---

❶ 郭沫若：《女神》，上海：泰东图书局1921年版，第95—96页。

❷ 正如参与过巴黎和会的经济学家凯恩斯指出的："当威尔逊总统离开华盛顿时，他在全世界享有历史上无与伦比的威望和道德影响。他那勇敢而又有分寸的讲话，在欧洲人民听起来，远远超过他们自己政治家的声音。敌对国的人民相信他能够执行同他们签订的协定；协约国的人民则认为他不仅是一个胜利者，而且几乎是一个预言家。除掉这种道德影响之外，他还掌握了实际的权力……"[英]约翰·梅纳德·凯恩斯：《和约的经济后果（节选）》，王绳祖、何春超、吴世民编选：《国际关系史资料选编：17世纪中叶—1945》，北京：法律出版社1988年版，第541页。

威尔逊步入巴黎和会的会场，毫无疑问，他代表的美国，正处于世界舞台的中心，世界正在经历一个"威尔逊时刻"❶。

威尔逊带来的是一种具有理想主义色彩的世界秩序主张。他批评欧洲列强多年来习惯的势力均衡（balance of power）、秘密外交、贸易壁垒、军备竞赛等种种实践，认为世界需要转向由国际法与国际组织、集体安全、公开外交、自由贸易、海洋自由、裁减军备等构成的新原则和新实践。这些主张中最引人注目的是建设一个国际联盟（League of Nations）的计划，这是一个全球范围的国家联盟，更是一个通过和平手段解决国家之间纠纷的集体安全机制。这一设想通过威尔逊建立的宣传机构美国公共信息委员会和留美知识精英的传播，在中国引起了政治—文化精英的热烈反响❷，康有为甚至一度感叹自己看到了"大同"的曙光。❸

然而，威尔逊的"高光体验"并没有持续多久。欧洲列强与日本利用威尔逊急于建立国联的心态，诱使其在其他方面做出让步。威尔逊同意了法国对德国的领土要求和惩罚主张，同意承认英国在"海洋自由"问题上的特殊利益，为了让日本收回"种族平等"的提案，把战败国德国在中国山东的利权转让日本，对"一战"战胜

---

❶ 当然我们不能忽略的是，威尔逊的"十四点和平计划"，在很大程度上是对列宁的回应——旨在通过模仿列宁的某些主张，阻止布尔什维克的"世界革命"。在此意义上，威尔逊本来就生活在列宁的影子之下。列宁的"民族自决"主张，远比威尔逊来得彻底，后者实际上从未真正摆脱过种族主义偏见和帝国主义—殖民主义的文明等级论。

❷ 关于威尔逊主义在中国的传播及其反响，参见马建标：《塑造救世主："一战"后期"威尔逊主义"在中国的传播》，《学术月刊》2017年第6期；任一：《寰世独美：五四前夕美国在华宣传与中国对新国家身份的追求》，《史学集刊》2016年第1期。

❸ 1919年1月，康有为在给陆徵祥、顾维钧、王正廷、施肇基、魏宸组五人的书信中称："惟今美总统威尔逊对国际联盟之议，求世界之和平，令天下国家，无小无大，平等自由，由此真太平之实事，大同之始基矣。"康有为：《致议和委员陆、顾、王、施、魏书》，《康有为全集》（第11集），第99页。

国所支配的诸多弱小民族的自决主张，威尔逊表现出极大的冷漠。而这就重挫了威尔逊的高调宣传在世界各地所引发的极高期待，随着和会的进行，威尔逊的威望也不断下行。

威尔逊在形式上实现了其核心主张——1919年6月28日签字的《凡尔赛和约》中包含了国际联盟盟约，但当他将盟约带回美国寻求国会批准的时候，却遭遇了滑铁卢。威尔逊是国际联盟最强有力的倡导者，然而他领导的美国却没有成为国联的成员国，这对于美国的国际威望而言，是一个沉重的打击。1919年，美国在世界舞台的中心大放异彩，但很快又回到侧翼的位置，转而以各种较为间接和迂回的手段，对世界舞台中心的事务施加影响，直至"二战"时期全面回归。

然而这个"威尔逊时刻"留下了深远的历史影响。威尔逊向世人展现了一个18世纪晚期远在偏僻的北美的新生共和国逐步成长为区域霸权，进而谋求全球威望的历史轨迹。然而威尔逊从华盛顿向巴黎的"纵身一跃"，究竟是美国19世纪国际战略的自然发展，还是对美国19世纪"门罗主义"实践代表的外交传统的某种偏离，在当时却引起了美国国内外的激烈争论。威尔逊及其政治盟友当然要强调，从"门罗主义"发展到"威尔逊主义"，是历史的进步而非堕落。然而，在1919年美国的内部政治斗争中，我们可以看到，威尔逊的政敌们恰恰认为威尔逊的国联计划背离了"门罗主义"传统，有可能导致一个欧洲国家主导的国联干涉美国以及美洲事务，美国不仅可能无所得，甚至还可能失去已有的成果。最后，国联盟约不仅未能获得参议院批准，威尔逊"纵身一跃"在美国政坛引发的反弹持续了多年，甚至对后来富兰克林·罗斯福总统参与"二战"，都产生了很大的掣肘作用。

在欧洲与亚洲，"一战"之后受到美国挤压的列强也对威尔逊主义相当不满。在德国与日本，我们可以看到一种回应的姿态：抽取美国19世纪"门罗主义"的经验，将其建构为具有普遍性的经验模型，为德日两国扩张和捍卫区域影响力的做法进行正当性论证。而这在话语策略上，意味着用美国的过去反对美国的现在，论证门罗总统的原则是好的、普遍的，值得为列强所效法，但威尔逊对"门罗主义"的新解释却是坏的，以美国的全球霸权否定了其他列强正当的势力范围，是"上房抽梯""过河拆桥"之举。在德国，思考"门罗主义"的公法学家卡尔·施米特对同时代日本"亚洲门罗主义"论述表现出了浓厚的兴趣，而日本国际法学界在"二战"期间对于日式门罗主义的理论阐发，又受到了施米特的影响。

因而，无论是在国内还是在国外，"威尔逊时刻"都带来了一个重要后果，那就是将"门罗主义"与"威尔逊主义"之间的关系问题化。美国的当下是否背叛了过去，成为时人讨论的主题，相关理论思考甚至持续到"二战"之后。对于威尔逊时期的美国外交政策演变，中国学界已有一系列专著讨论，论者通常将威尔逊时期的新旧斗争概括为"孤立主义"（isolationism）与"国际主义"（internationalism）的斗争。❶ 但本章试图从对两种"主义"的命名，进一步下沉到对"主义"所借助的核心概念和符号的研究。"Monroe Doctrine"这一概念和符号，无论在认知还是情感上，在美国19世纪外交传统中都占据着重要地位。威尔逊需要重新解释"祖宗成法"，以证成自己倡议的广泛参与世界事务的新导向，而威

---

❶ 比如，韩莉：《新外交·旧世界：伍德罗·威尔逊与国际联盟》，北京：同心出版社2002年版；秦珊：《美国威尔逊政府对华政策研究》，北京：中国社会科学出版社2005年版；王晓德：《梦想与现实：威尔逊"理想主义"外交研究》，北京：中国社会科学出版社1995年版；任李明：《威尔逊主义研究》，北京：中国社会科学出版社2013年版；邓蜀生：《伍德罗·威尔逊》，上海：上海人民出版社1982年版；高鸿志：《威尔逊与北洋军阀政府》，北京：人民出版社2015年版。

尔逊的内外政敌更需要通过不同的解释，以更有力地阻击威尔逊的创新。在这一方面，国内已有的研究仍缺乏足够的聚焦。本章试图在前人研究的基础上，尝试勾勒出若干基本研究线索，以抛砖引玉，为进一步的理论反思提供素材。

一 从"门罗主义"到"威尔逊主义"：连续还是断裂？

1821—1823年对美国外交政策而言，是一个重要的时刻。美国在东西两个方向，都遭遇了新挑战。在西方，1821年，已经占领北美阿拉斯加的沙皇俄国宣布将俄国在北美的领海范围南移到北纬51°线，虽未触及美国领土，但对美国主张的"航行自由"的原则构成挑战。在大西洋彼岸，1822年，在欧洲王朝国家召开的维罗纳会议（Congress of Verona）上，俄、奥、普、法达成协议，授权法国波旁王朝以"神圣同盟"的名义干涉西班牙革命。法国通过武力干涉，在西班牙恢复了波旁王朝统治，进而寻求其他欧洲列强对于干涉西属美洲革命的支持。由于此举可能使欧洲大陆国家打破原有的均势，英国表示反对。1823年，英国外交大臣乔治·坎宁（George Canning）通过美国驻英大使理查德·拉什（Richard Rush）转交了一份提议，希望英美两国政府能发表联合声明，反对西班牙重新获得已经独立的美洲殖民地，同时声明英美两国政府既不寻求这些殖民地的任何部分，也不能坐视其被转让给其他列强。

美国国务卿亚当斯（John Quincy Adams）对英国的提议做出回应。他在1823年11月7日的内阁会议上提出，与英国发表联合声明不仅无利可图，而且自缚手脚。亚当斯着眼的是美国的未来扩张,他指出,虽然美国当下无意攫取得克萨斯或古巴,但这两个地方的人民有可能行使他们的原始权利,寻求与美国联合,而美国此时如果与英国发表联合声明,就会授人以柄,使得美国在上述情况发生的时候,丧失主动权。❶ 但亚当斯同时主张,美国必须迅速表明自己对拉丁美洲❷ 革命的主张,第一是防止英国加入"神圣同盟"瓜分拉丁美洲,第二是防止英国在挫败"神圣同盟"之后独吞拉丁美洲。❸ 这些主张获得了门罗总统的采纳。

1823 年 12 月 2 日,门罗总统在美国国会发表国情咨文,其涉及外交政策的部分提出三个核心主张,第一个主张反对欧洲列强在美洲建立新的殖民地("今后欧洲任何列强不得把美洲大陆业已独立自由的国家当作将来殖民的对象"),第二个主张反对欧洲列强干涉已独立的美洲国家,尤其是强加自己的政治制度("我们认为列强方面把它们的政治制度扩展到西半球任何地区的企图,对于我们的和平和安全都是有危害的……对于那些已经宣布独立并保持着独立的,同时它们的独立,我们经过仔细考虑,根据公正的原则,加以承认的国家,任何欧洲列强为了压迫它们或以任何方式控制它们

---

❶ Charles Francis Adams edi., *Memoires of John Quincy Adams, Comprising Portions of His Diary from 1795 to 1848*, Vol. 6, pp. 177-178.

❷ 亚当斯指向今天被称为"拉丁美洲"的地域空间,但并没有用"拉丁美洲"这个词。事实上,在 19 世纪 20 年代,还不存在 Latin America 这个术语。这一术语的起源可以被追溯到 19 世纪 30 年代,尤其是法国的圣西门主义者米歇尔·舍瓦利耶(Michel Chevalier),这位作者认为中美洲与南美洲的居民属于"拉丁种族",因而可以与"拉丁欧洲"站在一起,与"条顿欧洲"、"盎格鲁-撒克逊美洲"以及"斯拉夫欧洲"斗争,见 Walter Mignolo, *The Idea of Latin America*, Oxford: Wiley-Blackwell, 2005, pp. 77-80。而"拉丁美洲"这个词本身是在法国拿破仑三世时期出现的,路易·波拿巴扶植哈布斯堡家族的马克西米连诺一世(Maximiliano I)担任墨西哥皇帝,"拉丁美洲"这一词语正好满足了其在美洲强调法国作用的需要,John Charles Chasteen, *Born in Blood and Fire: A Concise History of Latin America*, New York: W. W. Norton. 2001, p. 156。

❸ Charles Francis Adams edi., *Memoires of John Quincy Adams, Comprising Portions of His Diary from 1795 to 1848*, Vol. 6, pp. 207-208.

的命运而进行的任何干涉，我们只能认为是对合众国不友好的态度的表现")❶；第三个主张声明美国不干涉欧洲国家的内部事务（"欧洲各国之间为它们自己的事情发生战争时，我们从没有参加过，因为那样做是和我们的政策不合的……我们对于欧洲的政策，早在那些长期扰乱欧洲的战争的前一阶段已经确定，仍然没有变动，那就是：不干涉任何国家的内政；认为事实上的政府都是合法的政府；和它发展友好关系并用坦白、坚定和刚毅的政策来保持这种关系，在各种事件上接受各国所提的公正的要求；不对任何国家所加于我们的损害妥协"）。❷

在这三个主张中，第三个主张经常被称为孤立主义原则。对老欧洲的怀疑和恐惧情绪，在美国的建国精英中颇为流行。1776年潘恩在《常识》(*Common Sense*) 中即主张不介入欧洲事务。美国开国总统乔治·华盛顿（George Washington）曾在1796年告别演说中提出"外国势力乃是共和政府最致命的敌人之一"，美国"与它们发展商务关系时，尽量避免涉及政治"等对外国政府（特别是欧洲政府）充满疑惧的主张。❸ 托马斯·杰斐逊（Thomas Jefferson）主张划分两个半球，使美国与美洲远离腐败与专制的老欧洲。❹

门罗总统的声明继承了两位建国者对老欧洲的疑惧，但这种"孤立主义"绝非与世无争的不扩张政策。如前所述，1823年的国

---

❶ 讽刺的是，在1982年英国与阿根廷的马岛战争中，美国却站在欧洲国家英国一边，反对美洲国家阿根廷，不仅在联合国通过对阿根廷的武器禁运议案，还在后勤上支持英国。

❷ 王绳祖、何春超、吴世民编选：《国际关系史资料选编：17世纪中叶—1945》，第91—93页。

❸ George Washington, *Washington's Farewell Address to the People of the United States*, Trenton: Printed by George Sherman, 1812, pp. 29-33.

❹ Joyce Appleby & Terence Ball edi., *Jefferson: Political Writings*, Cambridge: Cambridge University Press, 1999, pp. 193, 405.

务卿亚当斯在参与门罗国情咨文起草的时候,琢磨的已经是得克萨斯或古巴加入美国这样的问题,其心态是扩张性而非守成式的。而美国的政体,也为其在美洲进一步扩张提供了可能性:它是共和制政体,遵循的不是欧洲"神圣同盟"的王朝主义原则,因而与新独立的拉丁美洲共和国拥有共同的政治理念;它是个"合众为一"的联邦制国家,从而为吸纳新的邦国加入提供了灵活的制度空间。❶

门罗总统划定的排斥欧洲列强干涉的"美洲",首先是一个政治概念,其空间范围当时仍无意包括作为大英帝国属地、尊崇君主制原则的加拿大,也不包括其他许多尚未独立的欧洲列强殖民地。但门罗总统的表述具有足够的弹性,一旦这些殖民地获得独立并建立共和制政体,就可以被纳入这个排斥欧洲列强干涉的空间范围。"美洲"的概念与"共和制"的政体原则紧密相连,从而与"神圣同盟"主导的王朝正统主义(dynastic legitimism)形成对立。门罗咨文还明确地运用了"半球"的概念,以"这个半球"(this hemisphere)指代西半球,而这更是一个政治概念,其范围大小,取决于美国自身的需要。单纯从地理上看,"西半球"大于"美洲",格陵兰岛、英国的很大一部分、冰岛,甚至西部非洲的一部分,都属于地理上的"西半球",但一向不属于政治意义上的"西半球"。

在19世纪以及20世纪"二战"爆发之前的大部分时间里,美国政府一直在比较模糊的意义上使用"美洲"和"西半球"概念。

---

❶ 正如罗伯特·卡根(Robert Kagan)指出的,从殖民地时代开始,北美殖民者就不是与世无争的逃避者,而是野心勃勃的扩张主义者。北美独立战争的重要原因,恰恰是大英帝国阻碍了北美殖民者的扩张([美]罗伯特·卡根:《危险的国家:美国从起源到20世纪初的世界地位》,袁胜育等译,北京:社会科学文献出版社2011年版)。在建国之后的很长一段时间里,美国羽翼未丰,忙于向北美大陆西部扩张以及内部整合,介入欧洲列强之间的纠纷,对其而言并不划算。但随着美国实力增长到一定程度,不仅牢固确立了区域霸权的地位,而且连介入欧洲事务,也成为美国国家利益的内在要求。

富兰克林·罗斯福总统出于防备德国与日本的需要，对"西半球"做出了更为精确的界定：1938年，美国将南美洲与北美洲全部领土，包括加拿大在内，纳入保护；1939年春将赤道附近的加拉帕戈斯群岛（Galápagos Islands）纳入保护，针对的潜在威胁对象是日本；1940年，格陵兰岛被纳入保护。在"二战"初期，冰岛与丹麦为共主邦联，随着纳粹德国占领丹麦，美国政府担忧希特勒利用冰岛作为跳板向西进攻，加之冰岛政府正式要求美国政府将其纳入"门罗主义"保护范围，1941年7月，美军占领冰岛，冰岛"加入"了"西半球"。❶ 罗斯福也曾经考虑将西非的部分地方纳入"门罗主义"保护范围，但最终在顾问的劝说之下，放弃了以"门罗主义"的名义来防止德军占领西非的想法。❷

门罗咨文设定的外交政策框架自1850年以来被正式称为"门罗主义"。它在19世纪被不断重新解释，从一个保护本国乃至本区域免受外部干涉的原则，逐渐演变成一个积极谋求区域霸权的原则。

1823年的门罗声明不太可能是对欧洲列强的"战略恐吓"，因为当时的美国实力尚弱，难以阻止欧洲列强对美洲的殖民与干涉。美国的海军充其量只能在墨西哥湾有一定胜算，其实力不如法国与俄国两国的海军。门罗总统宣布其政策之后的很长一段时间，美国对于欧洲列强在美洲的诸多干涉行为选择视而不见。比如说，1824年哥伦比亚要求美国根据门罗咨文的精神以武力保卫其独立，美国政府就选择了推卸责任。真正制约神圣同盟干涉冲动的并不是门罗的声明，而是英国的军舰，以及欧洲大陆上列强之间的相互疑惧。❸ 在当时，

---

❶ Michael T. Corgan, "Franklin D. Roosevelt and the Occupation of Iceland," *Naval War College Review*, Vol. 45, No. 4, 1992, pp. 34-52.

❷ Gaddis Smith, *The Last Years of the Monroe Doctrine: 1945-1993*, pp. 38-39.

❸ ［美］尼古拉斯·斯皮克曼：《世界政治中的美国战略：美国与权力平衡》，王珊、郭鑫雨译，上海：上海人民出版社2018年版，第73页。

"门罗主义"的真正意义，首先意味着有限响应海上霸权英国引入新大陆力量平衡欧洲大陆列强的诉求，减少英美摩擦，同时也可以摆出一个道义姿态，拉拢拉丁美洲的新生共和国；为美国自身的发展争取一个良好的国际环境，同时为美国经济发展获得新的海外市场。❶

在19世纪上半个世纪，美国对"门罗主义"的使用，侧重于为其向北美大陆西部扩张的事业保驾护航。1845年6月，法国七月王朝的外相、法国历史学家弗朗索瓦·基佐（Francois-Pierre-Giullaume Guizot）对美国在北美的扩张发表看法，认为法国应当积极维持美洲的势力均衡。1845年12月2日，美国总统詹姆斯·波尔克（James Polk）发表年度国情咨文，回应了基佐的"均势"之说："本大陆的人民单独有权决定他们自己的命运。如果他们中的某一部分组成一个独立国家而建议要和我们的联邦合并时，这将是由他们和我们来决定而毋庸任何外国插手的一个问题。我们绝不能同意欧洲列强因为这种合并会破坏他们也许想在本大陆维持的'势力均衡'而进行干涉以阻挠这种合并。"又宣布："今后欧洲任何列强不得把美洲大陆业已独立自由的国家当作将来殖民的对象。"❷

在美国致力于攫取得克萨斯和完全吞并（当时由英美一起占有的）俄勒冈的背景下，波尔克的解释打着反对外部干涉的旗号，实际上服务于美国自身向西部的领土扩张。在1845年12月29日得克萨斯加入联邦之前，由于这个"孤星共和国"与英国之间密切的棉花贸易，一直有传言说英国会将其作为殖民地。波尔克向英国释放了警告的信号。不久，在美墨战争中，波尔克一度试图以类似的

---

❶ 关于美国与新生的美洲共和国发展商务关系的举措，见 A. P. Whitake, *The United States and the Independence of Latin America, 1800-1830*, New York: Russel & Russell, 1962, pp. 546-563.

❷ 王绳祖、何春超、吴世民编辑：《国际关系史资料选编：17世纪中叶—1945》，第94—95页。

论述，攫取墨西哥的尤卡坦。

通过持续不断的"西进运动"，美国积累了更大的实力，其"门罗主义"的侧重点，转向弱化欧洲列强在美洲大陆的影响力。1850年，英美两国签订《克莱顿-布尔沃条约》(Clayton-Bulwer Treaty)，美国通过非战争的方式，弱化了英国在中美洲的影响力，英美共同控制中美洲，尤其是在海洋交通线问题上享有均等权利。也正是从那一年开始，门罗总统的政策宣告才被广泛称为"门罗主义"(Monroe Doctrine)。

1862年，在美国内战进行之中，法兰西第二帝国皇帝拿破仑三世以"债务催收"为名，派军队推翻墨西哥共和政府，立奥地利哈布斯堡王朝成员马克西米连诺一世为"墨西哥皇帝"，并借机推广"拉丁美洲"(Amérique latine)这一概念。❶ 此举在美国国内引发了焦虑，毕竟，从拉丁美洲革命以来，美国执政精英们反复设想欧洲列强入侵美洲、建立君主制，这一场景现在变成了现实。内战尚未结束之时，诸多北方精英就已经讨论如何保卫墨西哥的共和制，但由于力不能及，美国联邦政府只能做到拒绝承认新的墨西哥政府。

在内战结束后，美国政府立刻祭出"门罗主义"，帮助墨西哥共和派于1867年收复墨西哥城，处决马克西米连诺一世。1870年，美国总统格兰特(Ulysses S. Grant)在主张美国兼并多米尼加的国情咨文中，又提出"门罗主义"的"格兰特推论"："从此以后，这片大陆上的任何领土都不能被转让给欧洲国家。"❷ 其实质意图是为美国的兼并消除竞争对手。对领土转让的禁止，其中也包含了自愿赠予的

---

❶ John Leddy Phelan, "Pan-Latinism, French Intervention in Mexico (1861-1867) and the Genesis of the Idea of Latin America," in Juan A. Ortega y Medina, ed., *Conciencia y autenticidad histo´ricas: Escritos en homenaje a Edmundo O'Gorman*, Mexico City: UNAM, 1968, pp. 279-298.

❷ Dexter Perkins, *A History of the Monroe Doctrine*, pp. 158-159.

情况。这比波尔克在1845年宣布的"今后欧洲任何列强不得把美洲大陆业已独立自由的国家当作将来殖民的对象"更推进了一步。

美国建构与行使区域霸权的一个重要形式,就是推进美国主导的泛美体系的建设。1826年6月22日至7月15日,玻利瓦尔领导下的哥伦比亚共和国曾在巴拿马发起西属美洲新独立国家的首次联合会议,又称美洲大陆会议,邀请美国参加,但美国蓄奴州的政客以西属美洲已废除奴隶制为由反对派出代表。美国最终派出的两名代表一名死于途中,一名在大会讨论结束后才抵达会场。玻利瓦尔发起的这一联盟事业,未能召开第二次大会,就很快分崩离析。而随着美国在内战之后国力突飞猛进,在美国主导下进行泛美体系建设,提上了华盛顿的日程。1890年,在时任美国国务卿詹姆斯·布莱恩(James G. Blaine)的努力下,首届泛美会议(International Conference of American States)在华盛顿举行,包括美国在内,共有18国参与。其第二、第三与第四届分别于1901年、1906年与1910年在墨西哥城、里约热内卢与布宜诺斯艾利斯召开。首届泛美会议试图在美洲国家之间建立一种仲裁机制,以解决国家之间可能出现的分歧、争端或争议。而仲裁是美国长期偏好的一种解决纠纷机制,从1794年美国与英国签订《杰伊条约》(1796年2月29日生效)以来,英美两国多次通过仲裁解决相互之间的纠纷,这一实践在欧洲列强之间并不多见。在1899年海牙和平会议上,美国也大力倡导以仲裁解决国际争端。

1890年的首届泛美会议还讨论了阿根廷和巴西关于宣布征服行为违反美洲公法的提议,最后通过了一项将强制仲裁与禁止征服结合起来的方案,规定在仲裁条约持续期间,在战争威胁或武装部队存在的情况下做出的强制领土割让为无效,相关割让行为应当提交仲裁;任何在战争威胁或武装部队存在之下放弃仲裁的权利,皆为无效。❶这一方案最终未能形成有效的国际条约，但可以集中体现美国主导美洲的基本思路：由于与其他美洲国家实力的悬殊，美国有可能通过仲裁机制，来保证自己的主导地位，而根本无须诉诸欧洲列强所习惯的均势（balance of power）原则。❷

在随后的几届泛美会议上，仲裁机制的建设仍然保持为核心议题。美国虽然没有成功创建一个泛美国际法庭，但在1907年12月20日撮合萨尔瓦多、哥斯达黎加、危地马拉、尼加拉瓜和洪都拉斯五个中美洲国家在华盛顿签订《关于建立中美洲法院的条约》，建立了全球近代第一个国际法院，该法庭管辖缔约国之间的争端，同时也可以管辖穷尽救济之后的缔约国公民之间提出的诉讼。公约于1908年3月11日生效，3月25日，法庭在哥斯达黎加最大城市卡塔戈开始运作，五个缔约国各委派一名法官组成合议庭。法院持续运作到1918年3月12日公约到期。

1890年的首届泛美会议还促成了美洲共和国国际联盟（The International Union of American Republics）及其常设机构美洲共和国商务局（The Commercial Bureau of the American Republics）的建立。商务局主要功能是交流成员国的经济与技术信息。❸ 1901年，第二届泛美会议决定，商务局改组为美洲国家国际事务局（The International

---

❶ Francis Anthony Boyle, *Foundations of World Order: The Legalist Approach to International Relations (1898-1922)*, pp. 104-107.

❷ 值得指出的是，甚至是策划首届泛美会议的哈里森政府，对于美国与其他美洲国家发生纠纷时使用仲裁也缺乏兴趣。1891年，智利亲美的何塞·曼努埃尔·巴尔马塞达（José Manuel Balmaceda）政府被推翻，引发美国政府很大的不满；在智利的瓦尔帕莱索（Valparaiso），本地人攻击了一群从巴尔的摩来的美国水手，造成伤亡，美国与智利两国关系急剧恶化。哈里森政府没有选择仲裁，而是向智利政府发送了最后通牒，迫使后者道歉与赔款。Jay Sexton, *The Monroe Doctrine: Empire and Nation in Nineteenth-Century America*, pp. 196-197.

❸ Francis Anthony Boyle, *Foundations of World Order: The Legalist Approach to International Relations (1898-1922)*, p. 108.

Bureau of the American Republics)。1910年,第四届泛美会议通过决议,美洲共和国国际联盟改名为泛美联盟(Pan-American Union),其理事会由美国国务卿担任主席。❶

在19世纪最后10年,美国致力于在美洲削弱英国与西班牙势力,从而确立自身的区域霸权。1895年,美国介入英属圭亚那与委内瑞拉的边界纠纷,美国国务卿奥尔尼(Richard Olney)向英国发出照会,直接宣称美洲各国与美国"地理相近",具有"自然的同情心"和"同类性质的政府",因而结成联盟,根据"门罗主义"原则对所有西半球国家提供保护。奥尔尼甚至赤裸裸地声明:"如今,美国实际上已经统治着这块大陆,它的命令对于它管辖范围内的大陆臣民来说就是法律。"❷ 由于美国时任总统是克利夫兰(Grover Cleveland),一些评论家将奥尔尼照会宣布的上述主张称为"克利夫兰原则"(Cleveland Doctrine)。❸

美国政府诉诸"门罗主义",要求英国政府将相关争议提交仲裁。而这就牵涉"门罗主义"究竟是不是一条国际法原则的问题。英国首相兼外交大臣索尔兹伯里侯爵(Robert Arthur Talbot Gascoyne-Cecil, 3rd Marquess of Salisbury)回应:"无论多么杰出的政治家,无论多么强大的国家,都没有资格在国际法典中插入一条新的原则,

---

❶ 伍廷芳在1914年出版的英文著作 *America, Through the Spectacles of an Oriental Diplomat* 中曾经评论"门罗主义"与美洲国家国际事务局,称"门罗主义"是保护美洲大陆所有国家领土完整的主要因素,美国扮演着美洲保护者(guardian)的角色;又认为美洲国家国际事务局加强了美国的地位,并试图让美洲共和国结成更为紧密的友谊。T'ing-fang Wu, *America, Through the Spectacles of an Oriental Diplomat*, New York: Frederick A. Stokes Company, 1914, p. 11.

❷ United States Department of State, *Foreign Relations of United States*, Washington: Government Printing Office, 1895, p. 558.

❸ C. K. Adams, "The Monroe Doctrine and the Cleveland Doctrine," *The Independent*, Vol. 49, Iss. 2516, (February 18, 1897).

这条原则从来没有得到过承认,从来没有被任何国家的政府所接受。"❶ 克利夫兰总统反驳称:"门罗主义被国际法的原则所承认,这些原则基于这样一种理论:每个国家的权利应当得到保护,正当的诉求应当得到执行。"❷

由于正在崛起的德国对英国造成更大的威胁,英国无心将资源耗费在与美国的冲突上,于是接受了仲裁。1899 年 10 月 3 日,由两名美国最高法院法官、两名英国法学家以及双边共同推选的一名俄国法学家共同组成的仲裁庭在巴黎做出裁决,实体结果有利于英国。但英国接受仲裁这一事实本身却具有重大的政治意义,表明英国承认了美国在西半球的政治优势地位。英美两国舆论界欢呼讲英语的盎格鲁-撒克逊种族实现了团结一致,共同防备德国威胁。

长期以来,加拿大虽身在美洲,但作为大英帝国的一部分,在英美冲突之中,对美国持很大的防备心理。但随着英国承认美国为美洲霸主,加拿大对美态度也发生变化。1902 年,加拿大总理威尔弗里德·劳瑞尔(Wilfrid Laurier)也承认"门罗主义"是加拿大的安全保障。❸ 同年,美国利用英国在非洲的布尔战争的压力,诱使英国签订了《海-庞斯富特条约》(Hay-Pauncefote Treaty),取代了1850 年签订的《克莱顿-布尔沃条约》,美国取得了修筑中美洲地峡运河并获得排他性控制的权利。之后,美国策动巴拿马脱离哥伦比亚,进而主导了巴拿马运河的开凿和运营。

在 19 世纪,美国政治精英对于欧洲事务的警惕和疑惧可谓一以贯之,他们眼中的世界并不是普遍同质的,而是划分为不同的政

---

❶ "Salisbury's First Note," Arthur Irwin Street, *Handbook of the Venezuelan Question and the Monroe Doctrine*, Denver: The Times Publishing Co., 1895, p. 30.
❷ "President Cleveland's Message," *Handbook of the Venezuelan Question and the Monroe Doctrine*, p. 4.
❸ Charles P. Stacey, *The Military Problems of Canada*, Toronto: Ryerson Press, 1940, p. 68. 但到了1938 年,美国政府才明确地将加拿大纳入"门罗主义"保护范围。

治空间，存在不同的统治方式。老欧洲当然存在爆发共和革命的可能性，当匈牙利人在1848年革命中建立共和国，当爱尔兰人爆发针对大英帝国的民族主义运动，美国国会中都爆发过美国是否应该出手支持共和派的辩论。然而主流派仍然主张"不干涉"。❶

但是，随着美国资本和军事—政治势力的膨胀，美洲的空间边界逐渐变成了一种束缚。1893年，美国历史学家特纳（Frederick Jackson Turner）在美国历史学会年会上发表《边疆在美国历史上的重要性》，感叹随着美国西进运动的完成，边疆正在消逝。❷ 不过，新的边疆视野已经出现。在1890年出版的《海权对历史的影响》一书中，美国海军学院教授马汉（Alfred Thayer Mahan）鼓吹建设强大海军，夺取制海权，保护美国的贸易扩张。❸

马汉的战略思考正赶上美国探寻"新边疆"的时代，对美国的海军建设产生了巨大影响。在19世纪90年代，美国不断加大对海军建设的投入，到了1898年，这种投入产生了立竿见影的效果——美国赢得美西战争，进一步削弱西班牙在美洲的势力，美国不仅控制了波多黎各，并通过"普拉特修正案"（The Platt Amendment）将刚独立不久的古巴变成自身的保护国，巩固了其在西半球的主导地位，而且获得了对关岛、威克岛、菲律宾等非美洲土地的控制权，其势力越出了美洲，在太平洋西岸确立了一定的影响力。❹

---

❶ Mary Minors Engle Bright, *Congress and the Monroe Doctrine, 1850-1860*, Chicago: The University of Chicago, 1942.

❷ 张世明等主编：《空间、法律与学术话语：西方边疆理论经典文献》，哈尔滨：黑龙江教育出版社2014年版，第93页。

❸ [美]A. T. 马汉：《海权对历史的影响》，安常容、成忠勤译，北京：解放军出版社2006年版。

❹ 这一变化在美国国内引发了一些反对。比如说联邦参议员乔治·霍尔（Geroge Frisbie Hoar）就警告，美国在另一个半球获得殖民地，就无法否认欧洲列强有权在美洲获得殖民地。Dexter Perkins, *Monroe Doctrine, 1867-1907*, pp. 282-283.

1899年与1900年，美国两次就中国问题对其他列强发出"门户开放"照会，倡导"门户开放，利益均沾"政策，反对其他列强垄断对华利益。曾担任蒋介石顾问的美国外交家欧文·拉铁摩尔（Owen Lattimore）将美国的这一政策称为"分我一杯羹"主义："美国那时虽然已有实力参加差不多任何经济角逐，可是还未确定何种活动对它最关重要。因此，它希望别的任何国家都不要获得那些在将来会妨碍美国利益之加入与发展的权益。"❶ 但其政策的主要目的是避免列强势力范围的进一步扩大，并不取消已经获得的势力范围。

拉铁摩尔同时指出，"门户开放"宣言中的很多措辞都出自英国人贺璧理（Alfred Edward Hippisley）的手笔。❷ 在中国问题上，英美两国存在着某种合作而非敌对关系——事实上，我们可以看到，在整个19世纪，虽然英美两国在美洲存在重要的利益冲突，但英国对美国的影响是极其深刻的。在"旧大陆"的其他王朝国家热衷于获取领土的时候，英国的帝国形态已经悄然转向"非正式帝国"（informal empire），探索用经济的力量来建立新的支配形式❸，其支持西班牙、葡萄牙、法国在美洲的殖民地获得独立（尤其是劝说了葡萄牙王室同意巴西独立），主张废除奴隶制（而美国南方长期顽固坚持奴隶制），其出发点和落脚点也都在于这些做法有利于英国在这些地方获得更为稳固的经济利益。

因此，虽然都存在世袭王朝统治，英国在拉丁美洲革命中的外交政策，与"神圣同盟"大相径庭，我们甚至可以说，门罗总统1823

---

❶ ［美］欧文·拉铁摩尔:《亚洲的决策》，曹未风等译，北京：商务印书馆1962年版，第9—11页。

❷ Owen Lattimore & Eleanor Holgate Lattimore, *The Making of Modern China: A Short History*, London: G. Allen & Unwin, 1945, p. 122.

❸ 关于"非正式帝国"引起的争论，参 Gregory A. Barton, *Informal Empire and the Rise of One World Culture*, Lodon: Palgrave Macmillan, 2014, pp. 10-21。

年的咨文，也是英国挑战"神圣同盟"激发的意外结果。在1897年前，英国在拉美投资是法国的两倍多、美国的六倍。英国从圭亚那和西印度群岛攫取蔗糖，从阿根廷攫取肉类和小麦，从巴西攫取橡胶和咖啡。而当美国崛起，在拉丁美洲与英国竞争影响力的时候，这种竞争本身也向美国传播了英国的"非正式帝国"的实践。❶

美国汲取了英国的"非正式帝国"实践经验，但在话语上，又呈现出不同的特色。在19、20世纪之交，美国事实上已经成长为一个殖民帝国，在拉丁美洲和亚洲拥有正式的殖民地和保护国，但仍然自命为反殖民主义的国家。美国始终通过一种否定式的话语形式，通过将其防备和打击的势力界定为政治空间的入侵者与异质分子，来伸张自身的扩张诉求。

在成功地将英国与西班牙的势力排斥出西半球之后，德国成为美国执政精英眼中的新威胁，成为"门罗主义"所针对的新的欧洲势力。德国与美国类似，都借着第二次工业革命的东风强势崛起，迅速实现国家的工业化。威廉二世（Wilhelm II）时期的德国加强与拉美的经贸往来，向智利、阿根廷、巴西等国出售军火并派遣军事顾问，并组建了南美殖民协会，在南美洲购买土地，积极推动移民。❷ 在美西战争期间，德国曾试图在加勒比海区域获取领土。1902—1903年，英、德、意三国因为委内瑞拉的债务问题，派遣海军封锁委内瑞拉，当时德美两国海军一度濒临冲突的边缘。在美国坚持之下，英、德、意三国接受了仲裁，债务国委内瑞拉不得不偿

---

❶ Jill Hills, *The Struggle for Control of Global Communication, The Formative Century*, Champaign, Illinois: University of Illinois Press, 2002, pp. 153-177.

❷ 德国经济学家Moritz Julius Bonn曾于1916年在美国发表文章为德国辩护，认为德国并无觊觎南美洲的野心，而且，当时的德国也无法输送足够数量的移民。M. J. Bonn, "Germany and the Monroe Doctrine," *The Annals of the American Academy of Political and Social Science, Vol. 66, Preparedness and America's International Program* (July 1916), pp. 102-105.

付部分债务。

不久,国际上又传闻英、德又将以索债为由干预多米尼加共和国内政。针对这一国际形势,共和党总统西奥多·罗斯福在1904年12月6日致国会的咨文中提出所谓"罗斯福推论"(Roosevelt Corollary),将"门罗主义"推向新的阶段:"导致文明社会纽带全面松弛的长期为非作歹或懦弱无能,在美洲,如同其他地方一样,会最终需要某一文明国家(civilized nation)进行干涉,而美国在西半球遇到这种为非作歹或懦弱无能的罪恶昭彰的事情,为了恪守门罗主义,也不得不勉强施行国际警察力量(international police power)。"❶

"罗斯福推论"的理论内核是19世纪流行的"文明等级论",认为在世界文明等级秩序中处于高端的美国,有必要对文明程度较低的其他美洲国家进行指导,以防止它们由于文明程度不足,无法实现良好的自我治理,从而遭受欧洲列强的干预乃至征服。在这一推论之下,在其他美洲国家未受到欧洲列强干预之时,美国也能够积极主动地对其进行干预,这就将原本主要是防御性的"门罗主义"原则发展为一个真正积极主动的区域霸权原则。这个解释迈出的步伐相当大。鼓吹"海权论"的马汉在1903年还撰文称美国"并不认为实行门罗主义,就得由美国无形地控制美洲,而不允许欧洲插手",罗斯福的新解释打乱了他的阵脚,直到1908年,他才找到为老罗斯福辩护的方式:"门罗主义"是一个有生命的、成长着的和变化着的实体,因而,其解释可以因时而变,与时俱进。❷

---

❶ 王绳祖、何春超、吴世民编选:《国际关系史资料选编:17世纪中叶—1945》,第316页。

❷ [美]罗伯特·西格:《马汉》,刘学成等编译,北京:解放军出版社1989年版,第476—477页。

"门罗主义"的"罗斯福推论"为接下来美国政府在拉丁美洲实施"金元外交"(dollar diplomacy)奠定了基础。20世纪初的美国已经是世界第一大工业国,有着大量的资本盈余,必然要对外输出。一系列中美洲和加勒比海沿岸国家对欧洲列强负有大量债务,美国政府认为这有可能引发欧洲列强的干涉,为了美洲的安全,美国有必要向这些国家提供贷款,用于偿还欧洲列强债务。在美国转变为这些国家的债权人之后,美国试图控制这些国家的海关与金融秩序,甚至通过军事干涉,颠覆其政权,以确保其投资的回报。尼加拉瓜、海地、多米尼加和洪都拉斯等国家都领教过美国"金元外交"的威力。❶

既然要在经济上控制拉美国家,美国政府就不愿在关键的问题上束缚自己的手脚。1902—1903年英、德、意三国对委内瑞拉的武力逼债引发了不少拉美国家的恐慌。1902年12月29日,阿根廷外交部长路易斯·玛利亚·德拉戈(Luis María Drago)代表阿根廷政府照会美国政府,主张在美洲的范围内,国家债务(public debt)不能成为武装干涉的理由,而美洲国家的领土更是绝对不能为欧洲列强所占领。德拉戈认为,武力催债与美国的"门罗主义"精神相违背,希望美国政府表示赞同。阿根廷政府提出的禁止以武装干涉来催收公债的主张,史称"德拉戈主义"(Drago Doctrine)。

"德拉戈主义"的主张比前阿根廷外长、著名国际法学家卡罗·卡尔沃(Carlo Calvo)提出的"卡尔沃主义"(Calvo Doctrine)范围要狭窄得多。1868年卡尔沃在其著作《欧洲与美洲的国际法理论与实践》(*Derecho internacional teórico y práctico de Europa y América*)中

---

❶ Cyrus Veeser, *A World Safe for Capitalism: Dollar Diplomacy and America's Rise to Global Power*, New York: Columbia University Press, 2002.

提出，外国人进入一国主权管辖范围之内，不应要求比该国国民更大的保护，如遭受损失，应依靠当地国内法的救济，不应由该外国人的本国政府出面要求任何金钱补偿。卡尔沃不仅否定外国政府为本国国民出面武力催债，甚至否认从私人性质的金钱补偿问题产生任何外交保护权的正当性。❶ 这一主张甚至会对美国在拉丁美洲的霸权地位构成挑战。美国长期以来的习惯做法，是在本国公民与其他国家的政府发生合同债务问题的时候，原则上奉行"不干涉"，但保留在外国政府侵权或拒绝给予司法救济的条件下进行干涉的权利；但在涉及外国政府公债纠纷的情况之下，美国政府并不愿意束缚自己的手脚。❷ 德拉戈的主张比卡尔沃要温和得多，但仍然在诸多方面与美国政府的一贯做法相抵触。

1906 年 8 月 22 日，第三届泛美会议讨论了德拉戈主义，但没有得出实质性结论，而是将这一问题转交给 1907 年召开的第二届海牙国际和平会议讨论。美国代表在第二届海牙国际和平会议上发挥了重要作用。会议通过的最终决议，是反对在基于合同的债务纠纷中使用武力催债，除非负债国家政府拒绝和无视仲裁的要约，或虽然接受要约，但拒不达成妥协，或拒绝执行仲裁结果。决议并没有回应德拉戈关心的基于政府公债的纠纷问题。直到 1914 年，45 个参与国之中只有 17 国签署这一决议，而且签署国往往做出关键性的保留。❸ 阿根廷政府在政治上成功地宣传了自身的主张，但德拉戈为美国的"门罗主义"原则补充新的内容的愿望，遭遇了严重挫败。

---

❶ Amos S. Hershey, "The Calvo and Drago Doctrines," (1907) Articles by Maurer Faculty. Paper 1961, URL: http://www.repository.law.indiana.edu/facpub/1961.

❷ Luis M. Drago & H. Edward Nettles, "The Drago Doctrine in International Law and Politics," *The Hispanic American Historical Review*, Vol. 8, No. 2 (May 1928), p. 217.

❸ T. S. Woolsey, "Drago and the Drago Doctrine," *The American Journal of International Law*, Vol. 15, No. 4 (July 1921), pp. 558-559.

20世纪初的美国不仅巩固了在美洲的霸权地位,而且已经有实力进行全球扩张。1905年,西奥多·罗斯福总统即打破美国一贯的"不干涉欧洲事务"的传统,在法德两国的摩洛哥危机以及远东的日俄战争中充当调解人。只是西奥多·罗斯福并未提出一整套哲学,为其介入欧洲事务提供系统论证。老罗斯福介入欧洲事务也是高度选择性的,并不试图为美国招来某种稳定的承担欧洲事务的责任。美国的外交精英在当时已经意识到,美国的殖民扩张有可能导致旧大陆上的国家利用美国的"门罗主义"话语来批评美国。1903年6月,曾在美西战争期间担任美国政府谈判代表的外交家怀特劳·里德(Whitelaw Reid)就在一场于耶鲁大学法学院举行的演讲中设想了一种亚洲式的"门罗主义":如果专制的俄国与中国联合起来,认定亚洲的政体原则就是专制(despotism),不应成为任何美洲国家的殖民对象,那么,美国在菲律宾的扩张就会面临挑战;里德同时还设想了一种"欧洲门罗主义"(European Monroe Doctrine,里德明白无误地使用了这个表述):英国与比利时、葡萄牙、德国等国一起,向美国提出非洲大陆的政体原则是君主立宪制(constitutional monarchy),非洲不应成为共和国殖民的对象,因此美国政府应该停止对美国自由黑人在西非建立的利比里亚共和国的支持。❶

就这样,曾担任第28任美国驻法大使的里德以政体原则为基础,设想了三个不同的区域空间秩序的紧张关系。当然,他担心的这种情况并没有真正出现。原因在于,在维也纳会议过去将近九十年之后,"旧大陆"上依据君主制—王朝正统主义原则进行的"大国协调"机制已经衰退,奉行君主专制或君主立宪制原则的列强相

---

❶ Whitelaw Reid, "The Monroe Doctrine; The Polk Doctrine; Anarchism," *Yale Law Journal*, Vol.13, No.1, 1903.

互之间矛盾重重，已经不可能回到拿破仑战争之后的原点。

尽管20世纪初的美国要求中国实行"门户开放"，美国自身却对来自亚洲的移民保持着高度警惕。1882年美国即通过《关于执行有关华人条约诸规定的法律》（即"排华法案"），这是美国第一部针对特定族群的移民法。1904年4月27日，美国国会通过议案，将所有排华法案无限期延长。1904—1905年日俄战争之后，由于日本国内经济困难，大量日本人移民夏威夷和美国太平洋沿岸，引发了美国国内排外势力反弹。1906年，旧金山规定所有的亚裔只能上所谓的"东方学校"（Oriental School），实质上在教育体系内实行种族隔离。此举在日本引发了反美情绪。罗斯福总统亲自干预，一方面要求旧金山撤销种族隔离规定；另一方面与日本订立"绅士协定"，要求日本控制向美国的移民。

这一危机引发了《海权论》作者马汉的激烈反应，他认定："亚洲人的移民是违背门罗主义的，因为他们不能被同化，他们是在开拓殖民地，这实质上是吞并行为。"[1] 类似的情绪表达在"一战"之后再度盛行，并于1924年推动美国通过"排日法案"，而这同时在日本带来反美情绪的高涨，使得日本的"亚洲主义"话语影响力上升。

第一次世界大战将"门罗主义"推向了一个新的阶段。在1912年威尔逊上台之初，其政策重心仍然是在内政。"一战"爆发之后，美国保持中立，同时向交战双方出售武器装备和其他商品，大发其财。但随着"一战"局势的发展，威尔逊意识到，美国在不改变中立政策的前提下，完全可以通过呼吁欧洲各国在美国的调停下达成一个和平协议，进而以国际联盟为依托，建立一个集体安全机制，这可以为美国带来更高的国际地位和更大的利益。但这必然意味着

---

[1]　[美]罗伯特·西格：《马汉》，第461页。

对欧洲事务的干预，因而，威尔逊需要对华盛顿与门罗总统奠定的"祖宗成法"做出重新解释和回应。威尔逊1916年10月5日在奥马哈（Omaha）发表的一个演说中重新解释了乔治·华盛顿的告别演讲："你们知道，我们永远怀念和尊敬伟大的华盛顿的建议，他建议我们要避免卷入外交事务。依据这个建议，我理解他指的是要避免卷入其他国家充满野心和民族主义的目标。"❶ 这就对华盛顿的意图进行了限缩解释，使得美国可以卷入欧洲国家那些并不涉及所谓"野心与民族主义"的事务。

1917年1月22日，威尔逊在参议院发表了后来被称为"没有胜利的和平"（Peace without Victory）的演讲，重新解释了"门罗主义"：

> 所有国家应自愿将门罗主义作为世界性的原则。任何国家都不应将其政治体制扩展到其他国家或民族，而且每一民族都有自由决定自己的政治体制，有不受阻碍、不受威胁、不必恐惧地决定自己的发展道路的自由，无论是小国还是大国和强国。❷

在这里，威尔逊突破"西半球"或"美洲"的空间限制，将"门罗主义"解释为各国家或民族自己决定自身政治体制和发展道路的原则，因而具有适用于地球上一切地方的潜在可能性。从表达上来看，这种解释与"罗斯福推论"之间存在张力——1904年，西奥多·罗斯福恰恰是以"文明程度"的名义，论证美国应当对美洲

---

❶ Woodrow Wilson, *War and Peace: Presidential Messages, Addresses, and Public Papers (1917-1924)*, Vol. 2, Honolulu: University Press of the Pacific, 2002, pp. 346-347.

❷ Woodrow Wilson, "Peace without Victory," speech, January 22, 1917, 64th Cong., 23 Sess., Senate Document No. 685: "A League for Peace."

国家行使某种国际警察的权力,这对于美洲国家自己选择政治体制和发展道路的权利必然构成限制。但实际上,威尔逊说每个民族具有选择自己政治体制的权利,并不意味着威尔逊对于各种政体一视同仁,乃至于承认有些民族可以自由地选择反对民主体制。威尔逊事实上抱有这样的假设:一旦一个民族有权选择,它必然选择民主制。❶因此,拉丁美洲国家并不能自由地转向君主制,否则,就有可能招来美国的干预。

从实践上来看,威尔逊不仅完全没有放弃对拉美国家内政的干涉,甚至可以说还变本加厉了。他在总统任内数次发动对拉美的军事干预:1915年侵入并控制海地内政、1916年对墨西哥进行"潘兴远征"(Pershing's Expedition)、1916年军事占领多米尼加。对于深入了解"门罗主义"实践的人来说,威尔逊的解释几乎就是"硬拗",完全与美国在拉美的实践背道而驰。但既然世界上大多数人并不清楚美国在美洲的所作所为,威尔逊的解释仍然能吸引大量听众。

威尔逊在这一演讲中同时提出了建立普遍的国际合作的设想,这实际上是后来的集体安全机制的雏形,但威尔逊强调,它基于自愿,不是一种义务性联盟,这一强调也打着19世纪美国外交传统的深刻烙印——慎于在美洲之外承担国际义务。威尔逊设想的理想状态是,美国基于自己的善意领导一个世界,却无须对这个世界负刚性的义务。

1917年4月,美国打破中立,对德奥宣战。威尔逊论证美国参战的意义是:"必须让世界变得对民主更安全"(The world must be made safe for democracy)❷,同时坚持了"没有胜利的和平"的口号。

---

❶ Gaddis Smith, *The Last Years of the Monroe Doctrine: 1945-1993*, p. 29.
❷ Woodrow Wilson, "An Address to a Joint Session of Congress," (lecture, Washington, DC, April 2, 1917) *The Papers of Woodrow Wilson*, Vol. 41, Princeton: Princeton University Press, 1983, p. 525.

然而1917年11月俄国爆发十月革命，布尔什维克政府宣布俄国退出"一战"，颁布《和平法令》，公布十月革命爆发之前俄国政府签署的各项秘密外交文件。为了防止欧洲各国被布尔什维克革命所吸引，威尔逊被迫提出一套战后国际秩序构想，与布尔什维克竞争人心。1918年1月8日，威尔逊在美国国会演讲中提出"十四点和平原则"，其主要内容包括：废除秘密外交、公海航行自由、签订贸易平等条约、减少军备、平等对待殖民地人民、建立国际联盟等。"十四点和平原则"中包含了支持战败国奥匈帝国、奥斯曼帝国境内一系列少数民族独立建国以及波兰复国的内容，但并没有出现列宁式的"民族自决"（national self-determination）的提法。❶

威尔逊并不是列宁。他在"十四点和平原则"中支持某些族群独立建国，首先是对战败国的打击；其次，这些被威尔逊认为有资格独立建国的族群，通常都被视为白人而非有色人种。在种族主义盛行的美国南方长大的威尔逊，实际上从来没有真正超越白人至上的思维，他在联邦政府中推行黑白种族隔离，并反对亚洲人与美国白人通婚。❷ 他无意主张欧美列强海外殖民地那些被归类于有色人种的民族立即实行"自决"，即便是针对美国的殖民地菲律宾，威尔逊也会断言"在政府与正义等深刻的事务方面，他们还只是孩子，而我们则是成人"，主张菲律宾人必须在美国的托管之下，形成自治能力之后，才能够获得独立建国的资格。❸ 虽然他并未断然将非欧洲族群排除出"自决"的范围，但后者首先要经过在更高的

---

❶ 王绳祖、何春超、吴世民编选：《国际关系史资料选编：17世纪中叶—1945》，第448—452页。

❷ Ko Unoki, *International Relations and the Origins of the Pacific War*, p. 98.

❸ Woodrow Wilson, *The Papers of Woodrow Wilson*, Vol. 12, Princeton: Princeton University Press, 1972, p. 223.

文明程度的列强"托管"（Mandate）之下，形成"自治能力"，这正是威尔逊所倡导的国际联盟下的"托管"制度的思想根源。无疑，这与列宁所要求的当即实施的"民族自决"，不可同日而语。❶

在巴黎和会上，威尔逊也公开否决了日本代表所提出的"种族平等"提案，担心这一提案会对美国国内的种族不平等政策产生冲击。然而，在威尔逊政府利用新设的"公共信息委员会"展开的全球宣传之中❷，"民族自决"的地位不断抬高，越来越被普遍化。在欧洲与亚洲诸多国家的报章将他的主张概括为列宁式的"自决"的时候，威尔逊自己并没有做出澄清，其结果是从埃及、印度到中国、朝鲜、安南的广大殖民地半殖民地渴望民族独立的人士都对威尔逊产生了极高的期待，而当威尔逊无法满足这些期待的时候，其声誉也就跌落尘埃。

综上所述，在1823年发表"门罗主义"咨文时，门罗总统保持了华盛顿总统对于欧洲事务的疑惧，其积极主动地以美洲或西半球的名义发声，实际用意仍在于改善美国自身的国际环境。随着美国实力的不断增强，"门罗主义"的侧重点也从排斥欧洲列强对美国与美洲事务的干涉，转向以排斥外来干涉的名义来主导美洲事务，乃至成为西半球的"国际警察"。威尔逊提出的解决世界秩序问题的"美国方案"，其基础正是美国在西半球多年的经营经验。同时，威尔逊重新解释了华盛顿告别演讲和"门罗主义"，论证自

---

❶ N. Gordon Levin, *Woodrow Wilson and World Politics: America's Response to War and Revolution*, New York: Oxford University Press, 1968, pp. 237, 247-248. 更详细的分析见 Erez Manela, *The Wilsonian Moment: Self-Determination and the International Origins of Anticolonial Nationalism*, New York: Oxford University Press, 2009, pp. 25, 61。

❷ 关于该委员会的活动，见 Richard L. Hughes, "Propaganda: Wilson and the Committee on Public Information, " Ross A. Kennedy edi., *A Companion to Woodrow Wilson*, Malden, Oxford & Chichester: John Wiley & Sons, Ltd., 2015, pp. 308-322.

己的创新并不违反"祖宗成法",国际联盟方案不过是"门罗主义"精神适用地域范围的扩大。然而,威尔逊提出的"美国方案",确实弱化了"门罗主义"对于两个半球的空间划分,美国现在要直接面对全世界和全人类,并承担前所未有的国际责任。

美国政府在19世纪晚期和20世纪初一度推动在拉丁美洲建立区域组织,利用多边主义来扩展美国的影响力。在国际法领域,美国精英也做出了这样的尝试。1912年,美国国际法学家詹姆斯·布朗·司各特(James Brown Scott)与智利国际法学家亚利桑德罗·阿尔瓦雷斯(Alejandro Álvarez)共同发起成立了美洲国际法研究会(American Institute of International Law),建立了一个泛美国际法研究网络,卡耐基国际和平基金会为该会提供资金支持,推广所谓的"美洲国际法"(American International Law)的概念。

然而在对"门罗主义"的阐释上,尤其涉及主权平等与不干涉问题,美国的法学家与一些拉美法学家始终存在着路线上的分歧,前者仅主张一种形式上的主权平等,并反对后者的绝对不干涉主张,从而为美国干涉美洲各国内政保留法律空间。曾任职于美国国务院、长期主持卡耐基国际和平基金会工作的司各特更是运用美洲国际法研究会这一组织来推广美国的价值观。比如说,1916年时该会就美洲国家权利和义务发布了一个宣言,该宣言的基础就是美国法院的判决以及美国公法学家的权威论述。[1] 美国积极向拉美传播自身的法律文化,然而对吸纳拉美国家自身的主张缺乏同样的兴趣。

拉美精英对于"门罗主义"究竟是否属于国际法原则,本来就有不同的看法。曾经在1889年代表阿根廷参加首届泛美会议的萨

---

[1] Elihu Root, "The Declaration of the Rights and Duties of Nations Adopted by the American Institute of International Law," *The American Journal of International Law*, Vol. 10, No. 2 (April. 1916), pp. 211-221.

恩斯·佩尼亚（Sáenz Peña）就认为"门罗主义"不过意味着美国对其他美洲国家的霸权。但他的同胞、阿根廷法学家德拉戈则试图将"门罗主义"解释为属于西半球的平等主义的法律原则。❶ 在1895年委内瑞拉危机中，克利夫兰总统认为"门罗主义受到国际法的原则所承认"❷，然而随着美国在西半球的霸权获得英国承认，这一立场是否仍然符合美国利益，就成为疑问。

1903年4月2日，西奥多·罗斯福总统在芝加哥发表演讲称："门罗主义并不是国际法，虽然我认为有一天它可能会成为国际法，但只要门罗主义保持为我们外交政策的主要特征，只要我们保持着使其有效的意愿和力量，这便并不是必要的。"❸ 一个月之后，萨缪尔·赫瑞克（Samuel Herrick）撰文《门罗主义作为国际法原则》（"The Monroe Doctrine as a Principle of International Law"）与罗斯福总统商榷，从五个方面论证"门罗主义"已经是一项国际法原则。❹ 当然，美国政府并没有采纳这样的主张。1914年4月22日，美国国际法学会第八届年会辩论"门罗主义"究竟是一项"国家的"还是"国际的"原则，曾参加过1907年第二次海牙和平会议的历史学、国际关系学者威廉·赫尔（William I. Hull）主张"门罗主义"

---

❶ Juan Pablo Scarfi, *The Hidden History of International Law in the Americas: Emprie and Legal Networks*, Oxford & New York: Oxford University Press, 2017, p. 71.

❷ "President Cleveland's Message, "Arthur Irwin Street, *Handbook of the Venezuelan Question and the Monroe Doctrine*, Denver: The Times Publishing Co., 1895, p. 4.

❸ "The Monroe Doctrine, "speech at Chicago, Illinois, April 2, 1903. 梁启超在其《新大陆游记》中注意到这一演讲的后半部分大谈美国的海军建设，于是做出如下评论："夫使门罗主义而仅曰亚美利加者亚美利加人之亚美利加，则需海军何为者？就使门罗主义而仅曰亚美利加者美国人之亚美利加也，则需强大之海军何为者？且门罗主义，凡以保守耳，防御耳。故他国之向于门罗主义，容或有之。至以门罗主义向人，吾不知其何意也。"梁启超：《新大陆游记节录》，《梁启超全集》，第1156页。

❹ Samuel Herrick, "The Monroe Doctrine as a Principle of International Law, " 4 Brief 360 (1903).

的实施已经在走向国际化，而且应当进一步国际化。❶

支持将"门罗主义"升级为一项国际公法原则的主张，一般侧重强调这种升级有利于美国获得更大的国际威望。然而美国统治精英在这个问题上一直持谨慎态度。美国政府对 1899 年和 1907 年两项《关于和平解决国际争端的公约》（Conventions for the Pacific Settlement of International Disputes）都做了保留，称"上述公约包含的任何内容均不可被解释为暗示着美利坚合众国放弃了其对纯粹美洲问题的传统态度"。❷ 就在 1914 年美国国际法学会第八届年会上，曾在罗斯福总统任内担任国务卿、时任参议院司法委员会成员的共和党元老鲁特发表演讲《真正的门罗主义》，称"门罗主义"不是国际法，但基于国际法所认可的自卫权，后者是国家主权的题中应有之义。"门罗主义"旨在为美国自身的安全维持一个外部环境，它并不损害或控制其他美洲国家的主权。❸

就在 1906 年，鲁特曾经在巴西里约热内卢的一个演讲中称"门罗主义"意味着西半球国家兄弟式的联合和共同的事业。鲁特的 1914 年演说显然逆转了他的 1906 年演说的精神。但同时，他指出"门罗主义"并不意味着美国的扩张主义或对美洲国家内

---

❶ William Hull, "The Monroe Doctrine: National or International, " *Proceedings of the American Society of International Law at Its Annual Meeting (1907-1917)*, Vol. 8 (April 22-25, 1914), pp. 155-170.

❷ James Scott edi., *The Hague Court Reports, 1916*, New York: Oxford University Press, 1916, pp. civ, cvi. 值得一提的是，在 1899 年海牙国际和平会议上，正是鼓吹"海权论"的马汉，作为美方代表强烈主张国际常设仲裁法院的管辖权不应及于那些"纯粹美洲"（Purely American）的问题。参［美］罗伯特·西格：《马汉》，第 394 页。

❸ 鲁特避免直接讨论 1904 年的"罗斯福推论"，而是引用了老罗斯福 1906 年 12 月 3 日的国会讲话，该讲话称"门罗主义"并不意味着美国的优越地位或对美洲国家行使保护权。鉴于老罗斯福说过"温言在口，大棒在手"，鲁特引用的这番讲话，可以被理解为老罗斯福"温言"的一部分。Elihu Root, "The Real Monroe Doctrine, " *The American Journal of International Law*, Vol. 8, No. 3 (July 1914), pp. 427-442.

政的干预。这是对拉丁美洲以及美国国内"门罗主义"批判者的回应。❶

1923 年，哈定政府的国务卿、国际法学家查尔斯·埃文斯·休斯（Charles Evans Hughes）进一步撰文指出："门罗主义体现的是美国政府的政策，美国政府保留了定义、解释和实施的权力。"作为与前任总统威尔逊高度对立的共和党人，休斯为了证明其论点的权威性，还引用了威尔逊的论述："'门罗主义'是美国根据自己的权威而宣布的。'门罗主义'的维持始终基于美国自身的责任，未来也一样。"❷ 如前所述，威尔逊对于"门罗主义"的解释虽然相当激进，但在实践中，也并没有削弱美国政府单边解释"门罗主义"的权利。因此，共和党人休斯所陈述的，实际上是两党在政治实践中都没有突破的一个外交政策传统。

美国执政精英认为"门罗主义"是一项外交政策而非国际法原则，有着非常现实的考虑。美国政府倡导以强制仲裁和其他和平的争端解决方案来替代欧洲列强经常使用的武力和征服，但不希望国际仲裁或裁决将与"门罗主义"相关的议题纳入管辖，从而束缚自身的手脚。如果美国政府承认"门罗主义"是一项国际法原则，相关的仲裁机构或争端解决机构以及国际法学家就会对"门罗主义"展开自己的解释，美国政府就无法垄断对这一原则的解释权。❸

---

❶ Christopher R. Rossi, *Whiggish International Law: Elihu Root, the Monroe Doctrine, and International Law in the Americas*, Leiden & Boston: Brill, p. 2.

❷ Charles Evans Hughes, "Observations on the Monroe Doctrine," *American Bar Association Journal*, Vol. 9, 1923, p. 559. 民国报刊对休斯论述的报道，可参见《美国：许士氏演说门罗主义》，《国际公报》1923 年第 2 卷第 2 期。

❸ See Editorial Comment, "The Monroe Doctrine Again," *American Journal of International Law*, Vol. 5, No. 3, 1911, pp. 729-735.

美国当代国际法史学者博伊尔曾如此解释为何当时许多美国国际法学者支持美国政府的立场：在当时的国际体系中，战争尚未被宣布为非法，国家自卫的最终保证并不是仲裁或裁决，而是军事力量，因此美国的国际法学家们倾向于认为，如果将"门罗主义"相关的议题交给国际仲裁或裁决，相当于放弃了以武力自卫的权利，而这对美国来说是危险的。❶ 不过，博伊尔的分析并未触及美国执政精英的"双重标准"——美国为自己保留了单方面动武的权利，但致力于限制拉美国家的相关权利。辩护者可以说，美国是在一个盛行丛林法则的世界，保护拉美国家免受丛林法则的支配，同时作为保护者，美国不能削弱自身进行保护的能力；而如果用更具批判性的眼光来看，这种保护者的姿态，本身就是对拉美各国选择自身发展道路的选择权的限制，意味着一种区域霸权主义。

二　从威尔逊回到门罗？

在 1919 年巴黎和会上，威尔逊面临无数棘手的议题，但他对国联倾注了极大的期待，不惜以其他方面的让步，来换取列强对国联方案的支持。与此同时，威尔逊自己面临着一个共和党人主导的国会，而共和党人从总体上对美国承担更多的国际义务持拒斥态度。因此，威尔逊的总体路线，是既能使美国获得更大的全球事务影响力，又不承担过多的国际义务。用我们耳熟能详的说法就是：尽量做增量改革，而不动存量。

为了增加国际联盟在美国国会通过的概率，威尔逊促成了国

---

❶ Francis Anthony Boyle, *Foundations of World Order: The Legalist Approach to International Relations (1898-1922)*, p. 88.

联盟约第 21 条的出台:"国际协议如仲裁条约或区域谅解(regional understanding)"❶ 类似门罗主义者,皆属维持和平,不得视为与本盟约内任何规定有所抵触。"这就将美洲事务排除在国联管辖之外,为美国维持在美洲的"门罗主义"传统,保留了空间。这种例外并非威尔逊首创。1899 年,美国在积极参与第一次海牙和平会议的同时,也基于"门罗主义"传统,对会议通过的《和平解决国际争端的公约》做出了保留,并在 1907 年第二次海牙和平会议时重申了 1899 年的这一保留。❷ 而美国根据国联盟约可能承担的最大的义务,当属第 10 条:"联盟会员国担任尊重并保持所有联盟各会员国之领土完整及现有之政治上独立,以防御外来之侵犯。如遇此种侵犯或有此种侵犯之任何危险或危险之虞时,行政院应筹拟履行此项义务之方法。"❸ 而这两条引发的争议,涉及的是同一个问题——究竟是美国控制国联,还是国联控制美国?

19 世纪"门罗主义"给美国外交政策带来的路径依赖是,美国大部分政治精英都希望能够继续巩固美国在西半球的区域霸权,同时避免承担过多国际义务,避免卷入欧洲政治的泥潭。在威尔逊归国试图说服国会通过国联盟约之时,不少共和党人士对国联盟约不满,认为其已经是一种存量改革,要求白宫做出修改。1920 年 6 月 23 日,参议院外交委员会主席、共和党参议员洛奇(Henry Cabot

---

❶ 威尔逊在此试图将"门罗主义"界定为一种"区域谅解",但在后面的参议院批准过程中遭遇了滑铁卢。如前所述,美国政府的官方表述是,"门罗主义"是美国政府的一项外交政策,既不是国际法原则,也不是"区域谅解"。

❷ Carnegie Endowment for International Peace, Division of Intercourse and Education edi., *American Foreign Policy: Based Upon Statements of Presidents and Secretaries of State of the United States and Publicists of the American Republics*, Washington D.C., 1920, pp. 29, 60, 83.

❸ 世界知识出版社编:《国际条约集(1917—1923)》,北京:世界知识出版社 1961 年版,第 274 页。

Lodge）公布了资深共和党政治家鲁特的三个保留：第一，拒绝国联盟约第 10 条——鲁特认为本条规定的义务过于含糊与普遍，会给美国带来束缚；第二，反对规定必须提前两年通知的退出条款，美国有权自行决定履行何种义务；第三，将所有"纯美国问题"排除在国联管辖之外，包括"门罗主义"和移民问题，明确欧洲不能干预美洲事务，美国也不参与欧洲事务。鲁特与洛奇可以被归为强硬保留派（strong reservationists），他们并不反对美国加入国联，但要求不能受到过多的国际义务的束缚。

威尔逊在 1916 年大选中的共和党对手、法学家休斯也属于强硬保留派，他提出的保留基本上与鲁特方案一致，将国联盟约第 10 条视为麻烦的根源，认为美国无论在法律上还是道义上都不应该有捍卫其他国联成员的义务，第 10 条应当删除。❶ 至于涉及"门罗主义"的第 21 条，他认为应当做出两条解释：一是外国势力不能通过征服、购买以及其他方式来获得美洲大陆及其相邻岛屿的领土；二是纯粹美洲的问题必须首先由美洲国家自行解决，欧洲国家非经美洲国家请求，不得干预。❷

而共和党中的温和保留派人士并不主张取消盟约第 10 条，只是要求对其做出限制，如前总统塔夫脱（William Howard Taft）认为可以将第 10 条的义务限制在十年之内，之后由总统和参议院三分之二多数决定是否延续。

共和党中以波拉（William Borah）为代表的另一派则完全反对

---

❶ Lloyd E. Ambrosius, *Woodrow Wilson and the American Diplomatic Tradition: The Treaty Fight in Perspective*, Cambridge & New York: Cambridge University Press, 1987, p. 155.

❷ "The Proposed Covenant for a League of Nations," Address of Charles E. Hughes, March 26, 1919, Charles Evans Hughes Papers, Box 172, Library of Congress. http://dla.library.upenn.edu/dla/print/detail.html?id=PRINT_9959262683503681, 2019 年 2 月 12 日最后访问。

加入国联。在 1917 年 1 月威尔逊发表"没有胜利者的和平"演讲后，波拉即在国会提出议案，重申华盛顿、杰斐逊与门罗的外交政策。在 1919 年的争论中，波拉认为国联盟约第 10 条会使美国陷入欧洲事务无法自拔，而外国也可以借此来控制美国。他尤其指出，由于加拿大、澳大利亚、新西兰、南非、印度在国联之中都有席位，因而会是英国而非美国主导国联的决策。于是，欧洲列强又可以通过国联这个机构，对美国与美洲事务指手画脚，但这就违反了排斥欧洲干涉的"门罗主义"传统。波拉希望美国能够在外交关系中保留单边决定权，而非被欧洲的外交家所牵制。❶

1920 年 8 月 19 日，威尔逊将参议院外交委员会请到白宫召开听证会，试图说服参议员们接受他的主张。威尔逊对第 10 条的解释是，国联行政院（理事会）一致通过的投票结果只是一种建议，美国对其要负担的义务是道义而不是法律上的，美国国会有绝对的自由对要求采取行动的所有情况做出自己的解释。但批评者认为一旦加入国联，第 10 条必然为美国带来法律上的义务。威尔逊也回避了大英帝国在国联中拥有六票所带来的影响问题。❷ 按照威尔逊的解释，美国向全世界倡导一系列普遍原则，自己却可以无须为这些原则承担责任，而且随时可以退回到一个自己完全可以控制的避风港。对于反对派而言，这听起来太美好，不像是真实的。这次听证会进一步扩大而非缩小了双方的分歧。在无法说服参议员的情况下，威尔逊决定诉诸舆论，在全国展开巡回演讲。但威尔逊在旅行过程中中风，最终基本丧失了工作能力。这种身体状况严重影响了

---

❶ Lloyd E. Ambrosius, *Woodrow Wilson and the American Diplomatic Tradition: The Treaty Fight in Perspective*, p. 90.

❷ Ibid., pp. 164-166.

接下来白宫与参议院的沟通。

而洛奇仍在继续努力把温和保留派争取到自己一边，在9月5日向参议员外交委员会提出了新的四项保留提案。第一项是美国可以无条件退出国联；第二项是除非美国国会批准，美国不承担第10条以及相关条款所规定的国际义务；第三项是国联不得干预美国国内事务，而美国有权自行决定何种事务是国内事务；第四项涉及对"门罗主义"的解释："经美国判断，涉及或与其长期确立的政策，如一般所知的门罗主义有关的问题，美国不接受国联大会或是行政院（理事会）根据该和约提出的质询和仲裁；门罗主义只能由美国解释，而且在该国际联盟的判断权限之外，并完全不受对德和约规定的影响。"❶ 威尔逊在11月3日收到的洛奇即将提交参议院的议案，基本与9月5日版本一致。威尔逊激烈批评关于第10条的保留提案挖掉了盟约的核心部分，会使美国在联盟成员国之前颜面尽失，拒绝做出任何让步。

在白宫与参议院围绕国联盟约拉锯的时候，新一届的总统竞选也拉开了大幕。威尔逊希望能有第三个任期，但未获提名。民主党候选人考克斯（James M. Cox）忠于威尔逊的国际路线，在竞选中大力捍卫国联盟约第10条，认为它包含着"门罗主义"的精神，可以将美国在中南美洲所取得的成就扩大到整个世界，并宣布他当选之后会将批准《凡尔赛和约》作为自己的第一要务。❷ 共和党候选人哈定（Warren G. Harding）采取的宣传战略是将考克斯与威尔逊绑定在一起进行攻击。而威尔逊也不断将正在到来的总

---

❶ Lloyd E. Ambrosius, *Woodrow Wilson and the American Diplomatic Tradition: The Treaty Fight in Perspective*, pp. 173-174.

❷ Ibid., p. 274.

统大选称为美国人民对于两条国际战略路线的"庄重的全民公投"（solemn referendum）。但事实证明，威尔逊已经是民主党的"票房毒药"——在1920年11月2日的大选中，哈定获得的选民票比例比民主党候选人考克斯多出了26.2个百分点；共和党人在参议院补选中也获得大胜，控制了参议院的绝对多数。从1921年开始，共和党连续执政到1933年富兰克林·罗斯福上台。

共和党政府抛弃了威尔逊主张的国际联盟，但美国现在已经是许多欧洲与亚洲国家的债权国，拥有大量海外投资，其全球利益并不允许美国政治精英放弃对美洲之外国际事务的参与。因而，即便从威尔逊后退，也不可能退回到19世纪。我们可以从美国参议院对美国参加的国际事务的态度，来看这一时期美国政治精英们所采取的外交策略。1921年11月，美国召集开华盛顿会议，英、日、法、美四国次年签订《关于太平洋区域岛屿属地和领地的条约》（简称《四国条约》)，终结了英日同盟。共和党人主导的美国参议院要求增加一个宣布本条约不包含任何涉及武力使用、结盟和共同防御义务的修正案，在该要求实现之后，才批准了条约。而同一个会议达成的《美、英、法、意、日五国关于限制海军军备条约》（简称《五国条约》）以及《九国关于中国事件应适用各原则及政策之条约》(简称《九国公约》)，通过美国参议院批准就相当容易，很大程度上因为这两个条约并没有给美国带来刚性的义务约束。

在目睹威尔逊的失败之后，后续的共和党政府以非常谨慎的态度参与美洲之外的国际事务，一方面努力实现美国的国家利益，在欧洲致力于收回贷款，在亚洲致力于阻止日本在中国的过度扩张，另一方面避免加入国际联盟或任何双边同盟关系。这可以说是在"门罗主义"和"威尔逊主义"之间的一个折中。

1928年，美国国务卿凯洛格（Frank B. Kellogg）推动了《凯洛格—白里安公约》(Kellogg-Briand Pact,又称《巴黎非战公约》)的签署。公约第1条规定:"缔约各方以它们各自人民的名义郑重声明,它们拒斥用战争来解决国际纠纷,并在它们的相互关系上,废弃战争作为实行国家政策的工具。"❶ 美国参议院几乎全票通过了这一条约。原因也是类似的,这是一项让美国可进可退的条约,平时美国可以发挥对其他国家的影响力,一旦真正发生战争,美国却可以保持中立,无须承担维护世界和平的义务。而且,美国成功地在公约的解释中加入自身的"门罗主义"关切。1928年7月14日法国对于美国致巴黎公约各原始签字国的同文照会发出的复照指出:"新条约并未以任何方式限制或妨害自卫的权利。在这方面,每一国家均将永远保有其领土不受攻击或侵犯的自由;只有各国自己才有权决定情况是否必须诉诸自卫战争。"英国趁机提出,"世界的某些区域,其幸福和完整"对于英国的和平与安全具有"特殊和重大利益关系",因而英国的自卫权必须包括保卫这些区域不受攻击。而美国将维持"门罗主义"作为其"自卫权"的内容。❷

美国不是国联的正式成员国,但并没有缺席国联事务。哈定政府和柯立芝政府向国联召集的会议派出"非官方观察员",这些观察员会在与美国利益相关的国联讨论中发挥作用,捍卫美国利益。考虑到大量美洲国家是国联的成员国,美国还可以通过操纵这些美洲国家来实现自己的国家利益。如此,尽管美国不是国联的成员国,但并没有缺席国联事务,同时也避免了为国联的任何决定承担责任。此外,美国是许多欧洲国家的债权国,"一战"之后处理德国赔款的所谓道威斯计划(Dawes Plan),就是由美国银行家道威斯

---

❶ 王绳祖、何春超、吴世民编选:《国际关系史资料选编:17世纪中叶—1945》,第630页。
❷ [英]劳特派特修订:《奥本海国际法(下):争端法、战争法、中立法》(第1分册),北京:商务印书馆1989年版,第137页,注1。

（Charles Gates Dawes）担任委员会主席的。美元的力量使得美国能够影响许多国际事务，但无须承担刚性的政治和军事义务。貌似政治无涉的经济资本，充分发挥了其政治功能。

美国虽然没有加入国联，可哈定政府还是有意加入与国联密切关联的国际常设法院（Permanent Court of International Justice）。白宫在1923年拟定了若干保留条件，不接受只有国联会员国才能参与选举法官的规定，不接受国际常设法院的任择条款——即，当美国与其他国家发生争端时，可以不必将争端提交给法院。这实际上已经使国际常设法院对美国没有实质强制力可言。但即便如此，参议员们仍然提出了激烈的反对意见，担心美国通过国际常设法院这个"后门"溜进国际联盟。参议院激烈辩论，形成了进一步的保留意见。但美国要求过分的特权，侵犯了国联的权威，引起了其他列强的不满。国联行政院（理事会）提议进一步协商，白宫则视之为畏途，表示了拒绝。❶ 在"二战"爆发之前，美国对美洲之外国际事务的参与，基本保持着这样一种小心翼翼的姿态，既希望通过参与国际事务进一步扩大美国利益，但又害怕承担刚性的国际义务，陷入其从19世纪以来一直视为泥淖的欧洲事务中去。

自从西奥多·罗斯福总统当政以来，美国政府对拉美进行了连续不断的干涉，这在拉美积累了比较多的消极情绪。1920年4月，乌拉圭总统巴尔塔萨·布鲁姆（Baltasar Brum）发表演讲指出，美国通过"门罗主义"对拉美国家建立了"保护制度"，服务于自身利益，美洲国家需要突破"门罗主义"，建立新的联盟，以保护拉美国家领土完整和不可侵犯。在1923年第五届泛美会议上，乌拉

---

❶ Thomas Guinsberg, *The Pursuit of Isolationism: In the United States Senate from Versailles to Pearl Harbor*, New York: Garland Publishing, Inc., 1982.

圭代表根据布鲁姆的思想,公开提出成立美洲国家联盟,直接挑战"门罗主义"原则。1928年1—2月的第六届泛美会议上,不干涉他国内政问题更是成为重点议题,美国政府承受了很大的外交压力。

美国共和党政府试图做出一定的策略调整。1928年12月17日,柯立芝(Calvin Coolidge)总统的副国务卿克拉克(J. Reuben Clark)起草了一份备忘录,对美国在拉丁美洲军事干涉的权利做出了说明。这份备忘录到1930年由胡佛总统的政府公之于众。克拉克备忘录并非主张限制美国在拉丁美洲进行军事干涉的权利,它只是限制了美国进行军事干涉的理由和依据。根据其解释,美国基于自我保存的权利,可以独自决定何时为了拉美国家的利益而进行干预。但"门罗主义"的目的并非压迫美洲国家,而是为了保护其免于欧洲列强的干涉,它并非一项关于美国与其他拉美国家关系的原则,只有当欧洲列强对拉美国家干涉危及美国安全的时候,"门罗主义"才适用。因此,备忘录并未否定美国干涉拉美国家的权利,而只是认为在不涉及欧洲国家的情形之下,干涉应当采取"门罗主义"之外的理由。而这就意味着,"罗斯福推论"并非"门罗主义"的一部分。

民主党人富兰克林·罗斯福在1933年3月4日就职总统时,面对拉美各国反美情绪高涨、美国在拉美经济影响力被不断削弱的形势,决定进一步调整美国外交政策,宣布了"睦邻政策"(good neighbor policy)。罗斯福在同年12月28日公开宣布反对"武装干涉",这意味着将对拉美的干涉收缩到非武装的手段上去,尤其是动员其他国家进行集体干涉。罗斯福将美军撤出海地,减轻了对巴拿马的压迫,同时又降低关税,建立进出口银行向拉美提供贷款,加强与拉丁美洲的经贸联系,以平衡德国、意大利和日本在拉丁美洲日益增长的影响力。在罗斯福的提议下,1936年12月美洲国家在布宜诺斯艾利斯召开了美洲国家维护和平紧急会议,会议通过了

《美洲国家之间关于维护、保卫和恢复和平的公约》《关于不干涉原则的附加议定书》，美国接受了议定书关于"不干涉"原则的规定，放弃了对于1933年《蒙特维多国家权利义务公约》的保留条件。美国同时将其关切，即在美洲之外的战争可能威胁到美洲各国和平时进行集体协商，写入会议公约。1938年，第八届泛美会议通过《美洲国家团结宣言》和《关于美洲原则的宣言》，虽然没有规定集体防御的义务，但宣布各国反对一切外国干涉或可能威胁它们的活动，在和平安全或任何美洲国家领土完整遭到威胁时，按照以往规定的程序进行协商。❶

通过修复美国在拉美的形象，罗斯福得以在"二战"爆发之后促成拉美国家集体保持中立。1939年9月23日在巴拿马举行的美洲各国外长协商会议达成了各国在"二战"中保持中立的共识。1940年4月，美洲各国在哈瓦那发表外长宣言声明，称凡是非美洲国家所做的任何有损于任何一个美洲国家的领土完整或不可侵犯性、或主权、或政治独立的企图，均应视为对签字于本宣言的所有美洲国家的侵略行为。❷ 会议还决定集体临时管理欧洲国家在美洲的殖民地，以防止荷兰与法国的殖民地落入德国之手。罗斯福政府大力推进与拉美各国政府的防务合作。在1941年12月7日"珍珠港事件"后，美国打破中立状态，参加"二战"，大部分拉美国家也站到美国一边。阿根廷虽然同情德、意，长期保持"中立"，但在"二战"最后阶段还是加入了盟国。

---

❶ 洪育沂主编：《拉美国家关系史纲》，北京：外语教学与研究出版社1996年版，第98—99页。
❷ ［英］劳特派特修订：《奥本海国际法（上）：平时法》（第1分册），第239页。然而讽刺的是，在1982年英国与阿根廷的马岛战争中，美国却站在欧洲国家英国一边，反对美洲国家阿根廷，不仅在联合国通过对阿根廷的武器禁运议案，还在后勤上支持英国。

因此可以说，富兰克林·罗斯福总统对拉美的"睦邻友好"政策，是其应对欧亚两洲新威胁的大战略的一部分。然而美国加入"二战"的过程仍然相当曲折。"门罗主义"塑造的区域空间思维传统在美国国内是如此强大，以至于罗斯福总统必须等到1941年底日军袭击珍珠港之后，才能够打破中立状态，带领美国加入世界反法西斯同盟。而这距离标志着威尔逊路线大溃败的1921年政党轮替，已经过去了二十年。

三 余 论

剩下需要进一步总结的，是美国以何种理由突破"西半球"空间限制，将"门罗主义"改造成为一个全球性的政治原则。在1917年，威尔逊总统采用的是一种理想主义的理由：为民主在全球的生存和传播创造一个良好的国际环境。然而这一理由无法说服美国国内的孤立主义者；美国当时与欧亚两洲的经济联系，也没有达到迫切需要美国的全球性军事政治保护的程度，因此，威尔逊总统遭遇了滑铁卢。而美国真正全面突破"西半球"空间限制，打造全球帝国的关键时段，是第二次世界大战。

1942年，太平洋战争在进行之中，荷兰裔美国地缘政治学家斯皮克曼（Nicholas John Spykman）出版了《世界政治中的美国战略：美国与权力平衡》(Americas Strategy in World Politics: The United States and the Balance of Power)，用佩里·安德森的评价说："突显了华盛顿长时段反思的空白。"[1] 在德日崛起的背景之下，斯皮克曼主张，美国如

---

[1] ［英］佩里·安德森：《美国外交政策及其智囊》，李岩译，北京：金城出版社2017年版，第11页。

果要保障西半球的安全,就不能不寻求全球范围内的势力均衡。美国国内的孤立主义者相信,由于太平洋与大西洋的阻隔,德日联盟在旧世界的全面胜利将不会影响到西半球的存亡,斯皮克曼对此不以为然。他将美洲划分为(包括美国与加拿大在内的)盎格鲁-撒克逊美洲与拉丁美洲,认为如果德日入侵美洲,拉美国家基本上只会拖美国的后腿;即便没有入侵发生,德日控制的旧大陆也能够轻而易举地对西半球发动贸易战,并利用拉美国家的社会结构和意识形态与盎格鲁-撒克逊美洲的巨大差异,对阿根廷的亲德政权实施和平演变,建立柏林控制的傀儡政权,进而在南美扩张,建立"大南美共荣圈"。因此,为了在全球范围内实现均势,以保障西半球的安全,美国必须主动出击,加入欧洲与太平洋战事,击败德国与日本。

在 1942 年,斯皮克曼甚至设想了战后国际体系的基本形态:美国需要吸取"一战"之后草率退回美洲的教训,积极介入欧洲与亚洲的联盟体系,维持旧大陆的势力均衡。斯皮克曼确定无疑地指出,在战后亚洲,美国需要平衡的力量并不是日本,而是拥有更大经济与军事潜能的中国。❶ 斯皮克曼将英国地缘政治学家麦金德的名言"谁控制了东欧,谁就控制了心脏地带;谁控制了心脏地带,谁就控制了世界岛;谁控制了世界岛,谁就控制了全世界"改成了"谁控制了边缘地带,谁就控制了欧亚大陆;谁控制了欧亚大陆,谁就掌控了整个世界的命运"。❷ 而中国,就处于他所说的"边缘地带"的关键位置。

---

❶ [美]尼古拉斯·斯皮克曼:《世界政治中的美国战略:美国与权力平衡》,第 444 页。
❷ [美]尼古拉斯·斯皮克曼:《和平地理学:边缘地带的战略》,俞海杰译,上海:上海人民出版社 2016 年版,第 58 页。

势力均衡原则的政治心理基础是"恐惧",因为"恐惧",在很多时候就可以"先发制人"。论证"先发制人"正当性的思想,在西方传统中源远流长,从古罗马的西塞罗(Cicero)到文艺复兴的人文主义,随处可见其踪迹。[1]1823年,门罗总统的论证诉诸了"恐惧"——欧洲列强对美洲革命的干预,最终有可能导致美洲乃至美国革命果实的丧失。1904年,罗斯福总统也诉诸了"恐惧"——如果拉丁美洲国家欠以德国为代表的欧洲列强太多钱,导致后者上门武力逼债,就有可能导致美洲自主性的丧失,进而威胁美国的安全。而斯皮克曼的论证,则进一步扩大了"恐惧"的范围。威廉二世确实把德国的军舰开到委内瑞拉来了,而"二战"中德国根本没有向拉丁美洲派出军舰,可也成为斯皮克曼恐惧的根源。至于中国,在当时还在反抗侵略者的炮火中浴血奋战,可也已经成为斯皮克曼"均势"盘算的对象。

不久之后,斯皮克曼的筹划就变成了政策现实。美国确实全面介入欧洲与亚太事务,在欧洲建立了北约,深深介入欧洲大陆事务;在亚洲则通过与韩国、日本的安保条约,对中国与苏联进行遏制。只是,美国官方为斯皮克曼式的"均势"盘算,加上了威尔逊式的理想主义修辞。在今天,美国在海外拥有八百多个军事基地,其中很大一部分密布在中国周围,形成一个C形包围圈。中国海军在第一岛链内稍微活动一下,美国报章上就经常高呼"中国威胁",仿佛中国海军已经游弋到了佛罗里达海岸一样。在别人的家门口高谈阔论"威胁",要求别人承担证明自己"人畜无害"的举证责任,已经是美国掌权者的习惯。

---

[1] 参见[英]理查德·塔克:《战争与和平的权利》,罗炯等译,上海:译林出版社2009年版,第20—36页。

在今天，美国的"门罗主义"运行的区域绝不仅仅是西半球；"门罗主义"早就已经越出了西半球，而这种逾越，意味着在美国执政精英眼里，全球都应该是拉丁美洲的样子。❶1903 年 5 月，梁启超曾拜访西奥多·罗斯福总统，受到极大的震撼，他这样概括美国官方对"门罗主义"的新解释方向："世界者美国人之世界。"❷诚哉斯言！危哉斯言！

---

❶ 正如提出"修昔底德陷阱"的格雷厄姆·艾利森在其晚近的《新势力范围》一文中明确指出的，在冷战之后，美国决策者不承认"势力范围"的原因是"整个世界实质上都变成了美国的势力范围"。Graham Allison, "The New Spheres of Influence: Sharing the Globe With Other Great Powers," *Foreign Affairs*, March/April 2020.

❷ 梁启超：《新大陆游记节录》，《梁启超全集》，第 1155 页。

第2章

中欧的"拦阻者"?
"门罗主义"、大空间与国际法

> 现在我看见幻影,它们四处游荡,面目模糊
> 我站在物质体系内部,清醒而坚定
> ——[德]提奥多·多伯勒《北极光》❶

类似于"势力范围"的空间意识,古今中外都广泛存在。1823年诞生的"门罗主义"为这种意识提供了一种美国特色的话语框架。如果美国始终仅仅是一个区域性霸权,那么"门罗主义"话语很难会有超出西半球的影响力。然而,随着美国在19世纪末成为世界第一大经济体,其政治影响力也逐渐溢出西半球,美国逐渐成为欧亚两洲许多文化—政治精英探讨政治事务的重要参照点。

相应地,受到美国范例影响的当地的空间政治斗争参与者,也就可能会用"门罗主义"符号与话语,对自己的主张进行重新包装。比如说,大英帝国的统治精英们在排除其他国家和国际组织对

---

❶ 刘小枫、温玉伟编:《施米特与破碎时代的诗人》,上海:华东师范大学出版社2019年版,第10页。

于遍布全球的英国殖民地和势力范围的管辖时,就借用了"门罗主义"话语,将这种主张命名为"英国门罗主义"(British Monroe Docrine)。❶然而,在欧洲,对"门罗主义"话语最具系统性的挪用与理论反思,并非来自英国,而是来自于地缘政治环境更为复杂和微妙的德国。

德国地处中欧,其国土主体是神圣罗马帝国的旧土。然而从中世纪到 1806 年灭亡,神圣罗马帝国一直没有超越一个极其松散的"政治拼盘"状态。欧洲各国已经习惯于中欧不存在强权的状态。在拿破仑战争之后,1814—1815 年维也纳会议在欧洲重建的均势和协调,也是以中欧不存在统一政治体为前提的。奥地利首相梅特涅虽然组织了以奥地利为首、议会设在法兰克福的德意志联邦,但他基本上是将德意志视为一个地理概念,对德意志的统一缺乏兴趣。在维也纳体系下,英国与俄国分别为欧洲两翼的海上霸权与陆地霸权,中欧则存在普鲁士与奥地利两个存在种种历史和现实矛盾的国家,其西边则是前不久在拿破仑领导下横扫欧洲的法国。一旦中欧诞生一个强大的德意志人国家,就会剧烈改变欧洲传统的地缘政治格局,对两侧国家产生挤压。这个从中欧崛起的国家天生就是现状的改变者,必然要面对两侧国家的疑惧。它要在欧洲大陆主张某种势力范围,其面对的挑战,比美国在拉丁美洲遭遇到的反弹,要剧烈和复杂得多。

19 世纪以来,德国所主张的势力范围,经常附着在"Mitteleuropa"(中欧)这一关键词上。对一些理论家而言,"中欧"指向法国与俄

---

❶ 1928 年,英国在签署法美两国发起的《巴黎非战公约》时,做了一个保留:1928 年 5 月 19 日英国外交部给美国驻英大使的照会中称:"世界上有一些区域,其福利与完整性,对于我国的和平与安全而言,构成一种特殊的和关键的利益。"[英]劳特派特修订:《奥本海国际法(下):争端法、战争法、中立法》(第 1 分册),第 137 页,注 1。

国之间的广阔地带，尤其是有德意志人栖居的地带；对另外一些理论家而言，"中欧"甚至可以将法国也包含进来。德意志人口的繁衍和生存、工业化之后带来的原材料供给和商品销售问题，都是"中欧"话语涉及的关键问题。德国政治地理学乃至于地缘政治学的勃兴，正是在这一空间想象的背景下发生的。而"一战"后的美国在欧洲大陆的影响力增长，使得"门罗主义"成为一些德国理论家的关注点。如果说美国"门罗主义"话语历史的主角是一系列政治家，在德国，则是理论家。德国的政治人物（如希特勒）曾经诉诸"门罗主义"，但只是非常工具性地在某个时间点挪用了它，并没有系统阐明其内在规定性。

在魏玛时期，虽然有很多德国学者和政治经济精英在思考德国的势力范围，但明确将这一思考与美国的"门罗主义"话语对接起来，并在政治神学和国际法层面展开思考的，无过于卡尔·施米特。本章将重点论述施米特如何通过美国"门罗主义"话语的剖析和借用，提出一种服务于德国利益的"多极化"理论。但在进入对施米特理论的探讨之前，我们需要对德意志从19世纪到"一战"的地缘政治环境以及相应的思想情境，做一些初步的梳理。

一 从19世纪到"一战"

与美国不同，德国并非是在建国之后才产生比较系统的势力范围思想的。在1871年之前，德意志精英们就已经在辩论一个统一的德国范围应该有多大，影响力应该是多大。赫尔德（Johann Gottfried Herder）在19世纪初就设想普鲁士与奥地利联合起来，形成一个中欧大国，保护欧洲大陆上的德意志人。❶ 普鲁士改革家斯泰因（Heinrich Friedrich Karl vom Stein）提出了德意志人联合起来、屹立于法国与俄国之间的愿景。❷ 国民经济学家李斯特（Friedrich List）是德意志关税同盟的鼓吹者，他希望他的关税同盟能够将奥地利、普鲁士以及德意志各邦国都包括在内，并一度设想将多瑙河谷和黑海沿岸作为德意志人的殖民地。❸ 奥地利贵族布鲁克（Karl Ludwig Freiherr von Bruck）曾担任奥地利驻法兰克福议会代表，后又担任了施瓦岑贝格（Felix zu Schwarzenberg）内阁的贸易大臣，他主张建立德意志诸邦与奥地利的关税同盟，并设想了德意志人进一步的经济扩张。❹ 在他们的讨论中，德意志应该在法国与俄国之间的广阔空间中发挥领导作用的思想已经浮现。不过，"中欧"在他们的论述中仍是边缘性概念，对他们更重要的概念是"德意志"（Deutschland），他们关心的核心问题，仍是普鲁士、奥地利与德意志诸邦的经济与政治整合问题。❺

然而，德奥合并的"大德意志"（Großdeutschland）方案，在现实之中遭遇到巨大的困难。奥地利哈布斯堡皇室受制于其所统治的帝国高度多元的民族构成，很难接受将自己的代表性仅仅定位于德意志民族。在"铁血宰相"俾斯麦的领导之下，普鲁士采取了"小德意志"（Kleindeutschland）路线，将奥地利排除在外，

---

❶ Bernhard Suphan, *Herders sämmtliche Werke*, Vol. 23, Berlin: Weidmannsche Buchhandlung, 1877-1913, p. 462.

❷ Emil Botzenhart ed., Heinrich Friedrich Karl Freiherr vom Stein, *Briefwechsel, Denkschriften und Aufzeichnungen*, Vol. 4, Berlin: C. Heymann, 1933, p. 165.

❸ Eduard von Beckenrath et al edi., Friedrich List, *Schriften, Reden, Briefe*, Vol. 5, Berlin: R. Hobbing Verlag, 1935, p. 502.

❹ Richard Charmatz, *Minister Freiherr von Bruck*, Leipzig: S. Hirzel, 1916, pp. 157-281.

❺ Otilia Dhand, *The Idea of Central Europe: Geopolitics, Culture and Regional Identity*, London & New York: I. B. Tauris, pp. 13-19.

于1871年建立了德意志第二帝国。俾斯麦深知德国所处的地缘政治环境的脆弱性,在外交上倾向于利用欧洲的均势机制,维护好不容易才造就的现状。他对德国在非洲的殖民持谨慎态度,始终将政策重心放在欧洲。他主张保持与奥匈帝国的同盟关系,而这就必须慎于提出令奥匈帝国感到恐惧的扩张目标。然而,随着德国资产阶级民族主义的上升,俾斯麦身为容克贵族的谨慎,迅速成为抨击的对象。

德国资产阶级民族主义的兴起与德国在第二次工业革命中的迅速崛起有着深刻关系。随着德国经济实力的不断增强,德意志民族主义者提出了更具扩张性的目标,"中欧"概念的地位不断上升。康斯坦丁·弗朗兹(Constantin Frantz)在一部1879年出版的作品《联邦制:作为社会、国家与国际组织的主导原则》(*Der Föderalismus: Als Das Leitende Prinzip Für Die Soziale, Staatliche Und Internationale Organisation*)中批判了俾斯麦的"小德意志"路线,设想了一个包括了普鲁士(包括俄国占领的波兰以及立陶宛等波罗的海国家)、奥地利(包括其所统治的匈牙利和巴尔干)以及剩余的德意志邦国在内的"中欧联邦"(Mitteleuropäischer Bund)。这个联邦还可以进一步扩大,包括荷兰、比利时、瑞士。弗朗兹考虑的首先是法国与俄国的威胁,但也提出了德意志如何与大英帝国、俄国以及美国这样的巨大政治单位竞争的问题。在1882年出版的三卷本著作《世界政策》(*Die Weltpolitik*)中,他甚至考虑将法国纳入他的"中欧联邦",并强调了德国在俄国以及奥斯曼帝国威胁之前对于匈牙利人、西斯拉夫人和南斯拉夫人的保护责任。

《圣经》研究学者、东方学家保罗·拉加德(Paul de Lagarde)在其1878—1892年出版的文集《德国论集》(*Deutsche Schriften*)中同样提出了德国统合法国与俄国之间的"中欧"地带的设想,并视俄国为主要威胁,以奥地利为盟友。德国地理学家与历史学家贝托德·沃尔兹(Berthold Volz)的"中欧"概念里包含了法国、比利时、荷兰、德国以及"上多瑙河谷";政治地理学家弗里德里希·拉采尔(Friedrich Ratzel)在其《德国:乡土地理导论》(*Deutschland: Einfuhrung in Die Heimatkunde*)中所讨论的"中欧"概念,一度将法国纳入其覆盖范围(但在其1907年死后重印版中排除了法国)。地理学家约瑟夫·帕希(Joseph Partsch)于1903年在英国地理学家麦金德主持的一套丛书中出版了《中欧》(*Central Europe*)一书,其界定的"中欧"空间范围包括了德国、奥匈帝国、比利时、荷兰、塞尔维亚、罗马尼亚与保加利亚,并认为这一地区需要以德国的语言与文化为基础联合起来,从而摆脱俄国与英国所带来的威胁。❶

1895年创刊的《地理学杂志》(*Geographische Zeitschrift*)设立了"中欧"栏目,首期就将拉采尔以国家有机体生长为内容的文章作为主打文章之一。"中欧"栏目发表了一系列文章,多数采取了拉采尔式的国家有机体论,将"中欧"作为德意志国家持续生长后必然需要获取的势力范围空间,而对于"中欧"的边界范围,不同作者众说纷纭。❷ 而阿尔伯特·萨托里乌斯(Albert Sartorius)1902年在《社会科学杂志》(*Zeitschrift für Sozialwissenschaft*)发表的"中欧"论述则带入了经济地理学视角,将"中欧"设想为一个以德国为中心的经济区域,其基本的组织形式是一个包括了德国、奥地利、荷兰、瑞士和丹麦的关税同盟。❸

"一战"爆发后,德国受到协约国军事上的压力和经济上的

---

❶ Joseph Partsch, *Central Europe*, London: W. Heinemann, 1903.
❷ Otilia Dhand, *The Idea of Central Europe: Geopolitics, Culture and Regional Identity*, pp. 19-27.
❸ Ibid., pp. 28-30.

封锁，被迫不断加强与奥匈帝国以及奥斯曼土耳其的合作，一个从波罗的海延伸到亚得里亚海与黑海的"中欧"，成为一个军事与经济上必须加以考虑与规划的空间。"中欧"从一种情怀，迅速变成第二帝国的行动方案。1914年9月，在德国大量工商业精英的支持之下，特奥巴登·冯·贝特曼-霍尔维格（Theobald von Bethmann-Hollweg）内阁提出一个方案，试图吞并法国的龙韦-布里埃（Longwy-Briey），并使得法国在经济上成为德国的商品倾销地；将比利时作为附属国，作为对抗英国的军事基地；主导建立一个中欧经济区，其范围包含奥匈帝国、波兰、丹麦、意大利和斯堪的纳维亚国家。不过，随着德国在西线战场上陷入胶着状态，这一计划很快也就变成纸面上的方案。1915年，德国的基督教社会主义政治家弗里德里希·瑙曼（Friedrich Naumann）出版了《中欧》(Mitteleuropa)一书，预测在战争结束后，世界上会出现盎格鲁—美利坚以及俄罗斯—亚洲两个"经济大空间"（wirtschaftliche Großräume），而德国应该做的，是首先建立与奥匈帝国以及罗马尼亚的关税同盟，进而以联邦制的形式，在中欧建立一个政治实体，给予非德意志族群较为平等的地位。

但瑙曼温和的"中欧"方案，对于官方并没有多少影响。在军方总参谋部成为德国实际的统治者之后，兴登堡继续追求一个较为强势的中欧方案，寻求征服波兰，吞并库尔兰（Kurland）与立陶宛。在东线，德国军方利用了俄国十月革命之后布尔什维克政权不稳的困境，通过布列斯特-立陶夫斯克（Brest-Litovsk）条约，将德国的边界向东扩展，将打造"中欧"大空间的计划向前推进了一步。然而1918年德国内部爆发革命，随后向协约国投降。德国的扩张变成了泡影，问题就变成了德国究竟能够在多大程度上保留其在"一战"爆发之前的国土和殖民地。

在"一战"之前,美国在欧洲大陆的影响力有限,德意志民族主义者很少会将自己对"中欧"的觊觎称为"门罗主义"。在1848年革命中,德意志各邦在法兰克福圣保罗教堂召开的国民议会曾经就德意志民族的统一和对外殖民展开讨论,左翼的"西厅派"(Westendhall)议员弗里德里希·舒尔茨(Friedrich Wilhelm Schulz)疾呼德意志除了在海外殖民上要追赶列强之外,在陆地上要向东部和东南方向的多瑙河谷殖民:"在我们的边境上有我们的得克萨斯,我们的墨西哥。"(Dort an unserer Grenze ist unser Texas, unser Mexiko.)❶这一类比,可以反映出其与美国类似的、将德意志势力在东欧的扩张视为"昭昭天命"(manifest destiny)的意识。然而当时并没有发生对"门罗主义"的讨论——事实上,在那个时候,英语中还不存在"Monroe Doctrine"这个词。弗里德里希·瑙曼在其1915年影响巨大的《中欧》一书中提到了美国对拉丁美洲的控制,但并没有专门讨论美国的"门罗主义"话语,更谈不上将德国对于中欧的领导称为德国的"门罗主义"。既然美国对欧洲事务保持孤立主义态度,在欧洲内部,也就并没有将自身的扩张政策类比为"门罗主义"的系统性需要,欧洲列强完全可以通过别的参照系来相互理解。

事实上,"欧洲门罗主义"(European Monroe Doctrine)的提法,最早可能是美国人而非欧洲人的发明。早在1903年6月,曾在美西战争中担任美方谈判代表的外交家怀特劳·里德(Whitelaw Reid)就在一场于耶鲁大学法学院举行的演讲中设想了一种"欧洲门罗主义":英国与比利时、葡萄牙、德国等国一起,向美国提出非洲大

---

❶ Günter Wollstein, *Das "Grossdeutschland" der Paulskirche: Nationale Ziele in der bürgerlichen Revolution, 1848/49*, Düsseldorf: Droste Verlag, 1977, p. 302. Matthew P. Fitzpatrick, *Liberal Imperialism in Germany: Expansionism and Nationalism, 1848-1884*, Oxford & New York: Berghah, p. 41.

陆的政体原则是君主立宪制，非洲不应成为共和国殖民的对象，因此美国政府应该停止对美国自由黑人建立的利比里亚共和国的支持。❶ 不过，这只是怀特劳·里德根据美式"门罗主义"建构出来的一种镜像，而且这种"门罗主义"关注的对象是欧洲各国在非洲的殖民地，而不是欧洲大陆本身。事实上，19 世纪末、20 世纪初的欧洲列强可能很关心"均势"，关心领土和势力范围，但并不像怀特劳·里德设想的那样关心政体形式——比如说，法国从 1870 年以来一直保持着共和政体，虽然其内部一直存在保王党人和共和派的斗争，但作为君主制国家德国的首相，俾斯麦却长期支持法国的共和派，而非天主教保王党人，其考虑在于：一个共和制的法国在欧洲王朝国家中会长期被孤立，从而有利于德国的地缘政治安全。❷ 这说明，在俾斯麦的算盘里，国家—民族利益的原则，已经压倒了维也纳会议确立的政体同质性原则。

自从打破"中立"参加"一战"以来，美国成为欧洲事务的重要参与者，至少是一个举足轻重的听众。美国的"在场"，导致"门罗主义"的符号，在欧洲获得了比以往更大的关注。1923 年奥地利贵族康登霍维－凯勒奇（Richard N. von Coudenhove-Kalergi）出版《泛欧洲》(*Pan-Europa*) 一书，主张"在一个世纪之后，欧洲应该继美国之后宣布自己的'门罗主义'：'欧洲人的欧洲'"。❸ 康登霍维－凯勒奇心目中欧洲的敌人是苏联，后者虽然与欧洲有共同的历史文化遗产，但已经遵循了与西方不同的原则。为了避免苏联控

---

❶ Whitelaw Reid, "The Monroe Doctrine; The Polk Doctrine; Anarchism," *Yale Law Journal*, Vol. 13, No. 1, 1903.

❷ Robert A. Kann, Stanley B. Winters, *Dynasty, Politics, and Culture: Selected Essays*, Boulder: Social Science Monographs, 1991, p. 96.

❸ Richard N. von Coudenhove-Kalergi, *Crusade for Pan-Europe: Autobiography of A Man and A Movement*, New York: G. P. Putnam's Sons, 1943, pp. 10-11.

制东欧，进而主导整个欧洲，康登霍维-凯勒奇希望从波兰到葡萄牙的欧洲国家能够从政治和经济上联合起来。他所设想的"欧洲联邦"包括除苏联之外的欧洲大陆国家及其海外殖民地。他并不指望作为全球性帝国的英国能够加入这一联邦，但希望联邦能与英国保持良好关系。他主张奥地利与捷克先结成一个联盟，进而北进波兰与波罗的海诸国，南下巴尔干地区，五个多瑙河国家先联合为"东欧合众国"，进而扩展为"欧洲合众国"，从而与美洲联邦、东亚联邦、英联邦以及苏联并立于世。

1926年，康登霍维-凯勒奇在维也纳组织了第一届泛欧洲大会，后又在1930年、1932年与1935年举办了三届泛欧会议。西格蒙德·弗洛伊德（Sigmund Freud）、托马斯·曼（Thomas Mann）、斯蒂芬·茨威格（Stefan Zweig）、阿尔伯特·爱因斯坦（Albert Einstein）以及何塞·奥特嘉·伊·加塞特（José Ortega y Gasset）等欧洲知识分子都曾支持或参与凯勒奇组织的泛欧运动。欧陆上最大的"一战"战胜国法国也对康登霍维-凯勒奇的计划抱有浓厚兴趣。1929年法国总理白里安（Aristide Briand）在国联大会发表欧洲联邦演讲，获得诸多德国精英支持，并于1930年5月向国联提交了关于建立欧洲联盟的备忘录。1930年法国总理爱德华·赫里欧（Édouard Herriot）出版《欧洲合众国》（*The United States of Europe*）一书❶，当时曾引起西方舆论的关注。

作为生活在奥地利的德意志人，康登霍维-凯勒奇所筹划的是一种亲协约国的泛欧洲整合方案，它没有给予德国某种领导地位，因而这并不是德国的德意志民族主义者们乐于接受的方案。1919

---

❶ 该书法语版的标题仅仅是"欧洲"，但在英文版中用了"欧罗巴合众国"这个标题。Édouard Herriot, *Europe*, Paris: les éditions Redier, 1930. Édouard Herriot, Reginald J. Dingle trans., *The United States of Europe*, New York: The Viking press, 1930.

年,德国受到《凡尔赛和约》严厉惩罚,丧失大片领土和海外殖民地,而其"一战"盟友奥匈帝国更是土崩瓦解,分裂成奥地利、匈牙利、捷克斯洛伐克等一系列国家。"一战"使得德国人意识到,有大量德意志人生活在德国之外,而"一战"处置的结果,是让德国文化—政治精英更明确地意识到,至少有一千两百多万德意志人生活在德国之外。战争在德国文化精英与政治精英中激活的"中欧"意识,并没有随着战败而消亡。考虑到奥地利丧失帝国,其民族构成比之前更具同质性,德奥合并的主张似乎又重新具有了现实性。在魏玛民国初期,赫尔曼·乌尔曼(Hermann Ullmann)、特奥多尔·豪斯(Theodor Heuss)、弗里德里希·瑙曼、恩斯特·耶克(Ernst Jäckh)和保罗·洛尔巴赫(Paul Rohrbach)等人均支持德奥合并。❶然而在战后国际体系中,这是不可能之事——协约国与奥地利签订的《圣日耳曼条约》规定,非经国联行政院同意,德奥两国不得合并。

在"一战"后,德国内部产生了一种与协约国对立的泛欧洲思想。1921年,德国历史地理学家瓦尔特·福格尔(Walther Vogel)作《新欧洲及其历史地理基础》(*Das neue Europa und seine historisch-geographischen Grundlagen*),探讨了欧洲国际体系的地理基础,论证德国恢复自身声望的方式就是超越原有的民族国家,领导建立一个经济上联邦化的欧洲。❷他同时对巴黎和会对于莱茵兰地区的处理方式充满了不满,对犹太人和社会主义者表现出很大的敌意。❸如

---

❶ Jorg Brechtefeld, *Miteleuropa and German Politics, 1848 to the Present*, London: Palgrave Macmillan, 1996, p. 48.

❷ Walther Vogel, *Das Neue Europa und seine historisch-geographischen Grundlagen*, Bonn: Schroeder, 1925, pp. 416-422.

❸ David Thomas Murphy, *The Heroic Earth: Geopolitical Thought in Weimar Germany, 1918-1933*, Kent State University Press, 1997, pp. 117-125.

果说康登霍维-凯勒奇与法国领导人的"泛欧"计划是亲国联的,福格尔的泛欧计划则从本质上是反国联的,试图绕开国联,借助德国强大的工业生产能力,重新恢复自身在欧洲的影响力,因而从根本上说,"泛欧"只是手段,恢复德国影响力才是瓦尔特·福格尔真正的思想核心。

但更多德国的地理学家和经济学家诉诸"中欧"这个概念,并将其与"生存空间"(Lebensraum)、"民族"(Volk)等观念关联在一起。早年研习动物学的弗里德里希·拉采尔在其 1897 年出版的《政治地理学》(Politische Geographie)一书中,将地理学与社会达尔文主义结合在一起,认为国家作为一个有机体,在"适者生存"的竞争中寻求扩大自身的"生存空间",而"中欧"则被拉采尔视为德国天然的"生存空间"。拉采尔是 1891 年成立的民族主义组织泛德意志联盟(Alldeutscher Verband)的主要领导之一,并强烈主张德国向非洲扩张。而比他小一辈的卡尔·豪斯霍弗(Karl Haushofer)在小时候经常陪自己的父亲马克斯·豪斯霍弗(Max Haushofer)与拉采尔一起散步,深受拉采尔思想的影响。

1924 年,豪斯霍弗参与创办《地缘政治学杂志》(Zeitschrift für Geopolitik),将同样深受拉采尔影响的瑞典亲德政治学家鲁道夫·契伦(Johan Rudolf Kjellén)首创的"地缘政治学"概念,变成了一个杂志平台的名称。《地缘政治学杂志》刊发了大量文章,探讨国家有机体论、地理决定论、德意志的文化特征与历史使命、德奥合并、《凡尔赛和约》的错误、经济上的自给自足(autarky)等主题,而"中欧"是其中极为突出的共同空间诉求。

除《地缘政治学杂志》之外,像《民族与国家》(Volk und Reich)、《德国国家与民族研究档案》(Deutsches Archiv fur Landes- und Volks-forschung)以及《德国评论》(Deutsche Rundschau)等杂志都非

常热衷于讨论"中欧"话题,海因里希·冯·斯尔比克(Heinrich von Srbik)、汉斯·罗特费尔斯(Hans Rothfels)、威廉·希提斯勒(Wilhelm Schtissler)、马丁·施潘(Martin Spahn)以及保罗·洛尔巴赫等人在上面发表了很多文章。❶

"一战"之后,德国经济屡次遭遇危机,许多德国工业家都感受到德国工业在获得原材料和出售商品方面,受到国际地缘政治环境的巨大限制。许多工业界人士加入了中欧经济学会(Mitteleuropäische Wirtschaftstag)。在1929年的时候,该会德国分部的理事们受到了20世纪20年代德国地理学家与经济学家对于"Autarky"(封闭经济或自足经济,源自希腊词αὐτάρκεια)观念讨论的影响,曾经在一份秘密备忘录中提出,德国与奥地利两国在经济上的整合,将制造出必要的经济"生存—大空间"(Lebens-Großraum),进而为未来的德意志"大国"(Großreich)准备基础。❷

在全球经济危机的大背景下,各国以邻为壑,大打贸易战,能够自我循环的经济体系的重要性,进一步凸显出来,而德国并不能单独完成这样的体系。1931年3月19日,在欧洲各国深陷经济危机和贸易战之时,德国和奥地利政府签订了统一关税协定,旨在建立一个关税同盟,而法国与捷克斯洛伐克政府对此激烈反对。国联将这一问题交给了设在海牙的常设国际法院处理。9月,常设国际法院判决:尽管关税同盟没有违反《圣日耳曼条约》对德奥合并的禁令,但危及奥地利的经济独立,因而违反1922年10月4日《日内瓦协议》"一号议定书"关于直接或间接威胁奥地利独立的规定。尽管关税同盟是奥地利政府自己提倡加入的,德奥两国最终仍不得

---

❶ Jorg Brechtefeld, *Miteleuropa and German Politics, 1848 to the Present*, p. 50.
❷ Ibid., p. 52.

不放弃关税同盟。德奥关税同盟计划受挫，在魏玛民国引发了政治危机，促成了纳粹党赢得1932年的德国帝国议会选举以及奥地利的下奥地利、萨尔茨堡与维也纳三个联邦州议会选举。

然而，需要指出的是，在魏玛时期，虽然有很多德国学者和政治经济精英在思考德国的生存与发展空间，但明确将这一思考与美国的"门罗主义"话语对接的，还是凤毛麟角。而施米特在这方面走得最远，最为集中地论述了美国的"门罗主义"、帝国主义与德国所要建设的国际新秩序的关联。他的核心观点是，美国原本奉行的是以"西半球"空间为基础的"门罗主义"，这一原则与大英帝国的全球帝国主义原本毫无共同之处，然而，美国在19世纪末越出了西半球，对欧亚事务进行干涉；而国联，则是一个帝国主义—干涉主义的组织；德国有必要效法更为经典的美国"门罗主义"，在欧洲推行自身的"门罗主义"，建设一个既抗拒外来干涉，也不对外干涉的"大空间"。施米特并未像同时代的诸多理论家一样将德国的"大空间"命名为"中欧"，但他明确强调其具有德意志民族的精神规定性。

施米特的德国式"门罗主义"论述，集中体现在他于1941年夏出版的《禁止外国势力干涉的国际法大空间秩序：对国际法上的Reich概念的贡献》（德文全名：*Völkerrechtliche Großraumordnung mit Interventionsverbot für raumfremde Mächte: Ein Beitrag zum Reichsbegriff für Völkerrecht*）第四版，其基础是施米特于1939年4月1日在德国基尔大学政策与国际法研究所成立二十五年庆典上发表的"国际法的大空间原则"演讲以及1939年4月29日在《德国法》（*Deutsches Recht*）刊物上发表的《国际法中的Reich概念》等内容。在此书中，施米特全面阐述了其从"门罗主义"提炼"大空间"的基本原理并用于推动国际法的变革的理念。本章的讨论将涉及两次世界大战之间施米特撰写的一系列批判《凡尔赛和约》以及国联体系的评论、论文和著作，但也涉及 1950 年施米特出版的 *Der Nomos der Erde* ❶ 一书，后者是对其两次大战之间的诸多论述的进一步综合，在基调上并没有根本变化。因此，本章将 *Der Nomos der Erde* 与施米特在"二战"结束之前的一系列论述放在一起加以探讨。

然而，为了理解施米特的"大空间"国际法主张，我们不能不去理解施米特认定的对立面——第一次世界大战之后基于普世主义的帝国主义—干涉主义国际法。在施米特看来，美国是这种普世主义—干涉主义的国际法最大的幕后推手，而这种普世主义—干涉主

---

❶ "Der Nomos der Erde"，目前刘毅、张陈果中译本将其翻译为"大地的法"。刘禾主张翻译成"全球规治"，认为 der Erde 所指的是"地球"，而并非与"海洋"相对的"陆地"或"大地"，因为施米特在书中也花费大量篇幅探讨了对于海洋空间的争夺；施米特同时强调希腊语中的名词 νóμος（nomos）源于动词 νέμειν（nemein），后者兼有"划分"和"放牧"的意思，基于这一词源，nomos 既是人们依照某种秩序用来划分和安置土地的丈量手段，也是由此而确立的政治秩序、社会秩序和宗教秩序的形式，刘禾主张以"规治"而非"法"来翻译 nomos，以凸显施米特希望强调的丈量和统治之间的内在联系。见刘禾主编：《世界秩序与文明等级：全球史研究的新路径》，北京：生活·读书·新知三联书店 2016 年版，第 53—55 页。刘小枫认为，施米特在该书前言中引用了歌德的诗句"所有无关紧要的事物终将消散，只有海洋（Meer）和大地（Erde）巍然不动"，认为"Erde"不应翻译成"地球"，并主张"Erde"一词甚至不妨读作"天下"。见刘小枫：《欧洲文明的"自由空间"与现代中国：读施米特〈大地的法〉札记》，《中国政治学》2018 年第 2 期，北京：中国社会科学出版社 2018 年版。在本书看来，两种译法各有自身的弱点。施米特在其著作标题中使用 νóμος（nomos）一词，在很大程度上利用了其多义性，"规治"恰当地强调了 nomos 与其动词形态 nemein 的关联，但这一译名放在施米特批判实证主义的情境之中，对 nomos 作为"高级法"的强调稍弱。另一方面，施米特这一标题也利用了 Erde 作为"土地"与"地球"的双关语，法语中的 terre 具有类似的双关性，但中文缺乏类似的双关词，"大地"很容易被理解为与"海洋"相对的"陆地"，失去"地球"之含义。康有为在《大同书》中使用的"全地"一词，倒是具有一定的双关性，"全地"既可指与"海洋"相对的"陆地"的总和，亦可指以"陆地"为本位，但包含了海洋、可以被经纬线测量的整个地球，但施米特在使用 Erde 时，并不总是在讨论"陆地"的总和或整个地球，故"全地"之"全"字又显得太强。总之，理想的译法颇难寻觅。本书正文中保持施米特原标题，在引用时指向中文译本。

义,却又是通过对"门罗主义"的重新解释而获得推进的。施米特对于经典的欧洲国际法充满怀念,但又非常清楚地知道,已经发生的变化在很大程度上是不可逆的。基于"大空间"的国际法是他在这一背景之下提出的替代方案。为了看清施米特基于"大空间"的国际法理念的来路,我们首先需要进入其关于欧洲经典国际法秩序之崩溃的论述。

二 欧洲公法的衰变

"一战"之后,德意志民族主义者的切肤之痛,是凡尔赛体系对于德国的体系性压制。德国自认为欧洲头等列强之一,但在巴黎和会上受到了公开的羞辱:不仅巴黎和会的协商拒斥德国代表的参与,甚至《凡尔赛和约》都是由协约国通过宣战,强迫德国接受的。由于英法之间对于欧洲均势的意见出现分歧,和约并没有对德国造成毁灭性的打击,但相比于1815年诸王朝国家对于法国大革命策源国法国的处置,却是极其苛刻的:德国失去了战前领土的13.1%,1910年统计的全国人口的10%,军事与经济上受到严格限制;《凡尔赛和约》禁止德国加入国际联盟,禁止德奥政治联盟,要求德国政府将发动和领导战争的政治与军事领导人移交国际法庭审判。为了保证军事条款的履行,协约国占领莱茵兰地区十五年,并保证该地区的永久性非军事化。萨尔地区被从莱茵兰分离出来,由国际联盟管理十五年,之后由公民投票决定归属,而法国对该地区拥有经济控制权。❶

---

❶ [美]费利克斯·吉尔伯特:《现代欧洲史》(第6卷),北京:中信出版社2016年版,第214—216页。

而施米特对于《凡尔赛和约》与国联体系的根本批评是这样的：德国在"一战"中的所作所为，并没有越出欧洲列强原来共同接受的欧洲近代经典国际公法，然而，包括美国在内的战胜国却单方面改变了游戏规则，将一套新的游戏规则，强加给德国。但这套新的游戏规则从根本上具有帝国主义—干涉主义的性质，它缺乏一个同质性的政治空间作为其基础，并不可能带来真正的和平。

首先，《凡尔赛和约》第231条确定战争责任，提出了所谓"战争罪"的概念，并将德皇威廉二世列为战犯，要求对其进行审判。而这就违反了近代经典欧洲公法的精神。施米特认为经典的欧洲近代公法试图限制战争，而不是消灭战争，其战争法承认，只要经过一定的程序发动并依据既定规则进行战争行为，交战双方就是正当的敌人，他们彼此之间没有法律上的过错，对整个世界而言也没有法律上的过错，并不存在一方是正义使者，另一方是可耻的罪犯的情况。19世纪的实证法学家们更是把战争视为道德上中立的现象，❶ 克劳斯维茨（Carl Von Clausewitz）在1832年出版的《战争论》中称战争是一种实行国家政策的工具，这一观念在19世纪影响深远。在这种战争观下，"侵略"（aggression）不可能成为一个核心的法律概念。所谓的战争罪，针对的是战争期间一方违反战争法的行为（如攻击平民、滥杀战俘），但追究的并不是侵略战争的发动者。

在经典欧洲公法体系之下，宣战的程序尤为重要，因为它可以清晰地区分出中立国与敌国，使得中立（neutrality）成为可能。因为双方都可以是正当的敌人，第三方的中立在道德上成为可能。而战争结束之后所签订的条约中，往往也包含了大赦条款（amnesty provision），双方互相赦免对方战斗人员给予己方带来的任何伤害，

---

❶ Kaspar Bluntschli, *Le Droit International Codifie,* trans. M. C. Lardy, Paris: Guillaumin, 1870, p. 282.

以免这些伤害成为未来争端的源头。❶《凡尔赛和约》要求移交和审判发动战争的个人,有违古典国际法中的大赦制度。❷

其次,在施米特看来,协约国与国联对于莱茵兰地区的处理,也严重偏离了经典的欧洲公法。协约国对莱茵兰地区占领十五年,旨在德法之间制造一个非军事化的缓冲区。这既不是在经典的欧洲公法之下设立"中立国"(如比利时)的做法,也不是经典的欧洲公法所规定的暂时的军事占领,后者只是一种纯粹临时和事实性的对土地及其上的财产的占有,对其上的人民临时性和事实性的征服,它既不发生领土变更,也不发生政权更迭和宪法变更,然而协约国以国联的名义来管理莱茵兰地区,使后者与德国主体部分具有不同的国际法与宪法地位,在德国内部制造了一个"国中之国"。

对莱茵兰地区的处置更不涉及领土的割让。在经典的欧洲公法之下,在占领敌方土地涉及主权变更的情况之下,会发生"国家继承":前一个国家政权的义务由后一个国家政权来继承,哪怕这两个国家处于敌对状态,由此保持了社会秩序的稳定性。一个重要的例子就是拿破仑控制下的威斯特法伦王国(Königreich Westphalen)在被消灭之后,原黑森-卡塞尔伯国(Landgrafschaft Hessen-Kassel)复国为黑森选侯国(Kurfürstentum Hessen),其君主威廉一世不得不对威斯特法伦王国进行"国家继承",继续履行其所承担的义务。❸被占领土之上的居民将成为占领国的公民,占领国还需要承担前任国的某些义务,如全部或部分债务。领土的割让是残酷的,但它也

---

❶ Stephen C. Neff, *War and the Law of Nations: A General History*, New York: Cambridge University Press, 2005, pp. 117-118.

❷ 不过,欧洲列强仍然残留了古典国际法的观念,威廉二世受到了中立国比利时的保护,英法在多次努力无效之后,最后也放弃了引渡。

❸ [德]卡尔·施米特:《大地的法》,第184页。

使得被割让领土之上的居民能够自动获得另一个国家的公民权,从而避免成为国际政治上的纯粹客体。

然而,更重要的是,在施米特看来,《凡尔赛和约》打破了经典国际法中对于欧洲与非欧洲政治空间的划分,把通常被用来针对"半文明国家"与"野蛮国家"的手段,用到一个欧洲"文明国家"身上。经典的欧洲国际法基于欧洲列强的这样一种共识:欧洲的土地与非欧洲的土地之间有着清晰的内外之分,宗主国与殖民地不可混淆。这不仅是一个法律上的区分,同时也是基于文明等级论的空间区分。殖民宗主国所坐落的欧洲,被视为世界文明的中心,国际法是这个文明中心的产物,同时也只有在这个文明的中心才会得到完整的实施。在这个中心之外,除了美国等欧洲后裔所建立的国家,剩下的就是半文明(semi-civilized)国家和野蛮(savage)部落,它们不具有完整的主权,或根本没有主权。❶ 而殖民的使命是将所谓文明的教化布于世界各地。只有符合欧洲列强文明标准的国家,才能够被承认为列强俱乐部的一员,获得完整的主权。这种文明等级论确保了列强俱乐部本身具有同质性(Homogenität)。在施米特看来,《凡尔赛和约》没有给予德国作为一个欧洲列强应有的尊严,而是将德国与诸多非欧洲国家相混淆,这不啻为欧洲的自我沦丧。

具体到莱茵兰问题上,施米特在 1925 年的评论《作为国际政治客体的莱茵兰》指出:"使一片国土和一部分人民变成国际政治

---

❶ 最为典型的表述来自苏格兰法学家詹姆斯·拉里默,他的三分法表述分别是 civilized humanity, barbarous humanity, 以及 savage humanity, 参见 James Lorimer, *The Institutes of the Law of Nations*, Vol. 1, Edinburgh and London: William Blackwood and Sons, 1883, p. 101。有学者将此解读为,判定何谓文明国家的关键,是这些国家保护欧洲旅行者与商人生命、自由和财产的意愿和能力,参见 Georg Schwarzenberger, *The Frontiers of International Law*, London: Stevens and Sons, 1962, p. 71。

客体的形式与方法已经变了，不同于19世纪了。"❶ 19世纪经典的欧洲国际公法实行"客体化"的方式是兼并领土，历史上围绕着阿尔萨斯—洛林的拉锯战，其背后就是经典的国际法公法。旧王朝国家渴望获得领土和人口，认为人口的增长就等于国力的增长。❷ 但随着民族的原则的分量超过王朝的原则，一个强调民族同质性的国家，对于并非同一个民族的居民会有拒斥态度，不愿意将从帝国扩张中获得的利益，与这些非同质的居民共享，更不要说承担更多的由"国家继承"而来的义务了。既然外族人被当作包袱而非资源，那么国际法上也需要发明相应的规则，在不给予外族人公民权的同时，保持对他们所居住的土地的实质控制。

欧洲列强先是建立对于"半文明"国家的"保护国"（protectorate）制度——保持后者形式上的内政独立性，但控制其外交。但到了20世纪，连"保护国"制度也显得过时了，最新的实践是给予这些弱势国家以外交上的自主权，甚至给予主权的标志，但在"监督"的名义下，"通过占据关键地点，通过经济上的剥削或者特殊的投资权利确保统治"。❸ 英国对埃及，美国对古巴、海地、多米尼加、巴拿马等拉美国家采取的，就是这样一种新的支配方式。"一战"之后，德国的海外殖民地被国联"托管"，而"托管"也避免了公开的政治兼并与合并。这些非欧洲族群处于这样一种支配形式之下——在形式上具有一定独立性，但被置于监管他们的列强的干预权力之下，又不可能按照经典的欧洲国际法的"国家继承"原则，成为列强的公民，因而更有可能沦为实质的国际政治的"客体"。

---

❶ ［德］施米特：《作为国际政治客体的莱茵兰》，《论断与概念》，第19页。
❷ 同上书，第22页。
❸ 同上书，第21页。

传统上，这些支配形式原本只是针对非欧洲的"半文明"和"野蛮"民族。第一次世界大战打破了这种文野之分，欧洲列强纷纷带来它们在殖民地的有色人种军队，在欧洲大陆上互相厮杀。施米特认为，《凡尔赛和约》将传统上欧洲人对待非欧洲"半文明"族群的手段，用来对付德国，进一步毁坏了经典国际法中欧洲所占据的优越地位。这就类似让农奴参与贵族的决斗，破坏了贵族决斗的规矩。施米特认为，《凡尔赛和约》里"包含着一些危险、可能成为经常性干预的基础的不确定概念"，如制裁、赔款、调查、占领，其解释权掌握在战胜国的手里，这就使得德国的命运处于高度不确定的状态。❶战胜国禁止德国在莱茵河左岸和右岸河流以东 50 公里内设置防御工事，禁止在这一地区常驻或暂时驻扎或集结武装力量，禁止任何军事演习或任何可以被视为动员准备的措施。❷ 协约国将政治法律化，用国际法的形式，将对于德国的惩罚固定下来。

　　然而对德国的这种惩罚，与 19 世纪的神圣同盟所确保的秩序相比，其正当性原则是模糊不清的。神圣同盟将君主制—王朝主义原则作为欧洲秩序的基础，并为此建立"大国协调"体系，相互担保防止新的类似于法国大革命的苗头出现，这里存在着非常清晰的敌友区分的标准，其政治原则是非常清晰的。拿破仑战争的策源地法国并没有在维也纳会议上受到严厉惩罚，而是在波旁王朝复辟之后，被接纳为"五强共治"（Pentarchy）俱乐部的一员。但战胜国对德国的惩罚只是将一种具有根本缺陷的暂时的稳定状态，用国际法固定下来，从根本上缺乏可以与维也纳体系相提并论的、清晰的正当性原则。

---

❶ ［德］施米特：《作为国际政治客体的莱茵兰》，《论断与概念》，第 24 页。
❷ 同上书，第 26 页。

经典的欧洲公法，是否仅仅在"一战"之后，才发生如此剧变？在施米特看来，"一战"后的剧变只不过是一个漫长的衰变过程的重要环节而已。19世纪，作为欧洲公法基础的文明等级论，本身就在受到挑战。在西半球，美国经历过内战和镀金时代，凭借着庞大的领土空间和人口规模，工业突飞猛进，并且逐渐突破1823年的"门罗主义"，越出其在美洲的"大空间"，争夺全球霸权。在亚洲，日本经历过中日甲午战争和日俄战争之后，被承认为列强俱乐部"民族大家庭"（the family of nations）的一员，而英国与日本在1902年缔结了形式上平等的盟约。与美国一样，日本也带来了自身的区域秩序想象，试图在亚洲确立自身霸权。美国与日本两个非欧洲强权的崛起，都对欧洲土地、空间与文明的优越性，构成了严峻的挑战。欧洲人一向将欧洲的国际公法视为欧洲文明的产物，而现在其欧洲文明的属性，必将遭到稀释。

但挑战并非仅仅来自外部。施米特指出，欧洲人自己也在有意无意地模糊欧洲与殖民地之间的界限。施米特尤其重视欧洲列强对于刚果问题的处置。比利时国王利奥波德二世（Leopold II）是欧洲殖民刚果的先锋，而比利时在欧洲是一个由列强共同担保的中立国。由于比利时政府缺乏对外殖民的动力，国王利奥波德二世就以私人的名义，成立了"刚果国际交流协会"（The International Association of the Congo），并通过该协会在非洲开展殖民活动，尤其是从非洲本地酋长们的手中巧取豪夺，聚敛土地。而英国、法国、葡萄牙也在刚果展开殖民活动，数方的利益发生了一定冲突，于是就有了1884年德国首相俾斯麦召集十四国召开柏林会议（又名"刚果会议"）进行"大国协调"的事件。

柏林会议给人留下的最大印象是对非洲的瓜分。但施米特认为列强对刚果的处置带来的后果最为严重。在柏林会议之前和过程之中,利奥波德二世下了很大功夫来游说各国精英,给他们制造出他正在刚果推动"文明进步"的印象。利奥波德二世的游说极其成功,柏林会议的主席国德国承认了刚果国际交流协会对"刚果自由邦"的主权(这是施米特叙事似乎刻意忽略的);美国并没有参加柏林会议,但在会议前却承认了利奥波德二世控制的刚果国际交流协会对其所控制的刚果土地的主权,开创了在非洲土地上承认新国家的先例。施米特指出,美国对柏林会议表现出了一种"混合了原则上的缺席和实际上的在场的态度",与其后来对待国联的态度,如出一辙。❶ 在柏林会议的讨论中,法国与葡萄牙的代表提出了将海外领土和殖民地与欧洲宗主国的国家领土同等看待。而柏林会议列强所签订的《柏林会议总议定书》,在施米特看来更是开了一个危险的先例,那就是使得在欧洲的土地与非欧洲的殖民地之间的界限变得模糊。❷ 列强承认利奥波德二世以个人名义占有并统治刚果河流域,其统治下的"刚果自由邦"(Kongo-Freistaat)是一个享有主权的中立国,直至 1908 年比利时从利奥波德二世手中接管刚果。

如果说柏林会议打破了欧洲土地与殖民地土地之间的质的区别,施米特进一步强调,实证主义法学的盛行使问题变得更加糟糕。1885 年的比利时法学家仍然承认刚果自由邦是欧洲列强共同承认的结果,这至少还有一种欧洲文明的认同在其中发挥作用。然而随着 20 世纪的到来,比利时的法学家们在重述刚果自由邦的法律基础之时,已经忘记了刚果自由邦得以成立的政治空间划分前提,而是将"有效占领"作为取得"空地"的唯一合法条件。在他们看来,刚果自由邦的基础,既不在于欧洲列强的共同承认,也不在于

---

❶ [德]卡尔·施米特:《大地的法》,第 198 页。
❷ 同上书,第 201—202 页。

殖民者与当地酋长们所签订的数百个协议，而在于"有效占领"。而施米特以嘲讽的笔调写道，这些诉诸"有效占领"的法学家们对于比利时统治下的刚果人口的估计是1400万到3000万，这是多么"有效"的"占领"！❶

问题的症结在于，"随着19世纪走向尾声，欧洲大国及欧洲国际法学家们不仅不再明白自家国际法的空间预设，而且丧失了一切政治直觉，丧失了共同维护自身空间结构和共同约束战争框架的力量"。❷ 欧洲列强之间通过均势与协调，维护着既定的政治空间划分方案，这是欧洲国际公法得以有效运作的前提。而当每个列强都诉诸"有效占领"，各行其是的时候，这个基于"均势"与"协调"的秩序，一个具有一定同质性的政治空间，也就处于瓦解之中。

三 凡尔赛体系的结构性缺陷

在施米特看来，《凡尔赛和约》本身就标志着经典的欧洲公法秩序的堕落。1919年的巴黎和会不是"欧洲决定世界的秩序"，而是"世界决定欧洲的秩序"。❸ 当然，后一个"世界"，强调的是欧洲之外的列强，尤其是美国与日本所起的作用。虽然"一战"后建立的国联仍然由英国与法国这两个欧洲国家主导，但它已经无力维持欧洲的平衡，更谈不上全球范围的和平秩序了。

"一战"后国际公法的标志性变化就是战争法的转型。1919年

---

❶ ［德］卡尔·施米特：《大地的法》，第204页。
❷ 同上书，第205页。
❸ 同上书，第222页。

的《国际联盟盟约》没有完全抛弃古典的欧洲国际战争法。❶ 其第10—17条规定,那些未事先遵循特定程序就发动战争的国家会被视为和平的破坏者,国联其他成员国可以通过财政、经济和军事的措施来制裁破坏和平的行为。但是《国联盟约》并没有对战争进行犯罪化。施米特评论:"建立在主权平等基础上的所有国家权利平等的观念在1919年仍然强势,所以《国联盟约》中只能以含蓄的方式规定了对战争的刑法性禁令。"❷然而1924年国联第五次会议上讨论的《和平解决国际争端议定书》(又称《日内瓦议定书》)即迈出了重要的一步,规定侵略战争与侵略行为是一种国际犯罪,而被认定为犯罪主体的是国家,而非个人;对于进行侵略而又不服从国联仲裁的国家,将依据国联盟约第16条,对该国进行经济、财政和军事制裁。

施米特认为这一议定书体现了美国人的主张。❸ 这一判断是有历史依据的。1890年美国政府在华盛顿召集的首届泛美会议曾经讨论过一项将强制仲裁与禁止征服结合起来的方案,规定在仲裁条约持续期间,在战争威胁或武装部队存在的情况下做出的强制领土割让为无效,相关割让行为应当提交仲裁;任何在战争威胁或武装部队存在之下放弃仲裁的权利,皆为无效。❹ 至于仲裁,自从1794年与英国签订《杰伊条约》以来,一直是美国政府较为常用的解决国

---

❶ 对古典战争法的全面抛弃要到"二战"结束之时才发生。在1963年的《游击队理论》中,施米特指出:"历史的和国际法的逻辑在于,第二次世界大战的战胜国——尤其美国和苏联,唾弃古典的欧洲国际法意义上的两国交战,在共同取得对德国的胜利之后,唾弃并消灭了普鲁士国家。"[德]卡尔·施米特:《施米特文集》(第1卷),第293页。

❷ [德]卡尔·施米特:《大地的法》,第252页。

❸ 同上书,第253页。

❹ Francis Anthony Boyle, *Foundations of World Order: The Legalist Approach to International Relations (1898-1922)*, pp. 104-107.

际纠纷的手段。当然,首届泛美会议提出的禁止征服方案最终未能形成有效的国际条约。《日内瓦议定书》试图在全球范围推进美国在拉丁美洲尝试过的事业,然而1925年英国重新执政的保守党政府对议定书表示拒绝,随后主要西方国家将之束之高阁。

但美国人的战争观念在1928年8月签订的《凯洛格-白里安公约》中卷土重来。至1933年,共有六十三个国家批准或加入该公约,其中包括苏联、土耳其等当时尚未加入国联的国家。施米特评论称:"西半球开始登上世界舞台,并决定战争意义的进一步转变。"❶ 公约第1条规定:"缔约各方以它们各自人民的名义郑重声明,它们拒斥用战争来解决国际纠纷,并在它们的相互关系上,废弃战争作为实行国家政策的工具。"❷ 本条直接拒斥了克劳斯维茨在1832年出版的《战争论》中表达的古典战争法观点,即战争是一种实行国家政策的工具。条约规定,缔约国之间的一切争端或冲突,不论其性质和起因,只能用和平方法加以解决。不过,公约并没有规定如何判定和制止公约禁止的行为,其倡导国美国还在公约的解释中为其在拉丁美洲推行"门罗主义"留出自由空间。❸

然而,究竟如何才能界定"战争"与"侵略"呢?在施米特看来,这本身就是一件极其困难的事情,它在现实中导致了一种形式主义的、以维持领土现状为起点的界定方法,而不问这种领土现状究竟是如何造成的。而这种定义在现实之中很容易被滥用。比如说,强国通过军事行动攫取弱国的领土,造成某种领土现状,而如

---

❶ [德]卡尔·施米特:《大地的法》,第262页。
❷ Kellogg-Briand Pact, August 31, 1928, 46 Stat. 2343, 2345-2346 (Pt. 2).
❸ [英]劳特派特修订:《奥本海国际法(下):争端法、战争法、中立法》(第1分册),第137页,注1。

果以此现状为基点，弱国的反抗反而变成"侵略"了。施米特对这一点的敏感与德国自身的境遇有关——在巴黎和会上，德国失去了大片领土，莱茵兰地区也被划定为非武装区，而如果以这一时刻为基点，德国的任何光复旧土和主张国土完整主权的行动，就会被认定为"侵略"。❶

在作于1932年的《现代帝国主义的国际法形式》中，施米特进一步指出，《巴黎非战公约》的要害就在于美国这个非国联成员国在其中的主导作用，公约无法被并入国联的章程，而美国可以利用公约的模糊性（尤其是在"战争"定义上的模糊性），来决定何谓"战争"。美国善于利用一般的、尚无定义的概念发挥自身的主导作用，这在施米特看来就是"帝国主义"的表现。❷

在今天来看，《巴黎非战公约》事实上并没有发挥施米特所担心的那种作用。在日军1932年1月3日占领锦州之后，美国国务卿史汀生（Henry Lewis Stimson）于1月7日照会中日两国政府，提出凡违反1922年华盛顿会议签订的《九国公约》以及1928年《巴黎非战公约》，损害美国条约上之权利，包括中国之主权独立或领土与行政完整以及"门户开放"政策者，美国政府皆不予承认。史汀生发表此照会之前，曾试图说服英、法支持，但两国对此反应冷淡。美国无法获得足够的国际支持来对日本施加压力。《巴黎非战公约》诞生不久，即绊倒在"九·一八"事变带来的国际纷争上。原因在于，在经历1919—1920年威尔逊主义的高潮之后，美国向以西半球为基础的国际思维方式退却，它当然希望在东半球获得更多的利益，但不愿意承担刚性责任。

---

❶ ［德］卡尔·施米特：《现状与和平》，《论断与概念》，第32页。
❷ ［德］卡尔·施米特：《现代帝国主义的国际法形式》，《论断与概念》，第176—177页。

在1929—1933年世界经济危机的背景下，列强纷纷向外转移国内矛盾，军备竞赛愈演愈烈。在国联主持下，1932—1934年召开了世界裁军会议，但德国与法国在会上分歧严重，德国要求平等的武装权利，法国要求只有在获得足够的安全保障的前提下才能裁军，英美却并没有准备好为法国提供足够的安全保障。而长期被列强围困的苏联主张普遍、全面与立即进行的裁军，在1933年7月的伦敦会议上，苏联提出的侵略与侵略者定义对大会讨论产生了重大影响。施米特评论称："来自东方和西方的大国根本改变了欧洲国际法之战争概念，它们已不需理会那些自身难保的欧洲国家。"❶ 当然，美苏两国的推动并没有马上产生重大成果。1933年10月，德国退出裁军会议，裁军会议虽然继续召开了一段时间，但无果而终。

凡尔赛—华盛顿体系下，消灭战争的努力并没有成功；但这种努力也没有因为这一国际体系的终结而终结。在施米特看来，1945年8月8日，苏、美、英、法四国签署的《伦敦协定》（即《关于控诉和惩处欧洲轴心国主要战犯的协定》），标志着东方和西方终于走在一起，战争的罪刑化进程从此起步。从这一视角来看，1945年开始的纽伦堡审判和1946年开始的东京审判不过是十多年前的"非战"思路的延续。但施米特怀疑，当敌人被贬低为罪犯，第三方有一种道德义务加入对"罪犯"的惩罚，真正的中立制度就变得不可能，战争的规模就很容易变得不可控。

在两次大战之间，施米特对于国际联盟的批评是一贯的。早在1926年——德国获准加入国际联盟的一年，施米特即撰文《日内瓦国际联盟的两张面孔》提醒德国舆论界，国联在某个西方大国

---

❶ ［德］卡尔·施米特：《大地的法》，第262页。

(在此应该指美国)面前是谦卑的、小心翼翼的;但在弱势的、被解除武装的国家(在此指向德国)前则摆出一副严格执法的庄严面孔。国联在没有明确原则和既定规范的情况下以法律的名义裁决最可怕的冲突,带来的巨大风险是,它可能会激发巨大的国际政治对立。❶1928年,施米特在《国际联盟与欧洲》中批评国联既不是一个真正的欧洲组织,也不是真正的普世性联盟。❷1936年,施米特又撰文《国际联盟的第七次变化》,批判一个国联成员国(意大利)吞并另一个成员国(阿比西尼亚)的乱象。两篇评论指出,国联的根本问题,在于它徒具普世表象,但其成员却缺乏最基本的同质性,尤其是列强对于彼此之间的政治空间边界,缺乏基本的认同。没有清晰的政治空间划分方案,即便有各种纸面上的国际法规则,也不可能解决那些涉及列强的政治冲突。

国际联盟为何无法有效维持国际秩序呢? 1814—1815年维也纳会议能够创设一个有效的欧洲秩序的前提是,它将欧洲真正有影响力的列强包括进来,形成了一个关于欧洲空间的共识。国联试图创设一个和平的全球秩序,按照同样的原理,它应当包含全球有影响力的列强,形成一种关于全球秩序的共识。然而,国联将战败国德国与挑战资本主义秩序的苏俄排除在外,作为倡导者的美国,最后却没有加入国联。这就使一种新的、稳定的政治空间安排变得不可能,一切真正重要的事务,都无法在国联这里得到一个实质性的决断。❸ 而如果进一步观察世界主要列强与国联的关系,我们可以看到一幅极其复杂的图景:

第一,美国没有加入国联,却能在实质上操纵国联的许多事

---

❶ [德] 卡尔·施米特:《日内瓦国际联盟的两张面孔》,《论断与概念》,第34—36页。
❷ [德] 卡尔·施米特:《国际联盟与欧洲》,《论断与概念》,第84—91页。
❸ 同上书,第84页。

务，但无须承担责任。国联将对"门罗主义"的承认写入了其盟约第21条，而这意味着国联对美洲国家之间的关系，或者一个非美洲国家与美洲国家之间的关系放弃了实质的管辖权。由于美国参议院对国联盟约方案的否决，美国最终没有按照威尔逊总统的设想加入国联，但一系列美洲国家是国联的成员国，美国可以从实质上对这些国家的外交政策进行操纵。由此，美国与国联的关系，成为一种神奇的"缺席"与"出席"的混合。施米特指出，在国联时代的一系列条约的签订中，都有美国公民的参与，但他们却不是美国政府的官方代表。❶ 美国人所习惯的在政治与经济之间的分离，也起了很大的作用❷，他们可以通过自身的经济力量影响国联的诸多事务，但又不需要在政治上承担责任。在国联体制中，美国一直在战胜国与战败国之间扮演着一个仲裁者的角色，而国联却深陷于某些国家的自我中心主义，不能扮演仲裁者的角色，也说不上有真正的普世性。❸

第二，虽然日本参与了国联的创设并担任了常任理事国，但其对国联持一种很强的机会主义态度，合则用，不合则去。在19世纪70年代，日本的执政精英们就从外务省聘请的顾问、法裔美国人李仙得那里了解到了美国"门罗主义"的话语与实践手法，李仙得建议日本执政精英推行一种日本版本的"门罗主义"，以防止欧洲以扩张的名义来主导亚洲。❹ 1905年日俄战争结束后，美国总统西奥多·罗斯福也曾诱导日本外交代表、枢密顾问金子坚太

---

❶ ［德］卡尔·施米特:《国际联盟与欧洲》，《论断与概念》，第88页。

❷ 施米特引用了黑格尔关于美国只是一个市民社会而非国家的评论，以及马克思对于美国的相似批评，来加强自己的论证。［德］卡尔·施米特:《大地的法》，第275—276页。

❸ ［德］卡尔·施米特:《国际联盟与欧洲》，《论断与概念》，第89—90页。

❹ Sophia Su-fei Yen, *Taiwan in China's Foreign Relations, 1836-1874*, Hamden, CT: Shoe String Press, 1965, p. 196.

郎推行"亚洲门罗主义"。❶ 日本在朝鲜半岛以及中国东北的扩张，背后都有一些日式"门罗主义"的思潮在发挥作用。在"一战"期间，日本利用欧洲列强无暇东顾的时机，在中国进一步扩张自身的势力范围，并获得美国在1917年11月2日签订的《蓝辛—石井协定》中承认日本"在中国享有特殊利益"。1919年威尔逊争取到将美国在西半球的"门罗主义"政策写入国联盟约第21条❷，也让一些日本精英认为该条也应当适用于日本在亚洲的势力范围。然而，1922年华盛顿会议签订的《九国公约》加强了列强对中国的共同支配，抑制日本对中国的"特殊利益"追求。在1931年"九·一八"事变后，日本在中国东北策划建立伪满洲国，引发了美国与国联的反对。在日本官方看来，国联盟约允许美国在美洲推行"门罗主义"，却不允许日本在亚洲推行类似的做法，这完全是不平等的。最终，日本退出国联，更为旗帜鲜明地打出"亚洲门罗主义"旗号。

第三，国联在结构上的不稳定，还体现在它的核心领导成员法国和英国对于欧洲秩序的安排，同样存在着极为严重的分歧。施米特指出，英国拥有一种全球视野的以海洋为中心的"保持现状"概念，在处理欧陆国家边界问题上更有弹性——这里实际说的是，英国在"一战"之后仍试图以德国来牵制法国，因此对严厉报复德国持保留态度。但法国作为欧陆国家，在更为逼仄的空间里，对于"保持现状"的理解与英国就非常不同。在巴黎和会上，正是法国

---

❶ 金子堅太郎：『東洋の平和はアジアモンロー主義にあり』，皇輝会，1937年，第16—19頁。另参见［德］卡尔·施米特：《以大空间对抗普世主义》，《论断与概念》，第309页。

❷ 威尔逊在此试图将"门罗主义"界定为一种"区域谅解"，但在后面的参议院批准过程中遭遇了滑铁卢。如前所述，美国政府的官方表述是："门罗主义"是美国政府的一项外交政策，既不是国际法原则，也不是"区域谅解"。

最为强烈地主张严厉惩罚德国。基于陆地的秩序观念与基于海洋的秩序观念在国联之中只是被勉强地捏合在一起,然而它们之间的紧张关系从来没有消除。❶

施米特在1936年专门撰文《国际联盟的第七次变化》论述过意大利对国联成员阿比西尼亚的吞并。针对这一吞并事件,施米特尖锐地指出,国联缺乏任何共同体本质,迄今为止,实质上已经有七个国际联盟:第一个是威尔逊倡导的国联;第二个是1920年美国未能加入,由英、法、意、日担任常任理事国的国联;第三个是1926年德国加入之后的国联;第四个是1933年日本退出之后的国联;第五个是1933年德国退出之后的国联;第六个是1934年苏联加入并成为常任理事国的国联;第七个就是1936年允许意大利吞并另一个成员国阿比西尼亚的国联。施米特评论说:"没有任何一个真正的世界组织能够在差异无比巨大的成员如此退出和参加的情况下存在。如此进进出出,让人想到的是饭店,而非一个联盟,或者任何一个持久的政治秩序和组织。"❷ 国联仅仅在名义上保持为同一个联盟,但其从精神实质上缺乏同质性和连续性。

意大利在1936年提出的挑战是,它使用19世纪的文明等级论话语,论证阿比西尼亚只是一系列野蛮部落的集合,根本不具有主权国家的资格,国联允许其加入是一个错误。而国联理事国英国让各成员国自行决定是否承认意大利的吞并行为,并率先做出了承认。而这就提出了一个尖锐的问题——国联究竟是基于何种标准决定成员的资格的?施米特批判国联缺乏"同质性",用的是Homogenität一词,而这正是他在解释卢梭的人民主权论时所用的

---

❶ [德]卡尔·施米特:《大地的法》,第226—227页。
❷ [德]卡尔·施米特:《国际联盟的第七次变化》,《论断与概念》,第214页。

词。❶ 在施米特看来，人民之所以能够结合成一个政治共同体，关键就在于他们具备某种"同质性"。将同样的原理放到国际层面，一个稳固的联盟，同样也需要确立成员之间的某种"同质性"。而19世纪维也纳体系的经验可以表明，这种同质性需要对共同的空间秩序的认同，需要一种共享的文明话语。但在一家流动性很大的"饭店"，每个旅客都带来自己的秩序观与文明观，这就不可能产生一个有效的具体秩序。

从"一战"结束到"二战"爆发，欧洲没有确定的空间秩序，只有许多模糊不清、相互冲突的国际公法规则。欧洲列强在不同的秩序方案之间，没有形成真正的共识。其结果是实证主义法学的虚假繁荣。法律人经常会从其职业本位主义出发，推动形式上的规则体系的自我繁衍。他们对诸多国际条约展开解释，看起来十分敬业，然而对于现实，却没有产生多少真正的积极影响，反而遮蔽了国际秩序面临的深重的危机。在施米特看来，法律人经常忘记，实证法需要奠基于一种更为基础的法（nomos）之上，而后者的根本意义在于对政治空间形成稳定的划分。在国际层面，政治空间安排的稳定性依赖于大国之间客观上的力量均衡与主观层面的某种秩序共识。如果列强之间无法产生一种稳定的权力结构，如果实证法规则并非奠基于这一稳定的权力结构，那么，各方对规则的法律解释，不过是其权力斗争的延续。熟谙霍布斯的施米特分享了前者对于人类语言的高度不信任——如果没有对解释权力的稳定配置，解释活动本身无法产生一个具体秩序。

---

❶ "就其政治存在的整体和一切细节来看，民主制预设了拥有政治存在意志的同类的人民。在此一先决条件下，卢梭完全有理由说，人民所意欲的事情总是善的。这个说法的正确性并非缘于某个规范，而是缘于人民的同质性存在。"［德］卡尔·施米特：《宪法学说》，刘锋译，上海：上海人民出版社2005年版，第252页。

四　大空间秩序与新国际法

但如何革新"一战"后被"帝国主义"浸染的国际法呢？在1928年发表的《莱茵地区的国际法问题》之中，施米特预感到，当代世界正在发生深刻的政治重组，现代技术的发展正在使以往时代的某些政治组合和界限徒有其名，"地球正在变小"，与之相应的是，国家和国家体系必然将变大，"几个巨大的综合体将依然存在，按照人之常理推算，可企盼的时代也许将享受到一种预想不到的、立足于崭新技术能力之上的人间幸福。某些较小的实体将在某一个富裕的巨人的荫庇之下获得自己的安全"。❶施米特呼吁他的德国读者考虑，德国究竟是要成为能够在未来继续存活下去的世界大国，还是在心理上和道德上消沉下去。

1928年评论中出现的思想火花，在1939—1941年发展成了一团火焰。我们在此转向施米特在1941年夏天出版的《禁止外国势力干涉的国际法大空间秩序》第四版，探讨施米特如何从美国的"门罗主义"话语中萃取核心要素，转用于德国的新国际秩序建构。

施米特声明，他的主张并不是要将"门罗主义"移植到德国，而是要发掘这一先例中所包含的核心思想，并思考如何将其用于不同的生存空间与历史处境。移植"门罗主义"的困难，首先在于它的规范性内容的不确定性。从19世纪到20世纪，"门罗主义"已经从一项具有明确空间限定的不干涉和抵制空间外政府干涉的原则，变成了一项为美帝国主义辩护的原则。美国政府对"门罗主义"的解释具有高度的灵活性，给人的感觉是，只要形势需要，可

---

❶ ［德］卡尔·施米特：《莱茵地区的国际法问题》，《论断与概念》，第102页。

以从中读出任何需要的东西。既有的任何国际法教科书都不会去探讨"门罗主义"是否属于一项国际法原则，面对其内涵的高度不确定性，实证法学家们无所适从。❶

然而，施米特话锋一转，指出：这种内涵的不确定性，可以被转化成为一种决断主义式的确定性。在此，施米特引用了1923年美国国务卿休斯对"门罗主义"的"真实"内涵的探讨：只有美国政府才能够定义、解释和批准"门罗主义"的意义。这在施米特看来，是极其经典的决断主义（Dezisionismus）的范例！❷ 德语中的Dezisionismus源于拉丁语decidere（切断），后者又源于caedere（劈，砍），因此，决断意味着切断对话与辩论。❸ 在涉及"门罗主义"定义的国际事务中，美国政府像一个罗马独裁官（dictator）一样行事，人们不确定它会说什么，可以确定的是，它拥有切断对话和辩论的力量。这就是所谓"决断主义式的确定性"。

由于"门罗主义"在历史上引发的种种大相径庭的解释，笼统地探讨"门罗主义"无疑会造成极大的歧义。施米特将自己的理论提炼的对象，限定在真实与原初的"门罗主义"，也就是1823年门罗总统所提出的那种"门罗主义"。它的对立面，是欧洲神圣同盟的君主制—王朝主义的正当性原则。在维也纳会议之后，欧洲的王朝国家将王朝正统主义原则提升到国际秩序准则的地位，为列强对共和革命的干涉提供依据。这一国际体系原则用到美洲，也必然会带来欧洲君主制国家对于美洲革命的干涉。然而美洲殖民地人民在

---

❶ Carl Schmitt, "Völkerrechtliche Großraumordnung mit Interventionsverbot für raumfremde Mächte: Ein Beitrag zum Reichsbegriff für Völkerrecht," *Staat, Grossraum, Nomos: Arbeiten aus den Jahren 1916-1969*, Berlin: Duncker & Humblot, 1995, pp: 288-280.

❷ Carl Schmitt, *Staat, Grossraum, Nomos: Arbeiten aus den Jahren 1916-1969*, p. 281.

❸ ［德］什克尔：《施米特谈朋友与敌人》，刘小枫、温玉伟编：《施米特与破碎时代的诗人》，第321—322页。

政治上觉醒，意识到自己所处的美洲，具有不同于欧洲君主制国家的政治理念，需要排除外部干涉。由此，美洲由共和国构成的区域秩序中出现了不同于欧洲的"同质性"。施米特提炼出政治上觉醒的民族、政治理念与受此理念统治的"大空间"之间的有机关联，认为这种关联可以被转用于世界上的其他空间、历史处境与敌我区分之中。❶

从笔者有限的阅读来看，施米特未必知道1903年美国外交家怀特劳·里德对于三种"门罗主义"的想象。如前所述，怀特劳·里德在耶鲁大学法学院的演讲中，以美国的"门罗主义"建构方式为经验基础，设想欧洲列强在非洲殖民地主张一种以君主立宪制为原则的"欧洲门罗主义"，以及俄国与中国在亚洲主张一种以君主专制为原则的"亚洲门罗主义"，二者都可以对美国的扩张起到某种排斥作用。❷ 里德的思考非常符合施米特文本中关于"同质性"与敌对关系的原理。而美洲、欧洲—非洲、亚洲三个"大空间"三足鼎立，也接近施米特对于多极世界秩序的想象。只是里德没有想清楚的是，政体原则作为区域"同质性"的基础，恐怕是在比较独特的历史条件下才有可能。"神圣同盟"激发了美洲共和国在政体原则方面的自我意识，然而神圣同盟所确认的"同质性"——君主制与王朝主义的原则，却随着欧洲各国民族主义的上升而出现不断地衰变。当各国的王朝与贵族致力于论证自己与本地民族的同质性，而不是强调全欧洲的跨国贵族家族与他们所统治的中下层民众的差异的时候，君主制与王朝主义原则作为"同质性"基础的地位，就被大大削弱了。

---

❶ Carl Schmitt, *Staat, Grossraum, Nomos: Arbeiten aus den Jahren 1916-1969*, pp. 281-283.
❷ Whitelaw Reid, "The Monroe Doctrine; The Polk Doctrine; Anarchism," *Yale Law Joural*, Vol. 13, No. 1, 1903.

为了阐明真实与原初的"门罗主义"具有的特征,施米特将其与大英帝国的空间意识进行对比。英国的基本原则是不列颠世界帝国交通线的安全。这一原则与原初的"门罗主义"原则毫无共同之处。"门罗主义"针对的是一块连续的空间,即美洲大陆,而大英帝国并不是连续的空间,而只是散布在各大洲的许多互不相邻的属地之间的政治联合;原初的"门罗主义"试图通过排除空间之外的列强干涉,针对诸多保守现状的列强而捍卫一种新的政治理念,而大英帝国捍卫帝国交通线安全的原则,只是对一种既得利益秩序的捍卫,缺乏政治理念的实质内核。

大英帝国的思维方式并不指向一块连续的政治空间,而是聚焦于连接其诸多不同属地之间的通道的安全。因此,它经常会以"人类"的名义来论证它的主张。比如说,1936年8月2日签订的英国—埃及条约第8条规定,"尽管苏伊士运河是埃及不可分割的一部分,考虑到它是普遍的交通要道,同时也是大英帝国不同部分重要的交通要道",英国将接管对苏伊士运河的保护,直到埃及自身有能力这么做。这就将大英帝国的利益与全人类的利益关联在一起,而这正是英国常用的论证方式。英国在能够做到的时候,就直接控制交通枢纽;如果无法控制,就寻求其国际化与中立化。在美洲,英国试图控制巴拿马运河,但遭到美国"门罗主义"的抵制,后者以本区域空间为基础,发挥了更大的力量;"一战"之后,英国又试图将基尔运河国际化与中立化。

在施米特看来,英国以自然法色彩十足的"海洋自由"理念来将自己的主张变成国际法,然而所谓"达达尼尔海峡的自由"实际的含义是,英国军舰可以毫无障碍地利用土耳其的达达尼尔海峡,对俄罗斯帝国发动攻击。在施米特看来,英国用自由导向的、人道主义的、普遍主义的论证方式来捍卫自己属地互不接壤的帝国,不

能仅仅用伪善和欺骗来解释,毋宁说,这表明了特定的政治存在方式与特定的国际法思维方式之间不可避免的关联。❶

英国也曾经直接诉诸"门罗主义"先例提出自己的主张。1928年,英国在签署法美两国发起的《巴黎非战公约》的时候,做出了一个保留:1928年5月19日英国外交部给美国驻英大使的照会中称"世界上有一些区域,其福利与完整性,对于我国的和平与安全而言,构成一种特殊的和关键的利益"。❷照会明确地将美国的"门罗主义"作为先例来对待,论证英国提出类似的要求也是正当的,这经常被称为"英国门罗主义"。然而施米特指出,虽然英国所用的词有相似之处,它所涉及的空间思维与原初"门罗主义"的空间思维截然不同,因为大英帝国的空间形态与1823年美国作为一个大陆国家的空间形态,截然不同。❸

因此,从起源而言,美国"门罗主义"涉及的空间思维,与英国的世界帝国思维大相径庭。然而随着美国的崛起,"门罗主义"的解释却日益与英国式的思维趋同。在施米特看来,美国从"真正意义上的门罗主义"转向普世帝国主义的重要转折点就是西奥多·罗斯福。老罗斯福滥用"门罗主义",推行自由资本主义的"金元外交",但原初的"门罗主义"与自由资本主义的原则和方法毫无关系。在此,施米特提到1905年美国总统西奥多·罗斯福鼓励日本外交代表金子坚太郎将"门罗主义"转用于亚洲。1939年发表的《以大空间对抗普世主义》比施米特1941年的论述对美国的批评更为激烈,施米特认为罗斯福的出发点在于"从经济上为美国

---

❶ Carl Schmitt, *Staat, Grossraum, Nomos: Arbeiten aus den Jahren 1916-1969*, pp. 285-287.

❷ [英]劳特派特修订:《奥本海国际法(下):争端法、战争法、中立法》(第1分册),第137页,注1。

❸ Carl Schmitt, *Staat, Grossraum, Nomos: Arbeiten aus den Jahren 1916-1969*, p. 288.

资本开放东亚",这种东亚"门罗主义"的用意,在于将中国变成英国与美国的殖民地。❶

而当日本试图模仿美国在美洲的"门罗主义"实践时,欧美各路理论家就披挂上阵,要么论证当初的"门罗主义"实践已经过时,要么论证日本没有资格按照美国当初的"门罗主义"先例来行事——这就好比说,日本抱着"和尚摸得,我摸不得?"的心态论证自己在东亚应当享有霸权,迎来的是美国的一巴掌:"你也配姓赵?"而施米特则对美国的反应持批判态度。这就表明,在1939年,他将日本的"亚洲门罗主义"视为英美普世帝国主义的反面,并暗示德国式的"门罗主义"可以引以为同盟。❷

在批判西奥多·罗斯福的基础之上,施米特进而严厉批判威尔逊:"当威尔逊总统在1917年1月22日庄严宣布门罗主义必将成为世界主义的时候,作伪之工已达到登峰造极。他对世界主义的理解,并不是将真正的门罗主义所包含的不干涉的地区思想转用于其他地区,而是相反,将自由民主的原则无地区差别和无界线限制地推延到整个地球和全人类。"由此,美国就可以大规模干涉与它无关的区域事务。真正的"门罗主义"拥有空间边界意识,但威尔逊主义没有这种意识。二者之间的对立,是"一种明确的、建立在外空间国家不干涉原则之上的空间秩序和一种将整个地球变成进行干涉的战场、阻碍有活力的民族每一种自然增长的普世主义意识形态的对立"。❸

施米特认为,在美洲"大空间"发展壮大的自由民主—资本主义的正统原则,已经取代了19世纪的君主制—王朝主义正统原则,

---

❶ [德]卡尔·施米特:《以大空间对抗普世主义》,《论断与概念》,第309页。
❷ 同上书,第313页。
❸ 同上书,第313页。

成为干涉主义的正当性原则。甚至第一次世界大战都可以被解释为这种干涉主义的运动。在今天，这种自由民主—资本主义的正统原则已经成为维护既得利益格局的基本原则，压抑着新的政治理念的实施。在这里，施米特将德国代入了当年美国所占据的反抗的位置，将自己所主张的"大空间"理论，代入了美国"门罗主义"当年在美洲"大空间"中所占据的位置。在施米特眼中，国际联盟就是一种干涉主义机制。在《以大空间对抗普世主义》中，施米特举出的例子是，1931年德国人非常期待的德国—奥地利关税同盟，就是被常设国际法院中的一个古巴法官搅黄的❶——实际上，正是关税同盟的失败，给魏玛民国带来了一场政治危机，从而促成了纳粹党的上台。但更重要的是，普世主义为不属于本地区的大国的干涉，提供了借口和机会。在此，施米特再次将批判的矛头指向了美国。

因此，"大空间"指向相邻的、连续的广阔空间，而不是通过海洋交通线连接起来的许多离散点的集合；真正的"门罗主义"意味着对一个"大空间"边界的守护，既拒斥外来干涉，也不越出边界，以普世主义的名义，对其他空间进行干涉。而美国在美洲这个"大空间"中所发挥的领导作用，从理论上又该如何概括呢？

《禁止外国势力干涉的国际法大空间秩序》一书辑录了1939年施米特发表的《国际法中的Reich概念》一文，在其中，施米特集中探讨了Reich与"大空间"之间的关系。现有中译本将"Reich"翻译成"帝国"，很容易与施米特力图区分的Imperium概念相混淆。Imperium在罗马公法中意味着"治权"，在罗马的元首制—帝制时期与普世皇权关联在一起。普世皇权的含义通过中世纪的

---

❶ ［德］卡尔·施米特：《以大空间对抗普世主义》，《论断与概念》，第305—306页。
Carl Schmitt, *Staat, Grossraum, Nomos: Arbeiten aus den Jahren 1916-1969*, p. 294.

神圣罗马帝国,传递到了现代世界。施米特并非一概反对帝国的 Imperium。中世纪的神圣罗马帝国以及一些王国的统治者们主张的 Imperium,乃是镶嵌在基督教共同体内部,与天主教教皇的权威(auctoritas)共同发挥作用。施米特在 1950 年出版的 *Der Nomos der Erde* 指出:"最能体现基督教帝国之历史延续性的重要概念就是'拦阻者'(ὁ κατέχων)。'帝国'在这里意味着能够拦阻反基督者和现世永恒之终结的历史性力量。" ❶

Der Nomos der Erde 明确交代,"拦阻者"概念源于天主教传统认定为使徒保罗所作的《新约·帖撒罗尼迦后书》。在这封信中,保罗告诫帖撒罗尼迦的信徒:"弟兄们,论到我们主耶稣基督降临和我们到他那里聚集,我劝你们:无论有灵,有言语,有冒我名的书信,说主的日子现在到了,不要轻易动心,也不要惊慌。人不拘用什么法子,你们总不要被他诱惑;因为那日子以前,必有离道反教的事,并有那大罪人,就是沉沦之子,显露出来。他是抵挡主,高抬自己超过一切称为神的和一切受人敬拜的,甚至坐在神的殿里自称是神。"(《新约·帖撒罗尼迦后书》2:2-4)这就是"不法者"(ὁ ἄνομος)的形象。保罗接着训诫:"现在你们也知道,那拦阻他的是什么,是叫他到了的时候才可以显露。因为那不法的隐意已经发动,只是现在有一个拦阻的,等到那拦阻的被除去,那时这不法的人必显露出来。主耶稣要用口中的气灭绝他,用降临的荣光废掉他。"(《新约·帖撒罗尼迦后书》2:6-8)

保罗描述了神圣历史的进程:在基督复活和末日审判之间,是"拦阻者"抵挡着"不法者"在人世取得胜利,而当"不法者"战胜"拦阻者"之后,他带来的欺骗性的奇观,将考验信徒,将那些真正

---

❶ [德]卡尔·施米特:《大地的法》,第 25 页。

虔诚的义人与不虔诚的罪人区分出来,继而基督重临,战胜"不法者",这同时也意味着末日审判的降临与世俗历史的终结。人类生活在基督复活和末日审判之间,生活在"拦阻者"与"不法者"斗争的时代,由于"拦阻者"的努力,世界的政治性才得以保持。❶

在施米特看来,中世纪的 Imperium 建立在基督教共同体与异教徒的空间划分基础之上,其前提是一种政治性的敌友区分。基督教君主们在针对异教徒的"圣战"中,集中体现了"拦阻者"的空间性。然而,当代的美国与苏联对全人类主张的 Imperium 已经脱离了具体的空间性,指向了以全人类作为一个政治单位的景象。在施米特看来,以全人类为政治单位是不可能的——既然并没有人类之外的其他智能生物与人类相对抗,以全人类为一个政治单位,实质上是取消了基于敌对关系的政治本身。在《旧约·创世记》中,是上帝将敌对关系给予人类(《创世记》3:15"我又要叫你和女人彼此为仇。你的后裔和女人的后裔也彼此为仇。女人的后裔要伤你的头,你要伤他的脚跟"),背负"原罪"的人类,也就背负上了敌对关系的重负,而人如果认为可以凭借自己的自然理性消除罪恶与敌对关系,在人世间建立天堂,这不啻是一种敌基督式的傲慢。

不过,在"一战"之后,施米特的批判矛头主要针对的是美国而非苏联,从他的眼光来看,与苏联相比,美国的普世主义打着政治与经济分离的旗帜,因而更具有迷惑性和麻痹性,更值得从理论上予以揭露。在这一政治神学背景下,无论是 Reich 还是

---

❶ Heinrich Meier, M. Brainard trans., *The Lesson of Carl Schmitt: Four Chapters on the Distinction between Political Theology and Political Philosophy*, Chicago: The University of Chicago Press, 1998, p. 161. See also Jens Meierhenrich & Oliver Simons edi., *The Oxford Handbook of Carl Schmitt*, New York: Oxford University Press, 2016, pp. 46-49. 当然,对于施米特究竟是否可以称得上一个真正的天主教徒,理论界存在着一些争论,参见 Aaron B. Roberts, "Carl Schmitt - Political Theologian?" *The Review of Politics*, Vol.77, No. 3, 2015, pp. 449-474。

Großraum,都带有"拦阻者"的意义。Großraum是有边界的、自我限定的空间,它保持着世界的多元性,从而拦阻着"敌基督者"的计划的实现,而Reich是一个有边界的Großraum之内的领导者,是Großraum政治原则的提供者。❶

在《国际法中的Reich概念》中,施米特指出,Reich是"领导性的和承载性的大国,后者之政治理念辐射着一个确定的大空间,并为了此一大空间而从根本上排除空间外大国的干涉"。❷Reich本身有"领域"的意义,被运用于政治领域时,也并不必然具有君主制的含义——"一战"末期德国虽然发生共和革命,但在魏玛时期德国的正式国名与第二帝国时期一样,仍然是Deutsches Reich。❸因此,如果要强调Reich与Imperium的区别,我们也许可以考虑将Reich意译为"政域"。"二战"期间,日本国际法学家从功能的意义上将Reich翻译为"主导国",则强调的是它在"大空间"之中发挥的功能,在国际秩序讨论的语境中有一定的可取性。"大空间"内可能存在另外一些民族和国家,它们并不是Reich的一部分,正如美国并没有宣布阿根廷或巴西是自己的一部分。

Reich也不仅仅是一个面积更大的威斯特伐利亚会议以来的领土性国家,不是一架建立于特定地域之上的机械的统治机器,而是本质上具有民族的规定性,将以民族的精神在"大空间"之间建立起某种同质性。❹在1939年的语境中,施米特所说的Reich当然指向一个比当时的德国更大的"大德意志",但他并没有用同时代

---

❶ Carl Schmitt, *Staat, Grossraum, Nomos: Arbeiten aus den Jahren 1916-1969*, pp. 296-297.
❷ [德]卡尔·施米特:《国际法中的帝国概念》,《论断与概念》,第314页。Carl Schmitt, *Staat, Grossraum, Nomos: Arbeiten aus den Jahren 1916-1969*,pp. 295-296.
❸ Carl Schmitt, *Staat, Grossraum, Nomos: Arbeiten aus den Jahren 1916-1969*, p. 298.
❹ [德]卡尔·施米特:《国际法中的帝国概念》,《论断与概念》,第315页。Carl Schmitt, *Staat, Grossraum, Nomos: Arbeiten aus den Jahren 1916-1969*, pp. 295-297.

的地缘政治学家和政论家喜欢用的"Mitteleuropa"概念。至于这个Reich在其主导的"大空间"中应当主张何种具体的政治理念，施米特语焉不详。但他明确强调的是，Reich将按照"门罗主义"的先例，排除域外势力的干预，从而保证"大空间"在全球秩序中的独立性。

如果说近代经典的国际法是以国家为基本空间单位，施米特展望的新国际法，是以"大空间"作为更重要的空间单位。空间单位的扩大跟技术的发展密切相关，飞机、无线电等技术的发展，使得以国家为基本单位的空间界定方法，已经跟不上时代，需要更大的空间单位，才能够发展有意义的合作。以"大空间"为支点的国际法越出了经典的以国家为基本单位的国际法，但也拒绝了超国家的普世主义的国际法——后者在施米特看来从本质上是帝国主义。以Reich为支点的国际法使得民族有机体能够真正地以自己的理念和原则，掌握国家机器。❶ 既然地球是如此之大，存在诸多有活力的民族，在施米特的视野中，一个理想的地球秩序，应该划分若干不同的"大空间"，每个"大空间"里都有一个由主导性民族创建的Reich，并奉行该主导性民族的世界观理念和原则，维护着世界的多元性。

施米特强调"大空间"是由政治上觉醒的民族来主导，在一定程度上与拉采尔与豪斯霍弗的"生存空间"（Lebensraum）观念拉开距离。他对原初的"门罗主义"所体现的美洲共和制与欧洲神圣同盟的君主制原则之对立的强调，可以呈现他关注区分敌友的基本原则的政治性高度。"大空间"的基础并不是生物学意义上的种族等级，并不是一个民族的人口增长带来的"有机体"的扩张性生长，

---

❶ Carl Schmitt, *Staat, Grossraum, Nomos: Arbeiten aus den Jahren 1916-1969*, pp. 304-305.

而是主导性民族的"政治原则"。施米特在其《陆地与海洋》等作品中阐发了立足于土地的德意志民族精神与面向海洋的盎格鲁-撒克逊精神的对立,这种对立可能会产生一定的种族政策上的后果(如将犹太人视为无根的族群),但其与希特勒的赤裸裸的生物学种族主义,仍然并非同一个层面的话语。

在20世纪30年代的背景下,施米特这一理论服务的当然是德国的重新崛起。由于历史的原因,德意志人散居在德国、捷克斯洛伐克、奥地利、波兰等不同国家,无论是"Reich"还是"大空间",指向的都是一个将中欧不同国家整合起来并确立德国领导权的架构。因此,在"一战"之后德国重新崛起并对外扩张的过程之中,施米特既不是旁观者,也不是反对者——他于德国入侵捷克斯洛伐克几周之后在基尔大学发表其"大空间"演讲,其理论与时势之间有着明显的呼应关系。当然,当德国撕毁与苏联瓜分波兰的《苏德边界和友好条约》,启动"巴巴罗萨行动"(Unternehmen Barbarossa)时,希特勒的决策已经确定无疑地超出了施米特"大空间"理论的允许范围。如果说波兰与苏联的波罗的海沿岸部分因为有大量德意志人居住,而被诸多德国的"中欧"理论家纳入德国的势力范围,希特勒直奔莫斯科,又有什么政治空间的理由呢?如果将施米特的理论适用于苏联的话,也许我们可以说,希特勒已经进入了斯拉夫人的"大空间"。

而长期坚持德国应当与陆地势力俄国和解,共同对付盎格鲁-撒克逊海洋势力的德国地缘政治学家豪斯霍弗更是对希特勒进军苏联表示了失望(但随后又一反常态,表态支持)。❶ 不过,这也正是理论的创制者经常遭遇的尴尬,他们为行动者提供论述,但后者的行动却经常会越出这些论述的范围,从而给旁观者带来困扰:失败

---

❶ Patrick O'Sullivan & Jesse W. Miller JR., *The Geography of Warfare*, London & New York: Routledge, 1983, p. 96.

的究竟是行动，还是理论本身？

在20世纪30年代，施米特只是众多诉诸"门罗主义"的德国政治—文化精英之一。我们并不容易确定，他对"门罗主义"的阐释，对于当时的德国执政精英到底起了什么作用。1939年3月4日，德国外交部长约阿希姆·冯·里宾特洛甫（Joachim von Ribbentrop）在与美国副国务卿萨姆纳·威尔斯（Sumner Welles）讨论瓜分波兰时，就引用了"门罗主义"的先例，称此事纯属德国与苏联自行决定的事务，美国无权干涉。❶ 而希特勒也在1939年4月28日的国会演讲中批评美国的富兰克林·罗斯福总统给他和墨索里尼发电报开具禁止入侵的中欧国家名单的举措，希特勒设问，如果德国对美国在南美洲如何行事提出类似的要求，美国该如何回应？他引用了美国的"门罗主义"，称德国人为了欧洲利益，特别是大德意志帝国的领土和利益，有权奉行类似的主义。❷

事实上，早在写作于1928年的一本未出版著作中，希特勒就体现出了对美国的这种既敌视又利用的态度。他预言美国是欧洲在帝国扩张事务上的主要对手，希望英德两国能够联合起来，在欧洲对抗法国与俄国，在全球其他地方对抗美国。与此同时，他又盛赞美国的工业能力，以及对北欧—日耳曼族群大幅倾斜的选择性移民政策。❸

在希特勒发表其"门罗主义"讲话之后，希特勒政府中不负责具体部门事务的部长汉斯·弗兰克（Hans Frank）给施米特打电

---

❶ Gopal Balakrishnan, *The Enemy: An Intellectual Portrait of Carl Schmitt*, London: Verso, 2000, p. 236.

❷ Adolf Hitler, *Der Führer antwortet Roosevelt*, Reichstagsrede vom 28, April 1939 (Munich: Zentralverlag der NSDAP, Franz Eher Nachfolger, 1939), p. 51.

❸ Alton Frye, *Nazi Germany and the American Hemisphere*, New Haven & London: Yale University Press, 1967, pp. 169-170.

话，告诉他不要对欧洲"门罗主义"概念的真正来源发表评论，因为"元首为自己的原创性而自豪"。❶ 也许正是出于维护与权力中心的关系的考虑，施米特在后续的"大空间"写作中，对于"大空间"中主导的世界观和原则的具体内容，未作进一步论述。而这种沉默在纳粹党内部也引起了一些反响。在1941年的一篇文章中，纳粹党的经济顾问维纳·戴兹（Werner Daitz）就批评施米特忽略了种族同质性的首要地位，认为施米特片面强调了"不干涉"原则，而这会导致一个大空间可以被各种各样的族群填充：中国人、马来人、黑人、印度人……❷ 而戴兹本人鼓吹一种"生物学意义上的大空间"观念。❸ 施米特在柏林大学的同事、与纳粹党关系更为紧密的莱因哈德·霍恩（Reinhard Höhn）一边吸纳施米特的"大空间"概念，一边不断批评施米特的"大空间"思想是"非民族的"（un-völkisch）。❹

施米特曾于1933年加入纳粹党，与纳粹党一度走得比较近，并被流亡人士讥讽为纳粹的"桂冠法学家"（Kronjurist）。但在纳粹党上台前，施米特长期将纳粹党视为德意志国家的威胁者，主张对其实施党禁，并从宪法理论上提供依据。即便在加入纳粹党后，施米特也并不接受后者基于生物学的种族主义论调。不久，纳粹党内的一些人士注意到施米特早年反纳粹党的立场，认为施米特加入纳粹党是居心叵测的政治投机。施米特很快失去纳粹党高层的信任，

---

❶ Joseph Bendersky, *Carl Schmitt: Theorist for the Reich*, Princeton: Princeton University Press, 1983, pp. 258-259.

❷ Werner Daitz, "Echte und unechte Großräume," (1941) in *Lebensraum und gerechte Weltordung. Grundlagen einer Anti-Atlantikcharta. Ausgewählte Aufsätze von Werner Daitz*, Amsterdam: De Amsterdamsche Keurkamer, 1943, p. 43.

❸ Max Weinreich, *Hitler's Professors: The Part of Scholarship in Germany's Crimes against the Jewish People*, New York: Yiddish Scientific Institute, 1946, p. 125.

❹ Reinhard Höhn, "Grossraumordnung und Volkisches Rechtsdenken," *Reich, Volksordnung, Lebensraum*, Jg. 1 (1941), p. 286.

在政治上被边缘化。施米特也主动地退回到学术研究工作之中,避开敏感的宪法学研究,聚焦于国际法与霍布斯政治哲学研究。"大空间"理论的创制,尽管一度服务于德国的对外扩张,但很快滞后于希特勒的新决策,同时也未能改变纳粹党对他的成见,未能改变他自己的政治"边缘人"(尽管还不是"敌人")地位。

不过,施米特也在一定程度上"因祸得福"——因为在纳粹统治下长期处于政治"边缘人"地位,施米特在"二战"后的纽伦堡审判中得以全身而退。但他的"大空间"设想的失败是有目共睹的——世界并没有按照他的设想,分解为若干"大空间"。"二战"之后,美苏两强都在全球主张自身的势力范围,但其理由是普遍主义的,而非民族—特殊主义的。而德国已经分裂成两个国家,直到施米特1985年去世,都没有看到德国的统一。

五 余 论

施米特的国际空间政治与国际法理论,是一种具有深厚政治神学背景的多极秩序理论。基于《新约·帖撒罗尼迦后书》中保罗对于"敌基督者"与"拦阻者"的论述,施米特将寻求全球统一的普世主义—帝国主义视为"敌基督者",进而寻求承担"拦阻者"使命的空间政治形式。从这一政治神学视角来看,美国的"门罗主义",恰恰从一个具有"拦阻者"精神的空间原则,堕落成了"敌基督者"推行全球普遍主义—帝国主义的话语。施米特希望德国能够重拾原初的"门罗主义"所体现的"拦阻者"精神,在欧洲打造一个"大空间",与世界上其他若干"大空间"并存,从而守护世界的多元性和政治性。

从既有的研究来看，我们无法完全确定施米特的"门罗主义"剖析和"大空间"思想究竟对当时的德国决策者起了多大的影响，德军的"巴巴罗萨行动"，已经远远超出了施米特"大空间"理论所关注的德意志人居住的空间范围。不过，在思想史上，"墙内开花墙外香"的情况非常多见。可以确定的是，施米特的"大空间"理论对"二战"期间的日本产生了一定影响，尤其是对日本"广域国际法"的推进，起到了直接的推动作用。在下一章关于日本式"门罗主义"的讨论中，我们将论述施米特"大空间"理论在日本引发的回响。

在"二战"走向结束之时，施米特的思想还可能影响到了英国的国际战略思想者。1945年，曾出席过凡尔赛和会并于20世纪30年代在国联的外交办公室工作的威尔士大学伍德罗·威尔逊讲席教授爱德华·卡尔（Edward Hallett Carr）出版《民族主义及之后》（*Nationalism and After*），预测"二战"之后的国际秩序将以超民族国家的政治单位为基础展开："……如果这些预测得到实现的话，世界将不得不适应若干集中了政治权力的巨大的多民族单位的出现，这些单位最好的名称是'文明'；显而易见，有英国、美国、俄国与中国文明，它们都不会止步于旧有的民族疆界。经济上，德国地理政治学家发明的'大空间'一词看来是最恰当的。苏联明显是一个大空间；美洲大陆是美国潜在的大空间，虽然大空间这个词用于英联邦或海洋性而非大陆性聚合的英镑区的时候会更不方便一些。在军事上，古老而有用的术语'势力范围'已经遭到了贬低，用于表达所需的战略性互动程度之时，可能显得过弱。美国发明了更为便利的'半球防卫'概念来覆盖门罗主义所划定的势力范围。"❶ 尽

---

❶ Edward Hallett Carr, *Nationalism and After*, London: Macmillan, 1945, p. 52.

管爱德华·卡尔在这里称"大空间"为经济概念,但他的讨论明显具有地缘政治的意涵。卡尔并没有直接引用施米特,但在当时的欧洲,明确将"大空间"与"门罗主义"关联起来的理论家,无人能出施米特之右。❶

不过卡尔并不认同以"民族精神"为原则建立"大空间":"一种建立在可以普遍适用的共享的理想和渴望之上,而非民族与语言的排他性之上的政治单位,可以被认为比一种仅仅建立在民族崇拜之上的政治单位更具明白无误的进步性。"❷ 卡尔看到,在历史上,英国与俄国在欧洲的两翼,对欧洲发挥了重大作用。而"二战"末期苏联在东欧影响力的上升,促使卡尔提出这样的外交政策主张:英国应该将其外交政策的重心从一个正在毁灭之中的全球帝国转向西欧。与其他多民族大文明体相比,西欧在一个"半球"或"大空间"时代缺乏领导者与权力中心,而英国恰恰可以担当此任。❸

然而,英国的实力已经不足以支撑起卡尔以西欧为英国的"大空间"的战略构想。1946年3月5日,丘吉尔在美国发表"铁幕"演讲;1947年,英国接受美国的马歇尔计划援助;1948年,英国接受美国在英国领土上建立空军基地。如果说战后的西方存在着一个跨大西洋的"大空间"的话,这个空间的领导者显然是美国,而不是英国,北约的军事力量和马歇尔计划的美元,是美国在西欧发

---

❶ 此节对于卡尔的探讨得益于 Mika Luoma-aho, "Geopolitics and Grosspolitics from Carl Schmitt to E. H. Carr and James Burnham," Louiza Odysseos & Fabio Petito edi., *The International Political Thought of Carl Schmitt: Terror, Liberal War and the Crisis of Global Order*, New York: Loutledge, 2007, pp. 42-47。

❷ Louiza Odysseos & Fabio Petito edi., *The International Political Thought of Carl Schmitt: Terror, Liberal War and the Crisis of Global Order*, p. 66.

❸ Ibid., p. 73.

挥重大影响的基础。不过，美国的理念是普遍主义—帝国主义式的，这一点并不符合施米特"大空间"的设想。而对"二战"之后的施米特而言，面对分裂成两半的德国，设想一个德国领导之下的欧洲"大空间"已经不再具有当下的现实性。

施米特在 1950 年出版的 *Der Nomos der Erde*，保留了对近代"欧洲公法"时代的怀念——在那个时候，欧洲还是一个具有同质性的文明，"欧洲公法"是这个具有同质性的文明所产生的区域性的国际法。只是，那个时候的欧洲秩序建立在"均势"的基础之上，其内部并不存在一个单一的主导国（Reich），在这一点上不符合"大空间"的概念。在 2017 年，有两位作者试着将施米特的"大空间"概念用到当下的欧洲：整个欧洲类似于一个"大空间"，而欧盟则是这个"大空间"里的主导国。然而他们发现，这样解释的困难在于，欧盟是一个极其复杂的国家联盟，与德国这样一个联邦制国家相比，欧盟在多大程度上可以被称为"国"，有着很大的争议性；欧盟所奉行的原则也是普遍主义式的，与西方阵营里其他国家所奉行的政治原则并没有特别大的分野，因而并不符合施米特对于区域特殊性的设想。❶

在今天，或许在俄罗斯的一些"欧亚主义者"那里，我们还能看到对施米特"大空间"原则的模仿性运用。俄国地缘政治学者亚历山大·杜金（Alexander Dugin）继承了施米特的"大空间"理论，并运用其思考一个多极化世界的结构。如同爱德华·卡尔那样，杜金将"大空间"与"文明"的概念关联起来，设想了北大西洋（西方）、欧亚（Eurasia）、伊斯兰文明区、中华文明区、拉丁美洲、南

---

❶ Walter Rech & Janis Grzybowski, "Bewteen Regional Community and Global Soceity: Europe in the Shadow of Schmitt and Kojève," *Journal of International Political Theory*, Vol. 13, Issue 2, 2017, pp. 148-149.

亚印度教文明区、日本文明区、撒哈拉以南非洲等不同的"大空间"。而对于杜金而言,欧亚这个"大空间"中的主导国,毫无疑问是俄罗斯。❶ 杜金对于诸文明的列举,会让我们想起亨廷顿《文明的冲突》中的相应讨论。的确有评论者将亨廷顿的"文明的冲突"与施米特的"大空间"理论作类比❷,但二者实际上出于不同的问题意识——亨廷顿提醒美国人不要陷入福山式的"历史终结"的迷梦,但作为一名美国的爱国者,多极化的格局本身,对其而言只是一种需要清醒地接受的结果,本身未必是可欲的。而对施米特与杜金而言,数个"大空间"并存的格局,本身就优于单极霸权的帝国主义—干涉主义式支配。❸

只是,对于施米特及其当代追随者而言,有一个问题始终是没有得到充分讨论的:资本主义经济的发展,是否必然会要求将"门罗主义"的解释从一种区域主义调整为一种全球干涉主义?如果德国的工业经济足够强劲,所谓德国的"民族精神"能够阻止德国越出欧洲,向普遍主义—干涉主义方向发展吗?事实上,在德意志第二帝国威廉二世皇帝统治时期,我们就已经看到了德国的全球野心:威廉二世鼓吹"世界政策"(Weltpolitik),推动在非洲、中国

---

❶ Nicolas Laos, *The Metaphysics of World Order: A Synthesis of Philosophy, Theology, and Politics*, Eugene, Oregon: Pickwick Publications, 2015, p. 160; Alexander Dugin, *The Fourth Political Theory*, London: Arktos, 2012, pp. 155-158.

❷ Stephen Legg edi., *Spatiality, Sovereignty and Carl Schmitt: Geographies of the Nomos*, London & New York: Routledge, 2011, p. 69.

❸ 近年来,也有一些论述者重视施米特"大空间"理论的区域主义和多元主义的特征,试图将其作为未来区域秩序建构的理论资源,但同时认为其对于"大空间"的具体设想,仍有许多值得进一步探讨。Michael Salter, "Law, Power and International Politics with Special Reference to East Asia: Carl Schmitt's Grossraum Analysis," *Chinese Journal of International Law*, Vol. 11, No. 3, (September 2012), pp. 393—427.

攫取殖民地，对殖民拉丁美洲充满兴趣，同时也试图打造全球最强的海军，在全球范围实现与英国的"均势"。

如果德国继续在这一方向发展，商业、海军、金融这些与海洋帝国相联系的关键词，迟早也会与德国如影随形。作为德国的爱国者，施米特为其提供的辩护词，就不可能是"大空间"理论。只是，对于历史行动者而言，其行动的情境，经常是如同命运一样被给定——1918年德国战败之时，施米特只有三十岁。"一战"的失败导致德国丧失大量海外殖民地，变成了更为纯粹的中欧陆地国家，并处于英、美、法等国的强大压力之下。魏玛民国的政治家们不可能像威廉二世那样奢望在全球范围挑战英国势力，德国最多能够期待的是区域霸权的地位。施米特回应的正是这样一个需求，而不是别的什么需求。

这不是要通过"反事实"（counterfactual）的假设，期待施米特在其人生的前三十年，就为威廉二世时期的德国贡献不同的理论论述。这只是说明，施米特对于美国的"帝国主义—普遍干涉主义"的批判，或许并没有完全回应列宁的"帝国主义"论述。施米特批判了美国执政精英对"门罗主义"的解释从"拦阻者"到敌基督的"不法者"精神的反转，但他并没有真正深入解释这种反转何以发生。而从列宁的理论范式出发，无论是第二次工业革命后的美国、威廉二世时期的德国，还是在"一战"之后寻求复兴的德国，从本质上都是"帝国主义"，只是不同的经济发展阶段、不同的经济实力以及由此产生的不同扩张需要，带来了不同的外交政策话语和秩序想象：达则全球扩张主义，穷则区域霸权主义。

"民族精神"无法解释为何威廉二世放眼全球，而希特勒着眼于欧洲；"民族精神"也无法保证德国在成为区域的"主导国"

之后，不会向全球扩张。施米特批判了英美两国的自由资本主义带来了普世主义—干涉主义，从而揭示了"经济"所具有的深刻的"政治性"，以支持区域"大空间"内的政治经济整合。但他终究将重心放在政治神学和法学上，而没有对德国从19世纪李斯特的国民经济学（Volkswirtschaftslehre）到"二战"期间的"战争经济"（Wehrwirtschaftslehre）的政治经济学发展，做更多的论述。

第3章

暧昧的"抵抗":日本"亚洲门罗主义"话语之兴起

> 太平洋!太平洋!
> 君之面兮锦绣壤,君之背兮修罗场。
> ——梁启超《二十世纪太平洋歌》❶

从上文对德国的案例分析中,我们可以看到,德国理论家之所以对"门罗主义"发生浓厚兴趣,是因为它可以被用来证成和加强德国原有的政治空间诉求,尤其是可以在"一战"后美国活跃于欧洲政治舞台的背景之下,对美国的潜在干涉起到排斥作用。在日本,"门罗主义"得以广泛流传的原因与德国类似。日本运用"门罗主义"进行大陆扩张的结果,也与德国类似。

"门罗主义"进入日本之后,迅速与既有的呼吁亚洲各民族以日本为盟主团结起来抵抗欧洲列强侵略的"亚洲主义"❷话语结合

---

❶ 《梁启超全集》,第 5427 页。

❷ 野原四郎将"亚洲主义"界定为"一种呼吁亚洲各民族以日本为盟主团结起来抵抗欧洲列强侵略的主张",并得到竹内好的赞同。参见[日]竹内好:《亚洲主义的展望》,高士明、贺照田主编:《人间思想》(第 4 辑),台北:人间出版社 2016 年版,第 256 页。

起来，发展成为日式"门罗主义"，强调"东洋是东洋人的东洋"或"亚洲是亚洲人的亚洲"，"抵抗"某些或全部欧美列强对本区域事务的干涉；然而这种貌似强调"区域自主"的话语，不管其意图如何，在历史中发生的实际效果却是为日本对朝鲜、中国等国的侵略提供了话语支持。在"二战"期间，致力于为"大东亚共荣圈"提供法学论证的日本国际法学家们更是从施米特的"大空间"理论中汲取灵感，推进日本自身的"广域国际法"理论建设，试图将日本对伪满洲国以及汪伪政权的支配纳入法律框架。

在近代西方入侵之前，东亚区域内的各国有朝贡秩序的概念，有华夷之辨的意识，但并没有"亚洲"意识。各国是在西方殖民者的炮舰之下，了解殖民者带来的"亚洲"名称，进而意识到自身所处的类似的被压迫地位。从19世纪中期开始，"亚洲"这一外来的名称在东亚各国越来越被接受，这一名称不仅具有地理含义，也暗示着在帝国主义—殖民主义秩序中的被压迫者的某种连带关系。在19世纪50—60年代，日本的平野国臣、佐藤信渊、胜海舟等人一度主张"日清提携"，共同对抗西方入侵。尤其是被称为日本近代海军"第一人"的胜海舟，还积极向日本的政坛精英推广日本应建立海军、联合亚洲各国共同对抗欧洲入侵的主张。❶

而清朝外交官员试图将"亚洲"的概念与以中国为中心的朝贡体系结合起来，期待清王朝以朝贡体系中心的角色，在"亚洲"发挥其传统的领导作用。1876年1月24日，李鸿章在与日本使臣森有礼围绕朝鲜问题的谈话中，就曾以"亚细亚"的观念，质问日本破坏朝贡关系："我们东方诸国，中国最大，日本次之，其余各小

---

❶ 陈海忠：《晚清中国与日本：博弈百年》，北京：中国发展出版社2018年版，第39页。

国均须同心和气,挽回局面,方敌得欧罗巴住。""高丽与日本同在亚细亚洲,若开起仗来,高丽系中国属国,你既显违条约,中国怎样处置,我们一洲自生疑衅,岂不被欧罗巴笑话。"❶在接下来几年中,当中国与沙俄矛盾突出时,张之洞、黄遵宪等都曾主张加强中国与日本的关系,尤其是黄遵宪受到宫岛诚一郎的影响,主张中日两国在朝鲜问题上合作,甚至直接劝告朝鲜方面将沙俄作为亚洲共同的敌人。❷ 这些主张都体现了清朝官员在西方压力之下产生的"亚洲"意识。

但鉴于同时期日本在朝鲜、琉球和中国台湾的扩张不断危及朝贡体系,清朝外交当局不能不将日本作为与欧洲列强类似的对手,因而其"亚洲"意识也不可能转化出一种"亚洲主义"的外交政策——众所周知,李鸿章常用的国际战略是"以夷制夷",当日本在朝鲜的影响力不断增长之时,李鸿章的策略是将欧美列强的势力也引入朝鲜以平衡日本,这从根本上是一种"均势"战略。

在清朝官员从话语上将"亚洲"概念与朝贡体系结合之时,日本的"兴亚论"也在继续发展,其不同于清朝官员"亚洲"话语的特点在于强调日本在亚洲的领导权,如1879年草间时福提出:"今日我国为亚细亚诸国中开化先进之国,率领诸邦担当东洋连横之业,舍我其谁。"❸ 日本的"兴亚论"者创建了振亚社,其后继者为兴亚社,并于1880年发展为兴亚会,1882年又改组为亚细亚协会,

---

❶ 中国史学会主编:《中国近代史资料丛刊:中日战争》(一),上海:上海人民出版社1957年版,第298—303页。

❷ [日]茂木敏夫:《中日关系式的语境——19世纪后半叶》,载刘杰等著:《超越国境的历史认识:来自日本学者及海外中国学者的视角》,北京:社会科学文献出版社2006年版,第14—21页。

❸ 草间時福:「東洋連橫論」,『郵便報知新聞』1879年11月19日。

1891年又有东邦协会的创设。❶ 民权运动激进派代表大井宪太郎主张日本作为民主的先行者，应帮助亚洲各国推进国内的民主，1885年，大井宪太郎、小林樟雄等原自由党左派人士试图购买武器，制造炸药，帮助流亡日本的朝鲜开化党人士反攻朝鲜，事败被捕，此即所谓"大阪事件"。1893年樽井藤吉以汉字出版《大东合邦论》，以"黄种人"为号召，鼓吹朝鲜与日本"合邦"，进而与中国"合纵"，共同抵御西方侵略。此可谓"兴亚论"的力作，在中国影响了康有为等人在甲午战争之后的外交政策论述。❷

但与此同时，明治维新的阶段性成功，以及中国在抵抗欧美列强侵略时的不断失败，也催生了以"文明、开化的日本"鄙视"顽迷、守旧的中国"的强烈意识。日本政治家杉田定一在1884年中法战争后批判中国，反对日清友好论；日本"启蒙思想家"福泽谕吉于朝鲜"甲申政变"被清军镇压之后，作蔑视中国、朝鲜等亚洲邻邦的《脱亚论》，产生很大影响。1894年甲午战争爆发，福泽谕吉精神振奋，高呼这是一场"文明"对"野蛮"的战争❸，并为战争慷慨捐款。这场战争沉重打击了中国的藩属体系，中日两国签订《马关条约》，日本在东亚的优势地位日益凸显。

---

❶ 狭间直树《日本早期的亚洲主义》试图以1898年东亚同文会为界，从日本的"亚洲主义"发展历史中分出一个帝国主义特征不那么明显的早期阶段。[日]狭间直树：《日本早期的亚洲主义》，张雯译，北京：北京大学出版社2016年版。不过，这里的问题是，无论是"脱亚论者"还是"兴亚论者"，在面对日本侵略朝鲜、琉球乃至中国台湾，旨在摧毁以中国为中心的亚洲朝贡体系的政策时，往往有高度惊人的一致，很少有人会批判日本政府的政策。同时，许多"中国保存论"者观念中的"中国"，其领土范围都要远远小于清朝的版图，这种"保全论"实际上为日本觊觎"满蒙"留下了广阔空间。

❷ 茅海建：《从甲午到戊戌：康有为〈我史〉鉴注》，北京：生活·读书·新知三联书店2009年版，第387页。

❸ 福沢諭吉：「日清の戰爭は文野の戰爭なり」（1894年7月29日），慶応義塾編：『福沢諭吉全集』第14卷，岩波書店，1961年，第491頁。

然而，1895年，俄、德、法三国政府认为日本从《马关条约》中获益过多，打破了东亚的势力均衡，于是集体出手实施"三国干涉还辽"，这对日本的"大陆国家"雄心构成重大打击。1896年，李鸿章代表清政府与沙皇政府签订《御敌互相援助条约》（中俄密约），俄国在中国东北的影响力与日俱增，这被日本官方视为一种强大的威胁。1897年，德国出兵占领中国山东胶澳，从而引发英国与德国在中国的争夺。1898年，美国赢得美西战争，获得对菲律宾群岛的主导权。

以上种种事态，都对日本朝野精英的心态产生了比较大的影响：如果中国被列强瓜分，日本是否会成为下一轮瓜分的目标？美国在占领菲律宾之后，会否危及日本在亚洲的生存？正是在这样的背景之下，日本官方一边继续以欧洲列强为范本推动内政改革，以求达到欧洲列强的"文明"标准，从而废除领事裁判权；另一方面，也着手对民间的"亚洲主义"进行有限的支持。"亚洲主义"与"门罗主义"概念的结合，正是在这一背景之下发生的。

一 "亚洲主义"与"门罗主义"概念的结合

美国的"门罗主义"话语究竟是从何时开始影响日本的决策精英？最了解美国外交政策的，当然还是美国自己的外交官。1872年12月，在上年末派出的岩仓具视使节团还在考察欧美各国之时，日本外务省聘请了曾任美国驻厦门领事的法裔美国人李仙得担任顾问，为日本侵略台湾出谋划策。这位老谋深算的外交家以美国的"门罗主义"为蓝本，向日本执政精英建议推行一种日本版本的"门罗主义"："人们必须勇敢地采取行动，以期在亚洲升起太阳旗，并扩大我们的帝国。为了成为亚洲各个国家的保护者,防止欧洲向我们的领域扩张,这些行动是必要的。这一政策类似于美国在欧洲渗透和侵略美国势力范围之际所采取的政策。"❶

在19世纪70年代,这是非常激进的主张,因为在西方的眼里,日本只是一个"半开化"国家,就连与西方平起平坐的资格都没有,更不要说模仿美国的"门罗主义",主张自己的势力范围了。李仙得建议日本执政精英,必须将这一计划深藏在心,但要尽可能地在国际上宣传,日本正在努力地帮助整个亚洲从野蛮和原始的阶段摆脱出来,迈向文明阶段。❷ 而具体的做法,是"尽可能平定和教化他们,如果做不到……消灭他们,或者以其他方法对待他们,就如同美国与英国对野蛮人所做的那样"。❸

李仙得于1875年辞任外务省顾问,直到1890年赴朝鲜之前,一直住在日本,并曾担任大隈重信的私人顾问。在日本吞并琉球、侵略台湾、觊觎朝鲜的背景下,李仙得将美国的势力范围思想,传递给了当时正在锐意学习西方的日本执政精英,并进一步激发了他们的野心。❹

尽管李仙得为日本在亚洲的地位积极谋划,但他在文明观念上仍然是一个西方中心主义者,与当时日本主流的"亚洲主义者"相去甚远。我们需要问的是,日本的"亚洲主义"究竟从何时明确寻

---

❶ Sophia Su-fei Yen, *Taiwan in China's Foreign Relations, 1836-1874*, Hamden, CT: Shoe String Press, 1965, p. 196.

❷ Ibid.

❸ Robert Eskildsen ed., *Foreign Adventurers and the Aborigines of Southern Taiwan, 1867-1874*, Nankang, Taipei: Institute of Taiwan History, Academic Sinica, 2005, p. 209.

❹ 关于李仙得对日本明治时期外交政策影响的研究,见 Sandra Carol Taylor Caruthers, "Charles Le Gendre, American Diplomacy, and Expansionism in Meiji Japan," Ph.D. thesis, University of Colorado, 1963。

求与"门罗主义"话语的结合？"兴亚论"代表人物之一、日本右翼团体玄洋社创始人之一以及黑龙会顾问头山满曾指出："提出'东洋是东洋人的东洋'这一口号的人，霞山公是第一人。亚洲民族应团结一致抵制西洋诸国的暴慢并驱逐其侵略野心，首倡大亚洲主义的也是霞山公。公引例美国的门罗主义，提出实行亚洲门罗主义之义务，在于以日本与支那的双肩为基础的日中提携，其先见之明与达识雄图至今仍让人敬服不已。"❶ 所谓"霞山公"，即日本贵族院议长近卫笃麿公爵，日本第34、38、39任首相近卫文麿的父亲，曾有留学德国波恩大学和莱比锡大学的经历。

1898年东亚同文会成立时，近卫笃麿担任了首任会长。该会几乎一统日本既有的"兴亚"组织，并有不少高官和贵族加入，名为民间组织，实际上在日本政府的支持下发挥"民间外交"的作用。1898年初，近卫笃麿在《太阳》杂志第4卷第1号上发表了著名文章《同种人同盟——附研究中国问题之必要》，同樽井藤吉一样，近卫将黄白人种之间的冲突置于显著位置："以我来看，东洋的前途难免成为人种竞争的舞台。即使通过外交政策可以解决一时事态，但那只是权宜之计，最后的命运仍是黄白两大人种的竞争，在此竞争中，支那人和日本人共同处于以白种人为仇敌的位置。"❷ 近卫主张"支那人民的存亡，与其他国家休戚相关，也关乎日本的命运。因此，应该从今天起，以友爱之情对待支那，劝诱它、开导它，使其进步、促其发奋、去其猜疑、除其妒忌，使它产生对日本亲近及依赖之心，以使两国人民之间产生保护人种之默契"❸，这就

---

❶ 吉田鞆明编：『巨人頭山満翁は語る』，感山荘，1939年，第115頁。
❷ 近衞篤麿：「同人種同盟附支那問題研究の必要」，『太陽』第4卷第1号，1898年，第1頁。
❸ 同上。

是著名的"支那保全论"。近卫认为:"虽然清国的国势已衰,但其弊在政治不在民族,直至启发利导,携手保全东洋,岂为难乎?"❶

1898年11月,在接见来访的中国流亡维新派领袖康有为时,近卫笃麿又阐述:"今天的东洋问题已不单纯是东洋问题,它已经成为世界问题。欧洲列强都是为了自己的利益而在东洋竞争。东洋是东洋人的东洋。东洋人必须有独立解决东洋问题的权力。美洲的门罗主义也是这个意思。实际上,在东洋实现亚洲的门罗主义(亜細亜のモンロー主義)的义务就落在了贵我两邦的肩上。"❷ 不过,一旦康有为提出借助日本力量打击慈禧、营救光绪的主张,近卫笃麿的态度就变得十分谨慎,强调必须要顾及其他列强的态度。近卫的谨慎态度,体现的正是日本执政精英当时的复杂心态——一方面,日本迫切需要获得欧洲列强对其"文明国"地位的全面承认,因而"黄白种战"之类说法,只敢在私底下说说,绝不敢变成官方表述;另一方面,日本又担心列强瓜分中国导致"唇亡齿寒"——尽管日本在1900年也派兵参与了"八国联军"侵华,但列强种种瓜分中国的议论,也会让日本朝野不少人士对日本的未来感到忧心。

早稻田大学教授、《太阳》杂志主笔浮田和民1901年发表的《帝国主义与教育》就表达了这种无力感:"虽欲提倡亚洲乃亚洲人之亚洲的日本式门罗主义,但为其落后时代而颇感无奈。日本今日唯一得以倡导之帝国主义,只能是基于国际法,向欧美诸国充分伸张本国人民权利,同时扶植亚洲各国独立,为此而诱导促其改革而

---

❶ 近衞篤麿日記刊行会編:『近衞篤麿日記 別巻 近衞篤麿日記付属文書』,鹿島研究所出版会,1969年,第401頁。

❷ 近衞篤麿日記刊行会編:『近衞篤麿日記』第2巻,鹿島研究所出版会,1968年,第195頁。

己。"❶ 浮田在此时认为，在中国，"日本经济地位落后于英国，政治地位落后于俄国"，中国并非像朝鲜那样能满足日本的迫切需要，因此日本对华责任在很大程度上是一种累赘。❷

1901年2月3日，内田良平、平山周等主张日本对俄采取强硬政策的人士发起成立了黑龙会，该会名称取自黑龙江，本身就显示出该会人士与沙皇俄国竞逐黑龙江区域霸权的野心。黑龙会纲领第一条称"吾人弘扬肇国之宏谟，阐明东方文化之大道，进图东西文明之和睦，期以成为亚细亚民族振兴之领袖"，显示出非常鲜明的"亚洲主义"的色彩。❸ 头山满担任了黑龙会顾问。值得一提的是，近卫笃麿、伊藤博文、井上馨、大隈重信等政要，当时都主张对俄采取强硬政策。1902年，英国为牵制沙俄势力，与日本缔结同盟，与全球头号列强签订平等同盟条约，这对日本的国际地位是一个非常显著的提升。1904年，日俄战争在中国东北爆发，日本得到了英美资本的支持。黑龙会与日本军部合作，组织了名为"满洲义勇军"的游击队，与俄军作战，在战后又致力于巩固日本在朝鲜的统治以及对中国东北的扩张，扮演了日本大陆扩张急先锋的角色。

1904年10月23日，曾在1898年担任首相并在1902年大力促成英日同盟的大隈重信在早稻田大学清韩协会发表题为"论东亚之和平"的演讲，对正在进行的日俄战争做出回应，称这是一场"文明"对"野蛮"的战争，日本代表了立宪主义，沙俄代表了专制主义。但日本要立于世界文明之林，就需要考虑日本在东亚的地位，日本是唯一有资格引导中国的国家，应基于同文同种之谊，对中国

---

❶ 浮田和民：『帝国主義と教育』，民友社，1901年，第35—36页。
❷ 浮田和民：『帝国主義と教育』，第74页。
❸ [日] 堀幸雄：《战前日本国家主义运动史》，熊达云译，北京：社会科学文献出版社2010年版，第26页。

进行救治。日俄战争的媾和条件,也应该要保证日本是"东亚和平的支柱"。❶ 这一宣言从种族和文明的角度解释日俄战争,并明确地表达了日本的势力范围主张,被东京各大报章视为"大隈主义"之表达。1905年,日本打败俄国,被西方列强接纳为世界第一等级国家的俱乐部"民族大家庭"的一员。日本从俄国手中取得旅顺口、大连湾并其附近领土领水之租借权以及有关的其他特权,还取得了南满铁路及其附属权利。这场胜利在中日两国民间舆论中都被广泛解释为一个"黄种人战胜了白种人"的事件,而日本在南满建立"势力范围",也被小寺谦吉这样的日本的"门罗主义"者们解释为对中国的"保全"——帮助了同属"黄种"的中国,防止中国沦丧于英国、俄国等欧洲列强之手。

然而,在小寺谦吉笔下的那个得到"保全"的"中国",已经被剥离了东北、内外蒙古、新疆与西藏,其范围不过是当时日本常说的"中国本部"。❷ 小寺谦吉的中国领土观在当时的日本并不独特——明治维新的精神领袖及理论奠基者吉田松阴早在1858年就提出日本要"拉满洲,压支那"❸,从观念上将中国东北从中国剥离出去;在日俄战争之后,日本学界更是兴起了与"支那学"并列

---

❶ 大隈重信:「東亜の平和を論ず」,早稲田大学編輯部編:『大隈伯演説集』,早稲田大学出版部,1907年,第101—123頁。
❷ 小寺谦吉在其《大亚洲主义论》中将日俄战争论证为对中国的"保全"。那么什么叫"领土保全"呢?小寺谦吉的界定是,所谓领土保全,就是自力不能保全领土的国家,依靠外力遏止行将灭亡的颓势,而并非保已经丧失掉的东西,或者解除已经接受了的主权限制。按照小寺谦吉的这一标准,中国可以"保全"的,也就是内地十八省,其藩部均应排除在外。参见王向远:《日本对中国的文化侵略》,北京:昆仑出版社2015年版,第98—103页。顾颉刚在1939年撰文指出,"中国本部"一词本身包藏祸心,不宜使用,见顾颉刚:《"中国本部"一名亟待废弃》,《益世报·星期评论》1939年1月1日。
❸ 吉田松陰:「丙辰幽室文稿・久坂玄瑞に復する書」,山口県教育会編:『吉田松陰全集』第4卷,岩波書店,1938年,第152頁。

的"满洲学"或"满蒙学"。而像内田良平这样的大陆浪人很早就已经设想将日本的边疆线从朝鲜半岛推到西伯利亚,其"支那保全论"始终附属于日俄竞逐东北亚的大局,其解释服务于日本扩张的需要。用日本学者藤村道生的话说:"所谓的中国'保全论',虽然以将俄国从东北驱逐出去为目的,但并没有包含否定日本侵略中国的含义。"❶

不过,历史的际遇,使得中国的反满革命派与日本的"亚洲主义者"走近。1905年中国同盟会的成立,得到了黑龙会的大力支持,内田良平、平山周、北一辉等黑龙会会员也先后加入同盟会。而两会能够走近,有着各方面的原因:双方均担忧欧美列强先瓜分中国,进而控制日本,都认为中国与日本需要联合起来抵抗西方侵略者(尤其是俄国),同时也都认为中国的清政府无法胜任这一目标,中国需要进行某种内部的改造,才能够动员起力量进行自我保存。而对于宫崎寅藏和北一辉❷这样受到一定社会主义思潮影响、试图在日本推动社会改造的"亚洲主义者"而言,中国革命与日本的社会改造具有某种连带性,尤其是北一辉,其《国体论及纯正社会主义》在1906年刚出版即被禁止发行,他深感改造日本社会之困难,因而决定首先投身于中国革命,进而以中国革命带动日本的社会改造。

而对于内田良平这样的对于日本的大陆扩张更感兴趣的"亚洲主义者"而言,与中国的反满革命者合作也符合他们的目标。内田指出:"吾人不惜性命援助孙(文)革命之原因,在于其与日本利

---

❶ 藤村道生:「日本の対アジア観の変遷」,上智大学史学会:『上智史学』第22号,1977年,第30頁。

❷ 北一辉1923年出版《日本改造法案大纲》,标志着其走向军国主义,而中国则是其日本改造方案实施必然的侵略对象。但在早年,北一辉确实对中国革命寄予厚望并深入参与。

益相一致。以大义名分、灭满兴汉为革命旗帜,目的在于驱逐满人,建设汉人之中国。因此帮助汉人,使满人求助于俄,而后日支提携以破俄,收满洲、西伯利亚为我所有,奠定大陆经营之基础。"❶ 而同盟会采用了明太祖朱元璋的口号"驱除鞑虏,恢复中华",传统的"夷夏之辨"与近代民族主义相结合,生成一种反满的汉民族主义,许多人对日本朝野"保全中国"实为保全"十八省"(或称"中国本部")的认知,至少不作强烈异议,并将日本在中国东北的存在,视为对俄国侵略的牵制。如此,日本的大陆扩张主义者就可以通过强调俄国这一共同的"敌人"的存在,巩固对朝鲜的殖民统治,并进一步将势力延伸到中国东北。❷

不过,我们也要看到同盟会内部的差异,有一些成员对于日本"亚洲主义"话语的压迫性和虚伪性,有着相当程度的觉悟。比如说,宋教仁对于黑龙会主流的中国领土观念,显然有着很大的抵触。1907年,当内田良平试图在中、朝、俄边境制造"间岛"问题、侵略中国领土之时,宋教仁通过实地考察,化名写作了《间岛问题》❸,托人交给清政府要员,从而在清政府与日本的外交交涉中发挥了重要作用,对捍卫中国领土做出了贡献。

同盟会中也有像章太炎这样洞察英日同盟与亚洲联合思想之根本张力的思想家。1907年,章太炎与日本社会主义者辛德秋水,印度人钵罗罕(Mohammed Barkatullah)、保什(Surendramohan Bose)等人发起筹建"亚洲和亲会",其起草的《亚洲和亲会约章》主张以中国与印度两国为主轴展开"亚洲和亲",呼吁亚洲弱小民族联

---

❶ 内田良平:『硬石五拾年譜』,葦書房,1978年,第77頁。
❷ 王柯:《民权、政权、国权——中国革命与黑龙会》,《21世纪》2011年总第127期。
❸ 陈旭麓主编:《宋教仁集》(上),北京:中华书局1981年版,第57—135页。

合起来反抗强权，自求解放。❶ 该《约章》并没有提到日本的作用，并不是偶然的。章在同时期的若干政论之中，对日本压制印度、朝鲜的民族解放运动进行了严厉的批判，❷ 而这种压制，正是英日同盟签订并扩大所带来的结果。❸

面对俄国在中国东北的扩张，不仅是英国通过英日同盟，利用日本来牵制俄国，美国总统西奥多·罗斯福也将日本视为牵制俄国的重要力量。在日俄战争还在进行之时，1904年6月6日，罗斯福向其哈佛大学同学、日本时任外交代表金子坚太郎以及日本驻美大使高平小五郎提出，日本应当在黄海周边地区拥有最高利益（paramount interest），就如同美国在加勒比海周边拥有最高利益一样。❹ 1905年，日本赢得日俄战争。罗斯福试图在日俄两国之间协调，主持召开了朴茨茅斯会议。日本时任外交代表金子坚太郎回忆称，1905年7月8日，罗斯福在与他探讨即将召开的朴茨茅斯会议的过程之中，提出日本作为亚洲唯一理解西方文明的原则与方法的国家，有资格成为亚洲的领袖，推行"亚洲门罗主义"（Asiatic Monroe Doctrine），在从苏伊士运河到俄罗斯堪察加的广大地域（排除俄国领土和英、法、葡殖民地）中担任盟主角色，排除欧洲列强

---

❶ 《章太炎全集·太炎文录补编》（上），上海：上海人民出版社2017年版，第341、279—281页。

❷ 在1908年的政论《清美同盟之利病》中，章太炎称："日本之骄矜自肆，非吾良友也。"《章太炎全集·太炎文录补编》（上），第341页。在1909年朝鲜爱国志士安重根刺杀日本首相伊藤博文之后，章太炎撰文《安君颂》纪念之。1911年10月10日《与满洲留日学生》中，章太炎更是批判日本钳制朝鲜，警告保皇派留学生勿寄希望于日本支持清政府。《章太炎全集·书信集》（上），上海：上海人民出版社2017年版，第395—396页。

❸ 关于英日同盟对章太炎思想的影响，参见林少阳：《鼎革以文——清季革命与章太炎"复古"的新文化运动》，上海：上海人民出版社2018年版，第177—224页。

❹ TR to Cecil Arthur Spring-Rice, June 13, 1904, Elting Morison & John Blum eds., *The Letters of Theodore Roosevelt*, Vol. 4, Cambridge, MA: Harvard University Press, 1951-1954, p. 833.

的干涉与侵略，如同美国在美洲所做的那样。❶

在日俄战争之后的语境下，罗斯福提出"亚洲门罗主义"，其用意在于通过承认日本在朝鲜和中国东北的特权，换取日本承认美国在菲律宾的存在，同意在其新势力范围对美国实行"门户开放"政策，并进一步发挥阻挡俄国势力东进的作用。虽然罗斯福从来没有将这一内部讲话公之于众，它还是进一步激励了日本政府对于朝鲜和中国的侵略，同时也为后来日本反过来限制美国对区域事务的干预提供了一个口实。在"九·一八"事变之后，日本扩张主义者更是最大限度地榨取了罗斯福谈话的剩余价值，利用其为对华侵略政策辩护。

在日俄战争后，大隈重信又就东亚秩序发表了一系列新的意见。在清末新政的背景下，大隈主张日本应当通过"监督引导"中国进行近代化改革而"保全""开发"中国，并在中国面前树立一定的"威严"，以防止清政府用欧美力量来制约日本。❷ 大隈又引入欧美盛行的文明等级论，称世界上存在着开化国和未开化国的区别，已经与欧美列强并驾齐驱的日本需要在高低文明之间，起到协调作用。❸ 尤其是作为东洋的先觉者和代表，指导亚洲劣等文明国，使其向文明前进。❹ 日本背靠 1902 年缔结的英日同盟，打败俄国，这给大隈重信带来一种信心：日本作为西方文明的吸收者与介绍者，可以在本地区起到协调欧美国家与亚洲诸国的作用。大隈明确承认英国是文明最高的国家，但认为日本通过改革已经在东方取得了能与英国相比肩的地位，英日同盟即其明证。

---

❶ 金子堅太郎：『東洋の平和は亜細亜モンロー主義にあり』，皇輝会，1937 年，第 16—19 頁。

❷ 大隈重信：「再び東亜の平和を論ず」，早稲田大学編輯部編：『大隈伯演説集』，第 133 頁。

❸ 大隈重信：『経世論』，冨山房，1912 年，第 29—30 頁。

❹ 大隈重信：『経世論』，第 38 頁。

大隈重信的"文明论"很可能受到其私人顾问、法裔美国人李仙得的"门罗主义"论述的影响,与那些立足于东洋文化独立性与优越性的"亚洲主义"话语(如冈仓天心的亚洲论述)具有不同的理论底色,它从根本上立足于"西化",而且复制了西方殖民主义—帝国主义的"文明化之使命"(the Mission to Civilize)话语。❶1915 年日本协助英军镇压了新加坡印度裔士兵的反英起义,大隈重信对此也颇为自得。❷然而大隈对于日本在亚洲势力范围的密切关注和公开宣扬,使得其成为近卫笃麿之后"亚洲门罗主义"的重要代表之一。换而言之,"亚洲门罗主义"话语并不必然基于反对西方和所谓"白色人种"的立场,也有可能基于一种与西方相协调,并换取西方承认日本在亚洲的势力范围的立场。只要将大隈以欧洲为范本的"文明"论述换成以"国体""皇道"为中心的新论述,就可以非常容易地导出日本在"九·一八"事变之后的区域霸权思维模式。

在日俄战争中,美国西奥多·罗斯福总统支持日本一方,当然是想借此获得回报,扩张美国在中国的利益,但这就有必要抑制日本独占中国利益的野心。在1907—1908 年,德皇威廉二世曾谋求建立一个中、美、德之间的同盟关系,但清廷恐惧与个别列强走太近,反而招致其他列强的猜忌;美国也有类似的考虑。❸ 最后,中、美、德同盟并未被付诸实施。美国认为对当下中国独立与领土完整的最大威胁来自日本,于是在1909 年与日本签署了罗脱—高平换文(The Root-Takahira Agreement),与日本就太平洋秩序达成一系列

---

❶ [日]野村浩一:《近代日本的中国认识:走向亚洲的航踪》,张学锋译,北京:中央编译出版社1999年版,第6—11页。

❷ 長崎暢子:「日本のアジア主義とインドの民族運動」,大形孝平編:『日本とインド』,三省堂,1978年,第71頁。

❸ 李永胜:《1907—1908 年中德美联盟问题研究》,《世界历史》2011 年第4 期。

协议，同时要求协议的第三款写明：维持中国之独立及领土完整，及该国列强商业之机会均等。

美国外交当局支持铁路大王哈里曼（E. H. Harriman）在1906年提出收购日本控制的南满铁路，但遭到日方拒绝。1909年，美国塔夫脱总统的国务卿诺克斯（Philander C. Knox）进一步提出"诺克斯计划"（Knox Plan），寻求"满洲铁路中立化"，要用国际共管的方法，逼迫日本放弃南满铁路，俄国放弃中东路；如果日本执意不从，"诺克斯计划"的备选方案就是修筑一条从锦州到瑷珲的铁路，开展与日本和俄国的竞争。受到威胁的日俄于1910年签订第二次日俄密约，不仅确认了1907年两国第一次密约划定的势力范围，而且规定当两国特殊利益受到威胁时，缔约双方将采取联合行动或相互提供援助，这就使得这一盟约具有了军事同盟的性质。西奥多·罗斯福利用日本来牵制俄国，进而扩大美国在华利益的谋划，可以说遭到了重大挫败。

在日俄战争之后，日本防备的重点日益从俄国转向美国。日本在1905年、1911年续签英日同盟，不过，在这一同盟关系之中，日本仍属于比较弱势的一方，很难抛开英国单独行动。而美国在支持日本赢得日俄战争之后，并没有获得预期的回报，美国政府的不满，以及日俄战争之后集中爆发的美国民间的排斥日本移民情绪，也都让日本朝野颇感忧虑。值得一提的是，早在1909年，就有一位曾担任康有为与孙中山军事顾问的美国人荷马李（Homer Lea）出版了一本鼓吹日美必有一战的著作——《无知之勇》（*The Valor of Ignorance*）。该书在1911年即被翻译为日文出版，可见日本方面的重视。❶

---

❶ Homer Lea, *The Valor of Ignorance*, New York: Harper & Brothers, 1909. 该书中文版见［美］荷马李：《无知之勇——日美必战论》，李世祥译，上海：华东师范大学出版社2019年版。

在1907年10月,日本银行副总裁高桥是清访问处于排日风潮中的美国,据《旧金山呼声报》(San Francisco Call)的报道,高桥是清公开宣布,日本的新国策是"亚洲人之亚洲",而《旧金山呼声报》的评论者很敏锐地抓住了要点:这其实是与"美洲人之美洲"类似的日本式的门罗主义。❶ 但高桥是清在很大程度上表达的只是他个人的情绪,而非日本高层决策者的思维。1907年9月,满铁总裁后藤新平和时任朝鲜统监的伊藤博文之间曾经发生过一场谈话。后藤新平向伊藤博文描绘了他设想的"亚洲人之亚洲"的前景,却遭到了伊藤博文的警告。伊藤博文认为"大亚洲主义"可能会引起西方列强的误解,让他们进一步将日本政策与"黄祸"关联起来。❷

伊藤博文的观点,可以说代表着明治维新元老们对于国际形势谨慎的态度。正是出于这种谨慎,日本政府对于日本亚洲主义者与其他亚洲国家的民族解放活动分子的联系,保持着高度警惕。比如说,1907年,日本政府给孙中山一笔资助,"礼送出境";"一战"期间,当日本的亚洲主义者大川周明与印度民族解放运动活动家密切来往时,英国对日本施加压力,要求予以遏制,日本政府也进行了一定的配合。

欧洲列强也对日本政府在辛亥革命爆发后的对华政策起到了制约作用。1911年武昌起义爆发之后,玄洋社、黑龙会不少成员为革命派提供了支持,内田良平甚至出任南京临时政府的外交顾问。但日本政府内山县有朋、寺内正毅等元老对革命派比较排斥,主张在外交政策上与以英国为首的欧美列强相协调。日本内部有很多人对中国能否走共和道路表示怀疑。中岛端在1912年出版《支那分割之

---

❶ "Japan Promulgates 'Monroe Doctrine' Affecting Korea and Encroachment by Russia Means Declaration of War," *San Francisco Call*, Vol. 94, No.135, October 13, 1903.

❷ 鶴見祐輔:『後藤新平』第2卷,勁草書房,1965年,第960—961頁。

运命》一书，认为中国人无共和之资格，无共和之信念，无共和之历史，无共和之思想，无共和之素养，有省份观念，无国家观念；中国人腐败，人心离散，具有依赖之根性；汉种人侮弱畏强，历史上惯于屈膝于外种异族……因此，如果走共和道路，很可能走向各省分裂、列强分割的命运。中岛端倡导"黄种人"团结对抗"白种人"的"东亚门罗主义"，强烈反对日本协同列强瓜分中国，认为瓜分中国将带来唇亡齿寒的结果，导致"黄种人"的衰败。❶ 此书对中国有大量负面言论，因而在民初中国引发了激烈批评。

由于内部多种主张的并存，日本政府在对华政策上出现波动：在革命早期，日本政府曾向清政府提供借款，并试图迫使革命派接受君主立宪制方案；在后期，日本政府又想押宝革命派，试图向南京临时政府提供借款。英国担心远东出现瓜分中国的狂潮，而这将意味着英国在中国的商业利益受损，与中国直接相邻的日俄可能成为最大的受益者，于是，英国坚持"金融中立"，反对给南北双方任何一方提供借款，敦促双方通过协商决定政治出路，并从实质上支持袁世凯获得国家政权。

在这一政策基调下，英国基于英日同盟，多次叫停了日本方面的对华政策异动。在袁世凯出任南京政府临时大总统之后，日本政府的对外政策总体上与英国保持步调一致。1912年5月，日本浪人川岛浪速在中国东北策动"满蒙独立"，日本陆军先表示支持，后放弃援助。❷ 内田良平等在1913年成立对华研究会，继续鼓动日本

---

❶ 中岛端：『支那分割の運命』，政教社，1912年，第234—235页。相近时期的相似论调，参见酒卷贞一郎：『支那分割論』，啟成社，1913年，第275—276页。内藤湖南1914年发表《支那论》，1924年又作《新支那论》，都主张分割中国，参见内藤湖南：『支那論·附支那新論』，創元社，1938年。
❷ 对于辛亥革命中的"大国协调"的作用，可参见章永乐：《"大国协调"与"大妥协"：条约网络、银行团与辛亥革命的路径》，《学术月刊》2018年第10期。

政府借机解决所谓"满蒙问题"。由于民间人士的激进对华方针与日本政府谨慎的外交政策不一致,还引发了外务省政务局长阿部守太郎被刺事件。❶

总体而言,在明治和大正时期,"亚洲门罗主义"话语与日本的国家建制之间,存在着相当复杂的关系。"亚洲门罗主义"话语的所有持有者都不满西方列强(尤其是俄国)在亚洲的扩张,他们中的许多人也不满日本政府对于西方的妥协态度以及协调主义的外交路线;但对于日本在朝鲜、琉球、中国台湾和东北的扩张,"亚洲门罗主义"话语的持有者很少会表示批评,他们中的一些人甚至是日本大陆扩张政策的急先锋;他们的"支那保全论",也不能说是完全虚伪,毕竟,如果中国被列强完全瓜分,对于日本而言,势必"唇亡齿寒"。然而,如前所述,许多"亚洲门罗主义者"头脑中设想的这个有待"保全"的"中国",其版图相比于清朝版图已经大大缩水。从今天的领土观念来看,这种所谓的"保全",和"瓜分"其实不过是五十步和一百步的关系。❷

---

❶ [日]堀幸雄:《战前日本国家主义运动史》,第35—36页。
❷ 类似的情况在英国的对华态度中也存在——在1911年辛亥革命中,英国反对列强瓜分中国,但其所设想的中国版图却已经删除了西藏。英国对藏政策是其与俄国在中亚"大博弈"的延伸,英国担心俄国南下占领西藏,进而威胁到英属印度,因而试图将西藏从中国独立出去,形成一个缓冲地带。1903年英国印度总督寇松即提出中国对西藏仅享有"宗主权"而非"主权"。1904年,英国强迫西藏贵族与僧侣签订《拉萨条约》,同时试图强迫清廷承认中国仅对西藏享有"宗主权",遭到清政府拒绝。1907年英国与俄国签订条约又确认这一主张,见 G. P. Gooch & Harold Temperley edi., *British Documents on the Origins of the War, 1898-1914*, Vol. 4, London: H.M.S.O., 1929, p. 352. 英国反对清政府在川藏地区推行"改土归流"的改革。1910年2月,川军进入拉萨,达赖逃亡英属印度,清廷革除达赖名号。英国受制于1907年英俄协约,并未出兵干涉。但辛亥革命爆发使得英国又找到了干预西藏事务的机会,英国重申中国对西藏仅有"宗主权"的主张,支持分离主义势力。但从法理上说,英国的主张是其一贯立场的延续。由于1907年的英俄协约过于约束英国对西藏的干预,1912年,英俄两国达成新的妥协,英国承认俄国在外蒙古享有行动的自由,而俄国承认西藏为英国势力范围。英国进而大量派遣军队进驻藏区。

二 "一战"与日式"门罗主义"的上升与受挫

1914年7月28日,奥匈帝国向塞尔维亚宣战,随后欧洲各大列强纷纷宣战,第一次世界大战爆发。欧洲列强相互厮杀,导致其在东亚的力量空虚,这为日本的"亚洲门罗主义"创造了一个从思潮转化为国家政策的机会。1914年8月23日,第二次组阁的大隈重信抓住时机,打出"维护东亚和平"的旗号对德宣战,随后利用欧洲列强无暇东顾的时机,向袁世凯政府提出了"二十一条"。❶ 日本政府要求袁世凯政府不将沿海的海湾、港口或岛屿割让或租界给任何列强,并禁止中国在福建省引入外国投资,不得许可外国或外国利益从事采矿、铁路建设以及海港建造,实质上是不允许第三国在福建持有陆海军势力,以防止危及日占台湾的地位。这些要求与美国对于拉丁美洲各国提出的要求,具有高度的相似性。❷

日本外务省在北京出版的中文报纸《顺天时报》在这一时期十分活跃。袁世凯政府将"二十一条"内容泄露给列强,试图借助西方列强,尤其是美国的力量来牵制日本。《顺天时报》评论指出,袁世凯期待美国干涉远东问题,会违背美国自身的"门罗主义":"安有确守门罗主义而肯远隔重洋干涉他国之交涉乎?"又引用英、法、美、俄各国报章,论证各国实际上对日本政策表示了默

---

❶ 王造时在1933年如此论述"一战"带来的局势秩序变化:"1915年,日本乘欧战的机会,向中国提出'二十一条',这是亚洲门罗主义战胜门户开放主义的时期;一直到1922年华盛顿会议以后,远东的均势才恢复过来。"王造时:《假使远东大战》,《中国问题的分析·荒谬集》,上海:复旦大学出版社2015年版,第243页。原题为《假使远东大战——怎么办》,载《自由言论》第1卷第19期,1933年11月1日。

❷ 鲍明钤在一个评论中明确将"二十一条"视为亚洲门罗主义的政策。鲍明钤:《鲍明钤文集》,北京:中国法制出版社2011年版,第763页。

认，劝诫袁世凯放弃挣扎。❶ 而当时美国的政治精英对日本颇有不满。1915年4月7日上海四大报纸之一《新闻报》转引日本报道，称美国参议员菲律宾委员会邀请曾担任波斯帝国政府财政总长的美国财政专家摩根·舒斯特（William Morgan Shuster）就菲律宾独立问题发表演讲，舒斯特随后在《泰晤士报》的采访中，大谈日本自从日俄战争胜利后，发展起了自身的"门罗主义"，必将支持菲律宾的独立运动，将美国的影响力排挤出亚洲。❷

美国威尔逊政府收到袁世凯政府的求援，向日本施加压力，重申了"门户开放"原则，并强调日本不应损害美国的利益和中国的领土完整，但对日交涉的力度非常有限，最终也未能阻止日本向中国强加"二十一条"。国务卿布莱恩（William Jennings Bryan）在3月13日给日本的照会中，还承认了日本因为领土上的相邻（territorial contiguity），拥有与中国的"特殊关系"❸，而这实际上为日本"亚洲门罗主义"的进一步发展，提供了刺激。

1915年12月，在袁世凯宣布"洪宪帝制"之后，大隈重信内阁决议排袁。中国国内掀起了一系列反袁运动，如川岛浪速与宗社党合作在中国东北推动的第二次"满蒙独立"运动，孙中山的"三次革命"，以及蔡锷、梁启超旗下的护国军，等等，这些运动或多或少都获得了日本政府或民间的一定支持。由于欧美列强对于日本独霸中国东北的警惕，以及日本内阁在这一问题上对欧美列强的忌惮，日本势力推动的第二次"满蒙独立"运动并未取得成功。但日本支持的反袁运动却取得了明显的效果。1916年3月22日，袁世

---

❶ 《其愚可怜（中）》，《顺天时报》1915年3月10日。
❷ 瑜公：《日本之门罗主义》，《新闻报》1915年4月7日。
❸ Noriko Kawamura, *Turbulence in the Pacific: Japanese-U.S. Relations During World War I*, Westport & London: Praeger, 2000, p. 45.

凯在内外压力之下发布《撤销帝制令》，恢复共和制度，6月6日因病离世。在袁之后，中国政局进入更为碎片化的状态，地方实力派获得了更大的自主权，而这种碎片化状态对于日本当政者来说，比袁世凯的个人独裁更有利于日本在华势力的增长。

1917年，北洋政府总统黎元洪和总理段祺瑞围绕着是否参与"一战"、如何参与"一战"，出现了激烈的"府院之争"，将地方实力派卷进来，从而引发了7月1日的"张勋复辟"。"张勋复辟"不到两周就迅速被镇压。由于段祺瑞主张制定新宪法，拒不恢复《临时约法》，孙中山南下发动"护法运动"，建立护法军政府，民国的法统出现分裂。日本官方采取了扶植北京政府的政策，通过西原龟三向段祺瑞政府提供了"西原借款"，确保中国在日本的主导之下加入协约国一方作战。在段祺瑞的皖系失势之后，日本官方又相继支持控制北京政府的直系和奉系。孙中山领导的南方护法军政府不断寻求日本官方的承认和支持，但未获得积极回应。

日本在"一战"期间的对华政策引发了北一辉的严厉批评。在其作于1915—1916年并于1921年修订出版的《支那革命外史》中，北一辉认为真正的中国保存主义与英日同盟是不能兼容的，日本在英日同盟之下，实际上是以保全为名义，扮演了英国的外交走狗的角色，参与银行团，与欧美各国一起对中国施行经济侵略，向北洋军阀提供借款，却不支持真正谋求中国自我保存的革命势力。北一辉揭露了大隈重信式的"亚洲门罗主义"论述的伪善，要求日本真正践行"亚洲门罗主义"，摆脱对英国外交政策的追随，扮演"支那及其他黄种人独立自强之保护者、指导者"以及"亚细亚之盟主"的角色，支持与北洋集团相对立的革命派，进而发动日英战争、俄中战争，真正将亚洲从欧洲帝国主义的压迫下解放出来。❶ 北一辉在对中国革命的期待幻灭之后，于1923年出版《日本改造法案大纲》，其对华政策主张为之一变，然而他认为日本应扮演对抗西方的亚洲盟主的核心主张是连续的。❷

随着日本在华实力的日益增长，美日之间的矛盾日益凸显。1917年，美日展开谈判。日本特命全权大使石井菊次郎在与美国国务卿蓝辛（Robert Lansing）会谈期间，于9月29日及10月1日在纽约发表公开演讲，称类似于"门罗主义"的观念，不仅在西半球，在东洋也存在。❸ 石井又进一步指出："美国对中美洲以及南美洲的'门罗主义'及日本对中国态度的声明之间，有着基本的差别。首先，在美国方面，并没有做出什么约定或允诺，而日本则是自愿地宣布日本要约定自己，不破坏她邻居的政治或领土完整，并遵守门户开放及机会平等的原则，同时要求其他国家也尊重这些原则。"❹ 蓝辛于1919年在美国参议院外交关系委员会作证时，交代了他和石井的交流和谈判：他认为美国"门罗主义"的中心原则是"不干涉"，而石井的演讲精神与此一致；❺ 石井认为根据美国的"门罗主义"，美国在墨西哥拥有"最高利益"，日本也可据此在中

---

❶ 北一辉：『支那革命外史』，聖紀書房，1921年，第184—187、242頁。

❷ ［日］野村浩一：《近代日本的中国认识：走向亚洲的航踪》，第31—41页。

❸ 池田十吾：「石井・ランシング協定をめぐる日米関係（一）——中国に関する日米両国交換公文の成立過程から廃棄に至るまで」，『國士舘大學政經論叢』，1988年63卷4号，第116頁。

❹ 转引自鲍明钤：《鲍明钤文集》，第764—765页。鲍明钤于1921年在美国出版 *The Foreign Relations of China: A History and a Survey* 一书，其中有专章讨论日本的"亚洲门罗主义"，《鲍明钤文集》收入了该书中文译本。鲍明钤在其中对比了日本"门罗主义"与美国"门罗主义"之异同，但这一对比并没有充分考虑美国在拉丁美洲进行的大量干预别国内政的行为。

❺ Hearings on the Treaty of Peace with Germany signed at Versailles on June 28, 1919, before the Senate Committee on Foreign Relations. Sixty-sixth Congress, First Session, Senate Document No. 106, p. 226.

国拥有同样的利益。而蓝辛否认美国的"门罗主义"里包含这样的内容,但他准备承认由领土的相近所产生的特殊利益。❶ 在蓝辛与石井谈判的过程之中,美国"门罗主义"始终是日本提出自身主张的参照系,日本甚至积极主动地解释美国的"门罗主义",进而迫使美国方面对"门罗主义"做出更符合当下自身利益的界定。

1917年11月2日美日双方签订的《蓝辛-石井协定》表明石井对蓝辛做出了让步,文本未写入石井一开始主张的"最高利益",但声明"合众国及日本国政府均承认凡领土相接近之国家间有特殊之关系(territorial propinquity creates special relations),故合众国承认日本国于中国有特殊之利益(special interests),而于日本所属接壤地方,尤为其然"。❷ 相应地,日本承认美国提出的"门户开放"原则,承认美国在华享有"机会均等"的权利。该秘密协定还包含有将德国在我国山东省的特权转交给日本的条款。由此可见,从罗斯福政府到威尔逊政府,美国对于日本在亚洲运用其"门罗主义"先例,一直是默认乃至纵容的。

"一战"为日本提供了扩张良机,也极大地刺激了日本舆论界与理论界的地缘政治想象,日式"门罗主义"论述进一步发展。日本政坛活跃人物小寺谦吉于1916年发表了《大亚洲主义论》,浓墨重彩地渲染了西方的"黄祸论",称"我所谓大亚洲主义者,即

---

❶ Hearings on the Treaty of Peace with Germany signed at Versailles on June 28, 1919, before the Senate Committee on Foreign Relations. Sixty-sixth Congress, First Session, Senate Document No. 106, pp. 147, 223-224.

❷ 王绳祖、何春超、吴世民编选:《国际关系史资料选编:17世纪中叶—1945》,第446页;Ross A. Kennedy edi., *A Companion to Woodrow Wilson*, Malden, Oxford & Chichester: John Wiley & Sons, Ltd., 2015, p. 234. 中文报章对于《蓝辛-石井协定》与"门罗主义"的讨论,参见屠汝涑:《"特殊利益"与日本之门罗主义》,《留美学生季报》1918年第2期,第155—160页。

亚洲乃亚洲人之亚洲也",鉴于欧美列强对中国有极大野心,日本"对于中国问题,在肩负维持东亚和平之责任关系上,具有不可不成为其中心,将其从白人压迫下拯救出来之崇高使命,亦应充当黄人之盟主"。❶ 小寺谦吉指出,日本军力可与欧美国家并驾齐驱,但缺乏资源;中国资源丰富,但军事力量弱小,因此中日两国正好可以"相互提携、相互扶助,为亚洲乃至全体有色人种,理应与白人展开对抗"。❷ 他的"亚洲门罗主义",因而包含着一种区域内部分工的思想,中国对于"大亚洲主义"的意义在于提供经济资源,而日本则可以以自己强大的军事力量,对整个区域提供保护。

1916年,曾在1894年提出"大日本膨胀论"并为日本赢得甲午战争欣喜若狂的评论家德富苏峰作《大正青年与帝国前途》,大肆宣扬"亚洲门罗主义"。德富赤裸裸地宣布:"我坚信日本帝国之使命在于完全实现亚洲门罗主义。所谓亚洲门罗主义,即是亚洲之事由亚洲人处理之主义也。"德富认为,欧洲人处理欧洲事务,美洲人处理美洲事务,亚洲人处理亚洲事务,应当互不干涉。但在"亚洲事务"中,日本是必然的领导者:"然虽说是亚洲人,但除日本国民以外也无人可担此任务。故亚洲门罗主义,即是日本人处理亚洲之主义也。"文中指责中国人"常向白人磕头以偷取片刻苟安",但日本仍应对中国"尽同人种之谊"。至于和"白人"的关系,德富表示,强调"东洋自治",并不必然意味着排斥白人,而是通过努力,"具备超越白人之资格,让白人在事实理论面前诚服。进而诱导我东洋人士,与白人对等交往"。❸

---

❶ 小寺謙吉:『大亜細亜主義論』,東京宝文館,1916年,第12—13頁。
❷ 小寺謙吉:『大亜細亜主義論』,第466頁。
❸ 德富蘇峰:「大正の青年と帝國の前途」,神島二郎編:『德富蘇峰集』,筑摩書房,1978年,第229—231頁。

德富苏峰的论述，引发了浮田和民的疑虑。1918年，浮田在《太阳》杂志上发表了《新亚细亚主义——东洋门罗主义之新解释》，以中国、日本、朝鲜在西方入侵之前的"锁国主义"为"旧亚细亚主义"，将德富苏峰的"亚洲门罗主义"称为"新亚细亚主义"，他自己则主张"新新亚细亚主义"，批评德富苏峰"以人种为立足点实乃谬误"，认为在亚洲居住的所有民族，不论其人种异同，均应属于亚洲人之列，这就可以将欧洲殖民者也纳入"亚洲人"的范畴。浮田和民认为，如果像德富苏峰那样在外交政策上过于强调以日本为中心，"将引发在东洋保有利益的列强反对，同时招致东洋各国的抵抗"。他主张的"新新亚细亚主义"的目标，"非驱逐欧美人势力于亚细亚之外。代之以日本人而处理亚细亚，乃不愿亚细亚如非洲之为欧美列强所分割而已"。在对华政策上，浮田和民坚持日本是"东洋的保护者"，不应该对被保护者采取强硬态度，"尤宜先抛弃其以中国或数州置于日本势力范围之小政策……不特中国本部，即十八省以外之领土，亦当使之保全，向东洋全局面，宣布亚细亚孟禄主义之大义而实行之"。❶

北一辉的兄弟北昤吉也在1917年撰文对比了美国的"门罗主义"与日本的"大亚洲主义"。北昤吉指出，美国的"门罗主义"，既不是要打败欧洲势力，一统美洲，也不是针对欧洲文化，张扬一种独特的美洲文化，它从根本上是一种以美国的国家利益为中心的伪装的美国主义。相应地，"大亚洲主义"的意义并不在于发动黄种人打败白种人，不在于通过与亚洲的弱小国家合作阻止白种人的

---

❶ 参见浮田和民：「新亜細亜主義——東洋モンロー主義の新解釋」,『太陽』第24卷9号，1918年，第2—17頁。《东方杂志》曾刊发该文中译，参见［日］浮田和民：《新亚细亚主义——东洋孟禄主义之新解释》,《东方杂志》第15卷第11期（1918年11月）。

侵略，也不在于以东方文明的概念来对白种人进行文化战争，它的目标和"门罗主义"类似，旨在从亚洲消除西方压迫，建立起日本在亚洲的主导地位，以谋求日本的政治生存和日本文化的发展，因而"大亚洲主义"从本质上意味着"日本主义"。北呤吉强调，应该从日本的国家利益出发，以非常灵活的手段去消除白人对于日本的压迫，可以与某些亚洲国家结盟，但无须受制于某种想象的扶助亚洲弱国的义务；必要的时候与某些西方国家结盟，没有必要挑起黄白种争的情绪。❶ 我们可以看到，北呤吉的日本中心主义比德富苏峰表现得更为明显，但在实现日本利益的手段上，北呤吉又与浮田和民一样，担心黄白种争的言论引发日本与西方国家的冲突，主张采取更为灵活的姿态。

如果不理解"一战"期间"亚洲门罗主义"成为日本官方政策的倾向以及日本在华影响力的显著增长，我们就很难理解1919年中国爆发的五四运动。在1919年巴黎和会上，日本代表要求将"种族平等"写入国联盟约，成功地迫使威尔逊做出让步，同意将德国在山东的特权转交日本的约定。而对"门罗主义"做出让步的国联盟约第21条，也被日本代表团视为对日本特殊的区域利益的承认。❷ 巴黎和会对于中国山东问题的处置，在中国引起了愤怒。我们完全可以说，五四运动是对"一战"爆发以来日本"亚洲门罗主义"政策的回应，也表达了对美国威尔逊政府纵容日本"亚洲门罗主义"的不满。在强大的国内压力之下，北洋政府谈判代表并没有在《凡尔赛和约》上签字。

---

❶ 北呤吉：「誤解されたる亜細亜主義」,『東方時論』第2卷第7号，1917年，第8—10頁。

❷ Thomas W. Burkman, *Japan and the League of Nations: Empire and World Order, 1914-1938*, Honolulu: University of Hawaii Press, 2008, p. 79.

1920年初国际联盟成立,日本顺利获得了常任理事国的席位,也是亚洲唯一的国联理事国。当时梁启超抱怨,亚洲在国联理事会中并没有得到充分的代表,但"若说靠日本代表亚洲。此何异承认日本的'亚洲门罗主义'?就这一点,已足为世界战乱之媒"。❶ 与此同时,《凡尔赛和约》在美国国会表决遇到极大障碍。在1919年11月美国参议院就山东问题的处置提出异议时,《读卖新闻》发表了言辞激烈的评论,指责美国不尊重其他国家的自由,高唱自家的"门罗主义",在山东问题上又不尊重日本的"门罗主义"。❷ 对于日本舆论界而言,美国的回应是对从罗斯福到威尔逊一贯允许日本在东亚使用美国"门罗主义"先例这一实践的逆转。

日本的"亚洲门罗主义"很快受到西方列强的打击。1921—1922年的华盛顿会议以美、英、日、法《关于太平洋区域岛屿属地和领地的条约》(即《四国条约》)终结了英日同盟,并以《九国关于中国事件应适用各原则及政策之条约》(即《九国公约》)对山东问题进行了重新处理,日本被迫吐出多项军事与政治利益,列强对中国加强共同支配,抑制了日本对中国的"特殊利益"追求。在1924年,美国又通过了新移民法案,在当时被称为"排日法",在日本国内引发了愤怒情绪。日本外务省具有比较强的国际协调主义传统,然而在西方列强的不断刺激之下,日本军部的"亚洲门罗主义"倾向不断加强,日本外交中的路线斗争,在20年代愈益激烈。

日本军政精英仍继续在中国寻找新的突破口。1927年6月,日本内阁首相田中义一主持召开了针对"满蒙"地区治理的东方会议,制定了《对华政策要纲》,主张日本在"满蒙"尤其是东三省

---

❶ 《梁启超全集》,第3037页。

❷ Thomas W. Burkman, *Japan and the League of Nations: Empire and World Order, 1914-1938*, p. 101.

具有"特殊地位"——意在排除其他列强在本区域的势力。田中内阁计划在中国东北地区铺设五条主干铁路,通过经济手段控制"满蒙",而田中义一与"东北王"张作霖关系颇为密切。同时,田中义一也将目光投向了蒋介石。1929年9月,蒋介石在国民党内部激烈的党内斗争中失利,暂避风头,宣布"下野",前往日本寻求支持。时任日本陆军总参谋部第二部(情报部)部长的松井石根帮助蒋介石四处游说,介绍蒋介石谒见田中义一。获得田中义一的支持承诺之后,蒋介石重回南京,掌握国民政府。田中同时投资于中国南北两大势力,试图以此扩大日本在华利益。

然而,正如塞缪尔·亨廷顿指出的,由于日本国家意识形态的性质及其与封建传统的紧密联系,当时的日本军官集团军事职业精神微弱,表现出高度政治化的特征。❶日本的少壮派军官们希望看到立竿见影的效果,没有田中义一放长线钓大鱼的耐心。1928年5月3日,日军突然进攻济南,打死打伤中国军民数千人,此即"济南惨案";6月4日,在关东军高级参谋河本大作策划之下,张作霖在沈阳皇姑屯车站被炸死,其结果是张学良宣布"东北易帜",服从南京国民政府。田中义一通过"温水煮青蛙"的方式谋取"满蒙"的计划遭到挫败。

田中上奏日本天皇参劾河本大作,却遭到军部的指责。1929年7月2日,田中引咎辞职。随着田中的温和路线失势,少壮派军官的激进侵华路线走向前台,尤其到了1932年5月15日温和的犬养毅首相遭到军人刺杀之后,日本战前"政党内阁"走向终结,日本军人干政的形势更是一发不可收拾,军部的"亚洲门罗主义",加

---

❶ [美]塞缪尔·亨廷顿:《军人与国家:军政关系的理论与政治》,李晟译,北京:中国政法大学出版社2017年版,第114页。

速转化为日本政府的官方政策。

1928年8月美国、法国发起《凯洛格－白里安公约》(《巴黎非战公约》)，要求缔约各国废弃战争作为实行国家政策的工具。❶ 英国在签署这一条约的时候做出了一个保留：1928年5月19日英国外交部给美国驻英大使的照会中称，"世界上有一些区域，其福利与完整性，对于我国的和平与安全而言，构成一种特殊的和关键的利益"。主张在这些区域之内，英国可以行使自卫权。❷ 裕仁天皇的国际法教师、长期研究"门罗主义"的立作太郎在1928年12月发表评论，称英国政府的这一保留是"新门罗主义"："英国不承认在其拥有密切利益的势力范围内适用不战条约……美利坚合众国也基于其门罗主义，有宣称禁止不战条约适用于其战争地点的可能……故在发动自卫权以外的场合，由于美利坚合众国的门罗主义，英国声称有密切利益的势力范围的新门罗主义，不得不承认，将会有不战条约不能禁止的战争。"❸

立作太郎关注英美的"门罗主义"动向，其用意在于论证日本也有权对中国东北实现类似的"门罗主义"。但日本政府最终没有在这一点上提出保留，而是提出条约中"以各自人民的名义"的表述有违日本国体。❹ 不过，随着形势的进展，立作太郎的主张，在接下来的几年，迅速成为日本官方的标准主张。

---

❶ 王绳祖、何春超、吴世民编选：《国际关系史资料选编：17世纪中叶—1945》，第630页。

❷ [英]劳特派特修订：《奥本海国际法（下）：争端法、战争法、中立法》(第1分册)，第137页，注1。

❸ 立作太郎：「英国の新モンロー主義の宣言及不戦条約の実効」,『外交時報』第48卷第12号, 通巻第577号, 1928年12月15日, 第3页。

❹ 参见 [美]赫伯特·比克斯：《真相：裕仁天皇与侵华战争》，王丽萍、孙盛萍译，北京：新华出版社2004年版，第129—131页。

三 日式"门罗主义"的全面来临

如果说 1921—1922 年华盛顿会议抑制了日本的"门罗主义",1929—1933 年的世界经济危机则给日本带来了新的机会。时任枢密顾问官的石井菊次郎于 1930 年发表《外交余录》,重新大肆宣传"亚洲门罗主义",称日本在中国的特殊利益是永久的现实,无须其他国家承认。如果中国内部发生重大变乱,欧洲人和美国人可以随时打包走人,但是日本与中国相邻,必然会受到影响,因此日本需要采取措施,平息中国内部的变乱。❶ 而日本关东军作战参谋石原莞尔 1929 年 7 月到 1931 年 7 月在中国东北的"参谋旅行"途中即鼓吹代表东洋各民族的日本未来将与代表西方文明的美国进行"最后一战",为此,日本迫切需要将"满蒙"纳入日本领土,以加强战争准备,并为此制订了具体计划。❷ 在这一思路之下,1931 年,日本关东军在中国东北发动"九·一八"事变。然而石原莞尔将中国东三省直接纳入日本领土的主张并未获得日本陆军部的采纳。1932 年 3 月 1 日伪满洲国成立,溥仪出任傀儡"执政"。

如果说北一辉曾经试图通过支持中国的革命派改造中国,反过来推动对日本的改造,20 世纪 30 年代日本的"亚洲门罗主义者"中,也有人试图通过以伪满洲国为试验田,反过来推动日本国内秩

---

❶ 石井菊次郎:『外交余録』,岩波書店,1930 年,第 132—163 页。
❷ 章伯锋、庄建平主编:《抗日战争》(第 1 卷)("中国近代史资料丛刊"),成都:四川大学出版社 1997 年版,第 94—95 页。吉林省政协文史资料委员会编:《"九·一八"事变资料汇编》,长春:吉林文史出版社 1991 年版,第 109—110 页。[日]水野明:《石原莞尔在满洲事变前的谋略》,《铁血沉思:纪念"九·一八"事变六十周年史料专辑》(《沈阳文史资料》第 18 辑),政协沈阳市委员会文史资料研究委员会办公室 1991 年版,第 165—173 页。

序的改造。《满洲评论》的主编橘朴赞同冈仓天心的"亚洲一体"思想,试图以关东军和满铁联合建立的"自治指导部"为依托,影响伪满洲国秩序的建构。他主张"作为自治的王道",期待在中国东北扶植一个各民族联合的非资本主义的"分权性自治国家",以家族、部落、帮会、农会、各种互助团体的自治为基础,在村镇、县、省、国等几个不同的层级建构分级自治体系。

橘朴更是将"九·一八"事变视为具有"亚洲解放"意义的事件,它导向以东北四省为版图的所谓"建国",而这对日本国内秩序的变革会有一定的推动力:"……间接抱有的意图是期待祖国的改造,使勤劳大众从资本主义政党的独裁及榨取下解放出来。如此,才能真正获得亚洲解放的原动力,诱发建设理想国家的力量。"❶ 然而,众所周知,伪满洲国傀儡政权"建设"的展开,其实质是日本在中国的殖民统治,关东军始终占据着支配地位,而所有关于"自治"的论述,在实际历史过程中起到的,不过是政治幌子的作用罢了。

在1932年1月3日日军占领锦州之后,美国国务卿史汀生于1月7日照会中日两国政府,称凡违反条约(指1922年华盛顿会议签署的《关于中国事件应适用各原则及政策之条约》与1928年签订的《巴黎非战公约》)而订立之条约与协定,及由此造成之事实上之局面,损害美国条约上之权利,包括中国之主权独立或领土与行政完整以及开放门户政策者,美国政府皆不能承认。这就是所谓史汀生"不承认主义"。1月14日,美国国务院远东司司长斯坦利·亨培克(Stanley Hornbeck)写信给史汀生,进一步指责日本推行"日本门罗主义":"近二十年来,日本政治家和作家一直在谈论

---

❶ [日]野村浩一:《近代日本的中国认识:走向亚洲的航踪》,第262—263页。

一种'为了亚洲的日本门罗主义'。几年前,他们致力于将日本与中国的关系比作美国与墨西哥的关系。最近,他们坚持认为日本与满洲的关系实质上相当于美国与加勒比海弱国之间的关系。他们没少说这样的话:'南满铁路是我们的巴拿马运河。'在过去的几个星期里,他们将他们在满洲的行动比作美国在尼加拉瓜的行动。"❶

1932年9月的《时代周刊》(Time)也报道了日本众议院议员森恪关于日本奉行"远东门罗主义"(Far Eastern Monroe Doctrine)的国策的讲话,并注意到,日本陆军大臣称东亚各国受到白人的压迫,美国虽然公开主张公义和人道,但对于古巴、巴拿马、尼加拉瓜和其他拉美国家的政策却与自身的修辞相违背;日本高官们在主张日本应当保护亚洲时,不时将这一想法追溯到美国的西奥多·罗斯福总统。❷

1932年1月21日,国联行政院(理事会)在中国的要求之下,成立了以英国人李顿侯爵(Rufus Daniel Isaacs, 1st Marquess of Reading)为团长的调查团,并于9月4日完成调查报告书,10月2日公开发表。报告书认为中国对东北享有主权(sovereignty),"九·一八"事变是日本侵华行为,伪满洲国没有正当性,但同时承认日本在中国东北有"特殊利益"。而针对国联派出的李顿调查团和美国的史汀生"不承认主义",日方都以"维持亚洲的和平"为名,强调有权排除他国的支配。❸

针对李顿报告书,日本国际法学家松原一雄试图从法理上为日

---

❶ Stanley Hornbeck memorandum, January 14, 1932, "Manchuria?⋯ for Asia, "in Justus D. Doenecke ed., *The Diplomacy of Frustration: The Manchurian Crisis of 1931-1933 as Revealed in the Papers of Stanley K. Hornbeck*, Palo Alto, CA: Hoover Institution Press, 1981, p. 127.

❷ "Japan: Fissiparous Tendencies, "*Time*, September 5, 1932.

❸ 徐公肃:《所谓亚洲门罗主义》,《外交评论》1932年第2期。

本的侵略活动寻找根据。而他找到的是西奥多·罗斯福对于日本在亚洲实行"门罗主义"的首肯。松原一雄称,"日本门罗主义"是罗斯福为日本量身定制的指导原理,其核心在于,"日本作为亚洲各民族的领导者、保护者有义务除掉欧洲诸国对亚洲的蚕食"。而所谓亚洲诸民族,其范围包含了从苏伊士运河到堪察加半岛的整个亚洲大陆,排除印度、安南、菲律宾群岛、中国香港等其他受欧洲殖民统治的区域。日本既然有"门罗主义"加持,美国对日本在东亚行动的干涉,就有违罗斯福总统所确立的原则。❶

日本著名的美国研究专家、曾经师从美国边疆学派领军人物特纳(Frederic J. Turner)的高木八尺,更是试图在美国的"门罗主义"与日本的扩张政策之间建立起类比关系。他将日本在中国东北的扩张比作美国向佛罗里达、得克萨斯、加利福尼亚、古巴和夏威夷的扩张,而日本用兵中国东北的理由也类似于美国用兵于加勒比地区的理由。高木八尺称在地球上所有的民族中,美国人也许是最早能够理解日本的位置,甚至欣赏日本民众对于满洲的心理的,他质疑美国在美洲推行"门罗主义",却在亚洲推行"门户开放"政策的内在一致性,并建议召集一个国际会议来讨论如何界定"门罗主义"的问题。❷ 类似地,外交政策评论家稻原胜治在1932年的一篇评论中抱怨,美国实行双重标准,在美洲搞闭门政策,却在远东推行"门户开放"政策。如果要推行真正的公平,日本就可以推行作为闭门政策的"亚洲门罗主义",同时在中美洲和南美洲推行"门

---

❶ 松原一雄:「リットン報告と日本モンロー主義」,『東亜』第5卷第11号,1932年,第7頁。

❷ Yasaka Takagi, "World Peace Machinery and the Asia Monroe Doctrine," *Pacific Affairs* 5, No.11, 1932. See also George Blaustein, *Nightmare Envy and Other Stories: American Culture and European Reconstruction*, Oxford: Oxford University Press, 2018, pp. 63-64.

户开放"政策。❶

1933年1月21日,日本外务大臣内田康哉在国会发表演讲,认为《国际联盟盟约》第21条对于类似门罗主义的"区域谅解"(regional understanding,内田译为"地方的了解")的规定,也适用于当下日本与国联的纠纷。❷ 从2月21日开始,国联大会讨论19国委员会起草的报告草案,日本代表松冈洋右强烈反对国联干预,反复强调当下事态的区域特殊性,并这样质疑国联对于中国东北的"共管"方案:"美国人民会同意对于巴拿马运河的这种控制吗?英国人民会允许这在埃及身上发生吗?"❸ 然而2月24日,国联大会通过了19国委员会报告草案,仅日本一国反对。1933年3月27日,日本悍然退出国联。1934年12月29日,日本又退出《华盛顿海军条约》和《伦敦海军条约》,去除了凡尔赛—华盛顿体系对于日本海军力量的限制。1937年10月6日,国联大会通过远东咨询委员会的报告,称日本的行动违反了《巴黎非战公约》,而且不能以"自卫"为抗辩理由,否定日本在中国东北主张"门罗主义"。❹ 但这一决议已经不可能对日本产生实际约束力了。

到了1933年,日本国内的"亚洲门罗主义"氛围已经非常浓厚。东京大学法学教授、立作太郎教席的继承者横田喜三郎从三个方面对日本国内流行的"东洋门罗主义"进行概括:第一,"日本于亚洲,得主张特殊权益,又特于邻国之中国,应有其特殊权益";第

---

❶ 此文在1938年单独出版,Katsuji Inahara, *Japan's Continental Policy*, Tokyo: Foreign Affairs Association of Japan, 1938, p. 32。

❷ 内田康哉:「第六十四回帝国議会ニ於ケル内田外務大臣演説」,外務省,1933年,第9頁。

❸ Japanese Delegation to the League of Nations, *Japan's Case in the Sino-Japanese Dispute as Presented Before the Special Session of the Assembly of the League of Nations*, Geneva, 1933, p. 60.

❹ [英]劳特派特修订:《奥本海国际法(下):争端法、战争法、中立法》(第1分册),第137页,注2。

二,"关于亚洲之问题,尤以关于纷争者,必应排斥欧美之干涉";第三,"欧美支配下之亚洲领土应求解放,而使其民族独立,进而则亚洲之诸民族相结合,由日本为盟主,以与欧美相抗衡焉"。这一概括引起中国方面注意并被翻译为中文。❶ 在告别"一战"后的凡尔赛—华盛顿体系之后,日本加速奔向创建自己主导的区域秩序。

针对日本的"亚洲门罗主义"论述,美国国务院远东司的兼职顾问、克拉克大学教授乔治·布雷克斯利(George Hubbard Blakeslee)于1933年在《外交事务》(Foreign Affairs)上撰文《日本的"门罗主义"》(The Japan's Monroe Doctrine)予以驳斥。布雷克斯利指出,日本相比于亚洲规模很小,而美国在其南部的邻居面前是庞然大物,因此,美国对美洲所采取的政策是自然的,而日本对亚洲采取类似政策却是不自然的——这一主张几乎是一种基于"强者的权力"的论述。布雷克斯利进一步认为,至于日本在满洲扩张所诉诸的生存权、生命线、政治扩张的原则,完全是日本人自己的发明。美国根本没有必要运用武力强迫加勒比海的共和国对美国资本打开国门,这些国家对美国的门户开放是自愿的。美国舆论界也没有主张改变加勒比地区的现状,使之符合美国的经济与政治利益,而日本舆论界对于满洲的讨论却完全围绕着日本利益而展开。布雷克斯利指出的最后一个不同是,许多其他列强也在中国和远东的其他一些地方拥有特权,但没有任何列强对加勒比地区有类似的主张。❷

布雷克斯利所呈现的,当然是一个大大美化了的美国"门罗主义"形象,体现了美国在势力范围问题上的"双重标准"。但从中

---

❶ 横田喜三郎:「アジア・モンロー主義批判」,『中央公論』1933年7月,第92—104页。中文译文见[日]横田喜三郎:《亚洲门罗主义之批评》,王明章译,《外交月报》1933年第3卷第2期。

❷ George H. Blackslee, "The Japanese Monroe Doctrine," Foreign Affairs, 11 (July 1933).

我们可以看到，日本诉诸美国"门罗主义"先例曾经给美国的外交官员们带来了多大的压力。1936年，美国国务院远东司司长斯坦利·亨培克还出手推迟了1917年美日签订的《蓝辛－石井协定》文本的正式出版，以防止为日本的"亚洲门罗主义"主张火上浇油；实际上协定的正式内容，在美国报界早就已经不是秘密。❶

面临日本的步步紧逼，南京国民政府加强了与欧美国家的经济与技术联系。1933年6月，六十六国在伦敦召开世界经济会议。南京国民政府派宋子文作为代表参加。宋子文在大会上演讲称："……吾人不愿采取亚细亚门罗主义，吾人且将反对国家与地方之孤立……吾人欢迎西方之技术与资本，并愿维持不阻止外货入境之理财政策。"❷ 1933年5月底，中美双方达成《棉麦贷款合同》，美国方面承诺向南京国民政府发放5000万美元的棉麦物资借贷；7月3日，国联理事会决议成立国联与中国技术合作委员会（Committee of the Council for Collaboration between the League of Nations and China）❸；国民政府也加强了与德国和意大利的关系，分别于1933年与1934年将双边关系从公使级升为大使级。1933年7月12日宋子文在访意时还直接批评了日本的侵华政策与统治世界的野心。

针对中国与国联及欧美各国的经济与技术合作，1934年1月23日，日本外相广田弘毅在议会发表关于外交方针的演讲，反对英美在华势力的扩张，并主张推行"亚细亚门罗主义"。4月17日，

---

❶ John R. Murnane, "Japan's Monroe Doctrine? Re-Framing the Story of Pearl Harbor," *The History Teacher*, Vol. 40, No. 4 (August 2007), p. 514.

❷ 《申报》1933年6月16日；参见秦邦宪：《为粉碎敌人的五次"围剿"与争取独立自由的苏维埃中国而斗争》，《建党以来重要文献选编（一九二一——一九四九）》（第10册），北京：中央文献出版社2011年版，第369页。

❸ 张力：《顾维钧与20世纪30年代中国和国联的技术合作》，金光耀主编：《顾维钧与中国外交》，上海：上海古籍出版社2001年版，第220—236页。

日本外务省情报部长天羽英二发表声明，称"中国如果利用他国排斥日本，或竟用违反东亚和平之手段，或用以夷制夷之对外政策，在日本不得已惟有加以排击"；而各国因顾虑"满洲事变""上海事变"所造成的局面而对华采取共同行动，"纵令其名目为财政的援助或技术的援助，要之，其在中国必然的含有政治意味"，可能会带来划分势力范围、共管乃至瓜分的结局，影响东亚和平。❶

这些修辞在多方面模仿了美国的"门罗主义"表述，将中国视为日本的专属势力范围❷，其背后有着非常紧迫的利益考量。在1929—1933年世界经济危机之后，美国与欧洲列强纷纷建立排他性的贸易集团，对外建立贸易壁垒，减少进口产品所带来的竞争。面对这样的贸易壁垒，日本的轻工业产品出口出现巨幅下降，经济压力很快转化为社会稳定压力，而西方国家带有种族主义色彩的移民法，阻止了日本贫民通过移民来谋生。在这一背景下，中国对于日本解决自身经济社会危机的重要性，就大大增加了——中国可以为日本提供原材料和商品倾销市场，并为接收日本移民提供空间。在这一背景下，西方列强在华影响力的增长，无疑对日本的筹划是非常不利的。

在中日两国围绕着东北、国联等问题反复交涉之时，中国舆论界对于"日本门罗主义""亚洲门罗主义"也有了不少讨论和驳斥。

---

❶ 龚古今、悝修编：《第一次世界大战以来帝国主义侵华文件选辑》，北京：生活·读书·新知三联书店1958年版，第171页。

❷《天羽声明》发表之后，《大公报》撰写社评《日本外务省之声明》（《大公报·社评》1934年4月20日），剖析日本的用意在于："就积极的言，最好中国在政治上经济上俱安受日本所谓东亚门罗主义之支配……消极的言，至少亦须做到国际不能大规模援助中国增加军事力量，以为对日报复之用。前述声明，乃其消极的决心之表示，至积极方面，日本亦知不易达，今方露其端倪，欲试作初步之进行也。"社评同时指出，"日本此次，方仅赖一片之高压的声明，以临中国，以吓世界，则将来东亚和平之可能的大破坏，中国实丝毫不负其责"。

1932年11月《大公报》发表社论称:"九·一八以来,最支配一般日本人思想者,为所谓东洋门罗主义。……东洋门罗主义者,简言之,为反对欧美势力干涉远东之一种运动。……依现状解释,日本所谓门罗主义,即征服中国主义,其意义为在其进行征服中国期间,反对欧美任何势力之干涉。"❶ 1934年12月15日,著名报人杜重远在《新生》周刊第1卷第45期发表《大亚细亚主义》一文,指出日本的"大亚细亚主义"就是亚洲的"门罗主义",是以日本为中心的、征服吞灭其他国家的主义,与过去德帝国主义唱的"大日耳曼主义"没有两样。杜重远又指出,日本的这种主义是从"帝国主义的先进国美国"那里抄来的,和美国人嚷的"美洲是美国人的美洲"类似,目的是独自侵霸亚洲。❷ 方济生1937年出版的《大亚洲主义之研究》批判"大亚洲主义"是"一种亚洲门罗主义,是日帝国主义的夸大狂,是要给九州三岛的日皇一个亚洲的王冠"。❸ 1935年,甚至连上海出版的《小学生》杂志都刊登寓言《小狐狸的门罗主义》《山羊的门罗主义》来探讨东亚的国际局势。❹ 有关"门罗主义"的讨论能够在小学教育刊物上出现,这充分表明日本的"亚洲门罗主义"在中国舆论界引发了多大的警觉。

1937年"七七事变"爆发以后,日本侵略军遭到中国军民的坚

---

❶ 《日本所谓东洋门罗主义》,《大公报·社评》1932年11月30日。
❷ 杜重远:《大亚细亚主义》,《新生》周刊1934年第1卷第45期。
❸ 方济生:《大亚细亚主义之研究》,北京:新亚洲书局东方问题研究会第一支部1937年版,第4页。
❹ 在这两则寓言里,日本的形象是狐狸,打着与山羊家族联合反抗金钱豹、老虎的旗号,欺骗昏庸颟顸的老山羊,赶走了警觉的小山羊,最后占据了山羊家族的房子,吃掉了山羊公公和山羊婆婆。这就是"狐狸的门罗主义"(《小狐狸的门罗主义》,上海《小学生》1935年第5卷第5期)。而逃出去的小山羊与山谷中的鸡鸭鹅猪等动物联合,打败了狐狸,确立弱者联合的门罗主义,禁止狐狸踏足山谷,这就是"小山羊的门罗主义"(《山羊的门罗主义》,上海《小学生》1935年第5卷第6期)。

决抵抗，日方在短期之内征服中国的幻想（其最为极端的版本是陆军大臣杉山元"一个月内解决中国事变"的叫嚣）破灭。在这一背景下，日本推出所谓的"东亚新秩序"论述，试图分化中国的抗日力量。近卫文麿内阁在1938年1月16日、11月3日、12月22日分别发表对华声明。其11月3日声明称："此种新秩序的建设，应以日满华三国合作，在政治、经济、文化等各方面建立连环互助的关系为根本，希望在东亚确立国际正义，实现共同防共，创造新文化，实现经济的结合。"希望国民政府抛弃"抗日容共政策"，与日本合作，同时希望英美等国"适应东亚的新形势"。❶

在此，近卫文麿将其父亲近卫笃麿所奉行的"亚洲门罗主义"，推进到了非常具体的政策层面。在12月22日声明中，近卫明确提出"善邻友好、积极防共、经济合作"三原则，特别强调"……在东亚之天地，不容有'共产国际'的势力存在"，这就更清晰地表明共产党为其"亚洲门罗主义"所排除的对象。❷ 12月29日，汪精卫即发出"艳电"，呼应近卫声明。1940年3月日本军国主义势力在南京扶植了汪精卫傀儡政权。而早在1938年12月16日，日本政府已经设立"兴亚院"，统管日本占领区各个傀儡政权，并协调日本政府对华政策。

1938年前后，日本陆军省军务局军事科中佐岩畔豪雄与参谋本部第二部第二科少佐堀场一雄在两人共同起草的《国防国策案》中提出了"东亚共荣圈"的概念。1940年7月26日，近卫文麿内阁发布《基本国策纲要》，提出建设"以日本皇国为核心、以日满华牢固结合为主干的大东亚新秩序"，"确立包括整个大东亚的经济协

---

❶ 龚古今、恽修编：《第一次世界大战以来帝国主义侵华文件选辑》，第183—184页。
❷ 同上书，第184页。

同圈"。8月1日,日本外相松冈洋右又提出"大东亚共荣圈"的表述,还进一步质问,如果美国可以依赖"门罗主义"来保持自身在西半球的主导地位,从而维系美国经济的稳定和繁荣,为何日本不能用一种"亚洲门罗主义"在亚洲做同样的事情?❶ 日本军国主义者鼓吹弘扬所谓"王道"精神,宣传要将亚洲从西方殖民者的控制中"解放"出来,建立一个日本主导下的区域秩序。近卫文麿内阁划定的所谓"大东亚共荣圈"的范围,北至西伯利亚东部,南至南太平洋,西至英属印度。

1940年4月,纳粹德国在欧洲发动"闪电战",迅速征服丹麦和挪威,在5月又发动对荷兰、比利时、卢森堡与法国的攻势。日本开始担心被德国征服的欧洲国家在东南亚的殖民地归属问题接下来可能会引发列强之间的争端,于是在1940年4—5月向一系列欧美国家发布照会,希望维持荷属东印度群岛与法属印度支那半岛原状,而这实际上类似于美国在19世纪"门罗主义"解释中出现的关于美洲领土"不得转让"给欧洲列强的表述,只不过日本担心的是东南亚的荷属与法属殖民地落入英美之手。

1940年7月6日,美国罗斯福总统的新闻秘书斯提芬·厄尔利(Stephen Early)突然代表总统发表宣言,称美国并不准备出兵参战,"美国政府愿意看到并且认为应当以类似于将门罗主义运用到西半球的方式,将其运用到欧洲与亚洲(The government of the United States wants to see, and thinks that there should be, an application of the Monroe Doctrine in Europe and Asia similar to its interpretation and application of the Monroe Doctrine for this hemisphere)",欧洲战败国在

---

❶ Kimitada Miwa, "Japanese Images of War with the United States, " in Akira Iriye, ed., *Mutual Images: Essays in American-Japanese Relations*, Cambridge, MA: Harvard University Press, 1975, p. 133.

美洲与亚洲的殖民地可以由区域内的国家共同协商处理。❶ 这一宣言引发了日方的狂喜。国务卿赫尔（Cordell Hull）赶紧出来灭火，在7月8日发布声明称世界上有些地方歪解"门罗主义"，但"门罗主义"只是一项集体防卫政策，并不意味着美国霸权，与这些地方实施的军事占领和完全的经济和政治控制更是两回事。❷ 而厄尔利也做出补救，称其他半球并不存在真正的"门罗主义"的迹象和证据。❸ 日本政府试图与美国政府就互相尊重彼此的"门罗主义"范围达成谅解的企图，未能得逞。

1940年6月22日，法国政府向纳粹德国政府投降。9月22日，日军在法国维希傀儡政府控制的印度支那当局同意之下进驻印度支那北部，维希政府承认日本是法属印度支那的"协同保护国"。1940年9月27日，德、意、日三国签订军事协定，规定日本承认并尊重德、意在建立欧洲新秩序中的领导地位，德、意承认并尊重日本在建立"大东亚新秩序"中的领导地位。❹ 日本在一定程度上摆脱了从"九·一八"事变以来在国际上的孤立地位。1940年11月30日，汪伪政府行政院院长汪精卫、日本驻汪伪政府"大使"阿部信行和伪满洲国参议长臧式毅签订《日满华共同宣言》❺，日本政府所设想的"大东亚共荣圈"，看起来已具备雏形。

近卫文麿内阁一面加强与德意的结盟，另一方面又不甘心完全放弃与英美的协调关系，于是在接下来的一年仍与美国展开断断续

---

❶ 转引自 Gerald K. Haines, "American Myopia and the Japanese Monroe Doctrine, 1931-41," *Prologue* 13 (Summer 1981), p. 113。

❷ Francis O. Wilcox, "The Monroe Doctrine and World War II," *The American Political Science Review*, Vol. 36, No. 3 (June 1942), p. 452.

❸ Division of American Republics, *Memorandum*, July 8, 1940, DS 710.11/2527, RG59, NA.

❹ 龚古今、恽修编：《第一次世界大战以来帝国主义侵华文件选辑》，第229页。

❺ 同上书，第239页。

续的谈判，希望美国能够承认日式"门罗主义"划定的势力范围，双方互不侵犯。然而，美国政府坚持认为，美国的"门罗主义"与日本的"门罗主义"并没有共同之处——前者随着罗斯福政府"睦邻政策"的推进，已经变成一种多边主义，得到了美洲各共和国的赞同，而后者则是借助武力向区域内其他国家和民族强加自己的意志。这一表态当然忽略了美国国务院持续不断的对于美国单边行动权利的重申。❶

美国在保持"中立"期间，一边援蒋抗日，一边根据1911年订立的《美日通商航海条约》，不断向日本出售石油、钢铁等有助于日本侵略战争的物资，两面赚钱。然而日本对于东南亚与太平洋区域的野心，已经对美国在亚洲的利益构成严重威胁。1941年7月26日，罗斯福总统颁布行政命令冻结日本在美资产，随即对日本实施石油禁运。由于日本石油大部分依赖美国供给，美国政府此举对日本的战争能力构成沉重打击。1941年12月7日，日军突袭珍珠港，太平洋战争爆发。日军迅速进军东南亚，将"大东亚共荣圈"从纸上的计划变成真实的殖民征服现状。1942年11月1日，日本中央政府设置了"大东亚省"，原殖民统治机构"兴亚院"并入这一新机构。

根据1942年12月21日日本御前会议对华政策的新安排，南京汪伪政权"中央政治委员会"临时会议于1943年1月9日通过向英美宣战案，发表《宣战布告》，称"乃英美等国仍沿用其百年以来分裂东亚之政策，且变本加厉，竟勾引渝方分子，参加所谓英美战线，出兵缅印，以东亚人残杀东亚人"，汪伪政权宣布"当悉

---

❶ Gerald K. Haines, "American Myopia and the Japanese Monroe Doctrine, 1931-41," *Prologue* 13 (Summer 1981), p. 103.

其全力,与友邦日本协力,一扫英美之残暴,以谋中国之复兴,东亚之解放,满泰两国,夙敦友好,对于东亚共荣,尤具同心,今后当益谋提携,以期共同建设以道义为基础之东亚新秩序",并将对英美宣战与"实现国父大亚洲主义"关联在一起。❶ 这可以说是全面复制了日本政府的"大亚洲主义"话语。日本政府还从形式上向汪伪政府交还日租界,废除治外法权,并迫使法国维希政权向汪伪政权交还法租界并废除治外法权。

那么,转向全面对抗英美的日本军国主义,又如何解释19世纪以来的日本扩张史呢? 1943年,大川周明发表《大东亚秩序》,提供了走向全面侵略的"亚洲门罗主义"历史叙事的一个话语样本。大川周明称,日本比亚细亚各国更早觉醒,为了亚细亚付出了很多的牺牲,因此拥有"大东亚共荣圈"的指导权。他回顾了历史上数次日本对中国的战争,将1894—1895年的日清战争(甲午战争)解释为日本对于欧罗巴侵略东亚的第一次反击,原因是,当时的清政府已经成为欧罗巴的傀儡,不仅将本国的权益卖给欧洲列强,而且将欧洲列强引入朝鲜。大川周明将日俄战争解释为日本对于欧罗巴侵略东亚做出的第二次反击,认为它给白人压迫下的亚洲各国带来了勇气和希望。

而发动"九·一八"事变到建立伪满洲国的历程,在大川周明看来,其意义在于抛弃与压迫亚洲的英美的相互协调、转向"兴亚"的伟业。而中国的抗战,则是中国人受到英美挑拨和支持、不理解日本的兴亚苦心的结果。大川周明论证,日本对中国的战争,从根本上是为了"支那的革新",最终与"革新"后的中国携手,

---

❶《汪伪政府对英美宣战文》,南京大学马列主义教研室《汪精卫问题研究组》选编:《汪精卫集团卖国投敌批判资料选编》,南京:南京大学学报编辑部1981年发行,第282页。

实现"亚细亚的复兴"。❶ 值得一提的是,"二战"结束之后,大川周明是远东国际军事法庭甲级战犯嫌疑犯中唯一的民间人士,因患精神疾病才免于被起诉。

那么,所谓"大东亚共荣圈",其内部同质性的确立,究竟基于何种政治与伦理原则呢?各种关于"道"的论述应运而生。井上哲次郎在1939年出版的《东洋文化与支那的将来》中鼓吹以日本之"道"来取代国民党政府奉行的三民主义,他称日本之"道"继承了中国文化,但又加以日本精神磨炼而成,最终高于中国文化。井上哲次郎并没有直接用"皇道"字样,但其论述却在实质上指向以天皇制"国体"为核心的"皇道"。

1942年,桑原玉市《大东亚皇化的理念》则直接喊出"皇道"的口号,将正在进行的"大东亚战争"称为一场将亚洲各民族从"支那精神"或"欧美精神"中解放出来的"皇化"运动。日本天皇不仅是政治与法律上的主权者,根据神道教,他还是神的子孙,对其不仅要服从,而且要信仰。而这些论述都不仅仅是宣传的建议。❷ 溥仪担任伪满洲国"执政"时,日方要求其设立"建国神庙",供奉天照大神并加以敬拜。日军还在南京建造了"神社",并胁迫汪伪政权派出军政大员与各界民众的"代表"参加所谓"慰灵祭"。这一切都是在"亚洲门罗主义"的势力范围内推行"皇道化"的具体实践。

在日本政府扶植伪满洲国与汪伪政权之后,还面临着一个问题:如何为日本与伪满洲国以及汪伪政权之间的关系提供一套国际法论述?从"亚洲门罗主义"到"大东亚共荣圈",日本政治精英

---

❶ 参见大川周明:『大東亜秩序建設』,第一書房,1943年。
❷ 参见王向远:《日本对中国的文化侵略》,第117—124页。

们不断完善以美国"门罗主义"为原型的政治话语，同时也试图改造既有的国际法规则，打造一套为"大东亚共荣圈"提供正当性的"大东亚国际法"。而卡尔·施米特的"大空间秩序理论"（日译为"广域秩序论"）为日本国际法学家的话语建构提供了灵感。考虑到施米特在1939年的国际法论述中表现出来的以日本的"亚洲门罗主义"为盟友的姿态，其理论对于日本国际法学家的吸引力可想而知。安井郁（东京大学教授）、松下正寿（立教大学教授）、田畑茂二郎（京都大学副教授）等日本学者细致考察了美国的"门罗主义"和施米特的"大空间理论"❶，进而将其与日本自身的亚细亚主义相结合。施米特对于普遍主义国际法学的犀利批评，以及对于介于全球秩序与民族国家之间的区域性的"大空间"概念的开掘，恰恰可以满足日本建构"大东亚共荣圈"的实践需要。❷

施米特着重强调"大空间"对于外部干涉的排斥以及"大空间"内部主导民族的作用，但对于"大空间"内部的制度构成讨论较少，为日本国际法学者提供了理论发展的空间。田畑茂二郎认为"东亚国际法"需要超越近代国际法中的"国家绝对平等原则"："近代国际法的根本法理念不适用于东亚共荣圈诸国，今后也不应遵循这样的理念去理解、构建共荣圈诸国之间的法关系。共荣圈诸国的法关系，已经超出近代国际法预设的范畴。其形成不单纯

---

❶ 日本国际法学界在"二战"期间曾有发行十二卷《大东亚国际法丛书》的计划，最终发行了四卷，其中的两卷是：松下正寿『米洲広域国際法の基礎理念』，有斐閣，1942年；安井郁『欧洲広域国際法の基礎理念』，有斐閣，1942年。参见明石欽司：「『大東亜国際法』理論－日本における近代国際法受容の帰結」，『法学研究』82卷1号，2009年，第261—292页。汉语学界对于日本"广域国际法"的翻译和介绍，参见魏磊杰主编：《国际法秩序：亚洲视野》，北京：当代世界出版社2020年版，第67—159页。

❷ 田畑茂二郎：「ナチス国際法学の転開とその問題史の考察」，『外交時報』第107卷第1号，通卷926号，1943年7月1日，第5—17页。

仰赖和客观价值无关的、当事国之自由意思的一致。共荣圈诸国的法关系，应基于诸国对自身命运休戚与共的充分认知，基于共通的道义意识，即实现大东亚共同宣言开头所示的万邦共荣这一远大理想。"❶ 所谓的"共荣圈"并非各个平等国家依照自由意志基于条约的结合，而是"超越自由意志的命运的结合"，"作为共荣圈一分子的诸国不可能任意脱离共荣圈"。❷

松下正寿更具体地指出："共荣圈的内部构成原则并非是以往国际法中平等国家的形式集合，而是不平等国家的有机结合，因此，法律上应当有各个不同的阶层。其中位于最上层、担负维持共荣圈一切责任的国家，就是主导国。所以，我将主导国定义为：不仅要完全自主行使国际法上的权利、履行义务，同时当共荣圈内的国家无法完全行使国际法上的权利、履行义务时，要替其做出法律行为。"❸ 这里的"主导国"，就是施米特 Reich 概念的日本对应概念。松下正寿的论述表明，"共荣圈"内部秩序是不平等的，日本作为主导国具有支配地位，而伪满洲国、汪伪政权等将按照所谓"有机体"的原则，接受日本的支配。同时，承袭施米特的分析框架，松下正寿明确地把国际法划分为"圈内法"与"圈际法"，前者适用于"共荣圈"或"广域"之内，后者则调整"共荣圈"或"广域"之间的关系。❹

当然，随着日本的战败，日本国际法学家改造近代国际法的努力，也就戛然而止。从施米特"大空间"理论到日本"广域国际法"的发展，是"门罗主义"全球传播史上一个不容忽视的片段。

---

❶ 田畑茂二郎：「東亜共栄圏国際法への道」，『外交評論』23 卷 1 号，1943 年，第 14 頁。
❷ 松下正壽：『大東亜国際法の諸問題』，日本法理研究会，1942 年，第 25—26 頁。
❸ 松下正壽：『大東亜国際法の諸問題』，第 43—44 頁。
❹ 参见松下正壽：『大東亜国際法の諸問題』，第 45—50 頁。

与德国类似，日本也将其模仿的美国"门罗主义"限定在威尔逊主义之前的形态，以区域自主的名义排斥英美的干涉，进而加强对区域内部其他国家与民族的控制。在其鼎盛时期，日本的军国主义者也没有像德意志第二帝国的皇帝威廉二世那样寻求在全球范围达成与海洋霸权的势力均衡，而只是满足于对本区域的征服和支配。但即便是这样一个看起来有限的帝国扩张规划，也已经给本区域造成了极其深重的灾难。

四　余　论

本章所讲述的"门罗主义"话语在日本传播与演化的故事，是一个帝国主义秩序中的后来者寻求与既得利益者平起平坐的故事。在19世纪70年代，美国外交官李仙得向日本传播了"门罗主义"的话语和实践，到了19世纪末，"门罗主义"话语与"亚洲主义"话语结合了起来。从日俄战争到1917年的《蓝辛－石井协定》，美国政府为了在东亚与欧洲列强竞争，纵容乃至鼓励了日本运用"门罗主义"作为参照，来处理其与亚洲邻国之间的关系，以至于最后"养狼自噬"。试图让日本的"亚洲门罗主义"仅仅将矛头对准欧洲列强是不可能的。从19世纪末开始，"亚洲主义"与"门罗主义"在日本的结合版本，就已经大谈"黄白种争"，大谈日本应作为亚洲领袖，将亚洲从西方的殖民统治中解放出来。欧美列强在亚洲的步步紧逼，欧美各国内部种族主义势力对于亚洲移民的排斥，使得"亚洲主义"反抗欧美列强的修辞获得了一定的感召力，日式"门罗主义"话语在中国文化—政治精英中一度赢得了一定程度的认同。

然而这种"抵抗性"修辞是暧昧的，它与日本的外交政策长期是两张皮。从1902年开始，日本与英国缔结同盟关系，这一同盟关系持续到1921年12月13日华盛顿会议签订《关于太平洋区域岛屿属地和领地的条约》(即《四国条约》)为止，在条约存续期间，日本曾协助英国镇压驻新加坡印度裔士兵的起义，而英国也支持日本加强对朝鲜的殖民统治；被日本的"亚洲主义者"吹嘘为"黄种人打败白种人"的日俄战争，其背后实际上是欧美列强内部的矛盾，英美支持日本与俄国相对抗；在"一战"期间，日本国内的"亚洲门罗主义"话语甚嚣尘上，但日本的实际政策却是与欧美列强签订秘密条约，通过利益交换，寻求后者承认其在中国山东的利权。将"黄白种争""亚洲人是亚洲人的亚洲"等修辞与日本和欧美列强之间的种种同谋与协调关系摆在一起，只会让人感到强烈的反差。

不过，这种暧昧性有着政治上的原因。长期以来，由于欧美列强的强势，日本的外交当局采取与前者相协调的外交路线，"亚洲门罗主义者"中对西方持激烈批评态度的人，在很多时候反而会被视为过于激进的麻烦制造者，被排除在核心决策圈之外。像大隈重信这样的决策层精英把英日同盟放在优先位置，只是选择性地借用了一些"亚洲主义"话语，为日俄战争和在中国建立势力范围做论证。然而，在"一战"结束之后，随着日本扩张与欧美列强的冲突日益凸显，随着日本军方势力的不断上升和政党内阁的衰落，与欧美相协调的外交路线渐趋衰落。到了30年代，日本与英法主导的国际联盟公开决裂，后来更是直接对英美宣战。

在东南亚，日本军队确实向英国、荷兰殖民军队开战，并赢得了当地民众中一些群体的支持，这使得其"抵抗"的修辞，看起来少了一些尴尬。然而，不可改变的事实是，此时的日本比以往更赤裸裸地寻求对中国的支配，并给被其纳入"大东亚共荣圈"内的诸多民族和人民，造成了深重的灾难。对于这样的"亚洲主义"，德富苏峰在1916年所说的"亚洲门罗主义，即是日本人处理亚洲之主义也"，或北呤吉在1917年提出将"亚洲主义"与"日本主义"相等同的论述，或许正好抓住了其精髓——这里并没有对于区域内其他国家与民族的主体性的真正尊重可言。

以此作为背景，我们可以更深地理解日本思想家竹内好在1961年的《作为方法的亚洲》中所作的深刻反思。竹内好指出，西欧在对外输出自由、平等这些正面价值时，又在世界上建立起新的等级，从而将这些价值有效作用的空间局限于其内部，否定殖民地、半殖民地人民能在与西方交往之中援用这些价值。因而，殖民地与半殖民地人民只有经过对西方殖民主义—帝国主义的抵抗，经历深刻的内部运动，才能确立自身的主体性，并真正将这些价值变成人类普遍价值。❶ "亚洲"在竹内好这里并不是一个文化—地理概念，而是一个通过抵抗而生成的政治主体，以色列处于地理上的"亚洲"，但不属于竹内好所界定的"亚洲"；古巴在地理上处于美洲，但却可以属于竹内好所说的"亚洲"。近代日本的"亚洲主义"，曾经具有一定的"抵抗"帝国主义与殖民主义的意涵，但最终自己变成了帝国主义与殖民主义。

竹内好痛感日本"亚洲主义"抵抗意涵的丧失。但这种丧失，也许是日本明治维新带来的所谓"成功"的必然结果。在明治维新中，日本的上层精英模仿欧洲列强的"文明"，迅速推动了日本的富国强兵，打赢了甲午战争与日俄战争。而英俄"大博弈"的国际

---

❶ 竹内好:「方法としてのアジア」,『日本とアジア　竹内好評論集第3卷』,第419—420页。

环境，也给了日本相当有利的上升条件，日本得以成为英国的盟友，并很快被承认为国际体系中的"一等国"，加入了殖民帝国的俱乐部。日本与其他列强的矛盾，变成了殖民帝国之间的矛盾，而"亚洲主义"的"反抗"修辞，最终实现的不过是以"亚洲"的名义，与帝国主义俱乐部内的其他列强争夺对于区域的控制权。

与近代日本相比，近代中国对不公正的国际秩序的"抵抗"更为坚决与深刻。但这并不是出于某种"与生俱来"的品质，而是中国模仿日式道路失败之后，打掉了各种侥幸心理的结果。近代中国有无数政治—文化精英羡慕殖民帝国的威风，羡慕日本通过明治维新从所谓"半文明国家"变成列强所承认的"一等国"的进身之路。然而，从地缘政治的眼光来看，日本明治维新的"成功"，本身就堵死了中国通过类似的途径加入列强俱乐部、成为区域霸权的可能。且不说甲午战争与日俄战争对中国造成的直接损害，在"一战"期间，当日本无法控制的袁世凯政府试图通过加入协约国一方作战以提高中国的国际地位之时，大隈内阁的反应是竭力阻止。❶

积贫积弱的中国受到区域霸权与全球霸权的双重压迫，通过类似明治维新式的改革来变成区域霸权的路径，已经走不通。在濒临灭国的境遇中，中国奋起谋求独立自主，展开了波澜壮阔的内部政治与社会革命，而由此建立起来的主体性，也就具有更多的资源来摆脱近代区域霸权所带有的暧昧性——不是在一个霸权的等级秩序中寻求取代压迫自己的那些霸权力量，而是对霸权的逻辑本身进行深刻的反思，从而塑造一个新的、更为公正的国际体系。

---

❶ 参见唐启华：《洪宪帝制外交》，北京：社会科学文献出版社2017年版，第134—190页。

第4章

近代中国"省域门罗主义"话语的谱系

> 山河破碎夕阳红,只手擎天歌大风。
> 莽莽中原谁管领,龙蛇草泽尽英雄。
> ——杨毓麟《北行杂诗之二》❶

当发源于美国的"门罗主义"进入清末民初的中国,它引发的是什么样的化学反应呢?从近代史料来看,当时出现的最具影响力的本土"门罗主义"话语,所关注的主题并不是"超国家"层面的区域秩序与全球秩序建构,而是"次国家"(sub-state)的省域的自主性。在本书梳理的全球"门罗主义"话语类型中,近代中国的"省域门罗主义"是最具独特性的一种。

为了准确定位"门罗主义"与近代中国遭遇的历史时刻,我们还是有必要从"门罗主义"的源头美国说起。在美国独立之前,英国东印度公司在中国与北美殖民地之间的商业往来中扮演了中介,1773年的"波士顿倾茶事件",北美反抗者倾倒的就是东印度公司从中国广州"十三行"运出的茶叶,大部分是福建武夷茶。美国独

---

❶ 饶怀民编:《杨毓麟集》,长沙:岳麓书社2008年版,第365页。

立后不久,中美两国之间很快就有了直接的商业往来。从1784年美国商船"中国皇后号"抵达广州开始,在18世纪剩余的时间里,共有118艘商船来华。❶19世纪初美国商人开始染指对华鸦片走私,比如说,富兰克林·罗斯福总统的外祖父沃伦·德拉诺(Warren Delano)就曾是旗昌洋行(Russell & Co.)高级合伙人,对该公司的鸦片生意扩展有很大贡献。美国商人主要从土耳其进口鸦片,在列强对华鸦片生意中一度占到10%的份额,甚至对英国东印度公司的鸦片生意利润形成冲击。❷ 许多富豪家族从对华鸦片贸易中获益,并用相关利润在美国国内投资于工业与基础设施建设。比如说,波士顿许多地方的建设,就得益于被称为"波士顿婆罗门"的若干家族的鸦片贸易利润。❸

1844年(道光二十四年)7月3日,清政府与美国外交代表在澳门的望厦村签订了不平等条约《望厦条约》,该条约因为法律技术精巧,成为许多列强与中国签订的类似条约的范本。❹ 然而,在1844年之时,英语之中还没有"Monroe Doctrine"这个表述。不久,美国内部经历了激烈的南北冲突,进而在19世纪60年代发展为一场惨烈的内战。美国花了很长时间进行国内秩序的重建,继而借助第二次工业革命的东风,崛起为工业化强国。因此,尽管美国作为殖民帝国势力进入中国甚早,但没有像其他列强那样在中国获

---

❶ 汪熙、邹明德:《鸦片战争前的中美贸易》,汪熙主编:《中美关系史论丛》,上海:复旦大学出版社1985年版,第95—96页。

❷ Hunt Janin, *The India-China Opium Trade in the Nineteenth Century*, Jefferson, North Carolina & London: McFarland & Company, Inc., pp. 62-63.

❸ Peter Dobkin Hall, *Family Structure and Class Consolidation Among the Boston Brahmins*, New York: State University of New York at Stony Brook, 1975.

❹ [美]络德睦:《法律东方主义》,魏磊杰译,北京:中国政法大学出版社2016年版,第141页。

得领土割让或建立势力范围,对中国文化—政治精英造成的心理压力也远比英、法、俄、德等列强轻得多。等到美国在东亚秩序中采取强势进击的姿态,已经是在1898年美西战争之后了。美国从西班牙手中夺取了菲律宾,作为其在亚洲进行帝国扩张的基地,从而进一步考虑自身在中国与亚洲的利益存在方式。一个看起来不无巧合的现象是,"门罗主义"在中国流行开来,其起点也正是在19世纪末,尤其是美西战争之后。

郭双林教授在一篇开创性的论文❶中指出,在19世纪,中国人首先获悉门罗总统的存在,过了很长时间之后,才知道其主张的具体内容。1838年,美国传教士裨治文(Eligah Coleman Bradgman)在新加坡用汉语刊行《美理哥合省国志略》首提美国门罗总统名字,译为"瞒罗",该书的一些内容,被魏源的《海国图志》和梁廷楠的《海国四说》吸收,"瞒罗"之名亦得以广泛流传,但"瞒罗"之主张,仍不为人知。❷ 1880年,上海申报馆出版日本学者冈本监辅所写的《万国史记》,介绍了门罗总统的主张:"一千八百十七年,惹米斯瞒罗为大总统。瞒罗常谓,美国自为一世界,不得关欧人纷争。诸议者多是其说。"❸ 但冈本监辅并未将门罗总统的主张命名为"瞒罗主义"。

在此可以补充的是,1838年以来,英国人在中国创办的英文

---

❶ 郭双林:《门罗主义与清末国家民族认同》,《中国近代史上的民族主义》,第331页。郭双林教授的这篇论文是本章研究的重要起点。

❷ 《美理哥合省国志略》,刘路生点校,中国社会科学院近代史研究所《近代史资料》编辑部:《近代史资料》(总92号),北京:中国社会科学出版社1997年版,第199页。

❸ 此书又有1897年上海六先书局、1898年上海著易堂、1901年上海书局等多个版本。笔者能够查阅到的引文出处是,[日]冈本监辅:《万国史记》(第19卷),上海:六先书局1897年版,第10页。

报纸,如《北华捷报》(North-China Herald)及其后继者《字林西报》(North China Daily News),对于美国门罗主义的发展也多有报道❶,但因为这些报纸面向的是在华外国人,其对"门罗主义"的探讨,在中国本土政治精英与文化精英中并没有引发实质反响。从既有史料来看,中国人对"门罗主义"的浓厚兴趣,是在旅日精英群体中发生的。康有为与梁启超率领的立宪派/保皇派集团对于"门罗主义"的传播,起到了极其关键的作用。

1898年11月,流亡日本的康有为曾求助于日本贵族院议长近卫笃麿。在11月2日致近卫笃麿的求见书信中,康有为将自己流亡日本比作申包胥的"秦廷之哭",并着力强调"我两邦兄弟唇齿,同种同洲,祸福共之"。❷"唇齿"之说,更充分的表达见于康有为10月底作于日本的《唇齿忧》一文,其中称中日两国"同种族,同文字,同风俗,同政教,所谓诸夏之国,兄弟之邦,鲁卫之亲,韩魏之势,而虞虢之依唇齿也"。❸ 其中,"诸夏之国"的说法,可以说是将日本的"亚洲主义"与中国传统的"夷夏之辨"进行了结合。

这些"亚洲主义"色彩的话语在康有为笔下出现并不奇怪。在甲午战争之后,康有为受到日本作者樽井藤吉《大东合邦论》的影响,其所领导的维新派群体也成为日本有关方面的游说对象。❹ 在戊戌变法期间,维新派提出"联日"乃至"中、英、美、日四国合邦论",甚至将伊藤博文推荐给光绪,希望将其聘为客卿,为清王

---

❶ 试举几例:"Extension of the Monroe Doctrine,"《字林西报》1893年12月27日;"The Monroe Doctrine,"《字林西报》1895年12月13日;"Proposed Enlargement of the Monroe Doctrine,"《字林西报》1896年1月23日;"The German Press and the Monroe Doctrine,"《字林西报》1896年11月17日;"The Monroe Doctrine,"《字林西报》1900年6月19日。
❷ 《康有为全集》(第5集),第40页。
❸ 同上书,第141页。
❹ 参见邱涛、郑匡民:《戊戌政变前的日中结盟活动》,《近代史研究》2010年第1期。

朝改革出谋划策，以削弱慈禧"后党"势力。❶ 戊戌变法遭遇失败，康有为逃亡香港，先是向英国求助，因为英国政府不感兴趣，康有为才向日本政府求助，自称为效申包胥"秦庭之哭"。在迫切的求助心态之下，日本当时正在兴起的"亚洲主义"，就成为康有为的话语资源之一。

而与流亡维新派接触的日本政治精英，也以"亚洲主义"话语来回应他们。11月12日康有为晤近卫笃麿公爵❷，近卫开场即提出："今天的东洋问题已不单纯是东洋问题，它已经成为世界问题。欧洲列强都是为了自己的利益而在东洋竞争。东洋是东洋人的东洋。东洋人必须有独立解决东洋问题的权力。美洲的门罗主义也是这个意思。实际上，在东洋实现亚洲的门罗主义（亜細亜のモンロー主義）的义务就落在了贵我两邦的肩上。"❸

近卫将他主张的"东洋门罗主义"简化为"东洋是东洋人的东洋"这种表述。这一表述能与古汉语中的一个句式发生深刻的共鸣："XX，乃XX之XX也。"这个句式为何重要？因为古代中国最为重大的空间政治问题——"天下"的归属问题，正是通过这一句式得以提出。

---

❶ 1898年9月19日晚，康有为与杨深秀、宋伯鲁等人商议上奏保荐伊藤博文、李提摩太。杨深秀随即向光绪帝上奏："今日危局，非联合英、美、日本，别无图存之策……况值日本伊藤博文游历在都，其人曾为东瀛名相，必深愿联结吾华，共求自保者也。未为借才之举，先为借箸之筹。臣尤伏愿我皇上早定大计，固结英、美、日本三国，勿嫌合邦之名之不美，诚天下苍生之福矣。"国家档案局明清档案馆编：《戊戌变法档案史料》，北京：中华书局1958年版，第15页。

❷ 1898年初，近卫笃麿在《太阳》杂志第4卷第1号上发表了著名文章《同种人同盟——附研究中国问题之必要》，该文将黄白人种之间的冲突置于显著地位，见本书第3章第166页的内容。近卫笃麿：「同人種同盟附支那問題研究の必要」,『太陽』第4卷第1号，1898年，第1頁。

❸ 近卫笃麿日记刊行会编：『近衛篤麿日記』第2卷，第195頁。

自从秦统一六国以来,一个立足于中原、为一系列藩属所环绕的大一统王朝,逐渐成为中国官方历史书写所接受的历史常态。从理论上说,"溥天之下,莫非王土;率土之滨,莫非王臣",不仅中原王朝与藩属之间并没有严格的威斯特伐利亚式的基于物理性边界的内外之分,甚至藩属相互之间也是如此。❶"天下"究竟是何人之"天下",是中国古代文献中极为流行的探讨主题❷,它导向的讨论,通常不是质疑君主政体本身的正当性,而是要求君主遵守政道——君主不守政道并不会导致君主制本身被别的政体所取代,但有可能导致失德的君主被有德的君主所取代,所谓"天命靡常,惟德是辅"是也。❸

　　在清朝,"天下人之天下"的表述,还关系到清朝统治者作为少数民族入主中原的正当性问题。在传统的天下秩序中,最重要的

---

❶ 1689 年《尼布楚条约》划定了中俄两国的东部边界,在 1711 年康熙又下谕对东北地区进行测绘,特别命令要划清哪些是"中国地方",哪些是"朝鲜地方"。正如黄兴涛指出的那样,康熙所说的"中国",开始带有与"国界"紧密联系的近代国家观念的意涵。参见黄兴涛:《重塑中华:近代中国"中华民族"观念研究》,北京:北京师范大学出版社 2017 年版,第 14—15 页。而康熙热衷于划清边界,与其身上具有欧洲国际法知识的天主教耶稣会士的影响,不无关系,参见曾涛:《近代中国与国际法的遭逢》,《中国政法大学学报》2008 年第 5 期。

❷ 试举几例:《汉书·谷永杜邺传》:"天下乃天下之天下,非一人之天下。"《三国志·魏书·高堂隆传》:"天下之天下,非独陛下之天下也。"《晋书·段灼传》:"夫天下者,盖亦天下之天下,非一人之天下。"《晋书·潘岳传附从子尼传》:"……故曰'天下非一人之天下,乃天下之天下',安可求而得,辞而已者乎!"《隋书·杨素传》:"天下者,先皇之天下也。"这样的讨论并非仅仅局限于士大夫精英。明代小说《封神演义》以武王伐纣为基本线索,借姜子牙之口宣布"天下人之天下",影响到士大夫之外的社会中下层。清代民间秘密会社天地会的"西鲁神话"抄本中,出现了"天下人治天下,非是一人之天下,乃天下人之天下也"的表述,参见王学泰:《游民文化与中国社会》(下),北京:同心出版社 2007 年版,第 590 页。

❸ 值得一提的是,1779 年(安永八年),日本的平贺源内所作《风流志道轩传》却批判中国"天下并非一人之天下,而是天下人之天下"的意识,认为这鼓励了夺取君主政权的变乱。日本君主稳定的世系,是平贺源内论述的基础。见[日]渡边浩:《东亚的王权与思想》,区建英译,上海:上海古籍出版社 2016 年版,第 129 页。

空间区分并不是物理性的，而是文明性的夷夏之分，夷夏和平共处乃至"以夏变夷"是"天下"常态，"以夷变夏"则被视为"天下"的异态。乾隆皇帝则采取了弱化"夷夏之辨"的策略，来论证清朝的正统地位，指出"夫天下者，天下人之天下也，非南北中外所得私。舜，东夷；文王，西夷。岂可以东西别之乎？正统必有所系"。❶ 在此，"天下人之天下"并非对君主专制的批判，而是对特定族群垄断中原王朝政权的批判。

而由于农耕文明非均质的分布以及夷夏之辨的存在，对"天下"的争夺并不意味着对已知的人类所居的全部地理空间的争夺，而只是对以中原为中心的成熟农耕文明地带的争夺，谁统一了核心的农耕文明地带，谁也就有可能取得对四方"蛮夷"的主导权。因此在古汉语之中，"天下"亦有可能被作为一个有限的、待支配的客体。❷ "谁之天下"之问，本来可以被用于各种有边界的空间范围。而在19世纪，随着欧洲列强对中国发动侵略，以中国为中心的朝贡体系日益受到欧洲国际法体系的挤压，中国士大夫们日益意识到，古人常谈的"天下"，其实际空间范围可能不过是覆盖了一国。❸ 公羊学在晚清的复兴，就和中国从天下之中变成列国之一的

---

❶ 《清高宗实录》（第784卷），北京：中华书局（影印本）1986年版，第424页。乾隆的这一姿态得到了清代中期今文经学家们的支持，参见汪晖：《现代中国思想的兴起》（上卷，第二部：帝国与国家），北京：生活·读书·新知三联书店2004年版，第519—578页。

❷ 如骆宾王《为徐敬业讨武曌檄》最后一句"试看今日之域中，竟是谁家之天下"，表现出一种强烈的空间政治意识。明末清初的大儒王夫之在《读通鉴论》中说："中国之天下，轩辕以前，其犹夷狄乎！"这就是说，中原（"中国"）所占据的空间（"天下"），在黄帝之前，大概也是野蛮之地。这里的"天下"，指向的显然是有限的空间。

❸ 梁启超在《新民说》中说："吾国凤巍然屹立于大东，环列皆小蛮夷，与他方大国，未一交通，故我民视其国为天下。"见《梁启超全集》，第657页。这不过是梁启超对许多士大夫共同意识的表述。

空间意识转变密切相关,而康有为正是这一复兴运动中的重镇之一。如果说公羊学里的"张三世""通三统"直接关系到时间与历史,"异内外"则直接与空间相关,涉及"天下""国""夷""夏"等一系列范畴的关系。

"天下人の天下"并不是明治时期日语中的常见表述。事实上,明治时期日语中对"天下人"的理解,与中国古汉语中对于"天下人"的理解大相径庭,指的并不是天下的百姓,而是制霸全国的大人物,如源赖朝、足利尊、织田信长、丰臣秀吉都曾被称为"天下人"。作为有能力直接写作汉诗的日本政治文化精英,近卫的"XX是XX人的XX"句式很可能来自其对中国汉文的把握,而非对日文原有句式的改造。而这一句式比任何英语的表述,都更能激发中国儒家士大夫的空间政治意识——尽管英国人在华创办的报纸对"门罗主义"已经有不少介绍,但从未引起中国士大夫的集中讨论。在世纪之交的日本,中国旅日政治—文化精英的空间政治意识几成火山喷发之势,绝非偶然。

在康有为提出具体的求助要求之后,近卫表示了保守与谨慎的态度,未提供实质的承诺。而急于向日本政府求助的康有为不断强化其"亚洲主义"修辞。1899年2月13日,康有为再次拜访近卫笃磨,在笔谈中强调"东亚大局,我两国有若孪生兄弟"。❶除近卫笃磨外,康有为还向其他日本政界要人求助。1898年11月下旬,康有为致信冈田正树,特意强调了"同文同种同洲",称光绪皇帝曾在黄遵宪赴日之时亲自修改国书,加上了"同洲至亲至爱之国",又提出清廷应聘请日本通才为改革顾问,如此中日"是不啻同国,岂止同洲哉"?❷

---

❶ 《康有为全集》(第5集),第107页。
❷ 同上书,第43页。

在《致日本思父书》中，又提光绪改定国书之事，大谈"东亚""黄种"。❶康还将光绪修改国书之事写入了他在梁启超主编的《清议报》上发表的《光绪圣德记》。❷

在康有为向日本政界求助的过程之中，梁启超经常陪伴左右并帮助起草书文。1898年12月23日，流亡维新派在日本横滨创办了《清议报》，梁启超主持编务工作。从1899年开始，近卫笃麿式的表述"XX为XX人之XX"在旅日中国精英中间突然流行起来。是不是近卫笃麿用来解释"门罗主义"的汉语句式启发了康有为，进而启发了与康有为同行的舆论界巨子梁启超呢？本书无法从史料上确证这一传播链条。但很明显的一个事实是，梁启超主持的《清议报》从1898年12月到1901年12月存续期间，对于推广"门罗主义"概念以及"XX为XX人之XX"这一句式，起到了"急先锋"的作用。

一 超国家、国家与省域："门罗主义"话语的三个层面

1898年12月梁启超主持创办《清议报》，其"叙例"（创刊词）陈明四点宗旨："一，维持支那之清议，激发国民之正气。二，增长支那人之学识。三，交通支那、日本两国之声气，联其情谊。四，发明东亚学术以保存亚粹。"并呼吁"我支那四万万同胞之国民，当共鉴之，我黄色种人欲图二十世纪亚洲自治之业者，当共赞

---

❶ 《康有为全集》（第5集），第44—45页。
❷ 同上书，第115页。

之"。❶"东亚""亚粹""黄色种人"等,均为当时日本"亚洲主义"者最乐于探讨的概念。可以说,日本的"亚洲主义"舆论气氛在很大程度上强化了梁启超对于亚洲各国连带关系的意识,这种意识很快产生了实际的知识后果。

《清议报》创办的时代背景,是美国在美西战争中与菲律宾民族主义者一起击败西班牙殖民者之后,试图甩开菲律宾民族主义者,将菲律宾变成美国殖民地。梁启超密切关注事态的进展。1899年1月2日出版的《清议报》第2册,刊发了署名"片冈鹤雄"的一篇译文《极东之新木爱罗主义》,关注菲律宾事态。所谓"极东之新木爱罗主义",就是"远东新门罗主义"的意思,译文称,美国某参议员阐发了"极东之新木爱罗主义",并认为借此可以理解美国对菲律宾的占领。这一主义的实质是"美、英二国操持世界共通之新帝国主义",取代古罗马的帝国主义,它的主张有五个方面:第一,由英、美、荷兰共同协商创设由各国加盟的国际仲裁机构;第二,加盟各国应在战争中限制杀伤性武器的使用;第三,美国的属地对各国开放,自由通商;第四,英、美、日三方共同实行"新木爱罗主义",保护中国,对抗"欧洲列强,止其割夺土地之事";第五,在美、英、荷兰正式成立国际仲裁机构前,"此主义,当行于印度群岛而维持之"。❷

《极东之新木爱罗主义》所说的"印度群岛",应当指的是"东印度群岛",包括了美国占领的菲律宾、荷兰占领的印度尼西亚以及英国占领的马来西亚。因此,这一主义意味着远东的列强——英国、美国、日本、荷兰相互协商,维持本地区的秩序,尤其是防止

---

❶ 《梁启超全集》,第168页。
❷ 《极东之新木爱罗主义》,《清议报》第2册(1899年1月2日)。

其他列强瓜分中国。《清议报》编辑团队既然安排刊发这篇译文，说明他们对于菲律宾问题与门罗主义之间的关系，有了比较清晰的问题意识。

在《清议报》第 2 册出刊后 21 天，1899 年 1 月 23 日，菲律宾共和国宣告成立，阿奎那多（Emilio Aguinaldo）出任菲律宾总统。2 月 4 日，美军向马尼拉市郊菲军发动进攻，次日，菲律宾共和国对美宣战。菲军民表现英勇，对美作战时有斩获。美军对菲律宾军民残酷镇压，甚至动用了集中营这样的残酷手段。以梁启超为首的《清议报》团队密切关注这场战争，将美军的侵略视为不仅是对菲律宾的侵略，也是对"亚洲"的侵略。1899 年 8 月，在菲美战争进行期间，《清议报》编辑团队成员之一，康有为弟子欧榘甲在《清议报》第 25 册上发表《论菲律宾群岛自立》，将菲律宾树立为中国的榜样，认为菲律宾能够以小搏大，原因在于其领导人倡导自由独立，致使菲律宾人民产生了"菲律宾者菲律宾人之菲律宾"的意识——在这里，欧榘甲将"XX 为 XX 人之 XX"这一句式用于民族国家的层面。欧榘甲从菲律宾人的斗争中，进一步看到了"亚洲自主"的希望："曰亚洲未有能倡自主者，有之始于菲律宾。"❶ 他将菲律宾而非日本视为第一个保卫"亚洲"独立的国家，然而这种"亚洲"连带意识，显然与其所处的日本环境具有很大的关系。

与"菲律宾者菲律宾人之菲律宾"类似的用法，很快出现在

---

❶ 欧榘甲：《论菲律宾群岛自立》，《清议报》1899 年第 25 册（1899 年 8 月 26 日）。值得一提的是，1903 年 12 月，美国派遣的菲律宾总督，亦即后来的塔夫脱总统，曾经发表演讲讨论"The Philippines for the Filipinos"这一口号，把自己打扮成这一口号的支持者。"The Duty of Americans in the Philippines," speech delivered by Taft before the Union Reading College in Manila, December 17, 1903; reproduced in Official Gazette（Supplement）, December 23, 1903（Vol. I, No. 368）, p. 3. 而他对这一口号的解释，是将其与民族独立区分开来，只是强调美国对菲律宾的治理，是为了菲律宾人自身的福利。

《清议报》第58册（1900年9月）的署名"冯自强"的《独立说》之中："中国者吾中国人之中国，非他人所得而保全也，保全中国者，吾中国人自己之责任，非他人所得而代之也。"❶ 而郭双林统计指出，从"冯自强"的论述开始，"中国者，中国人之中国"在清末报刊中至少出现了20多次，出处包括了欧矩甲的《新广东》、邹容的《革命军》、鲁迅的《中国地质略论》、陶成章的《中国民族权力消长史》、孙中山等的《中国同盟会革命方略》❷、杨度的《金铁主义说》等名篇❸，其中既有革命派，也有保皇派，可见影响之广远。

1900年，梁启超邀请在唐才常自立军起义失败后流亡日本的蔡锷（1897年在长沙时务学堂受梁启超指导，1899年曾就读于梁启超任校长的东京高等大同学校）参与《清议报》的编辑团队。《清议报》第67册刊载了蔡锷的《孟鲁主义》一文，直接介绍和评论美国的"门罗主义"："孟鲁主义者何？盛行于19世纪上半期之亚美利加者也。略译其意，则亚美利加者，亚美利加人之亚美利加也。"❹ 在此，又出现了近卫笃麿"XX为XX人之XX"句式。蔡文回顾了美国19世纪的对外扩张，又评论美国两大政党"其一永奉孟鲁主义，其一则执帝国主义。奉孟鲁主义者，德摩古拉特（Democrat）党是也。与该主义为反对者，则勒巴勃里克（Republican）党是也"。

在上文提到的1899年1月初《清议报》第2册发表的署名"片冈鹤雄"的译文《极东之新木爱罗主义》之中，"门罗主义"与"帝国主义"的关系问题已经浮出水面。蔡锷的描述接续了这个问

---

❶ 冯自强：《独立说》，《清议报》1900年第58册（1900年9月24日）。

❷ 1906年，孙中山等在《中国同盟会革命方略》"恢复中华"条目下明确称："中国者，中国人之中国；中国之政治，中国人任之。"这是一句非常明确的反满口号。《孙中山全集》（第1卷），北京：中华书局1981年版，第297页。

❸ 郭双林：《门罗主义与清末国家民族认同》，《中国近代史上的民族主义》，第328页。

❹ 《孟鲁主义》，《清议报》1900年第67册（1900年12月22日）。

题，只是他将"孟鲁主义"与"帝国主义"视为对立的两极——在共和党人西奥多·罗斯福担任总统的背景之下，蔡锷认为美国正在奉行共和党的帝国主义路线，然而"昔以孟鲁主义建国而独立，今弃之以取帝国主义，盖亦势之所利，时之所迫，而不得不然者也"。在菲美战争进行之中、菲律宾步步败退之时，蔡锷想到的是"东亚人之东亚果如何耶"，担忧"黄族"之命运。而这正是日本当时流行的"大亚洲主义"内嵌的"黄白种争"主题。❶

1902年，蔡锷又在梁启超编辑的《新民丛报》上发表《军国民篇》，此文介绍："美国者，世界所称为太平共和固守'门罗'主义之国也。然其小学学童所歌之词，皆激烈雄大之军歌也。"❷又在讨论列强的"国魂"时评论美国："在美则有孟鲁主义，曰：'美洲者美人之美洲。美洲之局，他国不得而干涉之也。'此数语也，美人脑中殆无不藏之。而今则将曰'世界者世界之世界也'，强梁勿得而专有之矣。于是反其自卫之伎俩以外攻焉。"❸蔡锷重申了他在1900年文章中对于美国从"孟鲁主义"走向"帝国主义"的判断，并进一步将美国的当下主张提炼为"世界者世界之世界"这一表述，表明了美国从"门罗主义"变为"帝国主义"过程中在政治修辞上的连续性。

与蔡锷密切合作的梁启超于1903年访问北美，面见美国总统西奥多·罗斯福，撰文《新大陆游记》，分析了"门罗主义"的实质从"亚美利加者亚美利加人之亚美利加"到"亚美利加者美国人

---

❶ 蔡锷的论述有可能是与梁启超讨论的成果。1902年，在《论美菲英杜之战事关系于中国》一文中，梁启超大赞菲律宾抗击西班牙与美国，认为菲律宾"实我亚洲倡独立之先锋，我黄种兴民权之初祖也"！菲律宾如果取胜，"可以为黄种人吐气，而使白种人落胆"。《梁启超全集》，第949页。参见本书第5章第284页。

❷ 曾业英编：《蔡松坡集》，上海：上海人民出版社1984年版，第18页。

❸ 同上书，第34页。

之亚美利加"再到"世界者美国人之世界"的变化,对美国政客们的解释能力表示惊异。❶ 无论是蔡锷说的"世界者世界之世界",还是梁启超说的"世界者美国人之世界",都指向美国西奥多·罗斯福总统在赢得美西战争、越出西半球之后的全球帝国主义姿态。

蔡锷的论述,是将"孟鲁主义"与"帝国主义"视为意义相反的两个概念。❷ 同时期的另外一些评论,则有不同的判断。在日本东京出版的《浙江潮》1903年第6期"新名词释义"栏目认为"孟鲁主义"为"帝国主义"之别名。1903年在东京编辑出版的《湖北学生界》第5期"历史传记"栏目发表《菲立宾亡国惨状记略》,1904年浙江金华《萃新报》创刊号全文转载该文,该文在探讨菲律宾亡国史同时,也对美国的"们洛主义"的帝国主义本质进行了揭示。❸ 杨度1907年在日本所作的《金铁主义说》则称美国"变其门罗主义而为帝国主义",前者文明,后者则略带野蛮,但非此不足以求生存。❹ 但今日美国是"帝国主义",则是诸多论者的共同结论。

当然,清末民初舆论界也不乏强调美国慷慨仁慈一面的论述,如1913年潘武所编的《中华中学历史教科书本国之部》(第2册)认为美国在亚洲与太平洋的扩张,是因为要与欧洲各国取得"均势",而且美国与中国同属共和国,更是将庚子赔款用于教育事业,对中国而言是友好国家:

---

❶ 梁启超:《新大陆游记节录》,《梁启超全集》,第1155页。
❷ 蔡锷在1912年12月28日就宪法制定的原则致电袁世凯、黎元洪、国务院以及各省都督时,还曾提到"北美为共和先进之国,素守门罗主义者,近亦极力倡导国家主义,以图谋业发展",见曾业英辑:《蔡松坡集》,第630页。蔡锷强调的"国家主义",核心是打造强有力的中央政府,集中国内力量,进行国际竞争,因此与其在1900年"孟鲁主义"释义文章中所说的"帝国主义"属于同一主张的不同维度。
❸ 《菲立宾亡国惨状记略》,《湖北学生界》1903年第5期,《萃新报》1904年第1期。
❹ 刘晴波主编:《杨度集》,长沙:湖南人民出版社1986年版,第221页。

美偏处太平洋以东,向持门罗主义。故其于我国,只求通商上之利益,并无以兵力侵我主权之事。惟近以欧洲各国均势之局成,亦渐恢张兵力于太平洋,占据菲律宾、檀香山等处。义和团之乱,联军入北京,美亦与其列,而分偿赔款。美国独愿还之中国,以为派遣留美学生之用。故近来颇有联美者,且美系民主之国,共和告成。两国之感情,当从此日富也。❶

经过旅日中国文化—政治精英的转化,"门罗主义"在中国的传播很快沿着两种路径前进。第一种路径是跟排满主义和地方主义结合在一起,尤其是跟省域的自治和自立主张结合在一起——尽管清王朝的传统制度将行省督抚与京师部院之间的关系界定为外官与内官的关系,而非地方与中央的关系❷,但这不影响我们从功能主义的角度,探讨晚清省域日益增长的"地方性"。第二种路径,是聚焦于中国在国际体系中的位置,对日本与美国的门罗主义论述做出回应。本章将集中于对第一种路径的论述,将第二种路径留待下一章处理。

如前所述,1899 年欧矩甲受到菲律宾抗美战争的激励,赞许菲律宾"自立",并对"菲律宾者菲律宾人之菲律宾"的精神表示仰慕。❸1902 年,欧矩甲在日本横滨出版《新广东》,提出"广东自立"。针对清廷的"卖国"行为,欧矩甲高呼"夫中国者,中国人之中国也"。与 1900 年《清议报》发表的《独立说》一文中的类似口号不同,欧矩甲的口号本质上是排满主义的,即将满人视为外

---

❶ 潘武编:《中华中学历史教科书本国之部》(第 2 册),北京:中华书局 1913 年版本,第 249 页。
❷ 关晓红:《清季外官改制的"地方"困扰》,《近代史研究》2010 年第 5 期。
❸ 欧矩甲:《论菲律宾群岛自立》,《清议报》1899 年第 25 册(1899 年 8 月 26 日)。

来的征服者与压迫者。欧矩甲的论述是，由于卖国的清政府的昏庸颟顸，英国、法国以及其他多个列强的势力已经进入广东，广东的全面沦丧"指日可待"。由此，欧矩甲提出"广东为广东人之广东，非他人之广东，是广东人者，为广东之地主矣"，"以广东之人，办广东之事"。❶ 他呼吁广东"自立"，各省响应广东，脱离清廷，进而在新的政治原则基础上进行联合。

《清议报》编辑团队关注的许多议题，如菲律宾抗美，波尔人（即布尔人）抗英，波兰、印度被瓜分，都在《新广东》之中得到反映。《新广东》提到了美国各州通过联邦制联合建国的范例，并没有直接提到"门罗主义"。然而基于上文对于《清议报》所发表的文章的分析，对于作为编辑团队一员的欧矩甲来说，"门罗主义"已然是一种默会的知识。

欧矩甲的"广东门罗主义"论述很快发生影响。1903年，旅日革命派人士杨毓麟作《新湖南》，开篇即提及欧矩甲《新广东》的思想激励，提出"湖南者，吾湖南人之湖南也"，呼吁湖南起兵排满，以待十八省响应，文中更有"广东鼓之，吾湖南舞之。吾于广东，如骖之靳也"❷ 的表述，向欧矩甲《新广东》致敬。如同欧矩甲那样，杨毓麟列举了列强在东亚的帝国主义侵略行状，担忧湖南沦亡于"白人"之手，又称"吾湖南而为菲律宾，必有人为阿君雅度"，这里的"阿君雅度"❸，即欧矩甲笔下的"阿圭拿度"，即菲律宾反美战争的领导人阿奎那多。

郭双林教授曾发掘出一则史料，证明排满民族主义口号"中国

---

❶ 欧矩甲：《新广东》，张枬、王忍之编：《辛亥革命前十年间时论选集》（第1卷上册），北京：生活·读书·新知三联书店1960年版，第287页。
❷ 饶怀民编：《杨毓麟集》，第30页。
❸ 同上书，第45页。

者，中国人之中国"与美国"门罗主义"具有内在联系：1903年4月在东京编辑的《湖北学生界》第3期刊登的《论中国之前途及国民应尽之责任》一文称："吾闻美人有言曰：美洲者，美人之美洲，非欧人所得而干涉也。日本人有言曰：亚洲者，亚洲人之亚洲，非白人所得而干涉也。吾愿我国民亦曰：中国者，中国人之中国，非外人所得而干涉也。"❶ 这篇文章将美国的"门罗主义"表述、日本的"亚洲主义"表述与反满口号"中国者，中国人之中国"相并列，勾勒出一条影响链条：美国的"门罗主义"激发了日本的"大亚洲主义"，进而激发了旅日中国人"中国者，中国人之中国"这一反满口号。不过，《论中国之前途及国民应尽之责任》出现在1903年。而本章通过考察更早时期《清议报》编辑团队关注的议题，说明反满口号"中国者，中国人之中国"以及反满的"省域门罗主义"与日本人转译的美国"门罗主义"的关联。这可以对郭双林的相关考证，起到一种进一步加强的作用。

当然，在晚清报刊中，"中国者，中国人之中国"这一口号未必都具有明确的反满意涵。1900年《清议报》针对八国联军侵华所发表的"冯自强"的《独立说》❷ 提出"中国者吾中国人之中国"，其反对帝国主义列强的意涵更为突出。梁启超在1901年的《灭国新法论》又进一步评论了义和团运动："……盖中国人数千年在沉睡之中，今也大梦将觉，渐有'中国者中国人之中国也'之思想，故义和团之运动，实由其爱国之心所发，以强中国拒外人为目的者也。"❸ 这就将义和团运动视为一场以"中国者，中国人之中国"为精神的运动，赋予这个口号不同于反满主义的含义。而杨度《金铁

---

❶ 参见郭双林：《门罗主义与清末国家民族认同》，《中国近代史上的民族主义》，第334页。
❷ 冯自强：《独立说》，《清议报》1900年第58册（1900年9月24日）。
❸ 《梁启超全集》，第473页。

主义说》批评列强"盖已以中国为世界各国之中国,而非复中国人之中国"❶,强调的也是"反帝"而非"反满"。

二 辛亥革命之后的"省域门罗主义"

清末积累的"省域门罗主义"情绪,在士绅们围绕着铁路权利的斗争中出现了非常激烈的表达,进而导向了辛亥革命。1911年5月14日,长沙围绕路权问题举行了万人群众集会,接着爆发长沙至株洲万余铁路工人的示威,进而影响湖北、广东、四川等地。1911年5月30日,日本驻长沙代理领事山崎壮重致日本驻华公使伊集院彦吉的报告中指出,湖南一部分激进士绅"信赖北京政府势将亡国,高喊湖南为湖南人之湖南,欲独自借款经营铁路",这部分人"商人占多数,咨议局议员一部分支持此派"。❷ 当然,四川的"保路运动"更为激烈,地方士绅与官府发生武力冲突,湖北新军奉命调入四川镇压民变,造成武昌兵力空虚,中部同盟会的革命党人趁机发动武昌起义,进而引发各省纷纷宣布"独立"之势。

1911年11月9日广东宣布"独立"之后,参加过中法战争,并曾在《马关条约》签订之后领导台湾人民反日斗争的清军将领刘永福应广东省都督胡汉民之请,出任广东省民团总长。辛亥革命文献中有一篇以刘永福名义发布的《粤省民团总长刘永福之通告》,即表现出强烈的广东地方主义色调,称"夫吾粤,东接闽,西连桂,北

---

❶ 刘晴波主编:《杨度集》,第217页。
❷ 宓汝成:《中国近代铁路史资料:1863—1911》(第2册),北京:中华书局1963年版,第1259—1260页。

枕五岭，南滨大洋。风俗、语言、嗜好与中原异，天然独立国也"。通告最后还喊出了"广东者，广东人之广东也"这一口号。❶

然而，随着南北和谈的推进，1912年2月12日清帝下诏退位，2月15日南京临时参议院选举袁世凯为临时大总统，南北政府法统合一。随着爱新觉罗家族的统治退出历史舞台，"排满"也渐渐退潮。革命派在辛亥革命的南北妥协之中放弃了"排满主义"，接受了"五族共和"。"中华民族"或"中国民族"包含中国境内各族，而不仅仅是汉族，成为民国政府的标准立场。至此，"中国者，中国人之中国"作为"排满"口号的时代落下帷幕。

"省"在清朝官制中并不属于法律规范意义上的"地方"，巡抚与总督是与"京官"相对的"外官"，由朝廷统一派遣，而且需要遵循隶籍回避制度（如林则徐注定不能当闽浙总督，曾国藩无法任湖广总督）。辛亥革命中各省脱离清廷自立，各省都督自己掌握军队和税收，任命本省官员，这不仅削弱了清政府的控制力，也使得革命派的南京临时政府从一开始就缺乏整合力。袁世凯从形式上统一南北政府之后，致力于加强中央政府权力，但受到许多省份实力派的抵制。1915年，袁世凯称帝引发了新一轮的地方脱离运动，其数年之内进行的集中军权、财权与人事权的改革成果付诸东流，1916年袁世凯死后，尽管北京政府仍为名义上公认的中央政府，但对地方政府的控制权非常微弱。1917年张勋复辟之后，段祺瑞拒绝恢复《临时约法》，引发孙中山南下"护法"，民国法统分裂，出现两个自命"中央政府"的权力中心，中国的政治碎片化达到了一个新的高度。

然而自秦统一六国以来，以中原为中心的农耕区已经逐渐习惯

---

❶ 李世瑜：《社会历史学文集》，天津：天津古籍出版社2007年版，第589页。

一统之世。儒家士大夫原本崇尚以分封制为基础的周代礼乐,但经历周秦之变,逐渐适应了郡县制与皇帝制度。在汉代,董仲舒这样的今文经学家积极配合汉武帝削弱分封,加强皇帝制度;在唐代,柳宗元作《封建论》肯定郡县制,反对以"封建"为名的藩镇割据;明末清初的黄宗羲、顾炎武等批判过于集中的皇权制度,但并不因此而否弃"大一统"。顾炎武曾评论:"封建之失,其专在下;郡县之失,其专在上。"而他提出的治道,是"寓封建之意于郡县之中"。❶ 在清朝,西方传入的民族主义思想,进一步与中国传统的认同资源发生化学反应,最终生成自觉的"中华民族"或"中国民族"认同。❷ 在这样的背景下,在辛亥革命之后,即便是闭关自守的地方实力派,通常也不至于在大原则上反对国家统一,争论的焦点是凭借何种原则、通过何种方式来统一。在围绕着中央地方关系的争论之中,"门罗主义"成为一个极其重要的符号。

民国时期,美国执政精英以区域霸权为基础,为争取全球霸权,对"门罗主义"进行重新解释,对中国国内产生了极大的影响。1917年1月22日,威尔逊总统在美国参议院发表了"没有胜利的和平"演讲,将"门罗主义"解释为各个国家和民族自己决定自身发展道路的主义,它不仅适用于美国主导的美洲,也适用于世界上各个地方:

> 所有国家应自愿将门罗主义作为世界性的原则;任何国家都不应将其政治体制扩展到其他国家或民族,而且每一民族都有自由决定自己的政治体制,有不受阻碍、不受威胁、

---

❶ 顾炎武:《顾亭林诗文集》,北京:中华书局1983年版,第12页。
❷ 参见黄兴涛:《重塑中华:近代中国"中华民族"观念研究》。

不必恐惧地决定自己的发展道路的自由,无论是小国还是大国和强国。❶

在中国出版的英文报纸《字林西报》次日就对威尔逊的演说做了介绍,并用一小段话概括了威尔逊的"门罗主义"论述:"任何国家不应针对其他国家或人民进行扩张或强加政策,不论大国还是小国,每个国家应当在不受阻碍和无恐惧的条件下自由发展。"(… that no nation should seek to extend itself or its policy over any other nation or people but that each, little and great, should be free to develop unhindered and unafraid.)❷ 英国人莫安仁(Evan Morgan)主编的《大同月报》1917 年第 3 期介绍该演讲时如此描述:"威氏又谓世界各国皆当以门罗主义为法,不得将己国之政策侵入他境,强其从同,不论强国弱国,均使之得以自由意思治理其国,他国不得妨碍之。"❸ 美国人福开森(John C. Ferguson)主办的《新闻报》则在 1918 年 3 月 8—9 日刊登了《战后之门罗主义(美国公法学教习威尔逊氏演说文)》,介绍威尔逊 1917 年 1 月 22 日演讲:"二十二日元首之宣言系表示政府如何对待此主义,盖政府之意,拟以议和之难题亦本此主义施行。由此新门罗产出将放宽其范围,不似前此之狭窄,而为天下宽大之础基焉。此主义之解释即是各国自由发展,其目的不受他国之干预。"❹ 作者甚至主张:"吾人以宽大眼光观之,此次战争之目的,直可谓为天下之门罗主义也。"❺

---

❶ President Woodrow Wilson, "Peace Without Victory," speech, January 22, 1917, 64th Cong., 23 Sess., Senate Document No. 685: "A League for Peace."
❷ "Pres. Wilson on Peace Terms,"《字林西报》1917 年 1 月 23 日。
❸ 一苇:《美总统威尔逊之演说和平》,《大同月报》1917 年第 3 期。
❹《战后之门罗主义(美国公法学教习威尔逊氏演说文)》,《新闻报》1918 年 3 月 8 日。
❺《战后之门罗主义(美国公法学教习威尔逊氏演说文)续》,《新闻报》1918 年 3 月 9 日。

1917年4月13日，威尔逊设立了宣传机构公共信息委员会，该机构又于1918年9月在中国上海建立分部"东方新闻社"（Oriental News Agency，后改名"中美新闻社"），向中国宣传中美友谊、美国国家发展道路以及威尔逊思想。东方新闻社为300多家中文报纸提供国际新闻和评论，使得源于美国的国际信息迅速压过英国，还在中国大城市发行宣传海报与画刊；其领导人卡尔·克罗（Carl Crow）精心挑选了威尔逊的演讲，交由商务印书馆翻译出版，后者推出了钱智修翻译的《美国总统威尔逊和议演说》（1919年3月第1版）以及蒋梦麟翻译的《美国总统威尔逊参战演说》（1918年11月第1版），在中国舆论界流传甚广。卡尔·克罗通过传教士和国际公司等渠道，搜罗了25000个中国地方上层人士的名字和地址，向他们寄送了威尔逊演讲集，并收到了5000多封回信，可以说产生了巨大的舆论影响。❶ 在中国知识界、舆论界，蔡元培领导的北京大学、黄炎培领导的江苏省教育会以及张元济领导的商务印书馆乃至梁启超领导的研究系，都利用自己的社会地位与传播渠道，积极传播威尔逊的主张。❷

尽管威尔逊在其1918年1月8日发表的十四点和平原则中仅仅在第五条提出"对于殖民地之处置必须公正开明，在所有有关主权的问题上，殖民地人民的利益与殖民政府的正当要求应进行平等的考虑和权衡"❸，根本没有使用布尔什维克式的"民族自决"的提法，十四点和平原则中涉及具体民族独立的部分也集中于对德国、

---

❶ 任一：《"寰世独美"：五四前夕美国在华宣传与中国对新国家身份的追求》，《史学集刊》2016年第1期。

❷ 马建标：《塑造救世主："一战"后期"威尔逊主义"在中国的传播》，《学术月刊》2017年第6期。

❸ ［美］伍德罗·威尔逊：《美国总统威尔逊参战演说》，蒋梦麟译，上海：商务印书馆1918年版，第41页。

奥匈帝国、奥斯曼土耳其三个国家的处置，并没有在一般原则意义上推动殖民地民族独立的意愿，但公共信息委员会中国分部的宣传还是对威尔逊的主张做了放大，将威尔逊打造成了"民族自决"热情洋溢的支持者，强调美国对中国在战后参加和会、收回列强利权的支持。❶ 而经过威尔逊中国形象的中介，美国的传统外交政策"门罗主义"，也就与"民主自治""民族自决"等理念密切关联在一起，甚至美国的联邦制，也被纳入同一个"意义域"之中，与"门罗主义"一起成为"民主自治"理念的体现——下文将以青年毛泽东参与湖南省宪运动的例子来集中说明这一"意义域"的存在。

公共信息委员会中国分部的宣传，让威尔逊的在华威望在短期内如日中天，然而其宣传塑造的威尔逊作为"世界和平之福星"的形象，引发了中国精英的过度期待，从而也为威尔逊埋下了地雷。在1919年的巴黎和会上，威尔逊同意将德国在中国山东的特权转让给日本，这一行动与公共信息委员会中国分部的宣传形成鲜明对比，致使威尔逊在中国遭遇了声望的滑铁卢。但美国宣传机器所塑造出的"门罗主义"、联邦制与"民主自治""民族自决"之间的联想机制，却继续在中国舆论界发挥影响。❷ 到了1920—1921年，在

---

❶ Hans Schmidt, "Democracy for China: American Propaganda and the May Fourth Movement," *Diplomatic History*, Vol. 22, No. 1（Winter 1998）, pp. 1-28.

❷ 由此引发的一个问题是，为何威尔逊在1919年遭遇声望的滑铁卢之后，他对"门罗主义"的解释仍然能够在中国风行数年。而这就和1919年中国舆论界对于威尔逊与威尔逊主义的报道与评论方式有很大关系。当时抨击威尔逊比较激烈的陈独秀也不过是将威尔逊称为"威大炮"，口惠而实不至，但并没有致力于挖掘更多威尔逊的黑材料。陈独秀：《威大炮》，《每周评论》第8期，1919年2月9日。1919年毛泽东在《湘江评论》中仍然倾向于将威尔逊理解为一个好人，但被一群老奸巨猾的坏人所包围，不得不做出妥协，干出违心的事情（毛泽东：《可怜的威尔逊》，《湘江评论》1919年7月14日创刊号）。中国舆论界不少人知道，当日本代表提出种族一律平等的议案的时候，威尔逊总统站在支持种族主义的澳大利亚与英国代表一边。《地学杂志》还刊载了一系列文章，探讨"一战"之后"民族自决"的实际运用，（转下页）

南北两个政府对立的背景之下，一些地方实力派主张推进各省自治，制定自治宪法，进而以类似于美国联邦制的方式，重新产生中央政府。"联省自治"运动由此兴起。一系列鼓吹省域"自治"的刊物创刊：1920年9月《新湖北》创刊，1920年12月《新安徽》创刊，1921年12月《新浙江》创刊，1921年4月《新四川》创刊，1921年5月《新江西》创刊，1921年7月《新山东》创刊……中国迎来了一个"省域门罗主义"的高潮。然而这波高潮迅速过去，"门罗主义"从一个积极正面的词汇，很快变成一个负面的词汇。

下文梳理的是民国时期的若干种"省域门罗主义"。入选"XX门罗主义"，需要具备某种形式要件：该省精英明确将本省的自治实践称为"门罗主义"，或有报章或外省精英将其称为"门罗主义"。笔者将从最具正面色彩、最接近威尔逊解释的"省域门罗主义"开始，进而不断下降，展示"门罗主义"在中国的评价所经历的渐变。

（一）"湖南门罗主义"。自从太平天国运动以来，湖南的地方认

（接上页）指出绝大多数国界变迁是列强继续扩张的结果，尤其是英国打着"民族自决"旗号在中国西藏煽动分离主义（参韩子奇：《〈地学杂志〉与一次大战前后中国人的世界观》，陈勇主编：《民国史家与史学 1912—1949：民国史家与史学国际学术研讨会论文集》，上海：上海大学出版社 2014年版，第103—104页）。但即便如此，并没有人去系统发掘威尔逊总统的种族主义言论史。事实上，在美国南方长大、浸润于种族主义文化的威尔逊总统具有很深的种族主义偏见。他在"一战"后支持的民族独立建国，首先是对战败国的惩罚，而且他所承认的基本上都是白人民族的独立；一旦面对美国自己的殖民地菲律宾，威尔逊总统的说辞是菲律宾人还没有达到适合自治的能力，仍需要美国的监护，见 Woodrow Wilson, "The Ideals of America," *Atlantic Monthly* 90 (December 1902), pp. 721-734。如果这些事实为当时中国舆论界所知，威尔逊的形象恐怕会有所不同。但当时的历史行动者不去挖掘这些材料，并不仅仅是个缺乏知识来源的问题，更深层的原因恐怕是，当时中国的政治—文化精英对于美国并没有特别强的恶感，因而没有多少"黑"威尔逊的动力——毕竟，与其他列强相比，美国并没有在中国拥有殖民地或确定的势力范围，其"门户开放"政策，在一定程度上也牵制了其他列强对于中国的瓜分图谋，尽管最终是出于美国自身的利益算计。

同处于不断上升的过程之中。立宪派的杨度作《湖南少年歌》疾呼"中国如今是希腊,湖南当作斯巴达,中国将为德意志,湖南当作普鲁士",革命派的杨毓麟作《新湖南》鼓吹湖南脱离清廷自立。湘军镇压太平天国、左宗棠平定新疆、谭嗣同为维新变法流血等近代事迹,均成为晚清湖南地方认同的重要符号资源。在1911年5月30日湖南的保路运动示威中,一部分激进士绅已经喊出了"湖南为湖南人之湖南"的口号。❶武昌起义爆发后,湖南迅速响应,宣布独立于清廷,其地方实力派掌握了军政大权。在1917年法统分裂、南北对峙形成之后,湖南省成为南北势力争夺的一个战场,本省绅民不堪其扰,因此出现了呼吁湖南"自治",不参与南北争夺的运动。

毛泽东在湖南"自治"运动中非常活跃。1919—1920年,毛泽东是湖南学生驱逐皖系军阀张敬尧的"驱张运动"的青年领袖。1920年6月,谭延闿、赵恒惕率领湘军把张敬尧赶出了湖南,"驱张运动"取得成功。毛泽东及其他新民学会会员进而提出在湖南实行"自治"的主张,正如他在1936年对美国记者斯诺回忆的那样:"我们的团体(指新民学会——作者注)对于北洋政府感到厌恶。认为湖南如果和北京脱离关系,可以更加迅速地现代化,所以主张同北京分离。那时候,我是美国门罗主义和门户开放的坚决拥护者。"❷而谭延闿、赵恒惕也主张"联省自治",推动制定湖南省

---

❶ 宓汝成:《中国近代铁路史资料:1863—1911》(第2册),第1259—1260页。
❷ 刘朋主编:《中共党史口述实录》(第1卷),第3页。不过,值得一提的是,1916年毛泽东求学长沙时,曾对"湘人治湘"表示过质疑。1916年7月18日,毛泽东在《致萧子升信》中分析湖南政局,认为湖南都督汤芗铭(湖北蕲水人)被驱是湖南的不幸:"汤可告无罪于天下,可告无罪于湘人,其去湘也,湘之大不幸也。"见《毛泽东早期文稿》,长沙:湖南出版社1990年版,第49页。7月25日毛泽东再次致信萧子升,概括前信内容为"言湘人取们罗主义以便其私",并明确表示湖南不断杯葛外省籍官员,造成"倾侧、构陷、钻营之风大竞","此种自推长官风气,极不可开。本省人作本省官,其害甚大。"见《毛泽东早期文稿》,第49页。

宪。"湖南门罗主义"的说法，即在湖南制定省宪的过程中涌现。甚至上海的英文报纸《大陆报》都曾在1920年11月25日发布如下标题的报道："湖南政府将偿还银行货币：本省将拥有'门罗主义政府'，且将调节自己的事务。"（Hunan Government To Redeem Bank Currency: Province To Have 'Monroe Government' And Will Regulate Its Own Affairs.）❶

长沙《大公报》的主笔龙兼公是"湖南门罗主义"的提出者。他在湖南省宪运动中，写下了《湖南们罗主义》《粤人治粤》《湘人自治》《民本主义的宪法》《湖南自治纪略》等文，其中《湖南们罗主义》一文发表于1920年9月5日。在龙兼公发表《湖南们罗主义》之前，毛泽东常用的词是"湘人自决主义"。在6月23日致曾毅的书信中，毛泽东称"湘人自决主义"的敌人是"与湖南文明之创造为对敌者，军阀也，湘粤桂巡阅使也，湘鄂巡阅使也，护国军、靖国军、征南军也"，"湘人自决主义"主张这些势力一律退出湖南，"湖南人得从容发展其本性，创造其文明"。❷ 在龙兼公发表《湖南们罗主义》的次日，毛泽东即撰文《绝对赞成"湖南们罗主义"》，认为龙兼公所提解释"们罗主义"的三个条件"我们用心干我们自己应干的事""我们绝对不干涉别人的事""绝对不许别人干涉我们的事"，符合大多数湖南人民的心理。❸ 毛泽东同时发表的

---

❶ "Hunan Government To Redeem Bank Currency,"《大陆报》(*The China Press*) 1920年11月25日。正因为赵恒惕获得了"门罗主义"之名，当他于1921年以"援鄂"名义发动湘鄂战争的时候，引起了坊间一些议论。参见《湘鄂问题与保定会议》,《申报》1921年8月2日。

❷ 毛泽东:《湖南改造促成会复曾毅书》(1920年6月23日)，中共一大会址纪念馆编:《中共一大代表早期文稿选编: 1917.11—1923.7》(上)，上海：上海人民出版社2011年版，第885页。

❸ 毛泽东:《绝对赞成"湖南们罗主义"》(1920年9月6日)，中共一大会址纪念馆编:《中共一大代表早期文稿选编: 1917.11—1923.7》(上)，第900页。

《反对统一》进一步主张"二十年不谈中央政治,各省人用全力注意到自己的省采省们罗主义,各省关上各省的大门,大门以外,一概不理"。❶

与此同时,毛泽东强调,自己主张的是"湘人自治",而不是泛泛的"湘人治湘",两个口号的差异在于,前者是湖南绝大多数民众真正的民主自治,而后者则可能沦落为少数本土官僚与军阀对政权的垄断。❷ 10月5—6日,毛泽东、彭璜、龙兼公等湖南各界代表377人联名在《大公报》上发表《由"湖南革命政府"召集"湖南人民宪法会议"制定"湖南宪法"以建设"新湖南"之建议》声明,认为谭延闿、赵恒惕政府召集自治会议,并不符合南北两个法统的规定,不如正大光明地打出"湖南革命政府"旗号,湖南人每五万人选一个代表,组成湖南人民宪法会议,制定湖南宪法。文中称:"我们觉得湖南现在所要的自治法,即与美之州宪法和德之邦宪法相当。中国现在四分五裂,不知何时才有全国的宪法出现。在事实上,恐怕要先有各省的分宪法,然后才有全国的总宪法,一如美、德所走那一条由分而合的路。"❸ 由此可见在毛泽东、龙兼公等人心目中"门罗主义"与"联邦制"的同构性。10月8日,湖南各界联合举行"召集人民宪法会议"的集会,毛泽东被推选为会议主席。

然而,谭延闿、赵恒惕并不接受毛泽东等人向平民开放宪法起

---

❶ 毛泽东:《反对统一》(1920年9月6日、7日),中共一大会址纪念馆编:《中共一大代表早期文稿选编:1917.11—1923.7》(上),第920页。

❷ 毛泽东:《"湘人治湘"与"湘人自治"》(1920年9月30日),中共一大会址纪念馆编:《中共一大代表早期文稿选编:1917.11—1923.7》(上),第908页。

❸ 毛泽东:《由"湖南革命政府"召集"湖南人民宪法会议"制定"湖南宪法"以建设"新湖南"之建议》(1920年10月5、6日),中共一大会址纪念馆编:《中共一大代表早期文稿选编:1917.11—1923.7》(上),第911—913页。

草程序的主张。谭延闿试图由省议会来主导制宪。不久，由于湘军内讧，谭延闿被赵恒惕赶出湖南。赵恒惕更是彻底否定公民制宪的要求，改为延请专家学者制宪，最后只在程序上交由全省选民公投。毛泽东的"民治"路线在制宪过程中遭遇了挫败。而根据毛泽东对斯诺的自述，他在1920年底就已经转向了新的救中国的途径："1920年冬天，我第一次在政治上把工人们组织起来了，在这项工作中我开始受到马克思主义理论和俄国革命史的影响的指引。"❶

1922年1月1日，赵恒惕正式公布《湖南省宪法》，规定"湖南为中华民国之自治省"，自治权"属于省民全体"，"省内治安，省民共保之；省外军队，非经省议会议决，及省政府允许，永远不得驻扎或通过本省境内"。❷关于省外军队的规定，集中体现了赵恒惕制定省宪的核心关注点。在1921年南北两个政府的对峙背景下，孙中山借助陈炯明的粤军攻克广西，进而在桂林设立大本营，筹备北伐。然而赵恒惕以"湖南自治"为名保持中立，拒绝孙中山派遣的北伐军通过湖南，最后迫使孙军从江西北上，北伐未能取得成功。《申报》1921年5月23日刊文《湘省对于粤桂战事之态度——湘省以自治老招牌与孟禄主义老办法应付粤桂战争》评论了赵恒惕的所作所为："目前湘省对于粤桂战事，只有以自治老招牌，及孟禄主义老办法应付之，故对孙系之请，亦婉辞谢却。"❸1922年10月12日《时报》报道："赵恒惕最近对各县代表宣言：湘省仍保守门罗主义，对南对北，两无偏袒，期以三年，与民休息。"❹

而谭延闿在被赵恒惕赶出湖南之后，重新借助孙中山的力量，

---

❶ 刘朋主编：《中共党史口述实录》（第1卷），第4页。
❷ 《湖南省宪法》，《东方杂志》19卷22号，1922年11月25日。
❸ 《湘省对于粤桂战事之态度——湘省以自治老招牌与孟禄主义老办法应付粤桂战争》，《申报》1921年5月23日。
❹ 《赵恒惕最近之态度》，《时报》1922年10月12日。

于 1923 年 8 月回到湖南衡阳，打出"省宪修正事务所"的旗号，与赵恒惕分庭抗礼。赵恒惕发动"护宪"，为了打败谭延闿，将直系军队引入湖南，实际上违反了《湖南省宪法》限制客军驻扎的条款。在谭、赵之争中，"湖南自治"已经沦为一地鸡毛。在 1923 年 7 月 1 日出版的中共中央机关刊物《前锋》月刊创刊号上，毛泽东以"石山"为笔名撰文《省宪下之湖南》，指出湖南兵不多，军饷虽不足，但尚可以支持一时，"与四川云南等省养兵过多有时不得不向外就食者稍有不同"。因此，那种"只要别人不来侵略，自己亦无须侵略别人"的"门罗主义的省自治"，就建立在这样一种经济基础之上，得以持续两三年的生命。但终究，"省宪之寿命决无久理。联省自治更是万无实现之望的东西"。❶

《湖南省宪法》从形式上存续到了北伐战争时期。1926 年 7 月 14 日，广东国民政府北伐军中路前敌总指挥唐生智抵达长沙，废除省宪。至此，"湖南门罗主义"终结。几个月之后，毛泽东深入考察如火如荼的湖南农民运动，撰写了《湖南农民运动考察报告》。作为"湖南自治运动"曾经的先锋，毛泽东在一场通过社会革命来重新统一国家的新运动之中，又一次站到了时代的最前沿。❷

---

❶ 中共"一大"会址纪念馆、上海革命历史博物馆筹备处编：《上海革命史资料与研究》（第 3 辑），上海：上海古籍出版社 2003 年版，第 554—556 页。

❷ 从求学长沙开始，对于"门罗主义"的关注贯穿了毛泽东的一生。在 1920 年的"湖南门罗主义"时刻之后，毛泽东还在一些报告、宣言和谈话中提到"门罗主义"，如在 1940 年 7 月 13 日《目前时局与党的政策》的报告中，毛泽东分析德、意、日与英美等两个帝国主义阵线之间的斗争，指出其主战场已经从陆地转移到海上，在此毛泽东对美国做出评论："美国是门罗主义加上世界主义，'我的是我的，你的还是我的'。它是不愿意放弃大西洋与太平洋上的利益的。"因而中国可以利用帝国主义国家之间的矛盾（中共中央文献研究室编：《毛泽东文集》[第 2 卷]，北京：人民出版社 1999 年版，第 287 页）。1958 年 10 月 6 日毛泽东起草、以彭德怀名义发布的《中华人民共和国国防部告台湾同胞书》中，抨击美国在西太平洋的军事存在："一个东太平洋国家，为什么跑到西太平洋来了呢？西太平洋是西太平洋人的西太平洋，（转下页）

（二）"浙江门罗主义"：辛亥革命以来，浙江一直由本省籍人士担任军政首长。1916年，省内各派争夺省长一职，引发政局动荡。1917年1月3日，北京政府任命杨善德（安徽人）、齐耀珊（山东人）为浙江督军和省长。浙江士绅发起抵制，于1月5日起在杭州连续多日召开"公民大会"，到会人数多达4800余人。省议员许祖谦演说指出"浙江门罗主义，从此打破"❶，议员沈定一、任凤冈、金燮、张雨樵以及国会议员褚辅成等相继发表演讲，号召各界拒绝客军入浙。沈定一疾呼："浙江者，我浙江人之浙江也。浙人不能保浙即国人不能保国……如浙不能自治，他省亦如浙之不能自治，则中央基础何由能固？"❷然而浙江士绅的抵制并没有发生作用。1月17日，杨善德正式在杭州接任浙江督军，稍后齐耀珊也接任省长。

皖系北方实力派卢永祥（籍贯山东济阳）于1919年任浙江督军。1921年，在直系控制北京政府的情况下，卢永祥以"地方自治"为名拒绝直系势力进入浙江，于6月4日发出"豪电"，主张各省先制定省宪，此后各省军政长官选派代表协商，最终将方案付诸全民公决。❸这一姿态受到了陈炯明等地方实力派的响应，也获得了浙江士绅的欢迎。1921年12月《新浙江》杂志创刊，发刊辞称："……是谁之浙江耶？曰是浙江人之浙江也，此言也，夫人人而知

（接上页）正如东太平洋是东太平洋人的东太平洋一样。"（中共中央文献研究室编：《毛泽东文集》[第7卷]，北京：人民出版社1999年版，第421页）1959年3月18日，毛泽东在会见日本社会党书记长浅沼稻次郎时明确指出"西太平洋要由太平洋自己的国家来管"。这是倡导中日两国携手，共同排斥美国的占领和对本地区事务的干预（中华人民共和国外交部、中共中央文献研究室编：《毛泽东外交文选》，第371页）。

❶ 许行彬：《十年流亡之生日吟》，转引自沈晓敏：《处常与求变：清末民初的浙江咨议局和省议会》，北京：生活・读书・新知三联书店2005年版，第193页。
❷《浙江之善后问题》，《申报》1917年1月7日。
❸《卢永祥关于省宪自治之通电》，《申报》1921年6月5日。

之矣,然吾则曰是全浙江人之浙江……是故爱浙江者以浙江人治浙江为第一职志。"❶ 在"浙人治浙"的气氛下,卢永祥也把自己的祖籍从山东改成了浙江宁波。

1921年9月9日《中华民国浙江省宪法》("九九宪法")正式颁布。然而,"九九宪法"第五十四条规定"本省选民年满三十五岁者,得被选为省长,如为现职军人时须解除军职方得就任"❷,这意味着卢永祥必须解除军职才能担任省长,加之又有人质疑卢永祥的籍贯,卢永祥旋将此法束之高阁。浙江士绅后来又起草了"三色宪法"与《浙江省自治法》,甚至组织了浙江省自治政府,但只存在了三天即告失败。

1924年,卢永祥处于直系军阀的包围之中,于是联合奉系与孙中山,形成"反直三角同盟"。卢永祥收编闽军臧致平、杨化昭部,引起了直系很大不满,指责其违反了规定不得收编客军的《江浙和平公约》。1924年9月3日,江浙战争爆发,直系的江苏督军齐燮元与驻扎福建的孙传芳联合,击败卢永祥。不过,1924年10月23日冯玉祥发动北京政变,随后皖系段祺瑞在奉系张作霖的支持下重新上台,组建执政府。齐燮元被段祺瑞免职。孙传芳主导了浙江,于1926年初宣布在苏浙闽皖赣实行"五省门罗主义"。然而,随着广州国民政府的北伐军逼近浙江,大战一触即发。1926年11月25日《大公报》报道称:"浙籍军人之欲行一种浙江门罗主义,拟自立于漩涡以外",不过,"惟绅士既属空谈、浙军亦乏实力,于目前时局,实际上恐少所建树"。❸ 1927年2月,北伐军攻克浙江全境,

---

❶ 张静庐:《发刊辞》,《新浙江》1921年第1期。
❷ 夏新华等整理:《近代中国宪政历程:史料荟萃》,北京:中国政法大学出版社2004年版,第690页。
❸ 《沪浙情形》,《大公报》1926年11月25日。

"浙江门罗主义"亦烟消云散。

（三）"五省门罗主义"：1925年10—11月，孙传芳（籍贯山东泰安）与张作霖为争夺江苏、安徽地盘爆发浙奉战争。孙传芳凭借五省军力，最终迫使奉军后撤至山东。1925年11月25日，孙传芳在南京正式宣布成立苏浙闽皖赣五省联军。在1926年2月南京的重要将领会议上，孙传芳宣布要确守"五省门罗主义"，强调"认定五省保境安民宗旨"，东南五省在正在进行的河南及湖北方面的战事中保持中立。❶日本外务省在北京出版的中文报纸《顺天时报》（1926年6月9日）上即以"孙传芳确守五省门罗主义"来报道事态发展。❷1926年5月，因坊间传闻国内要召开张作霖、吴佩孚、孙传芳、阎锡山四巨头会议，孙传芳回应记者称"本人无意活跃"，他希望吴佩孚与张作霖携手，至于他自己，"拟将东南诸省之门罗主义推及全国，对善良政府固不惜予以援助，对不良政府则取不问不闻之态度，而决以遵守民主主义为方针"。❸

我们并不清楚孙传芳这个讲话是否有意参照了1917年美国总统威尔逊的"没有胜利的和平"这一讲话，后者将"门罗主义"解释为一种各国各族自决其发展道路的主义，进而从美洲推广到全世界。但孙传芳主张"将东南诸省之门罗主义推及全国"，无疑包含着类似的修辞结构，即淡化干涉与反干涉这一问题，而将重点放在本区域治理所体现的精神上，孙传芳将这种精神解释为"民主主义"，因而"将东南诸省之门罗主义推及全国"意味着，当北京政

---

❶ 沈云龙主编：《国闻周报·国内外一周间大事记》（3卷1期至3卷50期），台北：文海出版社1985年版，第503页。
❷ 《孙传芳确守五省门罗主义》，《顺天时报》1926年6月9日，《中华民国史史料外编》第16册，第35页。
❸ 《孙传芳前日之谈话》，《世界日报》1926年5月29日；《吴佩孚果能偕孙传芳北来耶》，《世界日报》1926年5月23日；《孙传芳与日记者谈话》，《申报》1926年5月29日。

府和其他省份政府奉行此主义时，即予以支持；如不奉行此主义，即予以反对。当然，何谓"民主主义"，解释权在孙传芳自己手里。

不久，广东国民政府开始北伐，北伐军逼近孙传芳势力范围，冯玉祥所部国民军也在北方对吴佩孚势力展开打击。吴佩孚希望集中力量对付冯玉祥军队，期待其盟友孙传芳能够抵挡广东北伐军。孙传芳再次显现出了地方军阀"门罗主义"的本色，一面敷衍吴佩孚，一面与蒋介石洽谈，声明如果北伐军不进攻浙江与江西，他将置身事外。

孙传芳又如何对待掌握北京政府的张作霖呢？《顺天时报》的观察是："孙传芳对于中央政局之态度，实欲以东南门罗主义，维持其中立，并不欲吴（佩孚）张（作霖）任何方面之强盛。"❶然而，北伐军在两湖地区进展顺利。9月5日，北伐军进攻江西；10月5日，北伐军进攻福建。1926年10月，浙江省长夏超宣布脱离五省联盟，归附广东国民政府，就任国民革命军第18军军长。于是"门罗主义"反外来"干涉"的一面就凸显出来了，孙传芳调兵遣将镇压夏超自立，杀害了夏超以及支持夏超自立的中共杭州地委书记贺威圣等人。不久，孙传芳不克北伐兵锋，兵败北遁，"五省门罗主义"也就成为过去时。

（四）"云南门罗主义"：籍贯为云南会泽县的唐继尧是"云南门罗主义"的主角，但所谓"云南门罗主义"，并非唐之自我标榜，而是国内报章所评。1920年唐继尧的"靖国军"进攻四川，据《大公报》报道，四川省议会痛骂唐继尧的扩张举措是"帝国主义"："自民国以来，武人专权，罔识大体，谬拾帝国主义之说，倡为同胞自残之行。"❷唐继尧伐川失利，退守云南，1920年12月15日

---

❶《孙传芳牵制奉派以助吴》，《顺天时报》1926年7月1日。
❷《川省会痛骂唐继尧》，《大公报》1920年6月19日。

《大公报》有评论称:"云南唐继尧宣布自守,纯取门罗主义,惟又声明护法到底,其势不过暂避黔川耳目,已为人人所知。"又称唐继尧私下召集各界有名人物秘密商议,"所议者微闻仍在攻川,次取贵州"。❶《大公报》暗示,唐继尧的"门罗主义"不过是表面上的,事实上仍存扩张主义之心。

1921年,唐继尧部下顾品珍驱逐唐继尧,自任滇军总司令。1922年2月,唐率军反攻,顾品珍自杀身亡,唐继尧重掌云南大权。1922年5月18日《顺天时报》撰文《云南之门罗主义》,对云南时局发表看法:"唐继尧回滇之后,其所有一切宣言,均颇值注意。观其真意所在,似已悉以武力讨伐邻省,建设大云南主义之不可能,欲专心致志于省治,完成省政府之组织。其方针既不称兵他省,亦不准他省来侵,换言之,即似抛弃当时之大云南主义,而以建设小云南自治国为目的也。"不过,如同《大公报》一样,《顺天时报》也对唐继尧的意图心存疑虑:"……云南门罗主义,为吾人所极端赞成,用全力于省自治,而谋省政府之确立,乃中国全体之利益,云南全省之利益,并唐氏自身所以成名之道,所成为问题者,唐氏是否真心诚意以此主义为始终而已。"❷

唐继尧自然不会满足于仅仅经营云南。重掌云南军政大权之后,唐继尧将滇军扩编为"靖国军",自任滇川黔鄂豫陕湘闽八省靖国联军总司令,先控制贵州,进而发动第一次滇桂战争,遭遇挫败。在广东国民政府开始北伐之后,唐继尧站在北伐军的对立面。1927年2月6日,蒙自镇守史胡若愚、昭通镇守使张汝骥、昆明镇

---

❶《探报中唐继尧之存心》,《大公报》1920年12月15日。
❷《云南之门罗主义》,《顺天时报》1922年5月18日, 转引自中华民国史事纪要编辑委员会编:《中华民国史事纪要(初稿)·中华民国十一年(1922)(四至六月份)》,台北:中华民国史料研究中心1982年版,第1239页。

守史龙云、大理镇守使李选廷联合发动"兵谏",迫唐继尧放弃实权。两个月后唐继尧病死。

在一段过渡时期之后,龙云成为云南的实力派,相对于南京国民政府具有相当大的独立性,但龙云在抗战前与蒋介石走得比较近,在西安事变中还曾公开表态要进攻张杨,救回蒋介石;抗战中,重庆国民政府对云南进行"削藩",与龙云矛盾逐渐激化,1945年10月3日蒋介石命令杜聿明在昆明发动政变,剥夺龙云实权。但这一"削藩"的进程是以类似"温水煮青蛙"的方式推进的,龙云并没有像阎锡山那样,被国统区的主流舆论贴上"门罗主义"标签。而卢汉接任云南省主席之时,滇军主力已被蒋介石调到东北参加内战,更没有搞"云南门罗主义"的条件。

(五)"贵州门罗主义":在贵州,由于1917年成立的护法军政府的内部分裂,形成了新旧两派的对立,旧派以护法军政府政务总裁、贵州省长刘显世为首,与云南唐继尧结盟并引滇军入黔;新派以其外甥黔军总司令王文华为首,支持孙中山。1920年(民国九年)11月,王文华还在上海之时,新派受到旧派威胁,先发制人发动"民九事变",迫使刘显世下野。在王文华在沪期间,卢焘(广西思恩人)代理黔军总司令,并在1921年3月王文华被投降北洋政府的黔军将领袁祖铭暗杀后,正式担任黔军总司令。"民九事变"后媒体有报道称"卢焘治黔,确取门罗主义,虽邻省亦不接洽"。❶ 这说的就是卢焘作为亲孙的新派势力,既不干涉川滇等邻近省份,亦反对邻省干预。究其原因,不干涉是因为黔军经历变乱,成"五旅分立"之局势,无力对外干涉;反对邻省干预,则是因为邻省掌握

---

❶ "昨(二十三)晤黔籍某政客,谈及贵州现状。据云,卢焘治黔,确取门罗主义,虽邻省亦不接洽……"《最近之统一消息》,《申报》1920年12月26日第6版。

在亲唐继尧的旧派势力之手。1922年,袁祖铭和刘显世势力回潮,名义上服从北洋政府,卢焘辞去黔军总司令之职,其治下的短暂的"贵州门罗主义"时期也因此结束。

(六)"福建门罗主义":出身于北洋军的江苏丰县人李厚基1916年投靠皖系,获任福建督军兼省长。1920年7月直皖战争皖系失败,直奉两系控制了北京政府,李厚基遂疏远皖系,靠近直系。《新闻报》1921年9月17日以《李厚基最近态度:闽省采用门罗主义》为题,剖析了李厚基经营福建的策略。李厚基联络直系而不联络奉系,引起了张作霖的不满,于是劝说李厚基部下王永泉起兵驱逐李厚基。然而李厚基面对内外挑战,重新站稳了脚跟。报道提到,9月3日,李厚基召开军事会议,讨论对于时局之应对策略,"终经决定闽省以确守中立保境安民为宗旨,无论时局何种变动,闽省绝不偏袒一方,惟有不谅闽省苦衷,横加侵犯者,闽省应采取恰当之处置"。❶ 这是将李厚基在复杂时局中保持中立的姿态,命名为"门罗主义"。值得一提的是,在当时舆论界的评价中,一个军阀宣示以"保境安民"为指导思想,经常被视为"门罗主义"的体现,孙传芳如此,李厚基如此,下文将提到的阎锡山也是如此。

(七)"广东门罗主义":近代广东海外华侨众多,又靠近英国控制的香港,广东籍士大夫和知识分子较早接触西学,较早产生变革思想。立宪派知识领袖康有为与革命派领袖孙中山均出自广东。但广东地处岭南,远离北京,又很容易产生偏安意识,晚清革命派出于"反满",又策略性地提出十八省自立于清廷。欧矩甲受到革命派的影响,作《新广东》,以"反帝"带出"反满",进而提出"广东为广东人之广东,非他人之广东,是广东人者,为广东之地

---

❶ 《李厚基最近态度:闽省采用门罗主义》(上册),《新闻报》1921年9月17日。

主矣""以广东之人,办广东之事"。❶ 这可以说是"广东门罗主义"话语的重要创制,并对其他省籍人士的类似表达,产生了影响。

在辛亥革命之后,"广东门罗主义"话语集中在护法运动和"联省自治"的语境中爆发。1917 年孙中山携胡汉民等南下"护法",段祺瑞政府任命的广东省长朱庆澜表示支持,段祺瑞对此不满,宣布对调广东、广西省长,朱庆澜没有桂系根基,只有辞职。广东省议会推举胡汉民任省长,但桂系担心孙中山的民党势力在广东坐大,于是广西籍国会议员邓家彦发电攻击胡汉民,称其与孙中山的护法理念不合:"中山先生痛国会非法解散,觅净土于西南,卒以粤省召国会议员开非常会议。而议员来意在一国,不在一省,在约法不在省长。若粤人师孟罗主义而达其旨,曰广东者,广东人之广东,则滇饷纠纷不难再见。勇士裹足,志士灰心,殊非中山先生本意矣。"❷ 孙中山要求胡汉民向省议会推辞省长职务。胡汉民虽从命,但闷闷不乐。时任护法军政府秘书长章太炎观察:"孙公所部粤人亦欲挟军政府以行广东主义,余知其无就,欲西行。"❸

1918 年 4 月,广州护法军政府内部发生政争,大元帅制被修改成七总裁合议制,孙中山从大元帅变成七总裁之一。孙离开广东,军政府领导权落入桂系岑春煊、陆荣廷之手。1920 年,孙中山、唐绍仪、伍廷芳、唐继尧四总裁联名反对桂系,陈炯明率粤军打败盘踞广东的桂系军队,进而出任广东省省长兼粤军总司令。11 月 4 日,陈炯明发布《告粤父老兄弟书》,宣告已驱逐"客军",恢复广东人民自治之权,"今日以后,广东者,广东人民共有之,广东人民共

---

❶ 欧矩甲:《新广东》,张枬、王忍之编:《辛亥革命前十年间时论选集》(第 1 卷上册),第 287 页。
❷ 《邓家彦致胡汉民电》,天津《益世报》1917 年 9 月 6 日。
❸ 汤志钧编:《章太炎年谱长编》(上册),北京:中华书局 1979 年版,第 549 页。

治之,广东人民共享之"。❶1921年1月13日,陈炯明在广东省议会临时会上演说称:"粤人治粤目的已达到。"❷

1920年正在大力鼓吹"湖南自治"的长沙《大公报》于12月14日发表《粤中之派别谈》,对广东的政治势力进行了评点:"其一为陈炯明派,主张广东门罗主义,不是侵犯他省,亦不许他省侵犯,一效湖南所为。其进行之方法,则建立联邦,改广东省为广东邦,商界、教育界与其他各界与政治无十分关系者属之;其二,军府派,以孙文为领袖,主张重建军府,开非常国会,选举非常总统。凡他省之策士、政客及粤籍之游民或政客付和之。"❸

孙与陈之路线分歧,在1921年的时候就已经相当明显。1921年2月中旬,在与《字林西报》记者的谈话中,陈炯明明确评论:"孙逸仙博士亦曾有一时欲以武力统一中国,亦未成功。然则今日苟尚有抱武力主义之个人或团体,绝不当托以大权,似已彰彰明甚。"又称广东将实行自下而上的自治试验,希望其他省份效仿,"最后使中国成为一大联省政府也"。❹当1921年6月4日浙江督军卢永祥通电主张各省制定省宪,并召集各省代表举行联席会议时,陈炯明迅速表示响应。赵恒惕在湖南推进制定省宪,陈炯明也对其有颇多响应。

在1920—1921年的"联省自治"运动中,陈炯明站到了前沿。他主张先巩固广东根据地,"休养民力",反对孙中山速选总统,反对主动讨伐广西❺,通电八省劝广西加入联省自治。❻在陆荣廷出兵

---

❶《粤军陈总司令之宣言》,上海《民国日报》1920年11月12日。
❷《省议会开临时会纪》,《广东群报》1921年1月14日,第3页。
❸《粤中之派别谈》,《大公报》1920年12月14日。
❹ 陈炯明:《字林西报通信员披露广东真相》,段云章、倪俊明编:《陈炯明集》(下),广州:中山大学出版社2007年版,第552—553页。
❺ 陈炯明:《与某议员的谈话》《关于攻桂的谈话》,段云章、倪俊明编:《陈炯明集》(下),第587—588页。
❻ 陈炯明:《电请八省劝桂省自治》,段云章、倪俊明编:《陈炯明集》,第611页。

攻击广东之后，陈炯明才被动地进行反击。1921年6月陈炯明任援桂军总司令，攻占广西全境。但在修辞上，仍是反复强调，这是对广西多次挑衅，影响广东自治的回应，确系出于无奈，而未来的目标也是助广西自治进入正轨。❶ 陈炯明的目标，是将广西变成其"联省自治"路线的盟友，而孙中山攻取广西的目的，仍在于推进北伐。在南宁，陈炯明与孙中山讨论北伐问题，认为力量不够，不应该贸然北伐，不久发表声明"余无力赞助北伐，由孙自行发展，所部有愿听孙者自便"。❷

早在1921年6月6日与吴宗慈谈话时，陈炯明就说过："如今之中山政府，实不敢赞成，然事已成矣，只有不与之钱，以免妄费……总之，广东之钱，只能办广东之事。"❸ 在孙中山决定北伐之后，陈炯明又在筹饷问题上消极对抗，并在1922年2月份拒绝了北伐军左翼总司令的任命。围绕着北伐统一中国还是联省自治，陈、孙的路线斗争不断深化，最终导向了1922年的"六一六兵变"，两人彻底决裂。

陈炯明在1925年被国民政府的东征军队击败，从此退出政治舞台。陈从未称自己奉行的政策是"广东门罗主义"，但"广东门罗主义"这一标签，此后一直与其相伴随。因陈炯明出身惠州，并提倡"惠州人的惠州"，日本学者竹内实在1977年的一篇文章里甚至将陈炯明的主张称为"惠州门罗主义"。❹ 孙、陈之争，并非简单的个人恩怨或人品之争，而是如何统一中国的政治路线之争。陈炯明是地

---

❶ 陈炯明：《在广西省议会的演说》《与某军官的谈话》，段云章、倪俊明编：《陈炯明集》（下），第671—672页。
❷ 陈炯明：《关于孙中山北伐的谈话》，段云章、倪俊明编：《陈炯明集》（下），第703页。
❸ 陈炯明：《与吴宗慈谈话》，段云章、倪俊明编：《陈炯明集》（下），第625页。
❹ ［日］竹内实：《中国历史与社会评论》，程麻译，北京：中国文联出版社2006年版，第66页。

方实力派中对"联省自治"最有理论与实践热情的人物之一,陈之失败,也标志着"联省自治"路线在革命派阵营中彻底失势。

(八)"两广门罗主义":"两广门罗主义"之说发生在1927年"宁汉对立"期间。广西梧州出身的李济深从1926年11月开始担任广东省政府主席。1927年八九月间,广东财政厅长古应芬及其亲信串通奸商,操纵广州金融风潮,大发其财,引发商民怨愤。李济深通过政治分会决议,密令警备司令邓世增于9月6日采取行动,古应芬听到风声遁逃,其党羽数十人被逮捕法办。❶《大公报》9月10日刊发文章报道此事,称:"盖李此次之举动无非欲实现大两广门罗主义,使两广事实上离国民政府而独立,表面上对汉宁两保持中立或协调之态度,李恰欲以南方之冯玉祥自命也。"❷ 在此"门罗主义"当然变成了贬义词,指的是李欲脱离南京与武汉两个国民政府而自立,从根本上是想"扩张大两广主义"。

但很快,"宁汉合流"完成,桂系得势。素有"半个桂系"之称的李济深卷入了1928—1929年国民党内部的蒋桂矛盾,1929年3月被蒋介石扣押在南京,后来获得自由之后,失去了对粤系军队的控制权。故"两广门罗主义"之说,终究是昙花一现。

(九)"四川门罗主义":在"联省自治"运动中,1920年10月4日,四川实力派刘湘通电全国,倡议四川自治。同年12月13日,刘湘、但懋辛、杨森等又联名致电熊克武、刘存厚,倡导"集全川公民之公意,实行自治"。❸ 熊克武、刘存厚给予正面回应。1921

---

❶ 广西梧州市政协文史资料委员会、苍梧县政协文史资料委员会编:《李济深民主思想研究》(《梧州文史资料》第15辑),梧州:中国人民政治协商会议梧州市委员会文史资料组1991年版,第324页。

❷《表面调和,因财政风潮尽逐胡蒋两系》,《大公报》1927年9月10日。

❸《刘湘等征询刘存厚、熊克武对四川自治意见电》,四川省文史研究馆:《四川军阀史料》(第3辑),成都:四川人民出版社1985年版,第183—185页。

年 1 月 8 日，刘湘等联名通电全国，称"在中华民国合法统一政府未成立前，川省完全自治"。❶ 在上海建立的四川自治期成会主办的《新四川》刊物鼓吹平民政治，但认识到四川武人势力的强大，于是其最低纲领无非是"希望川中将领，驱逐滇黔军之后，实行独立自治"。❷ 1923 年 1 月，省宪起草委员会在成都成立，不久草成《四川省宪章草案》等四个法律草案。但很快，四川军阀内部发生混战，省宪运动也就不了了之。

在"联省自治"过程中，就有报章提到四川的"门罗主义"。1921 年，孙中山联络湖南、四川地方实力派，反对湖北地方实力派王占元。1921 年 7 月 29 日，川军总司令兼省长刘湘率川军攻鄂，川鄂战争爆发。北京政府以吴佩孚、萧耀南取代王占元，分任两湖巡阅使和湖北督军。吴佩孚击溃湘军，但因为恐惧奉军南下和孙中山军队北上，与刘湘议和。12 月 22 日，孙传芳与刘湘互派代表签订和约草案 17 条，川军陆续撤回四川。1922 年 2 月 21 日《大公报》刊发一则文章辟谣，称最近有人称川鄂和议将决裂，不是实情："现虽有少数野心家及鄂籍旅川人运动川军与粤孙一致，实行攻鄂，而刘湘鉴于川中情势，仍抱定门罗主义以巩固川省自治之根基，不为人言所动。"❸ 3 月 7 日，川鄂和约正式签订，川鄂战争终结。在《大公报》的这个报道中，"门罗主义"仍然是在正面意义上被使用。1934 年《新蜀报》四千号纪念特刊曾撰文分析护国运动之后的四川形势：护国运动之后滇黔军把持四川政权，但熊辛、刘湘将滇

---

❶ 周开庆：《民国刘甫澄先生湘年谱》，台北：商务印书馆 1981 年版，第 23—24 页。
❷ 中共中央马、恩、列、斯著作编译局研究室编著：《五四时期期刊介绍》（第 3 辑上册），北京：生活·读书·新知三联书店 1979 年版，第 428 页。
❸ 《势 鼙鼓声中之鄂湘川形 分配海军泛地 湘赵确已投南 川鄂和议将成》，《大公报》（天津版）1922 年 2 月 21 日。

军顾品珍、赵又新赶出四川,川军一部分由刘湘、杨森统率,另一部分由熊克武、但懋辛统率,"大唱门罗主义,宣布川人治川"。❶在这里"门罗主义"仍然是描述性的,没有明确的贬义。

消极意义上的"门罗主义",首先出现在亲孙中山的四川革命青年的表述之中。《四川省志》记载,宜宾县金城乡人吕一峰曾参加五四运动,1920年7月末,他联络北大的进步学生组成"川、滇、黔文化协进会",提出三点主张:一,拥护孙中山的革命主义;二,反对川人治川的门罗主义;三,反对滇、黔军的侵略主义。不久,吕一峰前往上海谒见孙中山,重申以上三点主张,得到孙中山的赞赏。接下来,吕一峰奉孙中山之命入川,游说川、滇、黔各路军阀势力联合倒熊(克武)。❷在这些表述中,"四川门罗主义"被视为四川军阀的割据主义,从而与孙中山通过革命统一全国的思想相对立。在北伐战争进行过程中,《大公报》于1926年11月23日发表评论,称以刘存厚、邓锡侯、田颂尧、李家钰等为代表的一部分四川地方实力派,"始终抱定门罗主义,闭关自守防区,以致川中对于国家大计,至今毫无接洽"。❸这就是更明确地将"门罗主义"与"国家大计"对立起来。

(十)"河南门罗主义":1922年奉系督军赵倜失势,当时尚依附于直系的冯玉祥成为河南督军,直系军阀吴佩孚试图推举心腹李济臣(直隶献县人)成为河南省长,"(旅京)豫人观此情势急转直下,于是大倡门罗主义,而豫人治豫之声,逐满布于京汴"❹。其核

---

❶ 贺植军:《四千号的追忆》,中共重庆市委党史工作委员会编:《五四运动在重庆》,1984年内部发行,第206—207页。

❷ 四川省地方志编纂委员会编:《四川省志·人物志》(上),成都:四川人民出版社2001年版,第225页。

❸ 《混沌之四川 与大局无干 以多兵为累》,《大公报》(天津版)1926年11月23日。

❹ 《旅京豫人之废督易长运动》,《申报》1922年10月26日第6版。

心诉求在于废除督军，自行选举省长。冯玉祥也一度任用暴式彬等国民党人在河南推行地方自治，但自治运动到1923年9月即陷入停顿。"豫人治豫"口号出现的另一个时段是1926年北伐期间。冯玉祥国民革命军第二集团军旗下的樊钟秀（河南省宝丰人）进入河南与吴佩孚直系军队作战时，打出"豫人治豫"的旗号。❶ 不过，隶属于广州国民政府的樊钟秀打出的"豫人治豫"旗号只是战争宣传的口号，与"联省自治"中的"X人治X"口号相比，并不具有对抗中央政府的意涵。

（十一）"湖北门罗主义"：1920年秋，依附直系的湖北督军王占元（山东人）试图保荐其亲家孙振家担任湖北省长，湖北旅京精英迅速动员反对孙振家，并得到黎元洪、周树模等湖北在京大员的支持。总统徐世昌在压力下，改命平政院院长夏寿康为省长。在夏寿康履新之前，湖北旅京同乡会提出四个口号"鄂人治鄂""军民分治""湖北自治""废督裁兵"，作为拥护夏寿康的条件。❷ 夏寿康履新后推动鄂人自治，遭到王占元强力阻挠，一度派兵包围省政府。湖北旅京同乡会和地方士绅进一步掀起"驱王运动"。1920年9月30日毛泽东的《"湘人治湘"与"湘人自治"》一文中，就有"'非鄂人治鄂'的王占元"这样的表述，可见"驱王"影响之大。❸ 王占元为了敷衍"鄂人治鄂"诉求，向北京政府推荐湖北襄阳人刘承恩担任湖北省长，1921年3月8日，刘承恩被正式任命为湖北省

---

❶ 《樊钟秀声势甚盛》，《民国日报》1926年8月20日；《樊军占领许昌》，《民国日报》1926年8月22日。

❷ 卢蔚乾：《北洋时期湖北的省长更迭及"鄂人治鄂"》，《湖北文史资料：北洋军阀统治湖北》(1989年第2辑 总第27辑)，武汉：中国人民政治协商会议湖北省委员会文史资料委员会1989年版，第19页。

❸ 中共一大会址纪念馆编：《中共一大代表早期文稿选编：1917.11—1923.7》(上)，第908页。

第4章 近代中国"省域门罗主义"话语的谱系

省长，但同样遭到反王的地方精英抵制，后者更是进一步向邻省求援，试图引入外力驱逐王占元。在这一形势下，湖南的赵恒惕、四川的刘湘都打出了"援鄂自治"的旗号。最终，王占元下野，但直系军队顺势控制了湖北，吴佩孚出任两湖巡阅使，与湖北地方精英交集较少的直系人物萧耀南（湖北黄冈人）出任湖北督军，但并没有撤换被外界视为"王派"的省长刘承恩。在驱王反刘的人士推动下，1922年汤芗铭出任湖北省长，却遭到萧耀南抵制，无法就任。不久，萧耀南自任省长，直至1926年2月因病去世。

1922年4月24日《大公报》曾发表一则评论，称自从吴佩孚出任两湖巡阅使以来，"对于鄂省视为征服地"，其军队从湖北获取供给，给当地人带来沉重负担。随着直奉冲突爆发，驻鄂直军多数撤防，湖北"本地巨绅为减轻省民负担起见，拟发起请愿会，向军民两署及省议会要求：凡撤防直军，请求不再返鄂，所有饷糈，不再由湖北供应，如此方战事剧烈，至必要时，应实行堵截武胜关，宣布湖北门罗主义，不令外兵窜入"。❶这其实就是主张，湖北应当在直系和奉系的军阀战争中保持中立，并借机将直系军队排挤出湖北。这在当时的情况下自然是不可能实现的。第一次直奉战争从4月28日持续到5月5日，直系将奉系军队赶出关外，吴佩孚巩固了对湖北的掌控。

（十二）"奉天门罗主义"："奉天门罗主义"指的不是奉天一省的"门罗主义"，而是张作霖、张学良父子奉行的"门罗主义"，其地理范围以东三省为主，在不同时期有扩张或收缩。李大钊曾在1927年4月发表于中共中央机关报《向导周报》第193期的《北方政局近情》（署名"列武"）一文中评论张作霖的决策与用人："奉

---

❶ 《言调停者可以休矣》，《大公报》（天津版）1922年4月24日。

方军事政治,皆严守门罗主义,不容外人参入。"❶ 张作霖于1916年护国战争期间打出"奉人治奉"旗号,并授意奉天保安会参议总长袁金铠等人草拟了《奉天保安会章程》,逼走奉天将军段芝贵,迫使袁世凯任命自己为盛京将军,督理奉天军务。在袁世凯死后,张作霖与段祺瑞结盟,在1917年的府院之争中支持段祺瑞,一度宣布"独立"于北京政府;1922年,张作霖在第一次直奉战争中战败,被直系控制的北京政府免去本兼各职,于是于5月12日在滦州宣布东北"独立",进而利用东北地方实力派掀起的"联省自治"运动,以奉天省议会为基础,宣布东三省实行"联省自治",自任东三省巡阅使兼奉天督军、省长及东三省保安总司令。张作霖还利用"独立"截留原本应当递送给中央政府的税款,用于扩充自己实力。《大公报》1922年7月7日报道,张作霖在7月3日召开军政会议,表决"不受中央与任何方面之命令及协商",报道解释称"关于此项系采用浙省办法。因抱定门罗主义,是以并其他方面之协商亦拒绝之"。❷ 这就是说,张作霖利用了浙江督军卢永祥的"联省自治"口号,拒绝北京政府的命令与协商。

1924年,张作霖赢得第二次直奉战争,不仅大大扩张了自己的地盘,而且对于北京政府有了很大的话语权。然而随着张作霖与冯玉祥、段祺瑞关系的恶化,1926年初,张作霖再一次宣布"独立",东三省法团联席会也发出通电,宣称拥护张作霖,实行东三省"联省自治"。但张作霖的关注点不在于实行真正的地方自治,而是利用

---

❶ 李继华、冯铁金、周芳编注:《李大钊轶文辑注与研究》,北京:线装书局2013年版,第71页。

❷《奉省之军政会 表决事件五项 张将巡视吉黑》,《大公报》1922年7月7日。另参见《张作霖召集军政会议》,《申报》1922年7月8日;《张作霖改守门罗主义说》,《申报》1922年7月19日。以上报道均提到了张作霖的"门罗主义"方针。

"联省自治"的名义,截留应当递送给中央的税款,扩充军力,进而用兵于关内。张作霖从未宣布正式取消第三次"独立",但在北伐军压力之下,奉系势力于1927年6月在北京组织安国军政府,张作霖自任大元帅。1926年9月15日,日本外务省在京编辑的《顺天时报》发表社论大谈所谓"奉派责任",号召奉系积极改造北京政府,对吴佩孚和孙传芳稍加援助,但"务必以六省三特区门罗主义为要旨",意即不宜过度扩张。❶ 而1926年10月12日发布的中共湖南区十二次代表大会宣言对此做出回应,指出"日帝国主义此时正在为奉系计划,把住北京政权,持门罗主义不直接和北伐军冲突"。❷

1928年6月,张作霖在北伐军压力下退往东北,在皇姑屯被日本关东军预埋的炸弹炸死。12月29日,张学良宣布"东北易帜",南京国民政府在形式上统一全国。不过,在1930年中原大战期间,蒋介石和反蒋联盟均派代表请求东北军出兵,8月22日奉系元老张作相(张作霖盟兄弟)曾电告张学良抱定"东北门罗主义"。最后王树翰代张学良回电称严守中立绝不出兵。❸ 张实为待价而沽,最后驰援蒋方,给了反蒋联盟重重一击。

(十三)"山西门罗主义":"山西门罗主义"的主角是出身于山西五台的阎锡山。辛亥革命后,阎锡山长期盘踞地势险要、易守难攻的山西。在1918年南北对峙的复杂局面下,阎锡山打出"保境安民"旗号,宣布"三不两要"原则:一不入党派,二不问外省事,三不为个人权利用兵;一要服从政府命令,二要保卫地方

---

❶《时局与奉派之责任》(社论),《顺天时报》1926年9月15日。所谓"六省三特区","六省"为奉系原本控制的东三省加上直隶、山东以及盟友阎锡山控制的山西,"三特区"为热河、察哈尔、绥远。

❷ 易亮如等编:《湖南革命历史文件汇集(省委文件):1923—1926年》,中央档案馆、湖南档案馆1983年版,第85页。

❸《东北元老派抱门罗主义》,《盛京时报》1930年8月26日。

治安。"保境安民"意味着，晋军不出山西，但客军也不得进入山西，在邻省的冲突中保持中立，但对于来犯之敌也坚决击退。❶ 与此同时，阎锡山扩展军队，发展军事工业，养精蓄锐。1923年直系曹锟担任总统之后，坊间有北京将阎锡山调离山西之传言，1923年12月3日《大公报》报道称阎锡山致电北京政府，推荐山西督军人选，并称自己可以担任省长，但不接受客军进入山西，凡此种种，"是亦阎氏仍持门罗主义之一端也"。❷ 等到1924年第二次直奉战争爆发后，阎锡山打破守成格局，出兵反直，但不久又联直反奉。1926年，阎锡山与直奉军阀联合对冯玉祥的国民军发动"讨赤之役"，晋军和西北军在晋北发生激战，晋军胜出，1926年7月21日上海《时报》以"阎锡山之门罗主义"报道了战况，称阎锡山主张"保境安民"，并不出省追击。❸ 不过，这话说得过早，8月，晋军进占绥远，很快改名晋绥军。

广州国民政府开始北伐之后，阎锡山的山西就成为北伐所要克复的堡垒之一。在1927年6月21日的国民党武汉档案中有一则山西学生来信，谈及"阎锡山的山西门罗主义"："革命军自克复南京以后，阎锡山看见革命的怒潮已雄飞突进，风起云涌，进展至黄河流域尤其是关系最要的山西，于是晋阎感觉到地位的动摇，遂放弃其门罗主义之保境安民来应付革命的高潮，以维持其晋绥的地盘。"❹

---

❶ 雒春普：《阎锡山传》，太原：山西人民出版社2004年版，第120—121页。《申报》1922年10月有评论称阎锡山"抱定门罗主义，四方八面，如中央地方，对直对奉，皆运用不粘不脱之手腕，亦无与人打仗之决心，即使被迫作战，亦未必能陷阵冲锋"。欧沧：《山西通信》，《申报》1922年10月2日。

❷ 《阎锡山之门罗主义：督理由阎保荐 不愿客军入境》，《大公报》1923年12月3日。

❸ 雪筠：《阎锡山之门罗主义》，《时报》1926年7月21日。

❹ 《董用威致中政会（1927年6月21日）》附《山西学生赵、王两君致邓同志函一件》，国民党党史馆档案，汉2617号。转引自武汉地方志编纂委员会办公室编：《武汉国民政府史料》，武汉：武汉出版社2005年版，第46—47页。

此信将阎锡山的"保境安民"旗号,称为"门罗主义",可见以国家统一为尺度,省域"门罗主义"已成为割据和封闭的代名词。然而阎锡山再次展现其"保境安民"的才能,1927年6月3日宣布"山西易帜",在"宁汉之争"中,将赌注押在了南京一方,与蒋介石合作。但在响应蒋介石"清党"的过程中,阎锡山又压制国民党内的CC系在山西的势力,以防止对山西的党务工作失去控制。

接下来,阎锡山与蒋介石合作,积极推进"二次北伐",借机在华北扩张自身的势力范围。不久,蒋介石因扩充自身实力、削弱地方实力派而引发反弹。在国民党内部的"党统"之争中,阎锡山一度成为反蒋联合阵线的领袖之一。然而1930年中原大战的军事失败,使其冲击全国霸权的努力受到沉重打击,之前夺得的许多势力范围也丢失了。阎锡山下野蛰居一年之后即东山再起,重掌山西。在险恶的政治环境下,阎锡山再次推行韬光养晦方略,在山西建设了一个独立的金融体系和实业体系,甚至将同蒲铁路都修成了与全国标准不同的窄轨。❶

阎锡山的"山西门罗主义"声名远播,就连日本方面也用这个词来称呼他的治省方针。曾辅佐阎锡山的徐永昌在1936年4月12日的日记里记载日本使馆参赞板垣修等来访,日方"询问极其复杂,最奇者询山西今后仍持向来之门罗态度否"。❷1938年日本读卖新闻社编辑局编辑的《中国事变实录》第3卷谈及日军在山西的攻势,即称日军对"山西门罗主义"发动进攻。❸日本战俘古海忠之观察

---

❶ 同蒲铁路的轨距被广泛视为阎锡山"山西门罗主义"的标志。但也有论者认为同蒲铁路轨距与阎锡山闭关自守的"山西门罗主义"无关,主要出于节省资金的考虑。郭学旺:《山西窄轨铁路成因考辨》,《近代史研究》1988年第4期。

❷ "中央研究院"近代史研究所编:《徐永昌日记》(第3卷),台北:"中央研究院"近代史研究所1991年版,第404页。

❸ 読売新聞社編輯局編:『支那事変実記』第3輯,非凡閣,1938年,第246—248页。

到:"山西省形成一种独立王国式的封锁经济,构成阎锡山的山西门罗主义。但是日本军凭借武力切断了山西同河南的交通,全部控制了太原通往其他城市的运输线——铁路与公路……第一军(即侵华日军第一军——引者注)继承这一'传统',强调'山西的特殊性',实施山西的门罗主义,它完全是一种彻底的市场垄断。"❶

内田知行《日军占领下的太原铁厂的经营状况》也讨论了日军对于阎锡山"山西门罗主义"的继承。在日军占领太原之后,1938年6月,日本大仓财阀代表太田文雄提出了太原铁厂的运行方针,尤其是要把充分满足地方需要作为第一阶段的任务,要"扩大旧西北实业公司的山西门罗主义,将河南和陕西的一部分,作为其供给区域"。❷ 所谓"旧西北实业公司",即阎锡山在经济上的"门罗主义"的主要抓手之一,是山西最大的官僚资本企业之一。

抗战之后,"山西门罗主义"在南京国民政府眼里继续保持为一个问题。日本记者松本重治的《上海时代》描述了蒋介石如何借助追击共产党军队,让中央军进驻山西,打破阎锡山的"山西门罗主义"。❸ 而在1949年之后,太原市军管会金融接管组批判"阎锡山政权长期采取门罗主义,形成半独立性的金融体系",而接管组的努力在于打破这种门罗主义,将山西的金融体系与整个解放区联成一片。❹

---

❶ 中央档案馆、中国第二历史档案馆、吉林省社会科学院合编:《华北经济掠夺》,北京:中华书局2004年版,第739页。

❷ [日]内田知行:《日军占领下的太原铁厂的经营状况》,未刊稿,叶晓彤译,转引自山西省地方志办公室编:《民国山西史》,太原:山西人民出版社2011年版,第387—388页。

❸ [日]松本重治:《上海时代》,曹振威、沈中琦等译,上海:上海书店出版社2010年版,第424—425页。

❹ 山西省档案馆:《中国人民解放军太原市军管会金融接管组档案》,1949年。转引自孔祥毅主编:《民国山西金融史料》,北京:中国金融出版社2013年版,第205页。

除了以上十三种"省域门罗主义"之外，还有一些省份在"联省自治"运动中虽然没有直接出现"XX门罗主义"的表述，但出现了很强的"X人治X"的表述，距离被命名为"XX门罗主义"，可以说只有一步之遥。

（一）江苏：1920年，江苏省议会推动罢免省长齐耀琳（吉林伊通人），从而形成以"苏人治苏"为号召的地方精英动员。张謇等地方精英发起成立"苏社"，鼓吹"苏人治苏"，推行地方自治。在"驱齐"成功后，江苏士绅继而就新省长人选，与属于直系的江苏督军李纯（直隶人）以及北京政府反复博弈，但地方士绅喊"苏人治苏"的口号很大程度上只是一种谈判策略，最终接受了王瑚（直隶人）担任省长。李纯1920年10月猝死后，地方士绅提出"废督自治"，并试图推动制定江苏省宪/省自治法，成效均颇为有限。地方士绅们真正实现的是推动继任直系督军齐燮元（直隶人）和孙传芳（山东人）奉行"保境安民"政策，在湘鄂战争、第一次直奉战争中保持中立。❶但随着军阀混战的加剧，江苏陷入到1924年9月的江浙战争（齐卢之战）和1925年10月的奉浙战争中，战后处于孙传芳的控制之下，直至广州国民政府北伐克苏。

（二）江西：早在1912年3月，李烈钧就曾以"以赣人治赣事"❷的口号，从马毓宝（云南昆明人）手中夺得江西都督之位。1920年11月，江西旅京同乡会向北京政府请愿，提出罢免江西省长戚扬（浙江山阴人），并反对丁乃扬（浙江吴兴人）继任。随后，旅居外省的其他团体和个人纷纷发表通电或集会响应。江西在外绅商

---

❶ 参见陈明胜：《民初地方士绅与军阀政府的矛盾共生——以江苏"省自治"运动为中心》，《民国档案》2018年第4期。
❷ 《烈火千钧任平生：李烈钧文集》编委会编：《烈火千钧任平生：李烈钧文集》，北京：团结出版社2013年版，第67页。

的活动，迅速带动本地的自治运动。1920年12月初，省议会议员邱玉麟起草一份江西自治法草案交省议会临时会议讨论通过，随后省议会多次举办讨论会，就自治法进行讨论。省议会还通过了弹劾戚扬以及赣人长赣、民选省长两项议案。1921年2月21日，北京政府免去戚扬的省长职务，而丁乃扬也知难而退。继任省长赵从蕃（江西南丰人）获得江西地方精英的欢迎。然而，江西督军陈光远（直隶武清人）阻止赵从蕃就任，使北京政府改任自己的亲信杨庆鉴署理江西省长。江西地方精英掀起了驱杨并敦促赵从蕃到任的运动，未能成功。在广州政府致力于北伐的背景下，地方精英将斗争的矛头直接指向了督军陈光远。1922年，广州政府北伐军将陈光远赶出江西，江西自治运动继续推进，第三届江西省议会通过《赣省议会之县自治案》；旅沪赣民自治促进会讨论通过了《江西省自治政府组织大纲》。然而北京政府任命蔡成勋（直隶天津县人）为援赣总司令，重占江西，并成为江西军务督理，随后支持其亲信李廷玉成为江西省长。江西地方精英以及江西旅京精英掀起拒蔡运动，最后李廷玉于1922年9月任职一个月后，即辞职离开江西。1924年秋，蔡成勋被赣南镇守使方本仁（湖北黄冈人）赶下台，江西各团体纷纷通电，希望北京政府执政段祺瑞尊重"赣人治赣"精神，任命李烈钧为江西军务督理兼省长，未果。方本仁执掌江西军务，1925年曾兼任孙传芳领导的东南五省联防军赣军总司令。1926年4月，吴佩孚策动方部邓如琢（安徽阜阳人）倒戈，方失势后投向广州国民政府。邓如琢取代了方本仁在江西的地位，直至被国民政府北伐军击败。

（三）安徽：1912年革命派柏文蔚就任安徽都督时，即提出"以皖人治皖事"。❶ "二次革命"失败后，安徽落入倪嗣冲（安徽

---

❶ 孙彩霞主编：《柏文蔚文集》，合肥：黄山书社2011年版，第83页。

阜阳人）之手，中间虽有黎元洪任命张勋为安徽督军的插曲，但倪嗣冲通过投靠段祺瑞重获安徽督军职位，甚至还吞掉了张勋的定武军。1920年直皖战争后，皖系政权垮台，倪嗣冲称病辞职。自从"二次革命"后控制安徽以来，倪嗣冲把持、操纵省议会选举。在1921年的第三届省议会选举中，倪嗣冲的侄子倪道烺亦试图加以操纵，不少政客与投机分子在选举中作弊。尽管倪嗣冲、倪道烺也是安徽人，但皖系军阀在安徽已不得人心，地方精英纷纷起来揭露选举黑幕。倪道烺以及旧部马联甲试图合作谋取省长一职，遭到安徽地方精英抵制，被怀疑与倪道烺以及马联甲有政治交易的省长人选李国筠和吕调元也同样遭到抵制。1921年8月21日，徐世昌总统任命倪嗣冲幕僚、福建人李兆珍为安徽省长，李未赴任前由财政厅长陶镕（安徽舒城人）代行省长职责。8月21日，旅京、沪皖人公开发声，指责北京政府任命"年近八旬，久经病废"之李兆珍和"贪鄙猥琐"的陶镕主政安徽是"有意陷吾皖于水火"，要求"皖人治皖"。❶9月10日，安庆绅、商、学各界召开会议抵制李兆珍赴任，并在随后的游行中打出"皖人治皖"标语。❷李兆珍在压力之下放弃就任，1921年9月29日，安徽地方精英较为认可的许世英（安徽至德人）出任省长。许赴任之后积极处理第三届省议会选举案，与倪嗣冲残余势力发生冲突，同时推动"废督裁兵"，与安徽省督理马联甲产生了较大矛盾。1923年2月，许世英辞职。北京政府任命1919—1920年曾任安徽省长的皖系人物吕调元（安徽太湖人）为安徽省长，又引起了安徽十一个地方精英团体的通电反对❸，但抗议未能奏效。吕调元任职不久被调离，安徽省长由马联甲暂行兼署。

---

❶《旅京皖人反对李兆珍》，《大公报》1921年8月24日。
❷《安徽各界拒李大游行》，《民国日报》1921年9月15日。
❸《旅沪皖人又一拒吕之通电》，《申报》1923年2月23日。

因此，我们可以看到，安徽在20世纪20年代初的"皖人治皖"话语并非直接指向外省势力，而首先指向不得人心的本省军阀。

不过，从既有史料来看，与安徽地方实力派有关的更为直接的"门罗主义"表述，可能到了1926年国民革命军北伐启动之后才发生。11月8日北伐军攻占南昌。1926年11月18日《大公报》报道了一则传闻：安徽军务帮办、孙传芳的"五省联军"第五方面军（皖军）总指挥陈调元与安徽省长王普"通电保境安民、严守中立、欲脱离战争漩涡，既不联孙，亦不附南，只求保守门罗主义"。❶这应该只是一则传闻。陈调元与国民革命军后来发生交战，但在1927年3月率部倒向北伐军。南京国民政府成立之后，与其最近的安徽省自然也就没有发生"门罗主义"的可能性。

（四）陕西：陕西督军、皖系军阀陈树藩（陕西安康人）在1920年直皖战争后失去段祺瑞这个靠山，省内又有孙中山支持的靖国军反抗。1920年6月，西安成立陕西各界驱陈联合会。为了挽救自己的颓势，陈树藩打出"陕人治陕"旗号，以对抗直系军阀从外部对其的威胁，同时释放拘禁了两年的胡景翼，以缓和与省内靖国军之间的关系。1920年12月，陈树藩又提出"废督制宪"旗号，要求省议会速筹制宪。如果说许多其他省份是本地精英驱逐外省籍督军或省长，但在陕西，却是本省地方精英驱逐失去北京政府支持的本省籍督军，反而是后者打出自治旗号。但这一旗号也救不了陈树藩。1921年5月，北京政府免去陈树藩督军职位。阎相文（山东人）和冯玉祥（直隶人）先后出任陕西督军，驱逐陈树藩的地方精英并没有形成强有力的"省域门罗主义"。

（五）甘肃：1921—1922年，当地诸马军阀借直皖战争中皖系军

---

❶《皖陈王通电保境后所闻　昨日风传安庆危急》，《大公报》1926年11月18日。

阀失败之机，驱除依附皖系的甘肃督军张广建（安徽合肥人），后又反对北洋政府派驻直系的蔡成勋（直隶天津县人）出任甘肃督军的安排。当时有报纸报道称："甘人反对以蔡成勋兼省长，以甘人治甘主义，通电京内外同乡，一致向政府请愿，蔡闻之，拟辞兼长。"❶ 蔡成勋受到抵制，未到职，于1922年6月改任江西督军。陇东镇守使陆洪涛（江苏铜山人）代理甘肃督军，而当地实力派马福祥试图争夺督军一职，在这场"陆马之争"中，双方都诉诸了民族话语❷，这也使得"甘人治甘"的口号，带上了其他省份不具备的民族矛盾色彩。争斗最终以妥协结束，陆洪涛就任甘肃督军，马福祥出任绥远都统，原职由其侄马鸿宾代理。即便陆洪涛已任职数年，甘肃省议会仍有潜在的反对声音，1925年有报道称"甘肃省议会请中央顺应潮流，任命甘人治甘"。❸

（六）山东：与许多其他省份类似，山东地方精英驱逐客籍督军的运动，带来了"鲁人治鲁"舆论的一度高涨。1919年12月，皖系出身的国务总理靳云鹏（山东邹县人）支持田中玉出任山东督军，试图通过控制田中玉来控制山东。田中玉一开始倾向于皖系，但在直皖战争中坐山观虎斗，坐视皖系失败。在全国各省呼吁"军民分治"的环境下，田中玉通过种种手段赶走了省长齐耀珊（山东昌邑人），自己兼任省长。田中玉作为客籍督军如此作为，不免与地方精英发生冲突，于是山东掀起了"驱田废督"运动，多次派代表向北京政府请愿，甚至有人提出请吴佩孚担任山东督军。曾任山东督军的东阿人张怀芝、滨州人张树元也是"驱田"运动的重要推动者，试图通过赶走田中玉而自己出任督军。但田中玉及时投靠直

---

❶ 《时报》1921年1月6日第3版，国内特约电。
❷ 相关电文，参见丁明俊：《马福祥传》，银川：宁夏人民出版社2001年版，第83页。
❸ 《时报》1925年9月17日第2版。

系,仍得以留任。最终,1923年,田中玉剿匪引发"临城劫车案",在帝国主义列强的压力之下被迫引咎辞职。继任督军郑士琦、省长龚积炳为安徽人,大量任用徽籍同乡人士。旅京山东人又于1925年4月向北洋政府请愿,打出"鲁人治鲁"旗号,试图倒郑、龚。❶ 于是,奉系首领张作霖借着"鲁人治鲁"的口号,安排鲁籍奉系军阀张宗昌主政山东,总揽军政民政,直至被国民党北伐军击败离开山东。

以上种种"省域门罗主义",不论其中的某些省份在实践上多么闭关自守,在话语上均非以脱离中国作为号召,可见中国"大一统"的政治与文化传统根基深厚,非数十年乱世所能撼动。但在外力介入之下,中国东北出现了一种依附于日本帝国主义的地方"门罗主义",在此值得附加探讨。

1928年,北平小报《新北平》曾刊文《所谓满洲门罗主义》(作者署名"快")针对日本田中义一内阁的东北政策提出严厉批评,称日本政府正在推行一种"满洲门罗主义"。❷ 但日本军国主义支持的东北区域"门罗主义"真正走到前台来,应该是在"九·一八"事变之后。1931年11月5日,曾在张作霖与张学良手下任东三省保安总司令部参议的于冲汉向当时的关东军司令官本庄繁提出了八点政见:1. 实行绝对的保境安民主义,建立独立国家;2. 收揽民心,涵养民力;3. 改正奉给令,制定慰劳金制度;4. 创设审计院制度;5. 改革警察制度,制定户籍法;6. 确立新政权的不养兵主义,在东北奉行门罗主义,废除中国军队,以日本军队取代之;7. 道路行政和产业政策的确立;8. 只依靠自己的力

---

❶《旅京鲁人倒郑龚之大请愿》,《申报》1925年4月6日。
❷《所谓满洲门罗主义》,《新北平》1928年第7期,第7页。

量去实现自治是不够的,还要借用其他途径与方法实现之。❶

根据关东军参谋片仓衷在远东军事法庭上的证词,于冲汉在和本庄繁谈话(1931年11月3日)中指出:"目前事件已发展到这种状况,为了保护和维持东北地区的安全、民众福祉以及法治与秩序,该地区应从南京政府分离出来,以独立的形式建立一个新国家。在东北地区以独立的形式建立一个新的区域,应采取不进行军事训练的原则,也就是反军事化的原则,并建立和遵守不威吓、不侵略的原则,在上述原则的基础上,建立一个门罗社会。"❷ 11月10日,伪满自治指导部成立,于冲汉担任部长,负责在基层宣传日本"王道"统治。❸ 1932年伪满洲国成立之后,于冲汉任首任伪监察院院长。

为"满洲门罗主义"提供系统论述的作者,是曾担任溥仪内务府大臣的郑孝胥,他是汉族人,在伪满洲国成立后,担任了溥仪的"国务总理"。郑孝胥作《满洲建国溯源史略》,建构了一个以"满洲自古以来为独立国"为宗旨的历史论述,并称伪满建国"以所谓满洲门罗主义为国是者也",❹ 最大目的是"以满洲国人民统治

---

❶ 参见伪皇宫陈列馆编:《伪皇宫陈列馆年鉴》,长春:伪皇宫陈列馆1987年版,第84页;丘树屏:《伪满洲国十四年史话》,长春:长春市政协文史和学习委员会2002年版,第248页。

❷ 程兆奇主编:《远东国际军事法庭庭审记录·中国部分·侵占东北辩方举证》(上),杨夏鸣译,上海:上海交通大学出版社2014年版,第143页。片仓衷在证词中曾这样解释于冲汉"在门罗主义基础上建立国家"的理念:"根据于冲汉的观点,只要能在东北地区以独立的形式建立一个国家,就能建立一个像瑞士那样的国家,一个在原则上没有武装、不威吓他国,也不被他国威吓的国家……他的观点还包括,应该建立一支国家防卫军队,保护东北地区,这样该地区就可以有一支军队对日军和俄军进行反击了。"当然这里说的是于冲汉投身伪满之前的观点。见程兆奇主编:《远东国际军事法庭庭审记录·中国部分·侵占东北辩方举证》(上),第148页。

❸ 参见伪皇宫陈列馆编:《伪皇宫陈列馆年鉴》,第84页;丘树屏:《伪满洲国十四年史话》,第248页。

❹ 郑孝胥:《满洲建国溯源史略》,吉林省图书馆伪满洲国史料编委会编:《伪满洲国史料》(第1册),北京:全国图书馆文献缩微复制中心2002年版,第480页。

满洲",其实质含义是"满洲者,以现在居住满洲之各民族完全支配"❶,而这里的"满洲人"则泛指居住在伪满境内的一切人种,包括满人、汉人、蒙古人、朝鲜人、俄罗斯人、日本人等。但将日本人包含在"满洲人"之内,也就有可能将东京对于伪满决策的主导包装成为伪满的自主决策。

郑孝胥的"满洲门罗主义"恰与日本的"满蒙门罗主义"相互呼应。上海《救国周报》1932 年第 3 期翻译了日本极右翼分子中野正刚的文章《日本及满蒙门罗主义》,中野正刚称:"日本自己没有富源,正在寻找移民地方。现在于满蒙扶植日本势力,是绝对必要的,外国断没有干涉的理由。美国倡导门罗主义,在南美各国树立势力。英国则与其广大无边的殖民地之间,形成一大经济势力圈。法国又于欧洲大陆上,建设其经济势力圈。我日本在满蒙提倡日本门罗主义,还用什么客气。""我们以为对于满蒙问题,如果不毅然采取不许第三国干涉的政策,则满蒙政策必将失败,必有再为人侵略权利之一日。"❷ 这一论述赤裸裸诉诸日本的殖民需要,呼吁日本政府"援助"伪满洲国,并排斥其他国家的干涉。由此看来,"满洲门罗主义"实质上是日本的"亚洲门罗主义"的延伸,是对于中国领土主权的破坏。这是省域门罗主义话语最为堕落与变态的形式。

省域"门罗主义"从威尔逊式的民主自治的正面形象,走到封建割据、抗拒统一的负面形象,其关键转折点在于国共合作。"联省自治"运动兴起之后,虽然孙长期主张以县而非省为自治单位,由于若

---

❶ 郑孝胥:《满洲建国溯源史略》,吉林省图书馆伪满洲国史料编委会编:《伪满洲国史料》(第 1 册),第 464 页。
❷ 子正:《关于日本的法西士特:中野大倡满蒙门罗主义》,《救国周报》1932 年第 3 期,第 23—25 页。

干加入运动的省份承认孙中山领导的广东政府为正统,在现实形势之下,孙对"联省自治"不便表示公开反对。不过,在其根据地广东,孙的北伐主张与陈炯明的"广东门罗主义"主张冲突日益激烈,二人最终在1922年6月兵戎相见。而在中共方面,1922年7月16—23日在上海召开的中共"二大"通过《中国共产党第二次全国代表大会宣言》,认为"十年来,一切政权业已完全分于各省武人之手,若再主张分权,只有省称为国,督军称为王了",主张"联邦的原则在中国本部各省是不能采用的"。❶1922年8月,孙中山与李大钊在上海会谈,达成反对军阀割据、统一全国的共识。9月13日中共中央《向导》周报创刊号发表陈独秀《联省自治与中国政象》,批评当下的联省自治招牌底下,实质是"分省割据""联督割据",陈独秀主张用全国的民主主义分子造就强大的政党,打倒军阀,建设一个民主政治的全国统一政府。❷中国共产党人迅速加入了国民党的改组工作。

在1924年1月通过的中国国民党"一大"宣言中,我们可以看到对联省自治运动的激烈批评:它不过是据省自重的小军阀与挟持中央政府的大军阀相安无事的伪自治,而真正的自治,必须等待中国全体独立之后才能成立。❸国共携手,共同发动国民革命。1926年7月,国民革命军从广州开始北伐。即便在1927年4月发生了蒋介石针对共产党与国民党左派的政变,在蒋介石的用语中,"门罗主义"仍保持着负面色彩。1927年5月,蒋介石与胡汉民致电唐继尧,邀请其来南京共商大计,电文中写道:"吾兄大才硕望,国家柱石,谅不固守门罗主义,及时奋起,本爱乡之心出而

---

❶ 中共中央党史研究室、中央档案馆编:《中国共产党第二次全国代表大会档案文献选编》,北京:中共党史出版社2014年版,第7页。
❷ 陈独秀:《联省自治与中国政象》,《向导》周报1922年9月创刊号。
❸ 《孙中山全集》(第6卷),第116—117页。

爱国。"❶ 在此,"门罗主义"意味着固守云南一隅,不问全国大局。1927年6月21日的国民党武汉档案收录了一封山西学生来信,更是直指阎锡山受到革命浪潮的冲击,"遂放弃其门罗主义之保境安民来应付革命的高潮,以维持其晋绥的地盘"。❷ 这两则史料中,"门罗主义"都被置于全国统一事业的对立面。徐永昌在其1949年4月21日的日记里写道,他目击长期担任宁夏省主席的马鸿逵向白崇禧抱怨国民党有关方面"补给不公,还疑其门罗主义","慷慨激昂,竟至下泪"❸,可见"门罗主义"在国民党内是一个相当严重的标签。

在"联省自治"运动中,"X人治X"口号的意义域与"门罗主义"的意义域高度重叠。在"门罗主义"的光环褪去之后,仍然会有一些地方实力派运用"X人治X"的口号,只是对其进行了新的界定,弱化了排斥外省势力与中央政府的意涵,从而避免被人称为"门罗主义"。比如属于新政学系的熊式辉在1931—1941年期间担任江西省主席,1941年出版的《赣政十年》中收入了熊式辉1932年1月25日在江西省政府的讲话《赣人治赣的真精神》,里面说:"赣人治赣,不是以省政府主席及委员是几个江西的人就了事,是要全体的江西人,能一致努力来治江西的事,换一句话说,就是三千万人民,自治起来,这才是赣人治赣的真精神。"❹ 不过,熊式辉在主政江西之前,针对当时的江西省主席鲁涤平大造"赣人治

---

❶ 《蒋中正与胡汉民电唐继尧来宁共担党国大任》,1927年5月16日,台北"国史馆"藏蒋中正文物·革命文献·北伐时期,002-020100-00002-057。
❷ 《董用威致中政会(1927年6月21日)》附《山西学生赵、王两君致邓同志函一件》,国民党党史馆档案,汉2617号。转引自武汉地方志编纂委员会办公室编:《武汉国民政府史料》,第46—47页。
❸ "中央研究院"近代史研究所编:《徐永昌日记》(第9卷),第311页。
❹ 《赣政十年》编辑委员会:《赣政十年:熊主席治赣十周年纪念特刊》,《民国珍稀专刊特刊增刊纪念号汇编》(第39册),北京:全国图书文献缩微复制中心2010年版,第7页。

赣"的舆论,意在将湖南籍的鲁涤平排除江西。❶换言之,在实践之中,"X人治X"针对外省势力的排斥意义仍然是明显的,只是在国民党"训政"理论之下,不会显露排斥中央政府的意涵,以避免被贴上"门罗主义"标签。

在1927年国共决裂后,中共会用"门罗主义"指称国民党地方实力派闭关自守的行为,但很少会用这个词汇来指称党内的现象。中共能够在不同军阀的势力范围之间生存壮大,依靠的正是不断打破既有边界,在敌人的辖区动员起民众力量的能力。穿越边界的游击战和运动战,本身就是对军阀的"门罗主义"的克服。而要保持这种穿越边界的能力,革命政党就需要克服自己内部的利益集团化、宗派化的倾向。在革命斗争中,中共给党内的小团体闭关自守行为找到了新的命名——"山头主义"或"宗派主义"。❷尤其是"山头主义",根植于革命政党在山区打游击的经验,是对孤立与偏安更形象的命名。当能够用"山头主义"或"宗派主义"说明问题的时候,使用"门罗主义"这一标签来描绘党内现象就丧失了必要性。❸

---

❶ 姚甘霖:《统治江西十年的熊式辉》,中国人民政治协商会议江西省委员会文史资料研究委员会编:《江西文史资料选辑》1982年第1辑(总第8辑),第144页。

❷ 毛泽东:《整顿党的作风》(1942年2月),《毛泽东选集》(第3卷),北京:人民出版社1991年版,第811—829页。

❸ 有两个例外值得一提:(1)1929年,陈独秀曾试图加入从莫斯科归国的留学生的托派组织"我们的话派",后者提出陈独秀无法接受的条件,于是,陈独秀、彭述之、尹宽等自行成立小团体,并谴责"我们的话派"搞"门罗主义"。记工编:《历史年鉴1929》,长春:吉林文史出版社2006年版,第171—172页。在此,发生冲突的两个小团体从事的都是"非组织活动"。(2)1933年6月中央驻北方代表田夫(孔原的化名)在致中央的一封信里推荐河北省代理书记,在谈到时任河北省委组织部长史汀生(阮锦云的化名)时,称后者有些软弱,在河北工作,有一个时期抱着"门罗主义"态度,只注意自己部分工作,整个工作很少注意。不过,在这里提到"门罗主义"时,田夫特意加了括号,里面注明:"他自己的话",意即这是阮锦云的自我批评。《中央驻北方代表田夫致中央信第十三号——关于张家口事变的报告(一九三三年六月十八日)》,中央档案馆编:《中共中央北方局文件汇集:1933年—1934年》(二),北京:中央档案馆1992年版,第114页。

而"门罗主义"形象的进一步负面化，不仅源于中国国内政治形势的变化，也与日本对于"门罗主义"这一符号的滥用有很大关系。当日本政府在"九·一八"事变之后，不断主张"亚洲门罗主义"或"日本门罗主义"，对中国步步紧逼之时，"门罗主义"要在汉语中保持为一个正面词，也就愈益困难。从1931年直到抗战胜利，中国报章上出现大量的对于日式"门罗主义"的批判。甚至连上海出版的《小学生》杂志都在1935年刊登寓言《小狐狸的门罗主义》《山羊的门罗主义》来探讨东亚的国际局势。❶ 在中华民族危在旦夕的背景之下，各省军阀公开主张"各人自扫门前雪"的"省域门罗主义"，也就日益缺乏正当性。

比如说，阎锡山在山西的统治，长期被人称为"山西门罗主义"。正如王奇生教授所概括的那样，阎锡山在抗战期间"为了自己的利益，或联蒋反共，或亲共制蒋，或与国、共联合抗日，亦曾打算与日本妥协对付国、共，基本无底线可言"。❷ 在1938年出版的《全国将领抗日谈》中，八路军一二九师的张香山批判阎锡山的"晋军"的失败不仅仅是军事上的失败，而首先是政治上的失败，这种失败源于阎锡山实施的"门罗主义"，表现为金融、交通、人事等方面的封闭保守，也不愿意发动民众积极抗日。❸ 1939年晋西事变前数月，蒋介石还在日记里骂阎锡山"以大一统为遗毒，与中心思想之曲解，其卑劣甚于共党，其破坏三民主义之罪恶为不可恕也"；1944年2月5日蒋又在日记里骂阎锡山图谋"降敌叛国"，实为

---

❶ 《小狐狸的门罗主义》，上海《小学生》1935年第5卷第5期；《山羊的门罗主义》，上海《小学生》1935年第5卷第6期。亦可见本书第3章198页。

❷ 王奇生：《多种政治力量间的博弈：以1935—1945年的阎锡山为个案》，《江淮文史》2018年第5期。

❸ 张云涛编：《全国将领抗日谈》，上海：华光出版社1938年版，第81页。

"匪夷所思"。❶1939年晋西事变之后，阎锡山与中共的抗日合作出现很大裂痕。抗战晚期，晋察冀边区流行过刘薇、唐诃创作的《骂阎锡山》，其中有词句为"嘴里说守土又抗战，心里边谋划着个人地盘""跟国共两党联合是假，跟日本鬼子可是真"。❷《晋冀日报》上还曾登载过1945年底阎锡山进攻解放区时，被阎军俘虏的儿童团员唱着《骂阎锡山》就义的消息。❸

在抗战背景下，不仅是"省域门罗主义"，更低层级地方单位的"门罗主义"也引起了许多评论者的忧虑。萧乾《岭东的黑暗面》批评潮汕地区国民党官员在抗战期间的种种丑态，其中提到揭阳的梁县长不仅对老百姓课以苛捐杂税，而且在抗日救亡上过分采取"门罗主义"，不愿意与广东省第八区民众抗日自卫团统率委员会合作，不录用八区训练的妇女干部，等等。❹1939年7月中共陕西省委青年工作委员会的一个报告中提到了三原民治学校的状况，称其"是一个抗协的集团，实行门罗主义，别的学校的学生不能轻易进门，在校学生经常受监视"，❺所谓"抗协"，是中共领导的抗日根据地发展起来的抗日民族统一战线组织"国民党抗敌同志协会"，拥有武装国民抗敌自卫军，然而其一些基层组织在发展过程中一度鼓吹走第三条道路，与中共分庭抗礼，1942年被解散。❻陕

---

❶ 以上蒋介石日记中的表述，转引自王奇生：《多种政治力量间的博弈：以1935—1945年的阎锡山为个案》，《江淮文史》2018年第5期。

❷ 王瑞璞主编：《抗日战争歌曲集成·晋察冀·晋冀鲁豫》（第2卷），北京：中国文联出版社2005年版，第80—81页。

❸ 唐诃：《唐诃散文集——一位音乐家的足迹》，济南：黄河出版社2001年版，第126页。

❹ 萧乾：《萧乾选集》（第2卷），成都：四川人民出版社1983年版，第93页。

❺ 中央档案馆、陕西省档案馆编：《陕西革命历史文件汇集·1939年》（二），内部资料1992年版，第484页。

❻ 中共山东省委党史研究室、山东省中共党史学会编：《山东党史资料文库》（第19卷），济南：山东人民出版社2015年版，第205—206页。

西省委青年工作委员会的报告即体现出对于"抗协"基层组织日益封闭化的忧虑。抗战期间国民党各派系之间的相互提防，更是家常便饭，一些国民党干部也会用"门罗主义"标签来对这些现象进行命名。国民党末任福州市长何震在《略记福建的特务派系》一文中回忆抗战时期福建的特务派系，称驻闽海军奉行"门罗主义"，借以保持内部一致，外人不容易渗进，军统曾有人打入舰队司令部当秘书，被发现踢走。❶ 时任第五战区政治部第二科科长袁雁沙则在回忆录《蒋桂在第五战区军队政工方面的明争暗斗》中称，由于李宗仁指挥的不仅是嫡系军队，还有一定数量的杂牌军，"新桂系军队政工要继续实行门罗主义那就不容易了"。❷ 结果李宗仁通过巧妙的人事安排，既保持了战区政工的领导权，也尊重了"中央"派来的人。

　　以上所录抗战时期的史料表明了一种跨党派的共识：在侵略性的"亚洲门罗主义"面前，"省域门罗主义"乃至更低层级的单位的"门罗主义"对于狭隘的地方利益、小团体利益的过度考虑，最终只是助长了侵略者的野心。在此背景之下，不要说是"山西门罗主义"，任何省份的"门罗主义"，都难以获得抗日主流舆论的认可。抗日战争大大增强了国家与民族认同，为"省域门罗主义"在中国大陆的全面淡出，准备了心理上的条件。

---

❶ 何震：《略记福建的特务派系》，政协福建省委员会文史资料委员会编：《福建文史资料·第28辑：CC、中统在闽内幕纪实》，福州：政协福建省委员会文史资料委员会1992年版，第201页。

❷ 袁雁沙：《蒋桂在第五战区军队政工方面的明争暗斗》，政协广西壮族自治区委员会文史资料委员会编：《广西文史资料·第30辑：新桂系纪实》（中集），南宁：政协广西壮族自治区委员会文史资料委员会1990年版，第259页。

三　余　论

"门罗主义"这一通常被用于"超国家"政治空间的话语,如何在近代中国被转用于"次国家"的省域空间,并经历了舆论评价的翻转?尽管1838年中文世界就出现了对门罗总统的介绍,19世纪《字林西报》等在华出版的外文报纸对"门罗主义"的发展也有所介绍,但中国的政治—文化精英对"门罗主义"的浓厚兴趣,要等到19世纪末才发生。旅日的中国精英汲取了日本传播的"门罗主义",进而发展出一种反满的"省域门罗主义"话语,欧矩甲《新广东》是这种话语的代表。

1911年的辛亥革命以妥协告终,"反满主义"淡出历史舞台,但"省域门罗主义"话语并未因此而终结。在民初中央政府与地方实力派的对峙之中,"门罗主义"话语被用于地方实力派的自保行为之中,而威尔逊主义对于"门罗主义"的新解释,则赋予了"省域门罗主义"一种很强的"民主自治"的色彩。当1920年毛泽东支持"湖南门罗主义"的时候,强调的正是"门罗主义"具有的"民主自治"的含义。而当国内报章在与"帝国主义"对立的意义上使用"门罗主义"一词来描述那些并不支持平民政治参与的地方实力派的举措时,这一表述仍然保持着与"和平"及"地方自治"的关联,不失正面色彩。但随着国共两党在20世纪20年代找到通过革命统一全国的道路,"门罗主义"日益与军阀割据、封闭自锁、抗拒统一关联在一起,其消极意义盖过了积极意义。

在"门罗主义"从"超国家"层面被转用于"次国家"层面的过程中,存在一个关键的"中间环节"——清末的旅日中国精英在日本"大亚洲主义"的影响之下,为"门罗主义"找到了一个具有感染力的句式："XX是XX人的XX。"这一句式本身完全可以被运用于不同层面的政治空间，无论是超国家、国家，还是次国家。通过这一句式，不同层面的政治话语具有了相互感染的可能性。不过，句式本身毕竟只是一个工具，更重要的问题是：人们为何有如此大的动力频繁使用这一句式？而这就要追溯到19世纪末中国所遭遇的全面的政治秩序危机。在甲午战争之后，东西方列强竞逐于中国与东亚，中国的戊戌变法遭遇失败，对于当时敏感的中国知识分子来说，无论是国家的秩序、"超国家"的区域秩序，还是"次国家"的省域秩序，都处于高度的不确定之中，由此引发的是对不同层面空间秩序的全面反思。❶

---

❶ 国民革命以来，"门罗主义"这一标签也在省域以下非军政的基层情境中得到运用。常见的场景是指称某一单位或部门的主事者在人事上利用自己的党羽，排斥外来力量，或一个单位或部门奉行本位主义，不与其他单位或部门相配合。大学是军政部门之外另外一个容易造成人事争议的空间。作家李长之1947年所作的《论大学校长人选》特别强调校长不要培植自己的势力，"造成清一色的门罗主义"。见李长之：《论大学校长人选》，《李长之文集》（第1卷），石家庄：河北教育出版社2006年版，第438页。赵俪生《篱槿堂自叙》曾提到1925年清华改为国立大学之前曾有过十四年"留美预备学堂（校）"的时期，输送了上千名青少年赴美留学，这些校友在回国之前就倡导"清华者清华人之清华"的"清华门罗主义"，而赵俪生认为这些学生学术训练西多中少，西重中轻，而且中西之间缺乏会通，难堪大任。见赵俪生：《篱槿堂自叙》，上海：上海古籍出版社1999年版，第33页。不久，还真发生了一个赵俪生担心的事件。1930年6月阎锡山任命1919年从清华学堂毕业的山西人乔万选为清华大学校长，上海与北平清华同学会的一些校友主张"清华人为清华人之清华""校友治校"，进行"拥乔"活动，但清华多数师生反对阎锡山任命的这位"校友"，称同学会的姿态为"门罗主义"，掀起"驱乔"运动，最后迫使阎锡山收回成命。见张德旨：《我们对于校事的态度》，《清华周刊》1930年总第493期，第4页。而郭沫若也在《脱离蒋介石之后》一文中回忆他主持广东大学（中山大学前身）时进人受到法科拒绝，评论说"广东大学的门罗主义也是很严的"。见郭沫若：《脱离蒋介石之后》，《郭沫若全集》（文学编第13卷），北京：人民文学出版社1992年版，第171页；另参见咸立强：《知识分子、城市与公共领域：郭沫若的广州体验及其思想转向》，李怡、毛迅主编：《现代中国文化与文学》（第24辑），成都：巴蜀书社2018年版，第166—167页。而更一般的例子，如殷钟麒在1946年出版的《中国档案管理新论》中主张成立专门的"档案师"，认为："假如一机关，既无专才，而又采取'门罗主义'……则档案管理，（转下页）

在全面反思不同层面空间秩序的知识风气下，近代的历史行动者对于"门罗主义"符号被同时使用于"超国家"与"次国家"两个层面，不无理论上的总结与思考。在1918年7月发表的《Pan……ism之失败与Democracy之胜利》一文中，李大钊以"大……主义"（Pan……ism）来同时解释日本的"大亚洲主义"与中国军阀的省域门罗主义："持此主义者，但求逞一己之欲求，不恤以强压之势力，迫制他人，使之屈伏于其肘腋之下焉。""一战"期间，民国法统分裂，南北对峙，军阀之间相互攻击。在李大钊看来，这就出现了一种内斗的"大……主义"。李大钊如此解释这种主义与列强的扩张主义之间的差异："……他人之'大……主义'，乃奋其权力而向外部发展；吾国之'大……主义'，乃互相侵陵，以自裂其本体。故他人之'大……主义'，为扩充之主义，吾国之'大……主义'，为'缩小之主义'。"原因在于，中国作为弱小之国，其国民无力对外扩张，于是"好争之性"只能对内发泄，冲突只能在"次国家"的省域层面发生。❶

（接上页）有长夜漫漫之感，档案管理前途，不堪设想矣！"殷钟麒：《中国档案管理新论》，《档案学通讯》杂志社编：《档案学经典著作》（第2卷），上海：世界图书出版公司2013年版，第791页。这说的就是机关单位自己没有专才，又拒斥外来人才，造成档案管理工作混乱。张劲夫在1934年所作的大众生活素描《老绵羊》一文中，描写了一个同宗的剃头匠老绵羊，由于"'家家门朝西，都是窝里鸡'的门罗主义"，其生意在宗族里颇受照顾。但另外一个村子的剃头匠用了新的剃头工具，尽管老绵羊有宗族照顾自己生意，最后生意也难免越来越差。在张劲夫的自述里，这个寓言指向的是自己小时候目睹村里的老织布机被更新的机器替代的经历，说明"新的工具总要战胜落后的"。见张劲夫：《思陶集》，北京：华夏出版社1994年版，第155、10—11页。这么来看，"门罗主义"还带上了保守落后、拒斥先进事物的意涵。因此我们可以看到，自从国民革命以来，"门罗主义"话语不仅在省这一空间层面日趋负面，在更基层的空间里，也日益与封闭、排外、保守等消极意义关联在一起。

❶ 李大钊：《Pan……ism之失败与Democracy之胜利》，中国李大钊研究会编注：《李大钊全集》（第2卷），北京：人民出版社2006年版（下文除特殊标注外，均为此版），第244—245页。

在 1918 年的《Pan……ism 之失败与 Democracy 之胜利》一文中,李大钊尚未明确将军阀划定和争夺势力范围的实践命名为"省域门罗主义"。但早在他参与编辑、1912 年 12 月出版的《〈支那分割之运命〉驳议》一书中,李大钊就和北洋法政学会的同人们一起,将日本的"大亚洲主义"与"门罗主义"关联在一起:"近顷日人所盛倡者曰'亚洲孟罗主义'也,曰'大亚细亚主义'也。听其言,则友朋也。窥其心,则盗贼也。所谓此等主义者,乃日本希图独霸亚东之代名辞耳。"❶ 在 1917—1918 年,李大钊更是撰文多篇,继续批判日本的"亚洲门罗主义""极东门罗主义"。❷ 既然李大钊在日本的"大亚洲主义"与中国军阀的势力范围意识之间做出类比,这距离将中国军阀的势力范围意识命名为某种"门罗主义",也不过是一步之遥而已。

当然,在这一时期,李大钊尽管批判军阀的省域门罗主义,但仍对通过联邦制实现中国的重生抱有一定希望。❸ 但随着"联省自治"实践的展开,他越来越清楚地看到,地方军阀与官僚只是借着联邦制的口号来抗拒实质的统一,真正渴望在省这一层面推动民主自治,进而促进全国实质统一的人士,并没有施展理想的空间。于是,李大钊与孙中山殊途同归:1922 年 8 月,孙中山与李大钊在上海会谈,达成反对军阀割据、统一全国的共识。

李大钊于 1927 年 4 月 6 日被奉系张作霖逮捕。就在那天,中共中央机关报《向导》周报第 193 期发表了他的最后一篇文章《北

---

❶ 李大钊,《〈支那分割之运命〉驳议》,朱文通等整理编辑:《李大钊全集》(第 1 卷),石家庄:河北教育出版社 1999 年版,第 478—479 页。

❷ 李大钊:《新中华民族主义》《极东门罗主义》,《李大钊全集》(第 1 卷),第 284—286、290—291 页。

❸ 李大钊:《省制与宪法》,《李大钊全集》(第 1 卷),第 211—227 页。

方政局近情》(署名"列武"),内有"奉方军事政治,皆严守门罗主义,不容外人参入"的评论字句。❶ 4月28日,李大钊英勇就义,绞杀他的,正是他所抨击的奉系军阀的"门罗主义"。然而他参与缔造的新式政党继续推进社会革命,以克服他所反对的两种"门罗主义"。在此意义上,我们可以说,中国20世纪的新民主主义革命是一场与"门罗主义"话语息息相关的革命,它在"超国家"的区域层面抵抗日本以"亚洲门罗主义"(或"东亚门罗主义")为旗帜的区域霸权,在"次国家"的层面克服军阀的"省域门罗主义",最终完成了政治—社会—法律秩序的全面重建。"门罗主义"符号虽然源于地球的另一边,是纯正的美国土特产,却跨越大洋,经过不断的重新解释,最终深度参与了近代中国的"旧邦新造"进程。

---

❶ 李继华、冯铁金、周芳编注:《李大钊轶文辑注与研究》,第71页。

第 5 章

"亚洲门罗主义"话语之祛魅

> 亚洲铜 亚洲铜
> 击鼓之后 我们把在黑暗中跳舞的心脏叫做月亮
> 这月亮主要由你构成
> ——海子《亚洲铜》❶

作为一种政策的"亚洲门罗主义"随着第二次世界大战的结束而结束,然而中国文化—政治精英对于日式"门罗主义"的态度从正面转向负面,却发生在很早以前。要讲述"门罗主义"在华传播的故事,追溯中国文化—政治精英对日本认知的转变,可谓不可或缺的环节。

在19、20世纪之交,无论是维新派还是革命派,一开始都对日本政府与民间力量有所期待,与日本的"亚洲门罗主义"话语使用者之间互有唱酬。这一局面部分源于甲午战争之后日本政府的对华政策。自"三国干涉还辽"以来,日本受到欧美列强的巨大压力,一度试图与中国修好,"中国保全论"在日本盛极一时。日本

---

❶ 海子:《海子的诗》,南昌:江西人民出版社2017年版,第1页。

政府也积极投资于未来，大力吸收中国留学生，并派人前往中国游说中国政学要人。维新派主持的"大同译书局"于1898年出版了樽井藤吉1893年在日本出版的《大东合邦论》，康有为在1897—1898年力主"联日"，甚至提出中、日、英、美四国"合邦"的主张。❶ 维新变法失败之后，康梁等人流亡海外，日本则是其重要据点。而同时正在形成的反满革命派，也试图寻求日本政府和民间的支持——如前所述，"中国者，中国人之中国"这一反满口号本身就来自中国旅日精英，受到日本所转译的美国"门罗主义"以及由此激发的日式"门罗主义"话语的影响。

但随着形势的向前发展，中国的知识界与舆论界代表人物对于"亚洲门罗主义"的态度也不断发生分化。在旅日知识分子之中，康有为大概是最早挣脱"亚洲门罗主义"的人士之一。他在百日维新失败之后流亡日本，仿效申包胥作"秦庭之哭"，希望获得日本政府的支持，救出光绪皇帝，继续推进维新变法。在求助的过程中，康有为也诉诸了日本的"亚洲主义"话语。然而，日本政府忌惮欧美列强的反应，清政府也对日本政府施加压力，要求后者约束康党在日本的政治活动。于是，日本政府向康有为施加压力，1899年3月，康有为"自愿"离开日本，前往加拿大。对于康有为而言，这是一段颇为黑暗的经历。在此之前，日本明治维新是康有为笔下常见的维新变法范例；在此之后，他心目中日本的地位一落千丈。同时，由于康有为以北美为基础组织的保皇会从财政上依赖于海外华侨捐款，并不试图从日本政府和民间人士获得支持，这种财政上的独立性，在很大程度上解释了康有为为何没有多少动力以

---

❶ 茅海建：《从甲午到戊戌：康有为〈我史〉鉴注》，第387页。

"亚洲主义"话语来取悦于日本朝野人士。❶

然而,许多近代中国文化—政治精英,或者长居日本,或者是在康有为离开日本之后,才抵达日本。他们与日本"亚洲门罗主义"的关系,也更为复杂,挣脱"亚洲门罗主义"话语的过程,也更为曲折。本章将集中探讨若干较为集中论述日式"门罗主义"的代表人物:立宪派与国家主义代表梁启超,晚清革命派领袖、后来中国国民党领袖孙中山,在孙中山之后夺得国民党控制权的蒋介石,中国共产党的创建者之一李大钊。最后,本章还将论述主要留学欧美而非日本的"战国策派"对于日本的"门罗主义"论述以及世界秩序走向的看法——他们的"战国时代重演论"曾获得国共两党之外的"第三势力"青年党中不少人的赞同。我们可以看到,梁启超、青年党与"战国策派"中的许多国家主义者期待以一个中国主导的亚洲秩序取代日本的"亚洲门罗主义";但在李大钊这里,我们可以看到对于当时"门罗主义"话语的真正超越——不是用一个区域霸权取代另一个区域霸权,而是反思霸权逻辑本身。要勾勒出这条思想的光谱,需要我们回到历史语境中回顾这些思想者的论述。

---

❶ 在20世纪初,康有为周游列国,进而将威廉二世领导下的德意志第二帝国,树立为值得中国仿效的典范。在1913年刊行于《不忍》杂志的康有为《大同书》片段中,康有为甚至预测德国将战胜英国,统一欧洲:"百年中弱小之必灭者,瑞典、丹麦、荷兰、瑞士将合于德……其班、葡初合于法,继合于英……而英有内变,或与德战而败……"见《康有为全集》(第7集),第132页,注7。值得一提的是,这段文字未见于更早时期的《大同书》手稿,因此,极大的可能是,康有为遍考欧洲,对德国产生了新的判断,在出版的时候加上此段文字。在"一战"期间,康有为也反对中国加入协约国对德宣战,1917年,他支持了张勋的复辟行动,而张勋背后的国际支持就来自德国。康有为在青岛的寓所"天游园"原为德国胶澳总督副官的住宅。

一 梁启超:引领风潮的祛魅者

与康有为在日本政府压力下"自愿"离开不同,梁启超赴日不久即发现,他可以凭借对于西学的日语翻译,迅速了解和吸收西学知识,于是长期滞留日本,直至辛亥革命之后回国。梁启超在赴日之初受到日式"门罗主义"话语影响,但在20世纪初就看到了日式"门罗主义"话语背后的侵略动机,主张中国通过自强恢复其"亚洲宗主"的地位。在其后续政治生涯中,梁启超有亲日的时刻,也有反日的时刻,但均以政治实效为导向,对日式"门罗主义"并没有多少幻觉。

1898年初赴日本的梁启超对日本仍抱有不少期待,其话语也与日本的"亚洲主义"话语有所呼应。当年12月梁启超创办《清议报》之时,其"叙例"(创刊词)中陈明四条宗旨:"一,维持支那之清议,激发国民之正气。二,增长支那人之学识。三,交通支那、日本两国之声气,联其情谊。四,发明东亚学术以保存亚粹。"并呼吁"我支那四万万同胞之国民,当共鉴之,我黄色种人欲图二十世纪亚洲自治之业者,当共赞之"。❶ 梁启超在此所用的话语,与日本当时流行的"亚洲主义"有强烈的呼应。在不久后发表的《论学日本文之益》中,梁启超这样论述学日语的意义:"日本与我唇齿兄弟之国,必互泯畛域,协同提携,然后可以保黄种之独立,杜欧势之东渐。他日支那、日本两国殆将成合邦之局,而言语之互通,实为联合第一义焉。故日本之志士,当以学汉文汉语为第

---

❶《梁启超全集》,第168页。

一义,支那之志士,亦当以学和文和语为第一义。"❶ 此段文字更具日本"亚洲主义"的色彩。

然而,在1899这一年中,梁启超在《清议报》上所发表评论的基调即发生了变化。最为明显的是其《论支那独立之实力与日本东方政策》一文,在其中梁启超指出,日本人的"保亚洲独立主义"和"与欧洲均势主义"都存在很大的盲点,未能看到中国人种、地势、宗教均倾向于统一,光绪皇帝英明,民间自治力量发达,海外华侨为数众多,因而具有自我保全的潜力。日本如与欧美列强分割中国,则必然唇亡齿寒,其即便从中国获得土地,亦难以保全;但日本以交好慈禧太后政府为"保全"之策,在梁启超看来也不得其法。❷ 其时梁启超期待通过自下而上的政治动员,拥戴光绪推行君主立宪,实现中国的自强。在《保全支那》一文中,梁启超更直接指出:"欧人日本人,动曰保全支那。吾生平最不喜闻此言。支那而须借他人之保全也,则必不能保全;支那而可以保全也,则必不借他人之保全。言保全人者,是谓侵人自由;望人之保全我者,是谓放弃自由。"❸ 在此,梁启超将其通过日文转译所了解到的欧洲自由学说运用到对日式"门罗主义"的分析上。

1900年中国遭遇八国联军入侵,濒临被瓜分的边缘。在《论今日各国待中国之善法》中,梁启超评论了列强对待中国的几种可能的方法。他指出,类似英法共治埃及的做法,在中国会碰到列强相互争斗、无法协调的问题,并不可行;至于18世纪普、奥、俄瓜分波兰的做法,更会遭遇中国民众的剧烈抵抗。梁启超不仅看到了义和团运动中中国人民的抵抗,更注意到菲律宾革命与非洲德兰士

---

❶ 《梁启超全集》,第324页。
❷ 同上书,第316—317页。
❸ 同上书,第358页。

瓦布尔人反抗英国的战争,这让梁启超相信,弱小民族的反抗具有一定的力量。至于未来的走向,梁启超肯定美国的"门户开放"政策对于"保全"中国土地与自主权的意义,又称"……英国为世界文明先进第一之国,日本为我东方兄弟唇齿相依之交,其待中国之心,亦与美国略同,美国肯力任其难,英日必联袂而起"。❶这是寄希望于美、日、英三国牵制其他列强瓜分中国的主张,从而保持中国的领土完整和政治自主。

如果说《论今日各国待中国之善法》对于美国的"门户开放"政策仍有一厢情愿的想象,在1901年《灭国新法论》中,梁启超再一次实现自我超越,指出即便是"门户开放",也不过是一种"灭国新法":"举全国而为通商口岸,即举全国而为殖民地。"❷因此,不仅日本的"保存中国论"意味着对中国自由的限制和剥夺,连美国的"门户开放"也是一种帝国主义手段。

梁启超流亡日本,正值美国击败西班牙,将从其手中获得菲律宾之时。在日本"亚洲主义"的话语氛围中,梁启超将菲律宾人民争取独立的斗争与亚洲的认同关联在一起。1902年,在《论美菲英杜之战事关系于中国》一文中,梁启超大赞菲律宾抗击西班牙与美国,认为菲律宾"实我亚洲倡独立之先锋,我黄种兴民权之初祖也"!菲律宾如果取胜,"可以为黄种人吐气,而使白种人落胆"。梁启超特别强调菲律宾独立运动领袖的外祖母是中国人,其部下也多华人,如果菲律宾独立,太平洋东岸,则有日本、菲律宾与中国相互提携,"合力以抵御欧势之东渐"。❸"黄白种争"的话语,体现出当时日本知识氛围的影响。

---

❶ 《梁启超全集》,第433—434页。
❷ 同上书,第474页。
❸ 同上书,第949页。

然而梁启超并不接受日式"门罗主义"话语对日本在"黄白种争"中的盟主地位的强调。我们可以从其同年所作的《亚洲地理大势论》管窥其亚洲观。在该文中,梁启超将亚洲分为西伯利亚、支那、印度与伊兰四部,支那部包含了中国、日本、朝鲜、安南、暹罗、缅甸等国,"高等黄种人居之",高于西伯利亚的"劣等黄人种"。而印度与伊兰,前者由高加索人种居之,后者由黄种人与高加索人种杂居。❶ 显然,在所谓"黄种人"的世界中,梁启超主张以中国而非日本作为中心。梁启超又称:"天或者其深有望于中国人种,而示以履霜坚冰之渐,教以前者覆辙之鉴也!"❷ 其同期所作的《中国地理大势论》中更明确宣布:"亚洲者,全地球之宗主也;中国者,亚洲之宗主也。"❸

1904年日俄战争是日本"黄白种争"话语爆发的重要时刻,并对中国国内舆论界产生了很大影响。然而此时梁启超却作《朝鲜亡国史略》❹,表明其对日本的"黄白种争"话语保持一定距离。1904年10月23日大隈重信在早稻田大学清韩协会成立会上发表"大隈主义"演讲后,梁启超迅速在《新民丛报》上撰文回应,称:"大隈之反对瓜分论而提出保全论也,盖自十年以前。以吾中国人所受言之,则被瓜分与被保全,其惨辱正相等,两者盖无择也。"

在此,梁启超重申的正是他在《保全支那》一文中所提出的观点,对大隈的"保全中国"论述表示不认同,但他突然话锋一转:"虽然,大隈发明中国无可瓜分之理,读之使人气一王。其言国有自亡而他人莫或亡之,读之使人发深省。"而这正是从他所不认同

---

❶ 《梁启超全集》,第923页。
❷ 同上。
❸ 同上书,第926页。
❹ 同上书,第1537—1544页。

的大隈的"保全论"中,打捞出他认为尚有价值的部分,第一是中国不可瓜分,第二是一个国家灭亡主要在于内因而非外因,梁启超认为这可以促进中国人的自我反思:"以是为普通之中国人说法,诚药之良朋哉!"对于大隈重信的论述,梁启超总体上表示肯定:"其排斥势力范围之说,可谓独立不惧;其断断于同种同师,可谓不忘本也。数年以来,日本学者,不复自初与中国同民族也久矣。我固不屑攀日本以为荣,日本亦何必远我以为辱……大隈犹磊落一男子也。"❶

因此,在短短几年之中,梁启超完成了一个极其重要的转变。面对日本的"亚洲主义"论述,梁启超同意其强调"同文同种"的历史联系,但强调是中国而非日本曾扮演"亚洲之宗主"的角色;同意中日两国在当下有必要相互扶持抵御欧美列强,但是反对日本"门罗主义"论者面对中国与朝鲜的"东亚盟主"姿态,反对日本的"保全支那"论,主张中国通过自立自强而实现自我保存。梁启超也实现了另一个认识转变:从寄望于美国的"门户开放"来保全中国,到认识到"门户开放"也不过是一种"灭国新法"。在接下来的东亚国际形势变迁的背景下,当许多人试图以美国的"门户开放"来制约日本的"亚洲门罗主义"时,梁启超对二者都保持着警惕。

梁启超于1912年回国,并于1913年组织进步党与国民党相抗衡。1915年,日本大隈重信内阁逼迫袁世凯政府接受"二十一条"。梁启超撰文,以转述一场对话的形式,对日本的压迫进行评论。他说自己曾与怀疑日本意图的国人辩论,"谓日本人为保全友邦领土之宣言,非止一度,岂其有反思翦灭之理",然而批评者则引用了

---

❶ 梁启超:《所谓大隈主义》,《新民丛报》第57号,1904年11月21日。

日本多次宣言保全朝鲜领土，但最终却吞并朝鲜的例子来反驳，"吾闻言竟无以应也"。❶ 袁世凯政府在压力之下，最终接受了日本的"二十一条"，梁启超对日本政府表示了极大的愤慨，认为"今之日本则昔之俄也"❷，这不仅是说日本如同俄国一样具有侵略性，更是在文明等级论意义上，认为从日俄战争以来日本自命文明程度高于俄国的论述，根本无法成立。

但这并不意味着梁启超与日本政府的彻底决裂。不久，面对袁世凯的称帝举措，梁启超公开发表《异哉所谓国体问题者》。此后，从北京辗转上海、香港、越南，然后从广西重新入境前往云南，与蔡锷会合，发动"护国运动"，一路上都有日本官方与民间人士的支持和接应。日本学者狭间直树基于梁启超晚年回忆，称梁启超在"护国运动"过程中反思日本人何以帮助自己，看透日本的真实意图，"他感到恐怖和憎恶，并开始警惕"，从而确立了稳定的对日观。❸ 然而这一论述忽略了梁启超通过倒叙自我粉饰的可能性，尤其忽略了梁启超在"护国运动"之后的亲日政策。

1916年，袁世凯称帝失败，宣布恢复共和，不久因病离世。黎元洪出任大总统，但国务总理段祺瑞掌握北京政府实权。梁启超与亲日的段祺瑞走近。据1917年大力推动"西原借款"的西原龟三回忆，1917年2月16日抵达北京之后，他"连日与曹汝霖、梁启超、陆徵祥、汪大燮等高级顾问会谈，并访晤了段总理"。❹ 北京政府因为对德宣战问题引发"府院之争"，进而出现了7月的

---

❶ 梁启超:《中日最近交涉平议》,《梁启超全集》, 第2760页。
❷ 梁启超:《再警告外交当局》,《梁启超全集》, 第2770页。
❸ [日] 狭间直树:《东亚近代文明史上的梁启超》, 高莹莹译, 上海: 上海人民出版社2016年版, 第120页。
❹ 王芸生编著:《六十年来中国与日本》(第7卷), 北京: 生活·读书·新知三联书店2005年版, 第202页。

张勋复辟。段祺瑞在平定张勋复辟之后，再度组阁，梁启超出任财政总长。据西原龟三回忆，他在7月11—12日身体不适，归心似箭，"但财政总长梁启超却一再挽留，就中国财政问题，有所协商。梁氏提出了借款的要求。其后十余日间，就恢复交通银行借款，整理中国银行借款及奉天大借款等事宜进行了商谈"。❶ 作为财政总长，梁启超支持段祺瑞接受日本政府的"西原借款"，参与"一战"，并在国内练兵谋求武力统一全国。他推行的一些政策，实际上巩固了日本从"二十一条"以来在中国的优势地位。在11月2日美日两国签订《蓝辛－石井协定》之后，曾琦曾致信梁启超，劝其急流勇退："不能救国而反与同人同蒙卖国之名，前途痴梦，亦可醒矣。"❷

此外，"张勋复辟"后，梁启超力主召集临时参议院，制定新宪法，而非恢复原有的《临时约法》。❸ 段祺瑞政府拒绝恢复《临时约法》，引发民国法统的分裂，孙中山打出捍卫《临时约法》的旗号，南下发动"护法运动"。梁启超期待其"研究系"势力（骨干成员还有汤化龙、张东荪、林长民、蓝公武等人）能在新召开的国会中成为第一大党，而他也能够以此为基础出任国务总理。然而，经过民初政争历练的北洋军阀玩法统政治已经更为娴熟，1918年，安福系主导的国会选举产生，梁启超的"研究系"被边缘化。而这就使得梁启超与北洋皖系势力的关系，变得日益紧张。

第一次世界大战结束给梁启超带来了新的期待，1918年底，梁启超和丁文江、张君劢、徐新六、蒋百里、刘崇杰、杨维新乘坐日本轮船"横滨号"前往欧洲，旨在战后的和平谈判中发挥作用，同

---

❶ 王芸生编著：《六十年来中国与日本》（第7卷），第213页。
❷ 丁文江、赵丰田编：《梁启超年谱长编》，上海：上海人民出版社1983年版，第853页。
❸ 同上书，第831—832页。

时"研究系"在国内也加紧布局。1919年1月18日,巴黎和会在凡尔赛宫开幕,谈判持续到6月28日,签订《凡尔赛和约》。2月11日,梁启超等人抵达伦敦。2月16日,"研究系"发起的国民外交协会在熊希龄寓所成立,梁启超缺席当选理事。2月18日,梁启超一行至巴黎,观摩巴黎和会会况,在6月7日赴英之前,都停留在法国。

在观摩和会的过程中,梁启超不断向林长民(时任北洋政府总统府外交委员会事务长、国民外交协会理事)等"研究系"同人发回消息,并通过"研究系"的媒体广为传播。梁启超密切关注关于山东问题的谈判,在3月中旬给林长民等人的电文中,即将矛头指向皖系的章宗祥、曹汝霖等人。❶ 得知巴黎和会关于山东问题的决定之后,梁启超从巴黎向林长民等发回电报,林长民5月2日在《晨报》上发表《外交警报敬告国人》,在国内产生了极大影响。两天之后,五四运动爆发,群众要求惩办曹汝霖、章宗祥、陆宗舆等人,这与梁启超、林长民等人此前的舆论工作,有着分不开的关系。在这场运动之中,亲日的皖系势力受到沉重打击。北洋集团之中的直系势力相对上升。

1919年6月3日,林长民又在《申报》上发表《告日本人书》,对日本近年来的主张分五个方面进行了驳斥,最后一个方面正是日本的"亚洲门罗主义":"日本主张黄白异种,欧美与吾亚洲分界;美有门罗主义,吾亚洲亦当踵此主义。亚洲问题,吾亚洲国家自决之,不能诉之于各国。中日问题,中日自定之,不必谋之于他人也。"林长民指出,这些说法听起来都很好,但是日本的实际行为,

---

❶ 中国社会科学院近代史研究所《近代史资料》编译室主编:《秘笈录存》(近代史资料专刊),北京:中国社会科学出版社1984年版,第133页。

却是天天向"同洲"国家捅刀子,让"同种"难堪:"有机可乘,便图进取,力有不逮,更远引不同洲之强邻,以为保证,以增值其利益,而巩固其地位",而这些做法,"其毋宁重诬门罗乎"。❶ 至于中日问题由中日两国自定之说,也只是表面说辞,日本与英、法、意、美等国签订秘密条约,处置中国利权,又如何解释?针对日本的"同洲自保主义,同种相亲主义",林长民则提出了1915年日本强加给中国的"二十一条"作为反驳。

这些论述很可能是与梁启超讨论的结果。梁启超在流亡日本时期结识正在留学的林长民,民初两人合作建立进步党,后进步党演变为"研究系",两人始终保持密切合作。1919年4月,梁启超在给林长民的一份电文中称:"著论演说,历访要人,所言悉如尊旨。"❷

而从梁启超旅欧后期所作的《欧游心影录》来看,他对美日的"门罗主义"保持了密切关注。《欧游心影录》最初发表于1920年3月上海《时事新报》,这大概是梁启超最后一次集中谈论美国与日本的"门罗主义"。在欧游较早时期所作的《大战前后之欧洲》中,梁启超总结了大战带来的许多巨大的历史转折,其中一个转折就是美国参战:"谁敢说那牢牢关住大门在家里讲门罗主义的美利坚,竟会大出风头,管对面大海人家的闲事。"❸

在欧游较晚时候作的《国际联盟评论》一章中,"门罗主义"是梁启超讨论的重点。他这样论述威尔逊从巴黎和会回国之后与国会的斗争:"原来美国人有一种历史上传统的观念。生怕欧洲人来干涉美洲的事。所以有什么'门罗主义'成了无形的金科玉条。"

---

❶ 中国社会科学院近代史研究所《近代史资料》编译室主编:《五四爱国运动》(上),北京:知识产权出版社2013年版,第336—340页。
❷ 《晨报》第129号,1919年4月23日。
❸ 《梁启超全集》,第2969页。

共和党人对威尔逊大权独揽不满,借着反对国际联盟进行党争,迫使威尔逊做出妥协,在国联盟约第 21 条加入"门罗主义"内容,梁启超对此评论:"把规约条文有点闹成'四不像'了。"❶ 梁启超认为,之所以全世界要成立这个大联盟,因为是"从前纵横捭阖的局部同盟(如三国同盟三国协商之类)实算得扰乱和平的原动力",为了消灭这些局部的联盟,所以才做一个所有国家的大联盟。威尔逊过去演讲曾经强调过这一点,但最后却加入了国联盟约第 21 条这个"门罗主义"条款,"复认盟中有盟,岂非正相矛盾"。梁启超认为此条最为"支离灭裂",它用概括的笔法引入"门罗主义",牵连到其他的国际协定及宣言,实际上违背了联盟的根本精神。此条同时引发了其他列强的不满,英国与日本顺势要求保持英日同盟,就连日本在中国的特殊地位,"也要援门罗主义之例承认有效了",结果"闹来闹去,还是战前那套把戏"。❷

"一战"期间,美国与墨西哥关系经历过波动。1916 年,威尔逊政府曾发动对墨西哥的"潘兴远征"。1916 年 7 月 24 日曾发生德国拍发给墨西哥政府提议结盟反美的"齐默尔曼密电"被截获并公开的事件,虽然墨西哥政府否认与德国结盟,但美墨两国关系保持冷淡,墨西哥对国联盟约第 21 条关于"门罗主义"的规定不满,而威尔逊在巴黎和会上也反对将墨西哥列入国联创始国。❸ 梁启超注意到国联并没有向墨西哥发出邀请,他对此表示"百思不得其解":"报纸上有人说因为美墨交恶。美国人排斥他。果然如此,美国也太示人以不广了。墨西哥既已向隅,后来他的总统在国会演说

---

❶《梁启超全集》,第 3035 页。
❷ 同上书,第 3040—3041 页。
❸ Philip Marshall Brown, "Mexico and the Monroe Doctrine," *The American Journal of International Law*, Vol. 26, No. 1(January 1932), pp. 117-121.

（去年九月），宣言'对国际联盟机关之组织及运用，非到各人种完全平等时，墨国不愿加入'。"❶梁启超又提及美日矛盾导致日本私下怂恿墨西哥不要加入国联的传言："'盟约中明认门罗主义，侵害墨国主权墨国不能承认'等语。有人说这些话都是日本人在背后牵线，我不敢说一定是对的，但古语说得好：'千金之堤，溃以蚁穴。'将来国际联盟，或者就因美墨问题出破绽，也未可知哩。"❷

国联盟约规定美、英、法、意、日五国为常任理事国，另外还有四个非常任理事国。梁启超抱怨国联理事会中亚洲并没有得到充分的代表，只有日本一国出任理事。但"若说靠日本代表亚洲，此何异承认日本的'亚洲门罗主义'？就这一点，已足为世界战乱之媒"。❸梁启超的解决方案是明确的，他认为既然连西班牙都能当（非常任）理事，中国的政治修明程度，和西班牙相差不远，应该争取成为国联理事。这可以让我们想起他在1902年的《中国地理大势论》中的宣称："亚洲者，全地球之宗主也；中国者，亚洲之宗主也。"❹

1916年以来，梁启超的政治姿态经历了从亲日到反日的逆转。这一转变的主要原因并不是梁启超对于日本的战略意图认识有何变化，而是源于中国国内政治的深刻变化。梁启超早在20世纪初，就已经看清了日本"亚洲门罗主义"中隐藏的侵略意图，将其与美国的"门户开放"主张等一起视为"灭国新法"。对于长袖善舞的任公而言，在具体的外交政策中亲日还是亲美，就变成了一个基于利益计算的策略问题，而不是信念、感情乃至身份认同问题。

---

❶ 《梁启超全集》，第3036页。
❷ 同上。
❸ 同上书，第3037页。
❹ 同上书，第926页。

二 孙中山：财政自主与话语自主

甲午战争后的日本政府，一方面迫切期待被西方国家承认为"一等国"，取消领事裁判权；另一方面，担心西方国家瓜分中国带来"唇亡齿寒"的结果。于是，在外交政策上，日本政府密切关注欧美列强动向，不违逆其大势，同时又有限支持民间的"亚洲主义"活动，日本贵族院议长近卫笃麿于1898年出任亚洲同文会会长，即为这一动向的表现。19世纪末、20世纪初的日本，一度麇集亚洲各国革命志士，从反满革命到反袁的"三次革命"，孙中山都能够从日本政府或民间获得一定的资源支持。这种资源上联系的实践后果是，孙在话语表达上经常对日本的"亚洲主义"表示出响应。在袁世凯称帝失败并离世之后，日本政府支持了掌握北京政府的段祺瑞，孙与日本的资源联系弱化，于是孙在话语表达层面，逐渐远离以日本为领导者的"亚洲主义"话语，转向更具自主性的解释。

1895年2月，在甲午战争进行之中，孙中山在香港与在当地经商的日本人梅屋庄吉谈话，指出中国面临着被西欧列强殖民主义者瓜分的危险，所有亚洲各国都有可能成为西欧的奴隶，"中日两国不幸发生战争，但我们非团结起来不可。使中国脱离殖民化的危机，是保卫亚洲的第一步；为了拯救中国，我与同志们正在准备发动革命，打倒清朝"。❶ 梅屋庄吉被孙的主张所打动。3月，孙中山通过梅屋庄吉的关系，见到日本驻香港领事中川恒次郎，望其支持

---

❶ [日] 车田让治：《孙中山与梅屋庄吉》，广东省政协文史资料研究委员会编：《孙中山与辛亥革命史料专辑》，广州：广东人民出版社1981年，第259—270页。

广州起义,日本官方对此持保守态度。梅屋庄吉则通过个人渠道为孙中山筹集资金、购买军械。

孙的广州起义计划不久流产,于1895年11月流亡日本。在日本,孙中山与大隈重信、大石正己、尾崎行雄、副岛种臣、犬养毅、头山满、宫崎寅藏、平山周、内田良平、平冈浩太郎、秋山定辅、中野德次郎、铃木五郎、安川敬一郎、犬冢信太郎、久原房之助、山田良政、山田纯三郎、菊池良一、萱野长知、副岛义一、寺尾亨等日本各界精英人士都有交往,"各志士之对于中国革命事业,先后多有资助"。❶ 相应地,孙中山当时的论述中,对日本的"亚洲主义",也有颇多积极回应。如1897年8月中下旬与宫崎寅藏、平山周的谈话中,孙大谈通过中国革命,"雪亚东黄种之屈辱"❷;1898年8月与宫崎寅藏笔谈时,赞同宫崎的"中东合同,以为亚洲之盟主……阻遏西势东渐"的主张,同时将俄国视为敌人。❸ 在1902年春与章太炎讨论中国在何处建都时,他表现了强烈的亚洲意识:"谋本部则武昌,谋藩服则西安,谋大洲则伊犁。"❹

1905年8月20日,孙中山领导的同盟会在东京赤坂区灵南日本人坂本金弥(实业家,时任《东京二六新闻》社长,众议院议员,东亚同文会会员)的住宅召开成立大会。梅屋庄吉设立"中国同盟会后援事务所",在日本筹集资金,支援同盟会的活动。宫崎寅藏、平山周、萱野长知、和田三郎、池亨吉、北一辉等人加入同盟会,参与了孙中山的革命事业。内田良平、平山周、北一辉是觊

---

❶ 《孙中山全集》(第6卷),第232—233页。
❷ 《孙中山全集》(第1卷),第174页。类似的表述还可见于1902年8月的《〈三十三年之梦〉序》,《孙中山全集》(第1卷),第216页;1904年8月31日的《支那问题真解》,《孙中山全集》(第1卷),第243页。
❸ 《孙中山全集》(第1卷),第181—182页。
❹ 同上书,第215页。

觊中国东北领土的黑龙会成员。当时,同盟会的革命话语既受到传统的"夷夏之辨"话语影响,又受到强调单一族群的民族主义话语影响,侧重"反满",呼吁建立汉人的共和国,在领土想象上侧重所谓"中国本部"十八省,同时将日本视为对于俄国势力的一种牵制力量。当时许多日本的"亚洲主义者"主张"保全支那",但他们所试图保全的中国,重点亦在所谓的"中国本部",因而"保全支那"之论,与他们对于中国东北地区的觊觎可以并存。而俄国势力在中国东北的强大存在,为同盟会以及日本的"亚洲主义者"们提供了一个共同的敌人。

孙中山在日本进一步发展了其亚洲革命的思想。1899年,在菲律宾人民起兵反对美国侵略之时,日本军部有心援菲,但外务省坚决反对。当时孙计划先率兴中会会员帮助菲律宾革命,待其成功,再在菲律宾人的帮助下,在中国国内发动革命。❶ 陈少白称孙的目的是"使菲岛先行独立,借其余力助中国革命成功,奠定亚细亚同盟之基础,以反抗口中倡导博爱而实际上行非人道之列强,并将其逐出亚洲"。❷ 孙通过与日本军方的关系,帮助菲律宾革命者购买并运输军械,并有支持孙的日本人在这一过程中付出了生命。而据菲律宾独立人士彭西,孙热切支持中国、朝鲜、日本、印度、菲律宾、暹罗等亚洲各国学生在东京组织的东亚青年协会。❸ 而当时监视孙中山在日活动的日本警视厅的统计显示,仅在1914—1915年期间,孙中山和印度志士共会见29次。❹

---

❶ 段云章编著:《孙文与日本史事编年》(增订本),广州:广东人民出版社2011年,第51—52、68—70页。
❷ 同上书,第59页。
❸ 同上书,第75页。
❹ 俞辛焞、王振锁编译:《孙中山在日活动密录(1913.8—1916.4)》,天津:南开大学出版社1990年版。

然而日本政府很难给予孙公开的支持：一是不能无视清政府的压力，二是在 1902 年缔结英日同盟之后，日本更是对孙中山在靠近英国势力范围的华南发动革命持十分谨慎的态度，唯恐孙的活动损害英国利益，因而密切监视孙在日本的动态。1900 年时，日本内阁曾下令日本人不得参与中国革命，日本治下的台湾总督府一度将孙驱逐出境。❶1907 年，日本政府给予孙一笔遣散费，"礼送出境"；1910 年孙过日时，外务省与军部又就是否容许孙居留发生分歧，最后军部意见占了上风，孙得以短暂停留。

在同盟会中，孙中山与章太炎的亚洲论述相比，具有更强的权变色彩。章太炎于 1897 年曾在《时务报》发表《论亚洲宜自为唇齿》一文，主张联日拒俄，"亚洲和亲"。❷到了 1899 年，章太炎对东亚形势的观察，仍将德、俄视为最大威胁，因而认为中国可以联合日、英、美来牵制德、俄，这一判断与当时的康党并无根本区别。他甚至认为美国占据菲律宾对于东亚是利大于弊，有助于美国发挥对欧洲列强的均势作用。❸1900 年清政府在八国联军侵华过程中的表现，对章太炎产生了极大的震动。他的立场从推动清政府改革，转向了反满革命。1906 年，章太炎加入同盟会，并一度担任《民报》主编。在《民报》资金困难，得不到孙中山资助之时，章太炎想到的是派遣陶成章向南洋华侨而非列强政府筹款。

1907 年，章太炎与日本、印度志士共同发起筹建"亚洲和亲会"，其起草的《亚洲和亲会约章》重视以中国与印度两国为主轴展开"亚洲和亲"，反抗帝国主义，但根本没有提到日本的作用。❹

---

❶ 段云章编著：《孙文与日本史事编年》（增订本），第 98、101 页。
❷ 《章太炎全集·太炎文录补编》（上），第 341、4—6 页。
❸ 同上书，第 126—127 页。
❹ 同上书，第 341、279—281 页。

此外，章太炎还多次撰文批判日本侵略朝鲜，毫无向日本政府求取革命资助之意。❶

相比之下，孙中山为了革命筹款，四面出击，既试图获得日本政府和民间的支持，也试图与菲律宾、印度等地的革命者合作，而这就使得其"亚洲主义"话语呈现出更多波动——在面对日本合作者时，其"亚洲主义"话语会强调日本的模范作用，希望日本政府和民间力量扶掖后进，帮助中国革命获得成功，而同时也必然会默认日本的某些既得利益，对其某些侵略行径存而不论；在面对菲律宾、印度等地的革命者时，更强调弱小民族联合抗争强权，但极少批评日本为帝国主义势力。在1911年3月上旬与日本记者的一次谈话中，孙中山还直接使用了"亚洲门罗主义"一词。他强烈谴责加拿大政府歧视亚洲侨民的政策，声明"积极支持日本某些政治家提出的召开亚洲各国会议，以建立亚洲各国同盟的计划，并且呼吁日本率领亚洲各国反对英、美、法、德与沙俄"，并指出："唯有中国发生革命，印度亦从沉睡中觉醒，亚洲各国方能联合起来，实行亚洲门罗主义。"❷

在1911年10月武昌起义爆发之后，以英国为首的列强相互协调，对华保持"金融中立"，既不借钱给清政府，也不借钱给革命党人。孙在美国科罗拉多州丹佛市获得武昌起义爆发的消息，随即联络列强政府，试图为革命党带回列强借款。然而，美国、英国、法国都拒绝了孙的借款请求，孙在12月回国时，没有为在南京的革命党人带回任何列强借款。1912年初，由于日本外交政策的调整，南京临时政府从日本获得了少量借款，但英国很快叫停了日本对革

---

❶ 见本书第172页正文及脚注❷的讨论。
❷ 王耿雄等编：《孙中山集外集》（第1卷），上海：上海人民出版社1990年版，第150页。

命派的资金支持。最终，列强支持的袁世凯，成为革命果实的收割者，从清廷的内阁总理大臣，摇身一变成为民国的临时大总统。❶

1912年9月，袁世凯任命孙中山为全国铁路督办，筹办全国铁路。由于辛亥革命期间沙俄支持外蒙古独立，朝野深感俄国威胁，孙主张袁世凯政府宜采取"联日"政策，袁世凯则同意其以个人身份访日。1913年2月，第一届国会议员选举仍在进行之中，孙中山东渡日本，以推进其"联日"政策，同时为中国的铁路建设筹措资金。从2月份到3月份，孙中山在日本发表了多次具有强烈"亚洲主义"色彩的演讲：

◆ 2月15日，在日本东亚同文会欢迎会上，孙中山发表演说指出，中国与土耳其近年都发生革命，但中国没有像土耳其那样沦陷于悲惨境地，原因在于有日本这样的强邻作为后援。孙中山重述了日本的"大亚洲主义"口号"亚细亚，为亚细亚人之亚细亚也"，指出"亚细亚之和平，亚细亚人应有保持之义务。然中国现在则欠乏维持之实力，故日本之责任，非常重大"。日本是亚细亚"最强之国"，中国为东方"最大之国"，两国相互提携，则不仅可以保持东洋之和平，更可以保持世界之和平。❷ 而1913年2月22日，在日本日华学生团欢迎会上的演说中，孙也向留日学生提出："诸君之天职，为保障东亚之名誉，维持东亚之势力，不受异种人之侵害。"❸

◆ 在2月23日东京中国留学生欢迎会上的演说中，孙中山指

---

❶ 参见章永乐：《"大国协调"与"大妥协"：条约网络、银行团与辛亥革命的路径》，《学术月刊》2018年第10期。

❷ 孙中山：《在日本东亚同文会欢迎会的演说》，《孙中山全集》（第3卷），北京：中华书局1982年版，第15—16页。

❸ 孙中山：《日本日华学生团欢迎会上的演说》，《孙中山全集》（第3卷），第21页。

出:"现今五洲大势,澳非两洲,均受白人之钳制。亚洲大陆维持之责任,[应]在我辈黄人。"又代表革命党感谢日本:"假使从前无日本,则东亚前途必不可问。东亚地方,得留与我辈成就革命事业,都是日本之力。中国此次革命成功,对于日本,不能不感谢。"最后,呼吁中日学生联手:"亚洲人口,占全地球三分之二,今日一部分屈伏于欧人势力范围之下。假使中日两国协力进行,则势力膨胀,不难造成一大亚洲,恢复以前光荣历史。令世界有和平,令人类有大同,各有平等自由之权利。"❶ 3月10日,孙中山在大阪欢迎会上称,"惟冀自今而后,益提携共同防御欧西列强之侵略,令我东洋为东洋人之东洋"。❷

◆ 3月22日,孙中山在长崎中国领事馆华侨晚餐会的演说中又说:"关于中国的未来,有人主张美国的援助云云。然而门罗主义的美利坚合众国能够成为中国的依恃吗?以美国之实力能够左右中国的命运吗?"孙认为"关于中国的将来,能够致死命者必为日本"。❸ 这些言论引起了美国政府和舆论的疑虑。美国人主办并在中国发行的英文报纸《大陆报》对孙中山与日本的关系时有负面评论。❹

第一届国会议员选举在1913年3月份结束,国民党成为国会第一大党,宋教仁踌躇满志,准备北上组阁。然而,3月20日宋教仁在上海遇刺,引发了革命派阵营对北洋集团的愤怒。孙于3月27日返回上海,当晚在黄兴寓所开会,孙力主先发制人,武力反

---

❶ 孙中山:《在东京中国留学生欢迎会上的演说》,《孙中山全集》(第3卷),第26—27页。
❷ 《孙中山全集》(第3卷),第41页。
❸ 孙中山:《在长崎中国领事馆华侨晚餐会的演说》,《孙中山全集》(第3卷),第50页。
❹ 杨帆、江沛:《〈纽约时报〉视野中的孙中山(1896—1925)》,《南京社会科学》2016年第7期。

袁，提出"联日""速战"，但以黄兴为代表的多数意见为"法律解决"。❶4月26—27日，袁政府与英、法、德、俄、日五国银行团正式签订了总额为2500万英镑的《中国政府善后借款合同》，很快获得列强借款，用于加强兵力。5月17日，孙为宋教仁案致信日本元老井上馨，希望日本政府对给袁世凯的"善后大借款"提出条件，禁止将借款用于军事用途。孙认为袁世凯政府的罪状之一，就是勾结俄国人，"且将凭借欧洲之势力，以排斥我利害与之友邦"。❷显然这里诉诸的就是日本"大亚洲主义"的心理结构。

1913年7月，"二次革命"从南方爆发，但很快被北洋政府镇压。1913年8月7日《纽约时报》报道孙在"二次革命"失败后乘坐日本船只出逃至台湾，副标题尤其强调了日本船只。❸8月9日，孙中山抵达日本神户，不久转往东京继续策划反袁。在"二次革命"失败后，孙希望获得日本的支持，发动"三次革命"。1914年5月11日，孙致函日本内阁首相大隈重信，称"今日之日本，宜助中国革新，以救东亚危局面；而中国之报酬，则开放全国之市场，以惠日本工商"，希望大隈内阁帮助革命党人。❹6月22日，中华革命党第一次大会在东京召开。居正担任中华革命军东北军司令，其总部设在日军新近从德国手中夺取的山东青岛。日本为了削弱袁世凯的势力，除了支持孙的"三次革命"之外，也支持了其他反袁力量，包括东北的"宗社党"势力，以及西南蔡锷领导的"护国军"。❺

---

❶ 刘泱泱编:《黄兴集》，长沙：湖南人民出版社2008年版，第760页。
❷ 孙中山:《致井上馨函》（1913年5月17日），《孙中山全集》（第3卷），第61页。
❸ "Dr. Sun Yat-Sen Flees From China," *New York Times*, August 7, 1913, p. 4.
❹ 孙中山:《致大隈重信函》（1914年5月11日），《孙中山全集》（第3卷），第84—87页。
❺ 承红磊:《日本与护国战争期间的南北妥协》，《历史研究》2020年第3期。

1916年,在袁世凯倒台之后,黎元洪担任大总统,段祺瑞担任国务总理。而段祺瑞与日本关系较好。日本在袁世凯时期竭力反对中国加入协约国一方,但现在调整了策略,向北洋政府提供借款,推动北洋政府在日本的主导下参加"一战",而段祺瑞政府正可借助参与"一战"的名义,利用日本贷款练兵,削弱革命派与各地实力派。孙中山分别致电北京国会与英国首相劳合·乔治,坚决反对中国参战。❶1917年3—4月,孙中山已经在与德国驻上海总领事柯南平接触,德国方面准备与孙联合,推翻段祺瑞政府,并给予相应资助。1917年6月,北京围绕参战问题展开的"府院之争"达到白热化程度,张勋6月14日进京"调停",借势准备复辟。6月27日,孙中山将从德方取得的部分"倒段"经费30万元交给海军总长程璧光,希望其策动海军舰队南下。❷同月,孙中山致函日本新首相寺内正毅,祝贺寺内正毅组阁,并称"东亚之和平与中日将来之发展,必待两国人真正之提携"。❸然而,支持段祺瑞的日本政府不可能为正在"倒段"的孙中山提供帮助。

7月1日,张勋宣布拥立溥仪"复辟",但很快被段祺瑞调集的军队剿灭。共和恢复,但再一次面临法统的选择问题。段祺瑞主张制定新宪法,拒绝恢复1912年的《临时约法》。孙继续推动"倒段"事业,在广州发动"护法运动",程璧光响应孙的护法号召,率领海军部分舰艇南下。7月31日,孙在与广州各报记者谈话中称南方不会屈服于奉行"伪共和"的北方:"譬之亚洲以日本为较强,

---

❶ 金光耀、王建朗主编:《北洋时期的中国外交》,上海:复旦大学出版社2006年版,第18页。

❷ 李吉奎:《孙中山研究丛录》,广州:中山大学出版社2014年版,第112页。

❸ 孙中山:《致日本首相寺内正毅函》,《孙中山全集》(第4卷),北京:中华书局1982年版,第108页。

然中国人断不肯自甘归并于日本。"❶

德国方面为孙提供"倒段"资助并不是无条件的。德方期待，孙之政府应在"一战"中保持中立，不加入协约国一方作战。然而，在广州的护法军政府受到协约国较大的压力。1917年8月25日，孙致电日本首相寺内正毅、外相本野一郎以及犬养毅、头山满等人，希望日本对于他领导的"护法运动"给予支持。在信中，孙回顾了他之前领导的共和革命，解释其目标是"为中国国民图永久之安宁幸福，为亚洲民族谋文明之进步发展"，革命党人发扬了"爱国爱洲之精神"，因此"不仅国民相扶相助，即友邦人士，亦深寄同情"，最终取得革命的胜利。❷ 9月15日，在与旅美日本政治评论家河上清的谈话中，孙认为德国如果在"一战"中溃败，其结果会是加强英国对亚洲的控制，对于亚洲毫无裨益。"日本作为亚洲公认的领袖，不应该跟他们（指北洋的段祺瑞、冯国璋等人——引者注）一样去为白种人火中取栗。"❸

9月22日，戴季陶带回日方消息，称日方要求护法军政府对德宣战，此后，可以给予资助。基于这一期待，9月26日，广州护法军政府对德奥宣战。然而，广州方面获得日本资助的期待很快落空，日本政府给予段祺瑞政府的支持有增无减。11月20日，孙又致电寺内正毅等日本政府高官，感谢日本对于中国革命的支持，又指出，风闻段祺瑞最近以参加"一战"为名，向日本借款数千万，用以练兵，希望日本政府不要接受段祺瑞的请求。❹ 这一主张当然没有得到日本政府的采纳。在南北两个对立的政府之间，日本政府

---

❶ 《孙中山全集》（第4卷），第127—128页。

❷ 同上书，第134页。

❸ 段云章编著：《孙文与日本史事编年》（增订本），第548页。

❹ 《孙中山全集》（第4卷），第243页。

显然更倾向于北方政府。11月29日,孙在给唐继尧的电文中,称"对德宣战已铸成大错"。❶

日本政府对北洋政府的支持,日益将孙推向对立面。孙在困顿之中,寻找新的国际盟友。1917年11月,俄国爆发布尔什维克革命,建立苏维埃政权。1918年1月28日,孙在广州警界宴会上的一个谈话中即指出:"若俄国现在之革命政府能稳固,则我可于彼方期大发展也。"❷1918年5月,孙设想了一个大胆的计划——中国退出"一战",并与苏俄、德国结成一个同盟。孙甚至派大元帅府参议曹亚伯前往柏林游说德国政府,希望德俄两国能与其联合,推翻段祺瑞政府。但此时德国已经战败,在外交上无法自主。孙的想法自然无法实现。❸

1919年1月,巴黎和会召开,梁启超等人不断从巴黎发回关于山东问题交涉进展的报道,而北洋集团内部也出现了对亲日的安福系的不满。在国内反日气氛不断加强的背景下,孙中山的反日态度也更为坚决。4月5日,日本在汉城屠杀朝鲜示威群众万余人,孙中山对日本记者大江卓发表谈话,谴责日本对朝鲜的侵略:"日本人非亚洲人也……日本人为欧人使用而侵略我亚细亚人者,焉得为亚细亚乎!"孙中山要求日本解决山东问题,同时提出了他之前很少提的满洲问题,并旗帜鲜明地支持朝鲜"民族自决"。在孙的新论述中,"亚细亚民族"的敌人也不再是笼统的"白种人",而是盎格鲁-撒克逊民族,这就把俄国从敌人的名单

---

❶《孙中山全集》(第4卷),第254页。
❷ 同上书,第320页。
❸ 德国外交部未刊政治档案,China 7, Bd. 11-12, A53674 Hintze an A.A.Berlin, 1. Dezember. 1918,转引自李国祈:《德国档案中有关中国参加第一次世界大战的几项记载》,《民国史论集》,台北:南天书局1990年版,第321—323页。

中排除了。❶

　　五四运动爆发后，孙中山对运动表示了支持。1919年5月8日，其追随者张继、何天炯、戴季陶发表《告日本国民书》谴责日本的扩张政策，将日本对于台湾、满洲、蒙古、朝鲜与中国内地的侵略问题，一并提出。❷6月24日，孙中山接受日本《朝日新闻》记者采访，对日本的批判态度更加鲜明。孙指出"乃近年以日本政府每助吾国官僚，而挫民党，不禁痛之"。孙将中国民党比作日本五十年前的维新志士，欲以日本为楷模而改造中国，并与日本亲善。"乃不图日本武人，逞其帝国主义之野心，忘其维新志士之怀抱，以中国为最少抵抗力之方向，而向之以发展其侵略政策焉"。❸ 在访谈中，孙还回应了日本朝野的困惑：为何中国人对日本的愤恨超过对欧美列强的愤恨。孙指出，这就类似于一个小弟与强盗为伍，劫了长兄的家，反过来却怪长兄为何愤恨他甚于愤恨这些强盗。

　　孙中山在访谈中进一步表达了对日本夺取中国山东的不满。他指出，日本攻取青岛时，宣布将其还给中国。等到中国参加"一战"后，日本反而与欧洲列强签订密约，谋求继承德国在山东的利权。日本劝诱中国参加"一战"，却又试图谋取山东，这差不多就是在澳门的外洋资本家诱骗国人出洋，"卖猪仔"。❹孙强调，日本必须将山东还给中国。欧洲方面，甚至连中立国丹麦都获得了19世纪60年代德国夺取的领土，中国对"一战"做出了巨大贡献，却无法收回自己的领土，是怎么也说不过去的。孙正告："东邻志

---

❶ 段云章编著：《孙文与日本史事编年》(增订本)，第596—597页。

❷ 同上书，第598页。

❸ 孙中山：《答日本朝日新闻记者问》，《孙中山全集》(第5卷)，北京：中华书局1982年版，第72页。

❹ 同上。

士，其果有同文同种之谊，宜促日本政府早日猛省，变易日本之立国方针。"❶

1920年6月11日，孙中山在上海对《字林西报》记者发表谈话，极力反对英日同盟的续订，认为它意味着英国人支持日本侵略中国；英日同盟针对的俄国帝国势力已经消灭，而日本在太平洋的进一步扩张，会对英国的殖民地造成冲击。❷6月29日，孙致函日本陆相田中义一，指责日本政府"专以援助反动党排除民主主义为事"，认为日本如不改弦易辙，"则国人之恶感更深，积怨所发，其祸将不至于排货"。希望日本"鉴于世界之大势与东亚之安危，一变昔日之方针"。❸10月5日致宫崎寅藏（滔天）的书信中，称最近白人外患已弱化，最值得担心的是日本军阀的政策。如果日本政策不变，"则吾人亦不能不倒行逆施，亲英、美以排日也，则其咎则当归之日本"。❹在1921年3月12日与宫崎寅藏、萱野长知的谈话中，孙又谈到了日本当局将其视为亲美派、亲英派的事情，孙指出，这不过是日本当局的一厢情愿之见。❺

在这期间，孙不断将北洋政府与日本绑定在一起批判。在1921年8月28日致苏俄外交人民委员会的书信中，孙断言"在与日本切身利益有关的一切重大政策问题上，北京实际上是东京底工具"。❻11月上中旬，在与《大陆报》美国记者谈话中称自己攻伐的并不是中国的北方，因为北方的人民是赞同他的主张的，"吾人今只谋

---

❶ 孙中山：《答日本朝日新闻记者问》，《孙中山全集》（第5卷），第74页。
❷ 段云章编著：《孙文与日本史事编年》（增订本），第613页。
❸ 《孙中山全集》（第5卷），第259页。
❹ 段云章编著：《孙文与日本史事编年》（增订本），第618页。
❺ 孙中山：《与宫崎滔天萱野长知的谈话》，《孙中山全集》（第5卷），第482页。
❻ 段云章编著：《孙文与日本史事编年》（增订本），第631页。

推倒被日本使用之华人耳"。❶1922年4月中旬,在与《华盛顿邮报》记者的谈话中,孙宣布其政府北伐之目的,"不在中国北方人民,而在日本及为日本外府之北庭",称北方的卖国政府将中国利权卖给日本,日本就可以利用中国的物产与人口来推行帝国主义,从而危害太平洋的和平,孙断言:"能维持太平洋和平之国家,非英国,实中国也。吾人今日自救,即可以使全世界免除日本武力之危害。"❷

但这并不意味着孙对日本已经完全无所期待。1923年11月16日,在获悉其朋友犬养毅出任山本权兵卫内阁邮电大臣兼文部大臣之后,孙十分兴奋,给犬养毅写了长信,指出当下俄国、德国为欧洲的受压迫者,中国、印度是亚洲的被压迫者,英、法无论在欧洲还是亚洲都是"横暴者",美国无论如何都不会站在被压迫者一边,孙希望犬养毅在日本新内阁中发挥作用,促使日本放弃对欧洲帝国主义的模仿,真正扶持亚洲,站在受压迫者的一边。❸事实上,就在两个月之前,就连李大钊也在讨论中、日、俄的接近,李大钊把重点放在9月1日爆发的东京大地震之上,认为中国在地震后表达的善意,可能促成日本走近中国,提出中国应欢迎日本"投入反抗帝国主义的民族里"。❹

1924年11月,孙受到段祺瑞邀请,借道日本北上,与北洋政府谈判南北和平大计。孙试图向日本政府和民间传播一个理念:建立中国、日本与苏俄之间的联盟,日本应支持中国反对不平等条约的努力,与中国联手共同反对西方帝国主义。在11月23日与长崎

---

❶ 段云章编著:《孙文与日本史事编年》(增订本),第636页。
❷ 《与美国〈华盛顿邮报〉记者的谈话》,《孙中山全集》(第6卷),第101页。
❸ 段云章编著:《孙文与日本史事编年》(增订本),第658—659页。
❹ 李大钊年谱编写组编:《李大钊年谱》,兰州:甘肃人民出版社1984年版,第176页。

新闻记者的谈话中,孙指责日本明治维新之后得到了强盛,反忘却了中国革命之失败,相比之下,"近来俄国革命成功,还不忘中国革命之失败,所以中国国民同俄国国民,因革命之奋斗,日加亲善"。❶ 同日,在与长崎欢迎者的谈话中,孙断言"中国决不望任何友邦援助,将以国民实力收拾时局"。中日两国未来可以想象建立某种经济同盟关系,然而日本要获得这样的机会,就需要支持中国废除不平等条约的运动。❷

11月24—26日,孙中山与日本《中外商业新报》记者高木的谈话中,指出"两国全体国民应当为了东洋民族,广而言之应为全世界被压迫之民族,携起手来争取国际的平等,离开这个目的而谈论两国的友好乃是错误的。因此我深信,日本国民如不改变视日本为列强之一的观念,将无法产生对于真正的中日友好的思想"。❸

11月28日,在对神户商业会议所等五团体举办的欢迎会的演讲中,孙中山就"大亚洲主义"这一主题发表演讲。❹ 在演讲中,孙指出,亚洲是"最古文化的发祥地",最近几百年才逐渐衰落。明治维新的成功与1905年日本战败俄国,对于亚洲民族起到了很大的鼓舞作用。埃及、波斯、土耳其、阿拉伯、印度都发生了民族独立运动,亚洲各民族之间的联络正在加强。孙进而将西方的文化称为霸道文化,将东洋的文化称为王道文化,并举出以中国为中心的朝贡体系的例子来演示这种王道文化,尤其提到尼泊尔到了民国元年还来中国朝贡。孙指出:"我们现在处于这个新世

---

❶ 《孙中山全集》(第11卷),北京:中华书局1982年版,第364—365页。
❷ 同上书,第371页。
❸ 同上书,第392—393页。
❹ 同上书,第401页。

界，要造成我们的大亚洲主义，应该用什么做基础呢？就应该用我们固有的文化做基础。要讲道德、说仁义，仁义道德就是我们大亚洲主义的好基础。我们有了这种好基础，另外还要学欧洲的科学，振兴工业，改良武器。不过我们振兴工业，改良武器，来学欧洲，并不是学欧洲来消灭别的国家，压迫别的民族的，我们是学来自卫的。"❶

孙中山呼吁亚洲各国在仁义道德基础上联合起来，推翻压迫它们的西方帝国主义者。但他又认为，西方存在一个异数，即苏俄，是行王道的，是亚洲各国联合的对象。早在1922年11月中旬，孙中山与日本时事通讯社记者谈话时曾说，俄国人也是亚洲人，"在他们的血管里，流动着亚洲人的血液"，主张日本与俄国共同反对盎格鲁-撒克逊人的侵略。❷ 但在《大亚洲主义》演讲中，重点已经不是俄国人的血统，而是他们所奉行的理念。在演讲的最后，孙中山对日本提出自己的期待："你们日本民族既得到了欧美的霸道的文化，又有亚洲王道文化的本质，从今以后对于世界文化的前途，究竟是做西方霸道的鹰犬，或是做东方王道的干城，就在你们日本国民去详审慎择。"

在同日对神户各团体欢迎宴会的演说中，孙中山又举了一个例子来说明中日关系。中国并不是一个独立自主的国家，如同一个有十几个主人的"世仆"，日本要和中国亲善，走在路上，不断碰到中国的第一个主人、第二个主人、第三个主人，这时候中国就要给这些主人拿伞，即便日本想请中国吃饭，也请不成。所以，如果日本真希望中日亲善，就需要支持中国废除不平等条约的运动，将中

---

❶《孙中山全集》（第11卷），第407页。
❷ 段云章编著：《孙文与日本史事编年》（增订本），第645页。

国从十几个主人的支配中解脱出来,这时候中国才可能真正与日本做兄弟。❶

1924年的"大亚洲主义"演讲非常清晰地表明了孙中山的"大亚洲主义"与日本主流的"亚洲门罗主义"的不同旨趣。然而,在当时日本民间对美国限制日本移民新法案感到愤恨的背景下,日本报刊重点在于凸显孙中山对于"中日亲善"的强调,很少有人分析他的主张与日本主流鼓吹的"亚洲门罗主义"的差异。❷ 在孙中山逝世后,孙的演讲被日本政客利用。策划"九·一八"事变的石原莞尔在30年代推动"东亚联盟"运动,1939年日本还组织了东亚联盟协会,鼓吹以日、满、华为中心结成东亚联盟,建设东亚新秩序。日本的"东亚联盟论"者称西方文化是霸道文化,东方文化是王道文化,在论证中日两国具有共同的王道文化时评论:"孙文思想虽不明确,但包含着王道思想和大亚洲主义。"❸

日方还以"大亚洲主义"来联络反蒋的西南地方实力派。1936年2月,松井石根前往两广接触西南派要人。作为西南反蒋力量的精神领袖,胡汉民在《三民主义月刊》第7卷第3期上发表文章,公开了1936年2月21日在广州与日本军阀松井石根的部分会谈记录。论及"大亚洲主义",胡汉民明确表示,孙先生之"大亚洲主义"与日本之"大亚洲门罗主义"大异其趣。胡汉民批评日本的军政政策"果于实行,短于计虑……循此以往,远东必成糜烂之局而不可收拾,所谓大亚细亚主义,适得其反而已"。胡汉民声明"余为一亚细亚主义者,同时又为一抗日主张者",希望倡导"大亚细亚主义"的松井矫正过去的错误,将日本政治扳回到正确轨道上

---

❶ 《孙中山全集》(第11卷),第412—413页。
❷ 段云章编著:《孙文与日本史事编年》(增订本),第707—708页。
❸ 中山優:「新秩序の東洋的性格」,『東亜聯盟』1939年第1期。

来。❶ 但西南反蒋派虽然在口号上将"抗日"与"反蒋"、"剿共"并举,又始终存在借助日本政策来削弱蒋的盘算,加之实力限制,其对于日本"大亚洲主义"的批判,在很大程度上只是一种缺乏实际行动的姿态。

1940年,汪精卫在南京建立伪国民政府,声称自己继承了孙中山的亚洲主义思想,并创办《大亚洲主义》《大亚洲主义与东亚联盟》等杂志,论证孙的思想与日本的"亚洲主义"政策之间的一致性。❷ 这更是彻底抛弃了孙中山晚年的"反帝"思想,将孙中山"反帝"的"大亚洲主义",与日本军国主义的"大亚洲主义"混为一谈。孙中山先生在晚年摆脱了日本的"亚洲门罗主义",然而,追随他的同盟会—国民党精英,许多人在信念或利益上与日本军国主义势力有着千丝万缕的联系,在日本军国主义强势入侵的背景之下,要摆脱"亚洲门罗主义"话语,谈何容易!

三 蒋介石:在美日"门罗主义"之间

在1925年3月12日孙中山在北京逝世之后,国民党内部围绕着"接班人"问题爆发激烈斗争,直至1936年胡汉民去世,蒋介

---

❶ 胡汉民:《大亚细亚主义与抗日——与松井大将之谈话》,国民党中央执行委员会西南执行部印发《胡汉民先生遗教辑录》,转引自蒋永敬:《胡汉民先生年谱》,台北:中国国民党中央党史委员会1978年版,第543—544页。不过,根据松井石根的日记,胡方关注的重点是希望日方拿出实质的对蒋政策,对于日方提出的"大亚洲主义",胡方的回应是中国自孙文时代就有自己的"大亚洲主义",与日方的意见并不相悖。参田中正明编:『松井石根大将の陣中日誌』,芙蓉書房,1985年,第227页。
❷ 汪精卫:《中日国交调整与东亚联盟》,《东亚联盟》(复刻版)第3卷第1号特辑,东京:柏书房株式会社1996年版,第7页。

石才真正巩固在国民党党内的领导地位。❶ 那么,蒋介石是如何看待美国的"门罗主义"与日本的"门罗主义"呢?从蒋的文字表述来看,他很早就认识到二者均为"帝国主义"表现形式。但在"二战"之中,蒋介石为了获得美国援助,刻意区分美国的"门罗主义"与日本的"门罗主义",从而在话语上逆转了自己早年的一些表述。

蒋介石1906年4月第一次赴日留学,就读于东京"清华学校",因自费生不能学习军事,蒋介石当年回国进入保定军官学校就读,1907年底考取公费留学资格,前往日本陆军士官学校的预科学校之一东京振武学校留学,1910年毕业后以"士官候补生"身份进入"帝国陆军第13师团野炮兵第19联队"实习。1911年10月武昌起义爆发后,蒋介石以请假为名,回国参加辛亥革命。1912年,蒋介石在上海刺杀光复会领袖陶成章后,前往日本避祸,但因前一年违反日军纪律,已不能学习军事,只能先学习德语,尝试以后到德国留学。在此期间,蒋介石在东京创办了《军声》杂志,先后撰写了《军声》发刊词、《革命战后军政之经营》、《军校统一问题》、《蒙藏问题之根本解决》、《征蒙作战争议》和《巴尔干战局影响于中国现列国之外交》六篇文章。在《军声》的《发刊词》中,蒋介石如此分析当时的国际形势:

> 夫太平洋沿岸,其为万国竞争之焦点者,独我中华土地耳。何以故?美洲既卵翼于美国门罗主义之下,他国莫敢垂涎。澳洲则为英国势力范围之所及,国旗所指,令人望而生

---

❶ 参见金以林:《国民党高层的派系政治:蒋介石"最高领袖"地位是如何确立的》,北京:社会科学文献出版社2009年版。

畏。非洲之南端已为英所攫取,其北之摩洛哥,亚昔里,阿比西尼等,又隶法、意诸国之版图。至于小亚细亚及印度之北陆,无甚价值,列强尚置为缓图。则其鹰瞵鹗视,倡议瓜分,而以利益均沾为饱欲之计者,心目中已早无我支那人种位置之地矣。❶

在此,蒋介石将美国的"门罗主义"理解为一种建立势力范围的霸权主张。蒋介石在"万国竞争"(这也是康有为非常喜欢用的表述)的态势之下来理解辛亥革命,认为辛亥革命"名为对内,实为对外",原因在于专制政体"以天下为君主一人之私产",对外软弱无能。辛亥革命推翻了君主专制政体,也为中国的重新崛起提供了必要的条件。❷

1913年,蒋介石参加了国内反袁的"二次革命",失败之后又避祸日本。在革命派寻求日本对于反袁的支持时,蒋介石的论述中也不乏"亚洲主义"话语。但孙中山政治话语的调整,也深刻地影响了蒋介石的政治话语。在孙逝世后,蒋介石一度以国民党左派的面目出现,以至于苏联代表一度将制约国民党右派的希望寄托在蒋的身上。1927年在党内斗争受挫之后,蒋介石再次前往日本,求助于田中义一内阁,获得日方支持的承诺。然而1928年日本少壮派军官制造"济南惨案"与"皇姑屯事件",使得蒋介石与田中达成的合作方案难以为继。

1931年"九·一八"事件之后,日本在东北的扩张引发了美国的外交反弹。这引起了中国国内报章对于美日两国门罗主义的比

---

❶ 蒋介石:《发刊词》,《军声》1912年第1期;秦孝仪主编:《总统蒋公思想言论总集》(第35卷),台北:中国国民党中央委员会党史委员会1984年版,第2—3页。

❷ 同上。

较。1931年10月17日出版的《南华评论》发表林绍昌文章指出，与美国在美洲实施的门罗主义不同，日本的"亚洲门罗主义"从来没有促成、援助或保护过任何亚洲国家或民族的政治独立；当然，林绍昌文章同时指出，自从西奥多·罗斯福以来，美国的"门罗主义"已经"从保守的变为进攻的""无我的变做为我的"，侵占的范围从西半球扩展至欧亚两洲，远比日本的"门罗主义"覆盖范围大，只是其侵占程度尚不如日本的蛮横。林绍昌倡导一种"真正"的为亚洲乃至全人类谋利益的"亚洲门罗主义"，并主张中国应当成为这种"亚洲门罗主义"的担当者。❶

1932年初出版的《申报月刊》发表署名"百英"的评论文章《亚洲门罗主义与美洲门罗主义》，评论1月7日美国国务卿亨利·刘易斯·史汀生关于不承认日本以武力造成的国际领土变更的外交照会。该文指出，"帝国主义者总是以门罗主义作为独占殖民地的招牌，门户开放主义作为侵入他处的旗帜。日美的冲突，就这样以'门罗主义'为标榜来争夺亚洲"，这从根本上是"门罗主义的反对门罗主义"。❷这两篇文章在当时涌现的一批对比日美"门罗主义"的评论中颇具典型性，即将日美两国的"门罗主义"同时视为"帝国主义"的表现，二者之间的差别是程度的不同。

众所周知，1931年3月，蒋介石在南京郊外的汤山软禁胡汉民，随后激起了国民党内反蒋力量促其"下野"的声浪。在其后的一段时间里，蒋的政策重心在于维护自身在国民党内的政治地位，对外则强调依靠国联和英美来牵制日本势力，尤其强调以《九国公约》的"门户开放"政策来对抗日本的"亚洲门罗主义"。然而日军占

---

❶ 林绍昌：《亚洲的门罗主义》，《南华评论》1931年第1卷第22期。

❷ 百英：《亚洲门罗主义与美洲门罗主义》，《申报月刊》1932年第1卷第1号。

据东北之后,进逼华北。蒋介石一边在各种谈话和演讲中指出日本威胁,揭示日式"门罗主义"的欺骗性,但重点在于强调日式"门罗主义"侵犯欧美列强利益,必将引发欧美列强强烈反弹,以此来证成其"攘外必先安内"的政策。

1933年1月23日,蒋介石在南京与张学良谈话时称:"倭寇之目的敌为美国,如其与我大规模正式作战,是为无的放矢,虽胜必败,此其最大之弱点也,故我决与之持久战斗。"次日,又说:"倭势扩充至北满,则与俄接壤地面广阔,而其力不足以称之,是又其弱点之一也。"1月25日的谈话中,则直接点出了"门罗主义":"倭寇骄横,不自知其已与世界各国为敌,犹妄欲自居为亚洲之中心,而效美国之门罗主义,不问其地位与时势之能否,倒行而逆施,焉得而不亡乎?"❶ 这一对比是将日美两国之"门罗主义",均视为独霸区域的主张,在道德上并无高下之分。

1934年3月5日,蒋介石在南昌北坛官邸发表演讲,分析了东亚形势,探讨中国的策略。他指出,目前有两股力量为了侵略中国而在东亚竞逐,以英美为代表的势力主张"门户开放,机会均等","欲求利益均沾之均势主义";而日俄以"门罗主义"或"世界革命"为口号,"欲求利益独占之独霸主义"。前者旨在维持现状,而后者旨在打破现状,"利用一切机会随时逐行其军事与政治的侵略,达到鲸吞中国之目的"。两害相较,蒋介石主张借助英美力量来牵制日俄。❷

1934年4月23日,蒋介石再次在南昌对局势发表看法:"预料倭寇对我方案:甲、实行二十一条之要求;乙、反对白人助华之

---

❶ 秦孝仪主编:《总统蒋公思想言论总集》(第24卷),第367页。
❷ 蒋介石:《东亚大势与中国复兴之道》,秦孝仪主编:《总统蒋公思想言论总集》(第12卷),第95页。

一切行动；丙、随时取军事行动。"次日，又称："倭寇阻止国联助华，以排除其威胁，终不能停止；而其必欲与世界决战，以建立其东亚门罗主义之野心，亦决不改变也。"❶

在日本外务省情报部长天羽英二发表《天羽声明》之后，蒋介石认为中日关系更趋紧张。1934年12月的《外交评论》上发表了署名"徐道邻"的《敌乎？友乎？——中日关系的检讨》，此文实际上由蒋介石口授，陈布雷执笔。该文批判，日本"亚洲门罗主义"的错误在于，没有看到1935年的亚洲与1823年的美洲的不同。当年英法等国"在美洲还没有如何了不得的深切利害关系"，加上当时交通工具落后，因此美国才能够用"美洲人之美洲"的口号来实现一国对两大洲的支配。蒋介石又指出，"但事实上美国在现在也不得不放弃当时门罗主义的政策"，这指向的是富兰克林·罗斯福总统所推行的"睦邻政策"。而日本高唱"亚洲门罗主义"，以"东亚人之东亚"的口号排斥欧美势力，"不仅美俄已敌视日本，欧洲诸国都要敌视日本，尤与英国利害极端相冲突"。蒋介石尤其指出，日本的强大是英国"保育"的结果，日本以东亚主人自居，最终会造成自身的孤立局面。❷

1936年1月16日，蒋介石在南京励志社对全国中等以上学校校长与学生代表发表演讲，有部分内容是对中日关系的看法。蒋介石谈到了明治维新之前白种人对黄种人的歧视，认为明治维新的成功，使得白种人对黄种人的态度从轻视变为戒惧，但始终没有打破种族成见。但现在同种的日本人抢在白种人之前对中国下手，而这又进一步引发了白种人对日本的戒惧。蒋介石分析，英国在"一战"之

---

❶ 秦孝仪主编：《总统蒋公思想言论总集》（第28卷），第316页。
❷ 蒋介石：《敌乎？友乎？——中日关系的检讨》，秦孝仪主编：《总统蒋公思想言论总集》（第4卷），第160页。

前因为嫉妒俄国与德国,与日本同盟,助长了日本势力,但在"一战"之后,受到日本的挑战,英日之间矛盾日益严峻。美国在日俄战争前试图用日本牵制俄国,但日本打败俄国之后,又利用"一战"的机会发展国力,通过"九·一八"事变侵占中国的东四省,"公然高唱所谓'东亚门罗主义',排斥欧美在东亚的势力,尤其不许美国的资本和商品侵入满洲,于是美国在远东商业和整个太平洋势力的发展,就遇着重大的打击"。蒋介石强调,英美两国目前对于日本有很大的不满,但因为相互之间的矛盾,联手制裁日本却不可能。❶

1936年12月"西安事变"之后,蒋介石面临内外压力,终于下定决心停止内战,一致抗日。1937年7月7日,日本帝国主义全面侵华,南京国民政府一面组织抗击,一面大力争取英美的支持,淞沪会战的发动,即来自于强烈的争取国际支持的动机。然而,英美久久按兵不动。

1940年7月1日,国民党五届七中全会召开。蒋介石发表开幕致辞,对世界形势进行了分析。蒋介石指出,最近这十天以来,日方高唱"东亚自主",对外声言要宣布其所谓"东亚门罗主义",但迟迟没有发表正式外交声明,原因在于对国际形势有所忌惮。"敌人今天尽管想要宣布其所谓'东亚门罗主义',作为他南进侵略的先声,但是他的幻想决无实行的可能",原因在于美国的监视,德国的冷淡,苏联的威力,以及中国坚持抗战:"他今天要以'东亚门罗主义'作侵略行动的护符,在明眼人看来,真无异于痴人说梦!"❷

---

❶ 蒋介石:《政府与人民共同救国之要道》,秦孝仪主编:《总统蒋公思想言论总集》(第7卷),第109—110页。

❷ 蒋介石:《对五届七中全会开会致词》,秦孝仪主编:《总统蒋公思想言论总集》(第17卷),第375页。

蒋介石接下来进一步分析日方"东亚门罗主义"的实质,尤其是对日本的"门罗主义"与美国的"门罗主义"进行区分:"敌国朝野鼓噪着'东亚门罗主义'的论调,由来已久,最近更高唱入云,其主要用意当然在于沿袭世界上已经习见的名词,欺骗着世界,堵塞住欧美各国尤其美国的反对,不许欧美各国,置身远东,过问远东的事情,他以为他久已幻想而为举世所反对的所谓'建立东亚新秩序'一个阴谋,可以换一个名词而实现,但是他完全不知道美国门罗主义之成功,乃由于美洲当时有他特殊的时代与特殊的环境,而美总统门罗所提倡的主义其精神与特质,适为美洲各独立自由民族所需要。"

蒋介石认为"门罗主义的推行,决不是美国武力侵略的结果,更不是徒凭一纸宣言,所能成功的",而日本推行"东亚门罗主义",则属于不自量力。首先,日本国力远不如美国;其次,"美国倡导门罗主义,乃是基于平等自由的原则,美国倡导门罗主义已经百年,美洲几十个国家至今还都是独立平等,都能共存共荣,惟其美国所倡导的门罗主义,有这种的精神,所以才能得到美洲各国的赞助"!而日本崛起之后,却灭亡朝鲜,侵略中国,为亚洲民族所痛恨,蒋质问:"日本今天凭什么资格来谈'东亚自主'?"最后,蒋介石指出,只有中国这样的泱泱大国才配做东亚和平的柱石和远东秩序的保障。❶ 蒋介石要求,国民党对外政策应以《九国公约》为中心,以不变应万变为指针,确保领土主权行政之完整,重奠东亚之和平。❷

7月5日,蒋介石在国民党五届七中全会作《目前外交之一般

---

❶ 蒋介石:《对五届七中全会开会致词》,秦孝仪主编:《总统蒋公思想言论总集》(第17卷),第374—376页。

❷ 李勇、张仲田编著:《蒋介石年谱》,北京:中共党史出版社1995年版,第282页。

检讨》的报告,称"日本要想征服中国实行东亚门罗主义的野心,已被我们三年抗战所粉碎",其征服安南的政策只是用来安慰国内的厌战者。❶ 然而,7月6日,罗斯福新闻秘书发表声明称欧亚美三洲都可以实行自己的门罗主义。蒋介石对此深感意外,评论道:"此声明,殊为奇突!然彼全为对德而言也。"7月9日,蒋介石又仔细研究了美方的"亚洲门罗主义"之见解,评论:"其意在亚洲各国共同处理安南问题,而不认倭之单独占领乎?"❷

7月12日,蒋介石修正五届七中全会闭幕词,在日记中自评:"此篇虽以力辟亚洲门罗主义为要旨,而使敌寇感觉轰炸重庆之无效,实为着目点也。"❸ 在全会的闭幕词里,蒋介石再次强调,"九·一八"事变以来日本的"东亚门罗主义",借口美国存在"门罗主义",因此日本也可以奉行类似的主义,"其用意无非在排除欧美,免为其侵略中国掠夺亚洲的障碍,尤其是针对着提倡'不承认主义'与'坚持九国公约'的美国"。蒋介石表示,美国奉行的"门罗主义"精神与日本的"东亚门罗主义"精神大相径庭,并指出,亚洲是与东西两半球共同有关的地区,北部有苏俄,又与太平洋以及印度洋相关,但日本"俨然以亚洲支配者自居",高唱"亚洲门罗主义",无论在文化道德上,还是在实力上,都没有基础可言。

接下来,蒋介石解释了7月6日罗斯福总统新闻秘书的谈话,认为"美政府所希望而认为应当实现者乃各洲皆实行门罗主义"这

---

❶ 蒋介石:《目前外交之一般检讨》,秦孝仪主编:《总统蒋公思想言论总集》(第17卷),第383—384页。
❷ 黄自进、潘光哲编:《蒋中正总统五记·困勉记》(上),台北:"国史馆"2011年版,第728—729页。
❸ 黄自进、潘光哲编:《蒋中正总统五记·学记》,第157页。

句话不应按照日本方面的理解来解释，其原意实际上是"美政府愿见欧洲与亚洲均各采用门罗主义，而此门罗主义之解释与适用，一如在美洲所行者"，即以"互助自卫平等独立为基础"。这一谈话的核心是如何处理欧洲战败国在美洲的领土，而在亚洲，其意在反对日本以武力侵占其他国家，尤其是对法属安南的归属提出的"应该由东亚各国用集议协商的方法来解决"，这句话的用意并非主张日本单独用武力支配安南，而是坚持了美国尊重各国独立和"开放远东门户"的主张。而美国最近扩充军备，在很大程度上也是针对太平洋与亚洲的局势。❶

我们可以看到，蒋介石在1940年国民党五届七中全会所发表的讲话，对于美国"门罗主义"的描述和评价，与1934年的《敌乎？友乎？——中日关系的检讨》出现了相当大的差异。如果说1934年的文章是将美国的"门罗主义"看作美国的扩张战略，1940年的讲话则对美国的"门罗主义"颇多溢美之词。我们并不清楚蒋介石是否阅读了美国国务院远东司的官员和顾问们在同一时期对于美国"门罗主义"与日本的"亚洲门罗主义"差异的强调。但不管他是否读过这些文字，他的论述的改变，显然有着政治修辞上的考虑。在此我们需要引入历史情境：国民党五届七中全会热烈讨论的主题之一，是国民政府在外交上究竟是否联德。

在1940年7月2日的全会讨论中，外交部长王宠惠报告称，

---

❶ 蒋介石：《对五届七中全会闭会致词》，秦孝仪主编：《总统蒋公思想言论总集》（第17卷），第393—396页。这里可以对照的是中共中央对于同一信息的判断。1940年8月2日《中共中央书记处关于目前国际形势与我党的宣传方针》中指出："美国一切都是积极反德意日阵线的。他在七月上旬宣布亚洲门罗主义是为了阻止日本加入德意阵线。而在近卫上台后他就不会要这种门罗主义了。'门户开放''援助中国'等旧调又会重弹。"中国社会科学院新闻研究所编：《中国共产党新闻工作文件汇编》（上），北京：新华出版社1980年版，第93—94页。

日本逼迫法国政府关闭滇越铁路，逼迫英国断绝中国通过香港和缅甸的对外联络通道。孙科主张，德国在欧洲已经稳操胜券，英国在欧洲必将失败，中国应该"联德"。这一主张也得到了白崇禧的赞同，党内一时"联德"之声大盛，甚至有人主张应支持缅甸当地民族抗英，以获得德国的好感。蒋介石并没有反对"联德"，只是强调与日本之外的列强都保持良好关系，以孤立日本。7月8日，蒋介石在致闭幕词时强调"努力自强"，并表示了对希特勒"全由自己奋斗之成功"的关注。❶ 全会之后，蒋介石推行的政策也是暗地加强中德关系。

然而"联德"之路并不顺畅。1940年9月27日，德、意、日三国签订经济军事同盟，日本主张的"大东亚新秩序"获得德意两国支持，国民党内的亲德气氛才逐渐低落，而美国的重要性进一步凸显出来。1941年1月13日，蒋介石在日记中回顾了前一年的外交路线争论："去年六七月间，当英法惨败，德国大胜，美总统之机要秘书发表欧亚皆可各自树立门罗主义之声明，当此之时，我中央外交方针，几乎全体主张联德，而孙哲生、白健生等为尤烈，总以为美国外交，决不可靠也……若余当时不坚持，听健生等之言，而违美联德，则英美今日不仅不愿与我合作，其必联倭以害我，我处极不利之地矣！抚今追往，思健生等之幼稚如故，实不胜为国家前途忧也！"❷

不过，蒋介石在这里的笔法，多少有些自我粉饰的意思。在五届七中全会上，蒋并没有和亲德派发生激烈争论，会议之后他也推行了与德国进一步接触的外交政策，他所做到的只是比较谨慎，没

---

❶ 荣孟源主编：《中国国民党历次代表大会及中央全会资料》（下），北京：光明日报社1985年版，第635页。

❷ 黄自进、潘光哲编：《蒋中正总统五记·困勉记》（上），第757—758页。

有在与德国的正面外交上走得太快,以至于"违美联德",引起其他列强猜疑而已。

综上所述,从20世纪30年代初以来,蒋介石一直试图以《九国公约》《巴黎非战公约》以及英法主导的国联来制约日本的"亚洲门罗主义"野心,这从本质上还是一种"均势"战略。哪怕是在国民党的五届七中全会上,蒋介石公开坚持的仍然是交好所有西方列强以制约日本的思路,既想拉拢美国,也想拉拢德国。从蒋更早时期的论述来看,蒋完全知道美国在美洲的"门罗主义"本质上是帝国主义,但为了拉拢美国,他不惜采取了新的论述,将美式"门罗主义"与日本的"亚洲门罗主义"截然区分开来。

四 战国策派:"大力国主义"的前景

在抗战期间,国统区崛起了一个国家主义思想流派——战国策派,因其思想集中刊发于《战国策》半月刊与《大公报》(重庆版)的《战国》副刊,并认定当下为"战国时代之重演"而得名。战国策派代表人物有林同济、雷海宗、陈铨、何永佶、贺麟等,成员主要留学欧美而非日本,因此从知识结构上也与大量留日的国民党高层精英有所不同,尤其崇尚尼采、斯宾格勒等德国思想家。

战国策派的代表人物林同济、雷海宗创造性地将斯宾格勒的文化形态史观与中国自身的历史视野结合起来,从而形成一种颇具独特性的史观。他们将法国大革命之前的欧洲史类比于春秋时期,而将法国大革命后的历史视为从春秋走向战国时代,而"一战"标志着完全进入战国时代,而当下中国所处的第二次世界大战,其诸多特征也正好可以"战国时代"来解释。1940年4月1日,《战国策》第 1 期出版时即刊登林同济《战国时代的重演》，国内各派政治势力中，对此表现出最大兴趣的是中国青年党，该党的陈启天❶在 1936 年也曾提出"战国时代重演论"，得到党内常乃惪、黄欣周、姜蕴刚等人的支持，但社会反响平平。战国策派的出现让中国青年党内主张"战国时代重演论"的一派精神为之一振，常乃惪、曾琦均撰文予以积极评价。❷

在国民党五届七中全会召开一个月后，1940 年 8 月 1 日，日本外相松冈洋右在宣布《基本国策纲要》时，正式将其思路概括为"大东亚共荣圈"。在此背景下，8 月 15 日，洪思齐在《战国策》撰文《释大政治》，指出"过去二十年里铁一般的事实证明国际理想主义的惨败，我们要承认路走错了，此后救亡图存唯有实行国际斗争的大政治"。所谓"大政治"，按照洪思齐的解释，指向的是国家之间的斗争，"它的手段是战争与外交，它的法则是唯实政治与力的政治（Macht Politik）"，称其为"大"，是因为它是"超派别，超阶级，超省域，是以国为单位，世界为舞台的斗争政治"。❸ 这一"大"字，既可以说是战国策派对国内形形色色的"省域门罗主义"的回应，也可以说是对抗战之前国共内战的回应。

洪思齐提出，"大政治"眼前的目标就是战胜日本侵略者，但将来的目标是安定亚洲："稳定东亚的责任应属于我们中国而不应属于日本，因为我们无论在天赋上，待人态度上，历史上，均较敌

---

❶ 在此值得一提的是陈启天对于"门罗主义"的看法，"所谓门罗主义者，国家主义之雅号也"，见陈启天：《国家主义与中国前途》，少年中国学会编：《国家主义论文集》（第 3 版），上海：中华书局 1925 年版，第 46 页。

❷ 参见桑兵、关晓红主编：《先因后创与不破不立：近代中国学术流派研究》，北京：生活·读书·新知三联书店 2007 年版，第 541—543 页。

❸ 洪思齐：《释大政治》,《战国策》第 10 期（1940 年 8 月 15 日），转引自曹颖龙、郭娜编：《战国策派》，第 357—358 页。

人日本为优。"中国需要建设强大的陆军，并获得苏联和美国的援助，摧毁日本的制陆权，如此，十年之内，中国就可以成为世界的一等强国。安定亚洲，可以安定中国，繁荣中国。洪思齐补充指出："这不是说中国要实行帝国主义，中国所需的是亚洲的集体安全和集体繁荣。而且中国不需要侵略，只要我们强盛起来，旧的藩属自然会加入中国所领导的亚洲联邦，独立自由的印度一定会自动和中国平等合作。我们也不需要攻击英国的亚洲殖民地，很可能的欧战决战以后，她们就会独立。"❶

而在同一期《战国策》上，何永佶发表了《龙虎斗》一文，末尾也提到了纳粹德国的欧陆联邦计划："纳粹党人已扬言创建欧陆联邦，而把苏俄及英帝国除外，衡以历史的演进律，这种举动在所必行。欧洲已成了一文化区，但尚未成为一政治区，这后者难道就在希特拉手中实现吗？"❷ 如前所述，在同一时期，国民党内正在进行着是否"联德"的讨论。战国策派在文章中广泛运用德国的思想资源，容易给人在外交政策上"亲德"的印象，在当时确实也招致了这样的批评。❸ 但在 1940 年，多数战国策派作者着眼于东亚局势，希望当时保持中立的美国放弃对日本的绥靖政策，介入战局。

何永佶于 1940 年 9 月在《战国策》发表评论《君子外交——动口不动手》，批评美国对日政策。文章指出："希特拉在欧陆得胜后，两半球之荷比法属土遂成问题，门罗主义遇到百年来空前的试验。"何永佶提到了 1940 年 7 月 6 日罗斯福的新闻秘书斯提芬·厄

---

❶ 洪思齐：《释大政治》，《战国策》第 10 期（1940 年 8 月 15 日），转引自曹颖龙、郭娜编：《战国策派》，第 359 页。

❷ 何永佶：《龙虎斗》，《战国策》第 10 期（1940 年 8 月 15 日），转引自曹颖龙、郭娜编：《战国策派》，第 288 页。

❸ 桑兵、关晓红主编：《先因后创与不破不立：近代中国学术流派研究》，第 529—617 页。

尔利发表的宣言,并转述了宣言的以下要点:1. 美国不预备出兵参战;2. 西半球之三国属土由西半球廿一国家共同协商处理;3. 美洲门罗主义推而广之,则远东的属地(宣言明言越南),亦应由亚洲的国家共同协商处理。何永佶注意到,1940年7月美国召集泛美会议协商并形成如下共识:1. 欧洲战败国家在美洲之属土由美国、古巴及巴拿马三国组织委员会共同管理;2. 这种管理不是割据,而乃是督管,战后仍可归还原主;3. 在管理期间,当地之税收全部限于当地,不足时由三国贴补。

不过,何永佶只是注意到了7月6日罗斯福新闻秘书的宣言,但没有注意到7月8日美国国务卿赫尔的新表态——赫尔不点名批评,称世界上有些地方歪解"门罗主义",但"门罗主义"只是一项集体防卫政策,并不意味着美国霸权,与这些地方实施的军事占领和完全的经济和政治控制更是两回事。❶ 这实际上是白宫在厄尔利表态之后的"灭火"之举。

1940年12月,何永佶又撰文《美国应立刻宣战》,从地缘政治的角度,渲染南美洲的走向对美国的威胁。何永佶称无论从种族、文化、贸易还是地理上,南美洲距离欧洲都比距离北美洲更近,尤其在文化心理上,"南美洲有些国家,恨美国借着门罗主义而出的老大哥之咄咄逼人气,在政治情感上方倾向于欧洲"。❷ 轴心国在巴西、阿根廷、智利与秘鲁四国拥有很大的影响。何永佶预测,如果轴心国赢得欧洲战场,两年之内,"美洲应有与门罗主义冲突之事故发生,那时如果如欲作战,则环顾左右有三个敌人而无一个朋

---

❶ Francis O. Wilcox, "The Monroe Doctrine and World War II," *The American Political Science Review*, Vol. 36, No. 3(June 1942), p. 452.

❷ 何永佶:《美国应立刻宣战》,张昌山编:《战国策派文存》(下),昆明:云南人民出版社2013年版,第472页。

友",美国就可能重蹈英国在慕尼黑会议上的覆辙。❶

何永佶在《君子外交——动口不动手》中将美国的外交姿态称为"动口不动手"的"君子"外交,实际上是指责美国对中国口惠而实不至。随着美国 1941 年底加入太平洋战争,"二战"形势发生有利于中国的变化。1942 年 6 月,林同济撰文预测未来世界秩序的走向,称"这次大战,不论哪一方胜利,其所带来的结果,将不是世界的统一,而是两三个超级国家的诞生。这两三个超级国家可是一类压倒势的'大力国'(great powers),实际上决定着人类命运的前途。配合而来的,也必有一类'大力国主义',从理论上赋予这两三个大力国以公认的地位与特权"。而这实际上意味着,何永佶、洪思齐所设想的欧洲联邦或亚洲联邦,从本质上会是若干超级国家主导的格局。林同济指出,问题在于这种大力国主义"究竟是取希特勒、东条的强暴形式,抑还是一种开明领导的'齐桓公'作风——我们尚可叫为罗斯福作风?"。在他看来,如果德日获胜,民族主义就会逐渐消亡;但如果美国获胜,"民族主义或可取得一种新方式与大力国主义并行而并存"。❷

战国策派的论述者主要是在对美、日政策的评论中提及"门罗主义",并没有将其作为自己分析中国历史和时政的核心概念。然而在其构想的世界历史进程之中,区域整合与区域霸权正是"战国"时代的必然结果,不管区域霸权的"大力国主义"是否以"门罗主义"这一符号来表达。这可以让我们回想起康有为在 20 世纪初的设想——美洲由美国统一,欧洲由德国统一,亚洲亦在中国的

---

❶ 何永佶:《美国应立刻宣战》,张昌山编:《战国策派文存》(下),第 476 页。
❷ 林同济:《民族主义与二十世纪——一个历史形态的看法》,曹颖龙、郭娜编:《战国策派》,第 149 页。

主导下完成自己的区域整合,最终走向"大同"。❶ 与康有为的设想不同的是,战国策派采取的是斯宾格勒的历史循环观,每个生机勃勃的文化（Kultur）,经历过历史演变之后,最终会成为僵死的文明（Zivilisation）,进而开始新的历史轮回,因而世界的统一也并不意味着历史的终结。但对康有为而言,"大同"或"太平世",确实意味着历史的终结。

五　李大钊：朝向未来的"门罗主义"批判

最后我们要论述的是中国共产党的创建者之一李大钊。如果说同盟会—国民党的诸多政治精英由于其革命历程与日本的复杂关系,经历了比较复杂的过程才能摆脱日式"门罗主义"话语,李大钊在留日之前,即开始批判日本的"大亚洲主义",揭示其论述中包含的欺骗性。

1912年,日本作者中岛端出版《支那分割之运命》,称中国无共和制资格、无共和制信念、无共和之历史、无共和之思想、无共和之素养,只能各省分裂、列强分割。此议引起时任北洋法政学会（北洋法政专门学校的学生团体）编辑部长之一李大钊的极大愤慨。李大钊与北洋法政学会同人一同编辑《〈支那分割之运命〉驳议》,于1912年12月出版,在其中以眉批、按语、夹注等形式,对《支那分割之运命》进行了深入驳斥,尤其指出"近顷日人所盛倡者曰亚洲孟罗主义也,曰大亚细亚主义也。听其言则友朋也。窥其心则

---

❶ 康有为：《大同书》,《康有为全集》（第7集）,第132页,注7；1904年《德国游记》中又称："吾国若自强则霸于亚,德统于欧,美统于美,此三国者,大地之候补霸者乎！"见《康有为全集》（第7集）,第453页。

盗贼也。所谓此等主义者，乃日本希图独霸亚东之代名辞耳"。❶ 这一编辑和评注工作为李大钊对于日本"大亚细亚主义"的持续批判，奠定了知识上的基础。年末，李大钊加入了陈翼龙等人发起组织的中国社会党，1913年2月担天津支部负责人。

1913年，24岁的李大钊接受梁启超、汤化龙领导的进步党的资助，留学日本，进入东京早稻田大学政治学部本科学习。在早稻田大学，李大钊受到曾与辛德秋水共同发起日本社会民主党的安部矶雄的影响❷，并与主持《甲寅》的章士钊走近，而章参与过反袁的"二次革命"，与进步党的拥袁立场正好相反。1915年，恰逢日本对北洋政府提出"二十一条"，李大钊参加了留日学生的抗议斗争。不久，袁世凯称帝，"护国运动"爆发。1916年5月，李大钊辍学回国，参加反袁斗争。

我们可以将李大钊的这一经历，与另一位创党者——陈独秀做一对比。陈独秀1901年、1907年、1908年三度赴日，在日期间进行反满革命。但陈独秀并没有加入同盟会，而是加入了章太炎与日本社会主义者辛德秋水，印度人钵罗罕、保什发起组织的"亚洲和亲会"。而正如我们在上文所述，"亚洲和亲会"与日本主流的"亚洲主义"有很大差别，对于日本帝国主义保持相当大的警惕。而李大钊在留日之前就受到无政府主义与社会主义思潮的影响，并通过编辑《〈支那分割之运命〉驳议》对日式"门罗主义"实现了"免疫"。在早稻田大学留学的经历，更进一步强化了他对日式"门罗主义"的批判观点。

1916年李大钊回国之后，重新与梁启超领导的进步党系走近。

---

❶ 李大钊：《〈支那分割之运命〉驳议》，《李大钊全集》（第1卷），石家庄：河北教育出版社1999年版，第478—479页。

❷ 朱文通：《李大钊社会主义思想发展历程新探》，《河北学刊》2007年第1期。

虽然在留日期间李大钊对进步党的亲袁立场颇有微词，但从袁世凯称帝之后，梁启超等人即采取反袁立场，重新赢得了李大钊的好感。李大钊担任了梁启超领导的"研究系"筹办的机关报《晨钟报》编辑部主任，但很快因立场不同，与"研究系"决裂。1918年1月，李大钊接替章士钊任北京大学图书馆主任，1920年7月改任教授。

1917年2月19日，李大钊在《甲寅》上作《新中华民族主义》，文中将美国的门罗主义、英国的盎格鲁－撒克逊主义、俄国与塞尔维亚的大斯拉夫主义、德国的大日耳曼主义与日本的大亚细亚主义并列，同视为"民族的运动"。文中写道，"顾日本所谓大亚细亚主义者，其旨领何在，吾不得知"，但是，"今欲以大亚细亚主义收拾亚洲之民族，舍新中华之觉醒、新中华民族主义之勃兴，吾敢断其绝无成功"。中国共和刚建之时，尚有五族之称，现在五族文化渐趋一致，"凡籍隶于中华民国之人，皆为新中华民族矣"，由此生出"新中华民族主义"。"必新中华民族主义确能发扬于东亚，而后大亚细亚主义始能光耀于世界。" ❶

1917年2月21日，李大钊又在《甲寅》撰文《极东们罗主义》，文章从介绍美国"门罗主义"与神圣同盟的对立开始，转到中国事务上。李大钊指出，最近数十年来，"极东"维持和平的重要原因是存在门户开放和机会均等主义。"今忽有一国焉，欲在亚东效们罗氏之宣言，是否与此门户开放、机会均等主义相背而驰？此等世界的大问题，是否可由一国乘欧战方酣之日自由宣言，遂足定为铁案？乃至为是宣言者，是否有此决心与实力，足以贯彻到底？欧战终结后，是否因此宣言致有引起世界大战之虞？" ❷

---

❶ 李大钊：《新中华民族主义》，《李大钊全集》（第1卷），第284—286页。
❷ 李大钊：《极东们罗主义》，《李大钊全集》（第1卷），第290—291页。

4月份，李大钊又作《大亚细亚主义》，对日本式的"门罗主义"做出更为彻底的批判。文章首先回顾了日本东京《中央公论》刊物所发表的《何谓大亚细亚主义》论文。该文批判西洋文明为掠夺之文明，作为黄种人，亚细亚人应团结起来，"拒彼白人"，"排除认亚细亚而不认亚细亚人之非亚细亚的势力于亚细亚之外，俾亚细亚为亚细亚人之亚细亚"。该文呼吁改变日本基于英日同盟"为英国保障远东之守门犬"的政策，与中国、印度相联络，推行"大亚细亚主义"。李大钊对此做出严厉批判，称日本的"大亚细亚主义"实为"颜饰其帝国主义，而攘极东之霸权，禁他洲人之掠夺而自为掠夺，拒他洲人之欺凌而自相欺凌，其结果必召白人之忌，终以嫁祸于全亚之同胞"。李大钊认为，真正的"大亚细亚主义"，"当以中华国家之再造，中华民族之复活为绝大之关键"。日本应当承认中国是"亚洲大局之柱石"，当中国受到外来势力侵犯时，不但不应该助纣为虐，而且应该"念同洲同种之谊以相扶持相援助"。但最终，李大钊认为欧美各国应当抛弃种族之成见，避免"黄白战争"，实现"东西人种之调和"。❶

在1918年7月发表的《Pan……ism之失败与Democracy之胜利》一文中，李大钊对"大亚细亚主义"的批判进一步深化。李大钊将日本的"大亚细亚主义"置于"大……主义"（Pan……ism）的范畴下加以考察："持此主义者，但求逞一己之欲求，不恤以强压之势力，迫制他人，使之屈伏于其肘腋之下焉。"由此，李大钊分析了"一战"爆发的根源："宇宙间凡能承一命而为存在者，必皆有其自由之域，守之以与外界之体相调和、相对抗，以图与之并存而两立。倘有悍然自大而不恤侵及他人者，则彼之大即此之

---

❶ 李大钊：《大亚细亚主义》，《李大钊全集》（第2卷），第106—108页。

小,彼之张即此之屈,彼之强即此之弱,彼之长即此之消;一方蒙厥幸运,一方即被厥灾殃,一方引为福利,一方即指为祸患。彼大者、张者、强者、长者,蒙幸运而乐福利者,固自以为得矣;然而小者、屈者、弱者、消者,被灾殃而逢祸患者之无限烦冤,无限痛苦,遏郁日久,势且集合众力而谋所以报之。此等心理,将易成为中坚,而卒然迸发,至于不可抑止。且人之欲大,谁不如我,苟有第二之持'大……主义'者进而挟其力以与争其大焉,征之物莫两大之理,则争而败者,二者必居其一。然则持'大……主义'者,不败亡于众弱之反抗,即粉碎于两大之俱伤。"❶

李大钊在此描绘了一个"零和博弈"的场景:某些势力过于膨胀,侵入他人的空间范围,势必引起对方的反弹。持扩张主义者,或者引起弱小者的联合反抗,或者引起其他扩张主义者的嫉恨,最终的冲突必然会有胜负。这虽然主要解释的是欧战中德国的败亡,但在一定程度上也是针对日式"门罗主义"而发。在1923年1月的一篇文章里,李大钊进一步补充:"本于专制主义、帝国主义的精神,常体现而为'大某某主义'(Pan……ism)。"❷

更重要的是,李大钊还试图用这一原理来解释中国国内的军阀割据与冲突。"一战"期间,民国法统分裂,南北对峙,军阀之间相互攻击。在李大钊看来,这就出现了一种内斗的"大……主义"。李大钊如此解释这种主义与列强的扩张主义之间的差异:"……他人之'大……主义',乃奋其全力而向外部发展;吾国之'大……主义',乃互相侵陵,以自裂其本体。故他人之'大……主义',为扩充之主义,吾国之'大……主义',为缩小之主义。"原因在于,

---

❶ 李大钊:《Pan……ism之失败与Democracy之胜利》,《李大钊全集》(第2卷),第244—245页。

❷ 李大钊:《平民主义》,《李大钊全集》(第4卷),第127页。

中国作为弱小之国，其国民对外无力扩张，"好争之性"只能对内发泄。而且，中国的"大……主义"还有这样的特征：其扩张的圆周从来不嫌大，而圆周的中心却从来不嫌小，以至于可以缩小为一人之私。李大钊批判袁世凯的洪宪帝制和当下各省督军的专制主义，就是这样的一人之私的扩张。❶

因此，《Pan……ism之失败与Democracy之胜利》一文不仅评论了国际上的种种"门罗主义"，而且也批判了中国国内省域割据自立的现象，只是，李大钊尚未将这种现象命名为"门罗主义"。但正如上文已经交代的那样，早在1917年，报章上已有人将这种现象称为"门罗主义"，到了1920年，随着"联省自治"运动的展开，"门罗主义"话语盛极一时。作为舆论界的领军人物之一，李大钊对于这一话语的情境，绝不会感到陌生。

在1919年元旦，李大钊再作《大亚细亚主义与新亚细亚主义》，进一步批判日本的"大亚细亚主义"，并将替代主张命名为"新亚细亚主义"。文章开篇即点出了主张"大亚细亚主义"的日本作者的名字，如建部遁吾、大光谷瑞、德富苏峰、小寺谦吉等。李大钊指出，"中国的运命，全靠着列强均势，才能维持"，而日本为了独吞中国，就要将这些均等的势力排除，于是发明了"大亚细亚主义"，表面上是"同文同种的亲热语"，背后包藏祸心。而从根本上说，"大亚细亚主义"是大日本主义的变名，是日本人借助"亚细亚孟罗主义"来挡欧美人，将亚细亚变成日本人的亚细亚。"这样看来，这'大亚细亚主义'不是平和的主义，是侵略的主义；不是民族自决主义，是吞并弱小民族的帝国主义；不是亚细亚的民主主义，是日本

---

❶ 李大钊：《Pan……ism之失败与Democracy之胜利》，《李大钊全集》（第2卷），第244—245页。

的军国主义；不是适应世界组织的组织，乃是破坏世界组织的一个种子"。❶ 日本倡导"亚细亚主义"，不仅会引起亚洲境内弱国与小国的不满，而且会招来欧美列强的嫉恨，不啻为一种自杀政策。

在《大亚细亚主义与新亚细亚主义》中，李大钊设想，世界终究会走向一个大联盟，在此之前的阶段是，美洲与欧洲都会出现全洲的联邦，亚洲也应该成立一个类似的组织，提倡一种"新亚细亚主义"，以取代一部分日本人倡导的"大亚细亚主义"。这种"新亚细亚主义"与浮田和民倡导的以中日联盟为基础的亚洲主义主张也不同，而是以亚洲全部民族的解放和自决为基础，形成一个大的联合，"与欧、美的联合鼎足而三，共同完成世界的联邦，益进人类的幸福"。❷ 在此，亚洲联邦既非基于某种本质主义的"亚洲一体"（冈仓天心）的文化，也不是一个永久性的区域性组织，而只是全人类走向平等联合的一个过渡性的步骤。

六 余 论

明治维新以来的日本是近代中国诸多思潮的发源地。甲午战争之后，日本在欧美列强压力之下，重视吸收中国留学生，重视影响旅日中国文化—政治精英。其结果是，晚清的旅日文化—政治精英，无论是维新派/改良派，还是反满革命派，都在很大程度上受到日本思潮的影响。日本政学两界将"门罗主义"与其"亚洲主义"结合，形成日本式的"门罗主义"，这启发了中国的反满民族

---

❶ 李大钊：《大亚细亚主义与新亚细亚主义》，《李大钊全集》（第2卷），第269页。
❷ 同上书，第270页。

主义（包括反满的省域自立主张）；一部分革命派期待从日本政府与民间获得资助，因而对于日式的"门罗主义"话语，有比较积极的响应。

然而随着形势的发展，日本的对外政策与"亚洲主义"话语之间的张力，日益凸显；试图借助"亚洲主义"话语从日本政府和民间获得支持的中国政治精英，也屡屡遭遇挫败，而这就带来了"亚洲门罗主义"话语的祛魅。本章探讨了不同派别的旅日文化—政治精英摆脱日式"门罗主义"话语的过程：

- 由于1898年向日本求助的失败，康有为很快摆脱日式"门罗主义"话语，而梁启超通过对世纪之交日语中的帝国主义论述的阅读，以及对美国的实地考察，摆脱了日式"门罗主义"话语。
- 作为革命派的领袖，孙中山长期面临革命财政基础不稳定的问题，对日本政府与民间人士有所期待，因而其对日式"门罗主义"话语的响应较多。但在袁世凯死后，日本政府支持的是北洋政府，而非孙领导的政府，孙中山开始在话语中逐渐摆脱日式"门罗主义"，在1919年五四运动之后，其批判日本帝国主义的立场更为坚决。
- 蒋介石早年亦寻求日本政府的支持，但在"九·一八"事变之后，其对日式"门罗主义"的批判大增，重在强调其危及欧美各国利益，必将遭到各国抵制，但在政策上仍以《九国公约》与《巴黎非战公约》来牵制日本侵华步伐，奉行"攘外必先安内"政策，直到西安事变之后才决心停止内战，一致抗日。在日本步步紧逼之时，蒋介石进一步加强与美国的关系，为此刻意区分美国的"门罗主义"与日式"门罗主义"，赞美前者而贬斥后者。
- 抗战中的战国策派汲取斯宾格勒的文化形态史观，将当下称为"战国时代",其发展前景是在各区域产生若干"大力国",实质上实行某种"门罗主义",最终走向世界一统,洪思齐还希望中国能够以"亚洲联邦"的形式,实现对朝贡体系下旧藩属的整合。

◆ 在各派人士之中,最令人惊异的是李大钊的视野。在1913年留日之前,李大钊就已经对日本式的"门罗主义"有所"免疫"。1912年的李大钊与江亢虎、陈翼龙等中国社会党人紧密接触,而后二者受到日本的无政府主义和社会主义思潮的影响,其中重要的思想源头就是辛德秋水。1907年,章太炎与辛德秋水一起发起"亚洲和亲会",倡导一种弱小民族联合自求解放的"亚洲主义",这一事件对陈独秀产生了影响。而留日的李大钊,又受到了辛德秋水的密友安部矶雄的思想影响。❶ 我们可以看到,20世纪初日本的无政府主义和社会主义思潮,为反思日本的区域霸权主义提供了重要的思想资源。

李大钊与陈独秀在北京大学会师,并最终接受马克思列宁主义,在1921年携手创立中国共产党。而众所周知,列宁主义对帝国主义的批判是极其彻底的,对于弱小民族反抗帝国主义的支持也是极其彻底的。相比于列宁,威尔逊的民族主张仍然无法摆脱种族主义与帝国主义色彩。在列宁的"帝国主义论"面前,甚至美国原版的"门罗主义"都难以建立道德优势,更不用说日本右翼的拙劣模仿版了。列宁的理论与实践促成了孙中山先生的"亚洲主义"论述的极大转变——在孙中山1924年的"大亚洲主义"演讲中,亚洲不再是日本右翼势力用"黄种人"这样的概念来界定的亚洲,界定"亚洲"的关键不在于自然属性,而在于它奉行

---

❶ 朱文通:《李大钊社会主义思想发展历程新探》,《河北学刊》2007年第1期。

的原则究竟是"王道"还是"霸道",东方的朝贡体系被视为"王道"的典范,而长期被视为"白种人"的俄国,如今也被视为践行"王道"的示范者。

相比于孙中山,李大钊先生开启的,是一个更具未来色彩的传统。"新亚细亚主义"是对日本"大亚洲主义"包含的"势力范围"思维的否定,同时也并非古老的亚洲朝贡体系的复活。它呼吁亚洲各民族在否定帝国主义—殖民主义,实现自我解放的基础上进行平等的联合,而这种联合本身的目的,也不是建构一个集体性的、排他性的势力范围,设定一条封闭的边界。毋宁说,它对各种形式的帝国主义,都保持着警惕。亚洲的解放,是全世界解放事业的一部分,与其他区域的解放事业关联在一起。

在20世纪初,康有为曾设想,在"升平世",美国统一美洲,德国统一欧洲,中国统一亚洲,三个区域联合最终走向"太平世"或"大同"。然而,康有为设想的区域整合方式是霸权式的,即由一个主导国家以类似于普鲁士统一德国的方式,建立起一个并非实质平等的区域联邦,先在区域范围之内实现"去国";在这一逻辑之下,列强的殖民地并不需要经历先独立再联合的过程,而是作为宗主国的一部分,被直接整合进新的区域联邦之中。❶ 与康有为相比,李大钊的方案支持殖民地的解放,同时更为清晰地拒斥霸权式的整合逻辑。

康有为设想的路径并没有成为历史的现实。在第一次世界大战中,欧洲列强在相互厮杀中相互削弱,十月革命更是为俄国带来了一个支持广大殖民地半殖民地民族独立的革命政权;正在崛起的美

---

❶ 康有为:《大同书》,《康有为全集》(第7集),第132页,注7;1904年《德国游记》中又称:"吾国若自强则霸于亚,德统于欧,美统于美,此三国者,大地之候补霸者乎!"见《康有为全集》(第7集),第453页。

国越出西半球，不断干预欧亚大陆事务，也在很大程度上冲击了欧洲列强对于殖民地半殖民地的支配。而这就使得"欧洲中心"的地位被削弱，19世纪欧洲列强共同维护的"文明等级论"在很大程度上丧失权威，广大殖民地半殖民地民族与国家的独立与自我解放运动如同星火燎原，并形成相互呼应之势。

在20世纪，正是在共同的反帝反殖民的事业之中，各区域相互支持和呼应，形成了"亚非拉人民"乃至"世界人民"的概念与认同。在此意义上说，李大钊对"新亚细亚主义"的呼唤，不啻为后来"亚非拉人民大团结"以及天安门城楼上的"世界人民大团结万岁"口号的先声。"世界人民"这一政治主体并不专属哪个特定区域，而是立足于全球的政治空间；它指向的不是一种基于势力范围支配权的政治，不是全球资本相互协调、寻求利润最大化的政治，而是一种立足于劳动和人的社会性的政治，一种具有强烈未来朝向的政治。

在今天，单极霸权体系正处于深刻的转变之中，多极化正在成为愈益明显的发展趋势，这意味着世界上的许多区域有可能获得比以往更大的自主性。但这种自主性中，同样也包含了区域霸权主义以及全球秩序碎片化的可能性。在这样的背景下，我们能够重新想象"世界人民"这一统摄性的力量吗？通过"人类命运共同体"的话语，我们能够勾勒出一种什么样的前景？当下通行全球的生产方式与生产关系，能够支撑我们对于"世界人民"与"人类命运共同体"的想象吗？对"门罗主义"的思考还将继续，但新的议题正在缓缓开启。

参考文献

一　中文文献

鲍明钤:《鲍明钤文集》,北京:中国法制出版社2011年版

曹颖龙、郭娜编:《战国策派》,长春:长春出版社2013年版

曾业英编:《蔡松坡集》,上海:上海人民出版社1984年版

陈勇主编:《民国史家与史学1912—1949:民国史家与史学国际学术研讨会论文集》,上海:上海大学出版社2014年版

程兆奇编:《远东国际军事法庭庭审记录·中国部分·侵占东北辩方举证》(上),上海:上海交通大学出版社2014年版

《档案学通讯》杂志社编:《档案学经典著作》(第2卷),上海:世界图书出版公司2013年版

邓蜀生:《伍德罗·威尔逊》,上海:上海人民出版社1982年版

丁明俊:《马福祥传》,银川:宁夏人民出版社2001年版

丁文江、赵丰田编:《梁启超年谱长编》,上海:上海人民出版社1983年版

段云章、倪俊明编:《陈炯明集》(增订本),广州:中山大学出版社2007年版

段云章编著：《孙文与日本史事编年》（增订本），广州：广东人民出版社2011年版

方济生：《大亚细亚主义之研究》，北京：新亚洲书局东方问题研究会第一支部1937年版

《赣政十年》编辑委员会：《赣政十年：熊主席治赣十周年纪念特刊》，《民国珍稀专刊特刊增刊纪念号汇编》（第39册），北京：全国图书馆文献缩微复制中心2010年版

高鸿志：《威尔逊与北洋军阀政府》，北京：人民出版社2015年版

高士明、贺照田主编：《人间思想》（第4辑），台北：人间出版社2016年版

龚古今、恽修编：《第一次世界大战以来帝国主义侵华文件选辑》，北京：生活·读书·新知三联书店1958年版

顾炎武：《顾亭林诗文集》，北京：中华书局1983年版

广东省政协文史资料研究委员会编：《孙中山与辛亥革命史料专辑》，广州：广东人民出版社1981年版

广西梧州市政协文史资料委员会、苍梧县政协文史资料委员编：《李济深民主思想研究》（《梧州文史资料》第15辑），梧州：中国人民政治协商会议梧州市委员会文史资料组1991年版

郭沫若：《郭沫若全集》（文学编第13卷），北京：人民文学出版社1992年版

国家档案局明清档案馆编：《戊戌变法档案史料》，北京：中华书局1958年版

海子：《海子的诗》，南昌：江西人民出版社2017年版

韩莉：《新外交·旧世界：伍德罗·威尔逊与国际联盟》，北京：同心出版社2002年版

《湖北文史资料：北洋军阀统治湖北》（1989年第2辑 总第27辑），武汉：

中国人民政治协商会议湖北省委员会文史资料委员会1989年版

黄兴涛：《重塑中华：近代中国"中华民族"观念研究》，北京：北京师范大学出版社2017年版

黄自进、潘光哲编：《蒋中正总统五记·困勉记》（上），台北："国史馆"2011年版

黄自进、潘光哲编：《蒋中正总统五记·学记》，台北："国史馆"2011年版

吉林省图书馆伪满洲国史料编委会编：《伪满洲国史料》（第1册），北京：全国图书馆文献缩微复制中心2002年版

姜义华、张荣华编校：《康有为全集》，北京：中国人民大学出版社2007年版

蒋永敬：《胡汉民先生年谱》，台北：中国国民党中央党史委员会1978年版

金光耀、王建朗主编：《北洋时期的中国外交》，上海：复旦大学出版社2006年版

金光耀主编：《顾维钧与中国外交》，上海：上海古籍出版社2001年版

金以林：《国民党高层的派系政治：蒋介石"最高领袖"地位是如何确立的》，北京：社会科学文献出版社2009年版

李大钊年谱编写组编：《李大钊年谱》，兰州：甘肃人民出版社1984年版

李国祁：《民国史论集》，台北：南天书局1990年版

李吉奎：《孙中山研究丛录》，广州：中山大学出版社2014年版

李继华、冯铁金、周芳编注：《李大钊轶文辑注与研究》，北京：线装书局2013年版

李世瑜：《社会历史学文集》，天津：天津古籍出版社2007年版

李野光主编：《惠特曼名作欣赏》，北京：中国和平出版社1995年版

李怡、毛迅主编：《现代中国文化与文学》（第24辑），成都：巴蜀书社2018年版

李勇、张仲田编:《蒋介石年谱》,北京:中共党史出版社1995年版

李长之:《李长之文集》(第1卷),石家庄:河北教育出版社2006年版

林少阳:《鼎革以文——清季革命与章太炎"复古"的新文化运动》,上海:上海人民出版社2018年版

刘禾主编:《世界秩序与文明等级》,北京:生活·读书·新知三联书店2016年版

刘杰、三谷博、杨大庆等著:《超越国境的历史认识:来自日本学者及海外中国学者的视角》,北京:社会科学文献出版社2006年版

刘锦藻编:《清朝文献通考》(影印本),台北:新兴书局1963年版

刘朋主编:《中共党史口述实录》(第1卷),北京:中国古籍出版社2010年版

刘晴波主编:《杨度集》,长沙:湖南人民出版社1986年版

刘小枫、温玉伟编:《施米特与破碎时代的诗人》,上海:华东师范大学出版社2019年版

刘泱泱编:《黄兴集》,长沙:湖南人民出版社2008年版

雒春普:《阎锡山传》,太原:山西人民出版社2004年版

茅海建:《从甲午到戊戌:康有为〈我史〉鉴注》,北京:生活·读书·新知三联书店2009年版

宓汝成:《中国近代铁路史资料:1863—1911》(第2册),北京:中华书局1963年版

南京大学马列主义教研室《汪精卫问题研究组》选编:《汪精卫集团卖国投敌批判资料选编》,南京:南京大学学报编辑部1981年发行

潘武编:《中华中学历史教科书本国之部》(第2册),北京:中华书局1913年版

秦珊:《美国威尔逊政府对华政策研究》,北京:中国社会科学出版社2005年版

秦孝仪主编：《总统蒋公思想言论总集》，台北：中国国民党中央委员会党史委员会1984年版

《清高宗实录》（第784卷），北京：中华书局1986年版

丘树屏：《伪满洲国十四年史话》（《长春文史资料》总第35辑），长春：长春市政协文史和学习委员会2002年版

饶怀民编：《杨毓麟集》，长沙：岳麓书社2008年版

任李明：《威尔逊主义研究》，北京：中国社会科学出版2013年版

荣孟源主编：《中国国民党历次代表大会及中央全会资料》，北京：光明日报社1985年版

桑兵、关晓红主编：《先因后创与不破不立：近代中国学术流派研究》，北京：生活·读书·新知三联书店2007年版

山西省档案馆：《中国人民解放军太原市军管会金融接管组档案》，1949年

山西省地方志办公室编：《民国山西史》，太原：山西人民出版社2011年版

上海人民出版社编：《章太炎全集·书信集》（上），上海：上海人民出版社2017年版

上海人民出版社编：《章太炎全集·太炎文录补编》（上），上海：上海人民出版社2017年版

少年中国学会编：《国家主义论文集》（第3版），上海：中华书局1925年版

沈晓敏：《处常与求变：清末民初的浙江咨议局和省议会》，北京：生活·读书·新知三联书店2005年版

沈云龙主编：《国闻周报·国内外一周间大事记》（3卷1期至3卷50期），台北：文海出版社1985年版

世界知识出版社编：《国际条约集（1917—1923）》，北京：世界知识出版社1961年版

四川省地方志编纂委员会编：《四川省志·人物志》（上），成都：四川人

民出版社 2001 年版

四川省文史研究馆：《四川军阀史料》（第 3 辑），成都：四川人民出版社 1985 年版

孙彩霞主编：《柏文蔚文集》，合肥：黄山书社 2011 年版

汤志钧编：《章太炎年谱长编》，北京：中华书局 1979 年版

唐诃：《唐诃散文集——一位音乐家的足迹》，济南：黄河出版社 2001 年版

汪熙编：《中美关系史论丛》，上海：复旦大学出版社 1985 年版

王耿雄等编：《孙中山集外集》（第 1 卷），上海：上海人民出版社 1990 年版

王瑞璞主编：《抗日战争歌曲集成·晋察冀·晋冀鲁豫》（第 2 卷），北京：中国文联出版社 2005 年版

王绳祖、何春超、吴世民编选：《国际关系史资料选编：17 世纪中叶—1945》，北京：法律出版社 1988 年版

王绳祖等编：《国际关系史：第五卷（1929—1939）》，北京：世界知识出版社 1995 年版

王向远：《日本对中国的文化侵略》，北京：昆仑出版社 2015 年版

王晓德：《梦想与现实：威尔逊"理想主义"外交研究》，北京：中国社会科学出版社 1995 年版

王学泰：《游民文化与中国社会》，北京：同心出版社 2007 年版

王芸生编著：《六十年来中国与日本》，北京：生活·读书·新知三联书店 2005 年版

王造时：《中国问题的分析·荒谬集》，上海：复旦大学出版社 2015 年版

伪皇宫陈列馆编：《伪皇宫陈列馆年鉴》，长春：伪皇宫陈列馆 1987 年版

夏新华等整理：《近代中国宪政历程：史料荟萃》，北京：中国政法大学出版社 2004 年版

萧乾：《萧乾选集》（第2卷），成都：四川人民出版社1983年版

杨度：《旷代逸才》，北京：东方出版社1998版

易亮如等编：《湖南革命历史文件汇集（省委文件）：1923—1926年》，中央档案馆、湖南档案馆1983年版

俞辛焞、王振锁编译：《孙中山在日活动密录（1913.8—1916.4）》，天津：南开大学出版社1990年版

张昌山编：《战国策派文存》，昆明：云南人民出版社2013年版

张劲夫：《思陶集》，北京：华夏出版社1994年版

张篷舟主编：《中日关系五十年大事记：1932—1982》（第1卷），北京：文化艺术出版社2006年版

张品兴主编：《梁启超全集》，北京：北京出版社1999年版

张世明等主编：《空间、法律与学术话语：西方边疆理论经典文献》，哈尔滨：黑龙江教育出版社2014年版

张云涛编：《全国将领抗日谈》，上海：华光出版社1938年版

张枬、王忍之编：《辛亥革命前十年间时论选集》（第1卷上册），北京：生活·读书·新知三联书店1960年版

章伯锋、庄建平主编：《抗日战争》（第1卷）（"中国近代史资料丛刊"），成都：四川大学出版社1997年版

赵俪生：《篱槿堂自叙》，上海：上海古籍出版社1999年版

郑大华、邹小站主编：《中国近代史上的民族主义》，北京：社会科学文献出版社2007年版

政协福建省委员会文史资料委员会编：《福建文史资料·第28辑：CC、中统在闽内幕纪实》，福州：政协福建省委员会文史资料委员会1992年版

政协广西壮族自治区委员会文史资料委员会编：《广西文史资料·第30辑：新桂系纪实》（中集），南宁：政协广西壮族自治区委员会文史资

料委员会 1990 年版

政协沈阳市委员会文史资料研究委员会编:《铁血沉思:纪念"九·一八"事变六十周年史料专辑》(《沈阳文史资料》第 18 辑),政协沈阳市委员会文史资料研究委员会办公室 1991 年版

中共"一大"会址纪念馆、上海革命历史博物馆筹备处编:《上海革命史资料与研究》(第 3 辑),上海:上海古籍出版社 2003 年版

中共山东省委党史研究室、山东省中共党史学会编:《山东党史资料文库》(第 19 卷),济南:山东人民出版社 2015 年版

中共中央党史研究室、中央档案馆编:《中国共产党第二次全国代表大会档案文献选编》,北京:中共党史出版社 2014 年版

中共中央马、恩、列、斯著作编译局研究室编著:《五四时期期刊介绍》(第 3 集上册),北京:生活·读书·新知三联书店 1979 年版

中共中央文献研究室、中共湖南省委《毛泽东早期文稿》编辑组编:《毛泽东早期文稿》,长沙:湖南出版社 1990 年版

中共中央文献研究室、中央档案馆编:《建党以来重要文献选编(一九二一——一九四九)》(第 10 册),北京:中央文献出版社 2011 年版

中共中央文献研究室编:《毛泽东文集》,北京:人民出版社 1999 年版

中共中央文献研究室编:《周恩来年谱(1949—1976)》,北京:中央文献出版社 2007 年版

中共重庆市委党史工作委员会编:《五四运动在重庆》,1984 年内部发行

中国李大钊研究会编注:《李大钊全集》,北京:人民出版社 2006 年版

中国社会科学院近代史研究所《近代史资料》编译室主编:《秘笈录存》("近代史资料专刊"),北京:中国社会科学出版社 1984 年版

中国社会科学院近代史研究所《近代史资料》编译室主编:《五四爱国运动》,北京:知识产权出版社 2013 年版

中国社会科学院近代史研究所《近代史资料》编辑部编:《近代史资料》

（总 92 号），北京：中国社会科学出版社 1997 年版

中国社会科学院近代史研究所中华民国史研究室等合编：《孙中山全集》，北京：中华书局 1981—1986 年版

中国社会科学院新闻研究所编：《中国共产党新闻工作文件汇编》（上），北京：新华出版社 1980 年版

中国史学会主编：《中国近代史资料丛刊：中日战争》（一），上海：上海人民出版社 1957 年版

中华民国史事纪要编辑委员会编：《中华民国史事纪要（初稿）·中华民国十一年（1922）（四至六月份）》，台北："中华民国史料研究中心" 1982 年版

中华人民共和国外交部、中共中央文献研究室编：《毛泽东外交文选》，北京：中央文献出版社 1994 年版

中央档案馆、陕西省档案馆编：《陕西革命历史文件汇集·1939 年》，内部资料 1992 年版

中央档案馆、中国第二历史档案馆、吉林省社会科学院合编：《华北经济掠夺》，北京：中华书局 2004 年版

中央档案馆编：《中共中央北方局文件汇集：1933 年—1934 年》（二），北京：中央档案馆 1992 年版

"中央研究院"近代史研究所编：《徐永昌日记》，台北："中央研究院"近代史研究所 1991 年版

周开庆：《民国刘甫澄先生湘年谱》，台北：商务印书馆 1981 年版

朱文通等整理编辑：《李大钊全集》，石家庄：河北教育出版社 1999 年版

［阿根廷］R. 普雷维什：《外围资本主义：危机与改造》，苏振兴、袁兴昌译，北京：商务印书馆 1990 年版

［埃及］萨米尔·阿明：《不平等的发展：论外围资本主义的社会形态》，

高铦译,北京:商务印书馆 2017 年版

[埃及]萨米尔·阿明:《世界规模的积累》,杨明柱等译,北京:社会科学文献出版社 2008 年版

[德]巴多·法斯本德、安妮·彼得斯主编:《牛津国际法史手册》(上卷),李明倩、刘俊、王伟臣译,上海:上海三联书店 2020 年版

[德]卡尔·施米特:《大地的法》,刘毅、张陈果译,上海:上海人民出版社 2017 年版

[德]卡尔·施米特:《论断与概念》,朱雁冰译,上海:上海人民出版社 2006 年版

[德]卡尔·施米特:《施米特文集》(第 1 卷),刘宗坤等译,上海:上海人民出版社 2004 年版

[德]卡尔·施米特:《宪法学说》,刘锋译,上海:上海人民出版社 2005 年版

[美]A. T. 马汉:《海权对历史的影响》,安常容、成忠勤译,北京:解放军出版社 2006 年版

[美]安德烈·贡德·弗兰克:《依附性积累与不发达》,高戈译,南京:译林出版社 1999 年版

[美]保罗·巴兰:《增长的政治经济学》,蔡中兴、杨宇兴译,商务印书馆 2014 年版

[美]费利克斯·吉尔伯特:《现代欧洲史》,北京:中信出版社 2016 年版

[美]荷马李:《无知之勇——日美必战论》,李世祥译,上海:华东师范大学出版社 2019 年版

[美]赫伯特·比克斯:《真相:裕仁天皇与侵华战争》,王丽萍、孙盛萍译,北京:新华出版社 2004 年版

[美]理查德·塔克:《战争与和平的权利:从格劳秀斯到康德的政治思想与国际秩序》,罗炯等译,南京:译林出版社 2009 年版

［美］罗伯特·卡根：《危险的国家：美国从起源到20世纪初的世界地位》，袁胜育等译，北京：社会科学文献出版社2011年版

［美］罗伯特·西格：《马汉》，刘学成等编译，北京：解放军出版社1989年版

［美］络德睦：《法律东方主义》，魏磊杰译，北京：中国政法大学出版社2016年版

［美］尼古拉斯·斯皮克曼：《和平地理学：边缘地带的战略》，俞海杰译，上海：上海人民出版社2016年版

［美］尼古拉斯·斯皮克曼：《世界政治中的美国战略：美国与权力平衡》，王珊、郭鑫雨译，上海：上海人民出版社2018年版

［美］欧文·拉铁摩尔：《亚洲的决策》，曹未风等译，北京：商务印书馆1962年版

［美］塞缪尔·亨廷顿：《军人与国家：军政关系的理论与政治》，李晟译，北京：中国政法大学出版社2017年版

［美］伍德罗·威尔逊：《美国总统威尔逊参战演说》，蒋梦麟译，上海：商务印书馆1918年版

［美］伊曼纽尔·沃勒斯坦：《现代世界体系》，郭方等译，北京：社会科学文献出版社2013年版

［日］渡边浩：《东亚的王权与思想》，区建英译，上海：上海古籍出版社2016年版

［日］冈本监辅：《万国史记》，上海：六先书局1897年版

［日］堀幸雄：《战前日本国家主义运动史》，熊达云译，北京：社会科学文献出版社2010年版

［日］松本重治：《上海时代》，曹振威、沈中琦等译，上海：上海书店出版社2010年版

［日］狭间直树：《东亚近代文明史上的梁启超》，上海：上海人民出版社

2016年版

［日］狭间直树：《日本早期的亚洲主义》，张雯译，北京大学出版社2016年版

［日］野村浩一：《近代日本的中国认识：走向亚洲的航踪》，张学锋译，北京：中央编译出版社1999年版

［日］竹内实：《中国历史与社会评论》，程麻译，北京：中国文联出版社2006年版

［意］杰奥瓦尼·阿瑞基：《漫长的20世纪》，姚乃强等译，南京：江苏人民出版社2001年版

［英］赫伯特·巴特菲尔德：《辉格党式的历史阐释》，李晋译，北京：生活·读书·新知三联书店2013年版

［英］劳特派特修订：《奥本海国际法》，北京：商务印书馆1989年版

［英］佩里·安德森：《美国外交政策及其智囊》，李岩译，北京：金城出版社2017年版

［英］佩里·安德森：《原霸：霸权的演变》，李岩译，北京：当代世界出版社2020年版

曾涛：《近代中国与国际法的遭逢》，《中国政法大学学报》2008年第5期

陈明胜：《民初地方士绅与军阀政府的矛盾共生——以江苏"省自治"运动为中心》，《民国档案》2018年第4期

承红磊：《日本与护国战争期间的南北妥协》，《历史研究》2020年第3期

关晓虹：《清季外官改制的"地方"困扰》，《近代史研究》2010年第5期

郭学旺：《山西窄轨铁路成因考辨》，《近代史研究》1988年第4期

黄兴涛：《概念史方法与中国近代史研究》，《史学月刊》2012年第9期

李永胜：《1907—1908年中德美联盟问题研究》，《世界历史》2011年第4期

刘晗：《域名系统、网络主权与互联网治理历史反思及其当代启示》，《中

外法学》2016 年第 2 期

刘小枫：《"门罗主义"与全球化纪元"》,《学术前沿》2020 年第 3 期

刘小枫：《欧洲文明的"自由空间"与现代中国——读施米特〈大地的法〉札记》,《中国政治学》2018 年第 2 期，北京：中国社会科学出版社 2018 年版

马建标：《塑造救世主："一战"后期"威尔逊主义"在中国的传播》,《学术月刊》2017 年第 6 期

邱涛、郑匡民：《戊戌政变前的日中结盟活动》,《近代史研究》2010 年第 1 期

任一：《"寰世独美"：五四前夕美国在华宣传与中国对新国家身份的追求》,《史学集刊》2016 年第 1 期

孙璐璐、章永乐：《从波兰问题反思卡尔·施米特的欧洲国际秩序论述》,《欧洲研究》2019 年第 2 期

汪晖：《中国崛起的经验及其面临的挑战》,《文化纵横》2010 年第 2 期

王柯：《民权、政权、国权——中国革命与黑龙会》,《21 世纪》2011 年总第 127 期

王奇生：《多种政治力量间的博弈：以 1935—1945 年的阎锡山为个案》,《江淮文史》2018 年第 5 期

王绍光：《新技术革命与国家理论》,《中央社会主义学院学报》2019 年第 5 期

徐戬：《施米特与"拦阻者"学说》,《海南大学学报（人文社会科学版）》2020 年第 1 期

杨帆、江沛：《〈纽约时报〉视野中的孙中山（1896—1925）》,《南京社会科学》2016 年第 7 期

杨天石：《孙中山与第一次世界大战》,《江苏师范大学学报（哲学社会科学版）》2018 年第 5 期

章永乐:《"大国协调"与"大妥协":条约网络、银行团与辛亥革命的路径》,《学术月刊》2018年第10期

朱文通:《李大钊社会主义思想发展历程新探》,《河北学刊》2007年第1期

《安徽各界拒李大游行》,《民国日报》1921年9月15日

百英:《亚洲门罗主义与美洲门罗主义》,《申报月刊》1932年第1卷第1号

《表面调和,因财政风潮尽逐胡蒋两系》,《大公报》1927年9月10日第3版

陈独秀:《联省自治与中国政象》,《向导》周报1922年9月创刊号

陈独秀:《威大炮》,《每周评论》第8期,1919年2月9日

《川省会痛骂唐继尧》,《大公报》1920年6月19日第6版

《邓家彦致胡汉民电》,天津《益世报》1917年9月6日第3版

《电请八省劝桂省自治》,《香港华字日报》1921年5月19日

《东北元老派抱门罗主义》,《盛京时报》1930年8月26日

杜重远:《大亚细亚主义》,《新生》周刊1934年第1卷第45期

《樊军占领许昌》,《民国日报》1926年8月22日

《樊钟秀声势甚盛》,《民国日报》1926年8月20日

《菲立宾亡国惨状记略》,《湖北学生界》1903年第5期

冯自强:《独立说》,《清议报》1900年第58册(1900年9月24日)

顾颉刚:《"中国本部"一名亟待废弃》,《益世报·星期评论》1939年1月1日

《湖南省宪法》,《东方杂志》19卷22号,1922年11月25日

《沪浙情形》,《大公报》1926年11月25日

《极东之新木爱罗主义》,《清议报》第2册(1899年1月2日)

《李厚基最近态度:闽省采用们罗主义》,《新闻报》1921年9月17日

林绍昌:《亚洲的门罗主义》,《南华评论》1931年第1卷第22期

《卢永祥关于省宪自治之通电》,《申报》1921年6月5日

《旅京鲁人倒郑龚之大请愿》,《申报》1925年4月6日

《旅京皖人反对李兆珍》,《大公报》1921年8月24日

《旅沪皖人又一拒吕之通电》,《申报》1923年2月23日

《旅京豫人之废督易长运动》,《申报》1922年10月26日第6版

毛泽东:《可怜的威尔逊》,《湘江评论》1919年7月14日创刊号

《孟鲁主义》,《清议报》1900年第67册(1900年12月22日)

欧矩甲:《论菲律宾群岛自立》,《清议报》1899年第25册(1899年8月26日)

《日本外务省之声明》,《大公报·社评》,1934年4月20日第二版

《日本所谓东洋门罗主义》,《大公报·社评》,1932年11月30日第2版

《山羊的门罗主义》,上海《小学生》1935年第5卷第6期

《省议会开临时会纪》,《广东群报》1921年1月14日,第3页

《孙传芳确守五省门罗主义》,《顺天时报》1926年6月9日

《孙传芳前日之谈话》,《世界日报》1926年5月29日第2版

《孙传芳牵制奉派以助吴》,《顺天时报》1926年7月1日

《所谓满洲门罗主义》,《新北平》1928年第7期

《探报中唐继尧之存心》,《大公报》1920年12月15日

屠汝涑:《"特殊利益"与日本之门罗主义》,《留美学生季报》1918年第2期

《吴佩孚果能偕孙传芳北来耶》,《世界日报》1926年5月23日第3版

《湘省对于粤桂战事之态度——湘省以自治老招牌与孟禄主义老办法应付
　　粤桂战争》,《申报》1921年5月23日

《小狐狸的门罗主义》,上海《小学生》1935年第5卷第5期

徐公肃:《所谓亚洲门罗主义》,《外交评论》1932年第2期

《时局与奉派之责任》(社论),《顺天时报》1926年9月15日

雪筠:《阎锡山之门罗主义》,《时报》1926年7月21日

一苇：《美总统威尔逊之演说和平》，《大同月报》1917年第3期

瑜公：《日本之门罗主义》，《新闻报》1915年4月7日

《粤军陈总司令之宣言》，上海《民国日报》1920年11月12日第6版

《粤中之派别谈》，《大公报》1920年12月14日

《云南之门罗主义》，《顺天时报》1922年5月18日

《战后之门罗主义（美国公法学教习威尔逊氏演说文）》，《新闻报》1918年3月8日

《战后之门罗主义（美国公法学教习威尔逊氏演说文）续》，《新闻报》1918年3月9日

张德昌：《我们对于校事的态度》，《清华周刊》1930年总第493期

张静庐：《发刊辞》，《新浙江》1921年第1期

《赵恒惕最近之态度》，《时报》1922年10月12日

《浙江之善后问题》，《申报》1917年1月7日

《字林西报通信员披露广东真相》，上海《民国日报》1921年2月18日第3版

子正：《关于日本的法西士特：中野大倡满蒙门罗主义》，《救国周报》1932年第3期

《最近之统一消息》，《申报》1920年12月26日第6版

二　外文文献

Adams, Charles Francis edi., *Memoires of John Quincy Adams, Comprising Portions of His Diary from 1795 to 1848*, Vol. 6, Philadelphia: J. B. Lippincott & CO., 1875

Allison, Graham, "The New Spheres of Influence: Sharing the Globe with Other Great Powers," Foreign Affairs, March/April 2020

Ambrosius, Lloyd E., *Woodrow Wilson and the American Diplomatic Tradition: The Treaty Fight in Perspective*, Cambridge & New York: Cambridge University Press, 1987

Anderson, Perry, *The H-Word: The Peripeteia of Hegemony*, London: Verso, 2017

Appleby, Joyce and Ball, Terence edi., *Jefferson: Political Writings*, Cambridge: Cambridge University Press, 1999

Armitage, David, *The Declaration of Independence: A Global History*, Cambridge, MA & London: Harvard University Press, 2008

Balakrishnan, Gopal, *The Enemy: An Intellectual Portrait of Carl Schmitt*, London: Verso, 2000

Barton, Gregory A., *Informal Empire and the Rise of One World Culture*, London: Palgrave Macmillan, 2014

Beckenrath, Eduard von et al edi., *Friedrich List, Schriften, Reden, Briefe*, Vol. 5, Berlin: R. Hobbing Verlag, 1935

Bendersky, Joseph, *Carl Schmitt: Theorist for the Reich*, Princeton: Princeton University Press, 1983

Blackslee, George H., "The Japanese Monroe Doctrine," Foreign Affairs, 11 (July 1933)

Blaustein, George, *Nightmare Envy and Other Stories: American Culture and European Reconstruction*, Oxford: Oxford University Press, 2018

Bluntschli, Kaspar, *Le Droit International Codifié*, trans. M. C. Lardy, Paris: Guillaumin, 1870

Bonn, M. J., " Germany and the Monroe Doctrine, " The Annals of the American Academy of Political and Social Science, Vol. 66, Preparedness and America's International Program (July 1916)

Botzenhart, Emil ed., *Heinrich Friedrich Karl Freiherr vom Stein, Briefwechsel,*

Denkschriften und Aufzeichnungen, Vol. 4, Berlin: C. Heymann, 1933

Boyle, Francis Anthony, *Foundations of World Order: The Legalist Approach to International Relations (1898-1922)*. Durham & London: Duke University Press, 1999

Bradley, James, *The Imperial Cruise: A Secret History of Empire and War*, New York: Little, Brown and Company, 2009

Brechtefeld, Jorg, *Miteleuropa and German Politics, 1848 to the Present*, London: Palgrave Macmillan, 1996

Bright, Mary Minors Engle, *Congress and the Monroe Doctrine, 1850-1860*, Chicago: The University of Chicago, 1942

Brown, Philip Marshall, "Mexico and the Monroe Doctrine," The American Journal of International Law, Vol. 26, No. 1 (January 1932)

Burkman, Thomas W., *Japan and the League of Nations: Empire and World Order, 1914-1938*, Honolulu: University of Hawaii Press, 2008

Carnegie Endowment for International Peace, Division of Intercourse and Education edi., *American Foreign Policy: Based Upon Statements of Presidents and Secretaries of State of the United States and of Publicists of the American Republics*, Washington D. C., 1920

Carr, Edward Hallett, *Nationalism and After*, London: Macmillan, 1945

Caruthers, Sandra Carol Taylor, "Charles Le Gendre, American Diplomacy, and Expansionism in Meiji Japan," Ph.D. thesis, University of Colorado, 1963

Cha, Changhoon, "China's Westward March: Strategic Views of One Belt, One Road," The Korean Journal of International Studies, Vol. 15, No. 3 (December 2017)

Charmatz, Richard, *Minister Freiherr von Bruck*, Leipzig: S. Hirzel, 1916

Chasteen, John Charles, *Born in Blood and Fire: A Concise History of Latin America*, New York: W. W. Norton, 2001

Coudenhove-Kalergi, Richard N., *Crusade for Pan-Europe. Autobiography of A Man and A Movement*, New York: G. P. Putnam's Sons, 1943

Daitz, Werner, "Echte und unechte Grosräume, " (1941) *Lebensraum und gerechte Weltordung. Grundlagen einer Anti-Atlantikcharta. Ausgewälte Aufsäze von Werner Daitz*, Amsterdam: De Amsterdamsche Keurkamer, 1943

Day, Richard B., *Leon Trotsky and the Politics of Economic Isolation*, Cambridge & New York: Cambridge University Press, 1973

Dhand, Otilia, *The Idea of Central Europe: Geopolitics, Culture and Regional Identity*, London & New York: I. B. Tauris, 2018

Dickson, Paul, *Words from the White House: Words and Phrases Coined or Popularized by America's Presidents*, New York: Walker Books, 2013

Doenecke, Justus D. ed., *The Diplomacy of Frustration: The Manchurian Crisis of 1931-1933 as Revealed in the Papers of Stanley K. Hornbeck*, Palo Alto, CA: Hoover Institution Press, 1981

Drago, Luis M. & Nettles, H. Edward, "The Drago Doctrine in International Law and Politics, " *The Hispanic American Historical Review*, Vol. 8, No. 2 (May 1928)

Dugin, Alexander, *The Fourth Political Theory*, London: Arktos, 2012

Editorial Comment, "The Monroe Doctrine Again," 5 *American Journal of International Law* 729-735 (1911)

Eskildsen, Robert ed., *Foreign Adventurers and the Aborigines of Southern Taiwan, 1867-1874*, Nankang, Taipei: Institute of Taiwan History, Academic Sinica, 2005

Feichtinger, Johannes, Fillafer, Franz L. & Surman, Jan edi., *The Worlds of Positivism: A Global Intellectual History, 1770-1930*, London: Palgrave Macmillan, 2018

Feichtinger, Walter, *Sorting Out the Mess: Wars, Conflicts, and Conflict Management in West Africa*, Wien: Landesverteidigungsakademie, 2007

Fitzpatrick, Matthew P., *Liberal Imperialism in Germany: Expansionism and Nationalism*,

1848-1884, Oxford & New York: Berghah, 2008

Flint, Colin, *Introduction to Geopolitics*, London: Routledge, 2017

Friedman, Thomas L., *The World Is Flat: A Brief History of the Twenty-first Century*, New York: Farrar, Straus and Giroux, 2005

Frye, Alton, *Nazi Germany and the American Hemisphere, 1933-1941*, New Haven: Yale University Press, 1967

Fukuyama, Francis, *The End of History and the Last Man*, Glencoe, IL: Free Press, 1992

Ginzburg, Carlo, Raymond Rosenthal trans., *Ecstasies: Deciphering the Witches' Sabbath*, Chicago: University of Chicago Press, 1991

Go, Julian, *Patterns of Empire: The British and American Empires, 1688 to the Present*, New York: Cambridge University Press, 2011

Gooch, G. P. & Temperley, Harold edi., *British Documents on the Origins of the War, 1898-1914*, Vol. 4, London: H. M. S. O., 1929

Gruchmann, Lothar, *Nationalsozialistische Großaumordnung. Die Konstruktion einer "Deutschen Monroe-Doktrin"*, Stuttgart: Deutsche Verlags-Anstalt, 1962

Guinsberg, Thomas, *The Pursuit of Isolationism: In the United States Senate from Versailles to Pearl Harbor*, New York: Garland Publishing, 1982

Hall, Peter Dobkin, *Family Structure and Class Consolidation among the Boston Brahmins*, New York: State University of New York at Stony Brook, 1975

Herrick, Samuel, "The Monroe Doctrine as a Principle of International Law," 4 *Brief* 360 (1903)

Herriot, Édouard, *Europe*, Paris: les éditions Redier, 1930

Herriot, Edouard, Reginald J. Dingle trans., *The United States of Europe*, New York: The Viking press, 1930

Hershey, Amos S., "The Calvo and Drago Doctrines," (1907) Articles by Maurer Faculty, Paper 1961, URL: http://www.repository.law.indiana.edu/facpub/1961

Hiden, John, *Germany and Europe 1919-1939*, New York: Longman, 1977

Hill, Robert A. edi., *The Marcus Garvey and Universal Negro Improvement Association Papers, Vol. IX: Africa for the Africans, 1921-1922*, Berkeley & Los Angeles: University of California Press, 1995

Hills, Jill, *The Struggle for Control of Global Communication, The Formative Century*, Champaign, Illinois: University of Illinois Press, 2002

Hitler, Adolf, Der Fuhrer antwortet Roosevelt. Reichstagsrede vom 28. April 1939 (Munich: Zentralverlag der NSDAP, Franz Eher Nachfolger, 1939)

Hughes, Charles Evans, "Observations on the Monroe Doctrine," 9 A.B.A.J. 559 (1923)

Hull, William, "The Monroe Doctrine: National or International," *Proceedings of the American Society of International Law at Its Annual Meeting (1907-1917)*, Vol. 8 (April 22-25, 1914)

Immerwahr, Daniel, *How to Hide an Empire: A History of the Greater United States*, New York: Farrar, Straus and Giroux, 2019

Inahara, Katsuji, *Japan's Continental Policy*, Tokyo: Foreign Affairs Association of Japan, 1938

Iriye, Akira ed., *Mutual Images: Essays in American-Japanese Relations*, Cambridge, MA: Harvard University Press, 1975

Jackson, Steven F., "Does China Have a Monroe Doctrine? Evidence for Regional Exclusion," *Strategic Studies Quarterly*, Vol. 10, No. 4 (WINTER 2016)

Janin, Hunt, *The India-China Opium Trade in the Nineteenth Century*, Jefferson, North Carolina & London: McFarland & Company, Inc., 1999

Johnson, Keith, "Kerry Makes It Official: Era of Monroe Doctrine Is Over," *The Wall Street Journal*, November 18, 2013

Kann, Robert A., *Dynasty, Politics, and culture: Selected Essays*, Boulder: Social Science

Monographs, 1991

Kawamura, Noriko, *Turbulence in the Pacific: Japanese-U.S. Relations during World War I*, Westport & London: Praeger, 2000

Kennedy, Ross A. edi., *A Companion to Woodrow Wilson*, Malden, Oxford & Chichester: John Wiley & Sons, Ltd., 2015

Kittrie, Orde F., *Lawfare: Law as a Weapon of War*, Oxford: Oxford University Press, 2016

La Rochefoucauld, John Heard, Jr. trans., *La Rochefoucauld Maxims*, Mineola, New York: Dover Publications, 2006

Laos, Nicolas, *The Metaphysics of World Order: A Synthesis of Philosophy, Theology, and Politics*, Eugene, Oregon: Pickwick Publications, 2015

Lattimore, Owen & Lattimore, Eleanor Holgate, *The Making of Modern China: A Short History*, London: G. Allen & Unwin, 1945

Lea, Homer, *The Valor of Ignorance*, New York: Harper & Brothers, 1909

Legg, Stephen edi., *Spatiality, Sovereignty and Carl Schmitt: Geographies of the Nomos*, London & New York: Routledge, 2011

Leonard, Mark, *What Does China Think?* London: Fourth Estate, 2008

Levin, N. Gordon, *Woodrow Wilson and World Politics: America's Response to War and Revolution*, New York: Oxford University Press, 1968

Livingstone, Grace, *America's Backyard: The United States & Latin America from the Monroe Doctrine to the War on Terror*, London & New York: Zed Books, 2009

Lorimer, James, *The Institutes of the Law of Nations*, Vol. 1, Edinburgh & London: William Blackwood and Sons, 1883

Lovejoy, Arthur O., *The Great Chain of Being*, Cambridge, MA: Harvard University Press, 1971

Macris, Jefferey R. & Kelly, Saul, *Imperial Crossroads: The Great Powers and the Persian*

Gulf, Annapolis: Naval Institute Press, 2012

Manela, Erez, *The Wilsonian Moment: Self-Determination and the International Origins of Anticolonial Nationalism*, New York: Oxford University Press, 2009

Meaney, Neville, *The Search for Security in the Pacific, 1901-1914*, Sydney: Sydney University Press, 2009

Meier, Heinrich, Brainard, M. trans., *The Lesson of Carl Schmitt: Four Chapters on the Distinction between Political Theology and Political Philosophy*, Chicago: The University of Chicago Press, 1998

Meierhenrich, Jens & Simons, Oliver edi., *The Oxford Handbook of Carl Schmitt*, New York: Oxford University Press, 2016

Meinrath, Sascha D., Losey, James W. & Picard, Victor W., "Digital Feudalism: Enclosures and Erasures from Digital Rights Management to the Digital Divide," *Advances in Computers*, Vol. 81, 2011

Moore, Gregory, *Defining and Defending the Open Door Policy: Theodore Roosevelt and China, 1901-1909*, Lanham: Lexington Books, 2015

Moore, John Bassett, "The Monroe Doctrine," *The Annals of the American Academy of Political and Social Science, Vol. 96, The Place of the United States in a World Organization for the Maintenance of Peace* (July 1921)

Morris, Jonathan, *Coffee: A Global History*, London: Reaktion Books, 2018

Moyn, Samuel & Sartori, Andrew edi., *Global Intellectual History*, New York: Columbia University Press, 2013

Munkler, Herfried, *Macht in der Mitte: Die neuen Aufgaben Deutschlands in Europa*, Hamburg: Edition Korber-Stiftung, 2015

Murnane, John R., "Japan's Monroe Doctrine? : Re-Framing the Story of Pearl Harbor," *The History Teacher*, Vol. 40, No. 4 (August 2007)

Murphy, David Thomas, *The Heroic Earth: Geopolitical Thought in Weimar Germany*,

1918-1933, Kent: Kent State University Press, 1997

Murphy, Gretchen, *Hemispheric Imaginings: The Monroe Doctrine and Narratives of U.S. Empire*, Durham & London: Duke University Press, 2005

Neff, Stephen C., *War and the Law of Nations: A General History*, New York: Cambridge University Press, 2005

Odysseos, Louiza & Petito, Fabio edi., *The International Political Thought of Carl Schmitt: Terror, Liberal War and the Crisis of Global Order*, New York: Loutledge, 2007

Ortega y Medina, Juan A. ed., *Conciencia y autenticidad histo´ricas: Escritos en homenaje a Edmundo O'Gorman*, Mexico City: UNAM, 1968

O'Sullivan, Patrick & Miller, Jesse W. Jr., *The Geography of Warfare*, London & New York: Routledge, 1983

Painter, Joe & Jeffery, Alex, *Political Geography*, London: Sage, 2009

Partsch, Joseph, *Central Europe*, London: W. Heinemann, 1903

Perkins, Dexter, *A History of the Monroe Doctrine*, Boston: Little, Brown and Co., 1955

Perkins, Dexter, *Monroe Doctrine, 1867-1907*, Baltimore, Md: The Johns Hopkins University Press, 1937

Perkins, Dexter, *The Monroe Doctrine, 1826-1867*, Baltimore, Md: The Johns Hopkins University Press, 1933

Pétré-Grenouilleau, Olivier, *Les Traites Négrières: Essai d'Histoire Globale*. Paris: Editions Gallimard, 2004

Pitts, Jennifer, *Boundaries of the International: Law and Empire*, Cambridge & London: Harvard University Press, 2018

Rech, Walter & Fonseca, Manuel Jiménez edi., *International Law and Empire: Historical Explorations*, Oxford: Oxford University Press, 2017

Rech, Walter & Grzybowski, Janis, "Bewteen Regional Community and Global Soceity: Europe in the Shadow of Schmitt and Kojeve," *Journal of International*

Political Theory, Vol. 13, Issue 2, 2017

Reid, Whitelaw, "The Monroe Doctrine; The Polk Doctrine; Anarchism," Yale Law Journal, Vol. 13, No. 1, 1903

Roberts, Aaron B., "Carl Schmitt - Political Theologian?" The Review of Politics, Vol. 77, No. 3, 2015

Roosevelt, Theodor, "The Monroe Doctrine," speech at Chicago, Illinois, April 2, 1903

Root, Elihu, "The Declaration of the Rights and Duties of Nations Adopted by the American Institute of International Law," The American Journal of International Law, Vol.10, No.2 (April 1916)

Root, Elihu, "The Real Monroe Doctrine," The American Journal of International Law, Vol. 8, No. 3 (July 1914)

Rossi, Christopher, Whiggish International Law: Elihu Root, the Monroe Doctrine, and International Law in the Americas, Leiden & Boston: Brill Nijhoff, 2019

Saberi, Helen, Tea: A Global History, London: Reaktion Books, 2010

Salter, Michael, "Law, Power and International Politics with Special Reference to East Asia: Carl Schmitt's Grossraum Analysis," Chinese Journal of International Law, Vol. 11, No. 3 (September 2012)

San Francisco Call, "Japan Promulgates 'Monroe Doctrine' Affecting Korea and Encroachment by Russia Means Declaration of War," San Francisco Call, Vol. 94, No. 135 (October 13, 1903)

Scarfi, Juan Pablo, "Denaturalizing the Monroe Doctrine: The Rise of Latin American Legal Anti-imperialism in the Face of the Modern US and Hemispheric Redefinition of the Monroe Doctrine," Leiden Journal of International Law, Vol.33, Issue 3

Scarfi, Juan Pablo, The Hidden History of International Law in the Americas: Empire and

Legal Networks, Oxford & New York: Oxford University Press, 2017

Schmidt, Hans, "Democracy for China: American Propaganda and the May Fourth Movement," Diplomatic History, Vol. 22, No. 1 (Winter 1998)

Schmitt, Carl, "Volkerrechtliche Grosraumordnung mit Interventionsverbot fur raumfremde Machte: Ein Beitrag zum Reichsbegriff fur Volkerrecht," *Staat, Grossraum, Nomos: Arbeiten aus den Jahren 1916-1969*, Berlin: Duncker & Humblot, 1995

Schmitt, Carl, *Staat, Grossraum, Nomos: Arbeiten aus den Jahren 1916-1969*, Berlin: Duncker & Humblot, 1995

Schwarzenberger, Georg, *The Frontiers of International Law*, London: Stevens and Sons, 1962

Scott, J. edi., *The Hague Court Reports*, New York: Oxford University Press, 1916

Sexton, Jay, *The Monroe Doctrine: Empire and Nation in Nineteenth-Century America*, New York: Hill and Wang, 2011

Smith, Andrew F., *Sugar: A Global History*, London: Reaktion Books, 2015

Smith, Gaddis, *The Last Years of the Monroe Doctrine: 1945-1993*, New York: Hill and Wang, 1994

Stacey, Charles P., *The Military Problems of Canada*, Toronto: Ryerson Press, 1940

Suphan, Bernhard, *Herders sdmmtliche Werke*, Vol. 23, Berlin: Weidmannsche Buchhandlung, 1885

Taft, William, "The Duty of Americans in the Philippines," speech delivered by Taft before the Union Reading College in Manila, December 17, 1903; reproduced in Official Gazette (Supplement), December 23, 1903 (Vol. I, No. 68)

Takagi, Yasaka, "World Peace Machinery and the Asia Monroe Doctrine," Pacific Affairs 5, No. 11, 1932

Ullmann, Walter, "The Development of the Medieval Idea of Sovereignty," *English*

Historical Review, Vol. 64, No. 250, 1949

United States Department of State, *Foreign Relations of United States*, Washington: Government Printing Office, 1895

Unoki, Ko, *International Relations and the Origins of the Pacific War*, New York: Palgrave Macmillan, 2016

Veeser, Cyrus, *A World Safe for Capitalism: Dollar Diplomacy and America's Rise to Global Power*, New York: Columbia University Press, 2002

Walther, Vogel, *Das Neue Europa und seine historisch-geographischen Grundlagen*, Bonn: Schroeder, 1925

Warf, Barney & Arias, Santa edi., *The Spatial Turn: Interdisciplinary perspectives*, London & New York: Routeledge, 2009

Washington, George, *Washington's Farewell Address to the People of the United States*, Trenton: Printed by George Sherman, 1812

Weinreich, Max, *Hitler's Professors: The Part of Scholarship in Germany's Crimes against the Jewish People*, New York: Yiddish Scientific Institute, 1946

Whitake, A. P., *The United States and the Independence of Latin America, 1800-1830*, New York: Russel & Russell, 1962

Whittington, Keith E., Kelemen, R. Daniel & Caldeira, Gregory A. edi, *The Oxford Handbook of Law and Politics*, Oxford: Oxford University Press, 2008

Williams, William Appleman, *The Tragedy of American Diplomacy*, New York: Norton & Company, 1972

Wilson, Woodrow, "An Address to a Joint Session of Congress" (lecture, Washington, DC, April 2, 1917), The Papers of Woodrow Wilson, Vol.41

Wilson, Woodrow, "Peace without Victory," speech, January 22, 1917, 64th Cong., 23 Sess., Senate Document No. 685: "A League for Peace."

Wilson, Woodrow, "The Ideals of America," *Atlantic Monthly* 90 (December 1902)

Wilson, Woodrow, *War and Peace: Presidential Messages, Addresses, and Public Papers (1917-1924)*, Vol. 2, Honolulu: University Press of the Pacific, 2002

Wollstein, Günter, *Das "Grossdeutschland" der Paulskirche: Nationale Ziele in der bürgerlichen Revolution, 1848/49*, Düsseldorf: Droste Verlag, 1977

Woolsey, T. S., "Drago and the Drago Doctrine," *The American Journal of International Law*, Vol. 15, No. 4 (July 1921)

Wu, T'ing-fang, *America, Through the Spectacles of an Oriental Diplomat*, New York: Frederick A. Stokes Company, 1914

Yen, Sophia Su-fei, *Taiwan in China's Foreign Relations, 1836-1874*, Hamden, CT: Shoe String Press, 1965

"Dr. Sun Yat-Sen Flees From China," *New York Times*, August 7, 1913

"Extension of the Monroe Doctrine," *The North China Daily News*, December 27, 1893

"Japan: Fissiparous Tendencies," *Time*, September 5, 1932

"Pres. Wilson on Peace Terms," *The North-China Daily News*, January 23, 1917

"Proposed Enlargement of the Monroe Doctrine," *The North China Daily News*, January 23, 1896

"The Monroe Doctrine," *The North China Daily News*, December 13, 1895

"The German Press and the Monroe Doctrine," *The North China Daily News*, November 17, 1896

"The Monroe Doctrine," *The North China Daily News*, June 19, 1900

『東亜聯盟』同志会編:『東亜聯盟』(东亚联盟)(復刻版)第3巻第1号特輯,柏書房,1996年

安井郁:『歐洲広域国際法の基礎理念』(欧洲广域国际法的基础理念),有斐閣,1942年

北呤吉:「誤解されたる亜細亜主義」(被误解的亚细亚主义),『東方時

論』第二卷第 7 号，1917 年

北一輝：『支那革命外史』，聖紀書房，1921 年

草間時福：「東洋連横論」，『郵便報知新聞』1879 年 11 月 19 日

池田十吾：「石井・ランシング協定をめぐる日米関係（一）——中国に関する日米両国交換公文の成立過程から廃棄に至るまで」[蓝辛－石井协定为中心的日美关系（一）——日美两国就中国问题的换约始末]，『國士舘大學政經論叢』1988 年，63 卷 4 号

大川周明：『大東亜秩序建設』（大东亚秩序建设），第一書房，1943 年

大隈重信：『経世論』（经世论），冨山房，1912 年

大形孝平編：『日本とインド』（日本与印度），三省堂，1978 年

読売新聞社編輯局編：『支那事変実記』第 3 輯，非凡閣，1938 年

浮田和民：「新亜細亜主義——東洋モンロー主義の新解釋」（新亚细亚主义——东洋门罗主义的新解释），『太陽』第 24 卷 9 号，1918 年

浮田和民：『帝国主義と教育』（帝国主义与教育），民友社，1901 年

鶴見祐輔：『後藤新平』第二卷，勁草書房，1965 年

横田喜三郎：「アジア・モンロー主義批判」（亚细亚门罗主义批判），『中央公論』1933 年 7 月

吉田鞆明編：『巨人頭山満翁は語る』（巨人头山满翁的话），感山荘，1939 年

金子堅太郎：『東洋の平和は亜細亜モンロー主義にあり』（东洋和平与门罗主义在亚洲），皇輝会，1937 年

近衛篤麿：「同人種同盟附支那問題研究の必要」（同人种同盟 附支那问题研究的必要），『太陽』第 4 卷第 1 号，1898 年

近衛篤麿日記刊行会編：『近衛篤麿日記 別巻 近衛篤麿日記付属文書』（近卫笃麿日记 别卷 近卫笃麿日记附属文书），鹿島研究所出版会，1969 年

近衛篤麿日記刊行会編:『近衛篤麿日記』第 2 卷，鹿島研究所出版会，1968 年

井上馨候伝記編纂会:『世外井上公伝』（世外井上公传）第 5 卷，原書房，1968 年

立作太郎:「英国の新モンロー主義の宣言及不戦条約の実効」（英国新门罗主义宣言及不战条约的实效），『外交時報』第 48 卷第 12 号，通卷第 577 号，1928 年 12 月 15 日

明石欽司:「『大東亜国際法』理論－日本における近代国際法受容の帰結」（"大东亚国际法"理论——日本对于近代国际法吸收的归结），『法学研究』82 卷 1 号，2009 年

內藤湖南:『支那論·附支那新論』，創元社，1938 年

慶応義塾編:『福沢諭吉全集』第 14 卷，岩波書店，1961 年

山口県教育会編:『吉田松陰全集』第 4 卷，岩波書店，1938 年

神島二郎編:『德富蘇峰集』，筑摩書房，1978 年

石井菊次郎:『外交余録』，岩波書店，1930 年

松下正壽:『大東亜国際法の諸問題』（大东亚国际法的诸问题），日本法理研究会，1942 年

松下正寿:『米洲広域国際法の基礎理念』（美洲广域国际法的基础理念），有斐閣，1942 年

松原一雄:「リットン報告と日本モンロー主義」（李顿报告与日本门罗主义），《東亜》1932 年第 5 卷第 11 号

田畑茂二郎:「ナチス国際法学の轉開とその問題史的考察」（纳粹国际法学的转折与其问题史的考察），『外交時報』第 107 卷第 1 号，通卷第 926 号，1943 年 7 月 1 日

田畑茂二郎:「東亜共栄圏国際法への道」（迈向东亚共荣圈国际法的道路），『外交評論』23 卷 1 号，1943 年

田中正明編:『松井石根大将の陣中日誌』(松井石根大将的阵中日志),
　芙蓉書房,1985年
小寺謙吉:『大亜細亜主義論』(大亚洲主义论),東京宝文館,1916年
早稲田大学編輯部編:『大隈伯演説集』,早稲田大学出版部,1907年
中山優:「新秩序の東洋的性格」(新秩序与东洋的性格),『東亜聯盟』
　1939年第1期
竹内好:『日本とアジア　竹内好評論集第3卷』(日本与亚洲　竹内好评论集第3卷),筑摩書房,1966年

关键词索引

门罗主义 1, 6-49, 51, 57-61, 63-65, 69-71, 74, 75, 78-85, 87-100, 102, 104-108, 113, 114, 119, 121, 127, 131, 134-136, 139-145, 149, 151-155, 157, 158, 160, 161, 164-167, 169, 172-174, 176-209, 211, 213-215, 218-228, 230-260, 263-283, 285, 286, 289-292, 297, 299, 309, 322-334, 336

——英国门罗主义 46, 107, 143

——亚洲门罗主义 10, 14, 26, 37, 41-43, 64, 136, 141, 144, 160, 166, 172-174, 178-182, 184-188, 190, 192-200, 203-205, 207-209, 267, 271, 273, 277-281, 286, 289, 292, 297, 309, 310, 313-315, 318, 319, 321, 333

——东亚门罗主义 14, 26, 31, 177, 197, 278, 315-318

——日本门罗主义 14, 191-193, 198, 267, 271

——欧洲门罗主义 82, 113, 141

——省域门罗主义 21, 30, 35-37, 43, 211, 227, 228, 234, 260, 263, 265, 267, 271-274, 276-278, 322

昭昭天命 113

美洲 5-9, 11-13, 17, 19, 21-25, 30, 33, 39, 40, 45, 46, 49, 63, 65-82, 84, 85, 87-91, 93-101, 103-105, 107, 113, 115, 127, 131, 135, 136, 140-142, 144, 145, 149, 151, 154, 156, 157, 167, 173, 176, 179, 182, 184, 185, 193, 195, 198, 200-202, 209, 215, 223, 227, 230, 242, 290, 311, 313, 315, 317, 319, 321, 324, 325, 332, 335

—拉丁美洲　5, 7, 8, 12, 13, 17, 23, 24, 33, 39, 40, 66, 68, 70, 71, 77, 78, 80, 81, 85, 88, 91, 100, 103, 104, 105, 107, 113, 131, 156, 157, 179, 182

西半球　6, 8, 9, 12, 14, 23, 24, 26, 27, 30, 32, 34, 36, 40, 57, 61, 66, 68, 69, 74-76, 78, 79, 84, 87, 89, 90, 93, 102-104, 105, 106, 119, 127, 131, 132, 136, 182, 200, 224, 313, 324, 336

大空间　13-15, 17, 26, 30-32, 34, 40-42, 106, 112, 118-121, 127, 136, 139, 141, 143-145, 148-150, 152-159, 161, 205, 207

生存空间　34, 117, 139, 149

广域　17, 32, 34, 154, 161, 205-207

主导国　30, 95, 148, 156-158, 206, 335

帝国　8, 11-13, 16, 17, 22, 24-26, 28, 30, 33, 34, 37, 39, 40-42, 44, 46-49, 51, 62, 68, 71, 75-78, 86, 95, 102, 106, 107, 109-112, 115, 116, 119, 120, 122, 125, 132, 139, 142-146, 148, 149, 151, 153, 155-158, 161, 163, 165, 167, 174, 179, 180, 181, 184, 197-199, 201, 207, 209, 210, 212, 213, 217, 220, 222-224, 226, 227, 232, 239, 243, 256, 265, 274, 281, 284, 296, 297, 304-306, 308, 311, 313, 316, 321, 323, 327, 329, 330, 331, 333-335

—帝国主义　25, 30, 37, 39, 40-42, 49, 62, 119, 120, 122, 132, 139, 143, 144, 149, 153, 157-158, 161, 163, 167, 174, 181, 197-199, 201, 207, 209, 210, 220, 222, 223, 224, 226, 227, 239, 243, 256, 265, 274, 284, 296, 297, 304, 306, 308, 311, 313, 316, 321, 323, 327, 329, 330, 331, 333-335

干涉主义　8, 13, 30, 49, 119, 120, 122, 145, 157, 158

主权　3, 16, 27-29, 31-34, 39, 44, 47, 48, 50, 53, 55, 59, 81, 88, 90, 101, 123-125, 128, 130, 132, 137, 169, 178, 181, 191, 192, 204, 225, 232, 267, 284, 292, 317

封建　28, 42, 53, 188, 230, 267

郡县　42, 230

自治　11, 19, 20, 27, 33, 36, 42, 43, 86, 87, 184, 191, 219, 225, 233-241, 244, 247-251, 253-256, 260, 261, 263, 266-269, 274, 277, 282, 283, 331

自决　36, 62, 63, 86, 87, 232-234, 236, 242, 289, 303, 331, 332

国际法　8, 11-17, 28, 29, 31, 32, 34, 41, 42, 62, 64, 73-75, 80, 88-93, 98, 101, 106-108, 118-121, 123-126, 129-134, 136, 139, 140, 142-143, 145, 148, 149, 153, 154, 156, 161, 167, 189, 192, 194, 205-207, 216, 217

——美洲国际法　12, 88

——广域国际法　17, 32, 154, 161, 205, 207

国际体系　35, 48, 50, 55, 57, 92, 103, 116, 133, 140, 210, 225

维也纳体系　23, 107, 126, 138

战争法　98, 107, 122, 129-131, 143, 189, 194

国际主义　60, 64

孤立主义　23, 64, 67, 102, 103, 113

文明等级　3, 62, 79, 120, 124, 127, 137, 173, 287, 336

霸权　5, 8, 9, 12, 16, 18, 19, 23, 30, 32, 38, 40-42, 44, 45, 47-51, 54, 55, 57, 59, 60, 63, 64, 68-70, 72, 74, 79, 81, 82, 89, 92, 93, 106, 107, 127, 144, 157, 158, 168, 174, 201, 207, 210, 230, 258, 278, 281, 312, 324, 325, 329, 334-336

霸道　307-309, 335

王道　191, 200, 266, 307-309, 335

均势／势力均衡　37, 62, 65, 70, 73, 102-104, 107, 110, 114, 121, 129, 156, 157, 162, 164, 179, 207, 224, 225, 283, 296, 314, 321, 331

协调主义　31, 178, 187

大国协调　82, 126, 127, 177, 298

海洋自由　62, 142

门户开放　24-26, 36, 77, 83, 132, 173, 179, 180, 182, 183, 193, 195, 234, 235, 284, 286, 292, 313, 314, 319, 328

英日同盟　31, 97, 168, 171-173, 175, 177, 181, 187, 208, 291, 296, 305, 329

海权论　79, 83, 90

托管　86, 87, 125

欧洲公法　121-123, 127, 129, 156

欧洲中心主义　16, 17

泛美会议　72-74, 81, 88, 99, 101, 130, 131, 324

国际联盟　30, 32, 60, 62-64, 73, 74, 83, 86-88, 92, 96, 97, 99, 121, 130, 133-135, 137, 145, 187, 194, 208, 290-292

常设国际法院　118, 145

巴黎和会　36, 61, 62, 87, 92, 116, 121, 129, 132, 136, 186, 233, 289, 290, 291, 303

凡尔赛和约　63, 96, 116, 117, 120-

124, 126, 129, 186, 187, 289

巴黎非战公约　46, 97, 107, 132, 143, 189, 191, 194, 321, 333

魏玛民国　116, 119, 145, 158

德意志第二帝国　110, 157, 207, 281

共和　23, 24, 33, 34, 63, 67, 68, 70-74, 76, 79, 82, 114, 140, 141, 148, 149, 176, 177, 181, 195, 202, 221, 223-225, 229, 287, 295, 301, 302, 326, 328

王朝主义　23, 29, 68, 126, 140, 141, 144

中欧　106-114, 116-119, 150, 151, 158

哈布斯堡　66, 71, 109

拦阻者　30, 106, 146, 147, 148, 153, 158

不法者　30, 146, 147, 158

敌基督者　30, 41, 148, 153

天主教　23, 28, 114, 146, 147, 216

基督教　112, 146, 147

政治神学　30, 41, 108, 147, 153, 159

宪法　36, 123, 138, 152, 153, 181, 224, 234, 236-239, 241, 277, 288, 301

罗马　28, 104, 140, 145, 220

神圣罗马帝国　28, 107, 146

政治经济学　3, 159

联省自治　11, 36, 234, 235, 239, 247-251, 253, 255-256, 260, 267-269, 277, 331

朝贡　35, 38, 39, 50, 161-163, 217, 307, 334, 335

保护国　76, 78, 125, 201

共产党　3, 199

中国共产党（中共）　36, 38-39, 235-240, 243, 251-254, 256, 268, 270, 272, 273, 277, 281, 317, 319, 326, 334

国民党　188, 204, 250, 253, 257, 258, 265, 268-270, 272, 273, 281, 286, 299, 304, 310-313, 316, 317, 319, 320-323, 326

进步党　286, 290, 327, 328

研究系　232, 288-290, 328

青年党　281, 322

国家主义　37, 168, 178, 224, 281, 321, 322

麦金德　103, 111

托马斯·杰斐逊　67, 95

乔治·华盛顿　61, 67, 84, 87, 95

格兰特　71

伍德罗·威尔逊　8, 17, 19, 25, 30, 36, 58, 60, 65, 83-88, 91-97, 102, 104, 132, 135-137, 144, 154, 180, 183, 186-187, 207, 230-234, 242, 267, 274, 290, 291, 334

西奥多·罗斯福　8, 24, 25, 32, 33, 58,

79, 82-84, 89-90, 99, 104, 105, 135, 143, 144, 172-175, 183, 187, 192, 193, 223-224, 313

罗斯福推论　33, 79, 80, 84, 90, 100

富兰克林·罗斯福　8, 63, 69, 97, 100-102, 151, 200, 202, 212, 315, 318, 323-325

李仙得　31, 135, 164, 165, 174, 207

特纳　76, 193

李顿　192

史汀生　132, 191, 192, 270, 313

哈里曼　175

拉铁摩尔　77

贺壁理　77

威廉二世　78, 104, 122, 123, 157, 158, 174, 207, 281

德拉戈主义　80, 81, 89

卡尔沃　80, 81

怀特劳·里德　82, 113, 114, 141

马汉　76, 79, 83, 90

司各特　88

阿尔瓦雷斯　88

威廉·赫尔　89

鲁特　12, 32, 33, 90, 93-94

休斯　91, 94, 140

波拉　94, 95

洛奇　93-96

哈定　91, 96-99

凯洛格　46, 97, 131, 189

柯立芝　98, 100

斯皮克曼　69, 102-104

斯泰因　109

李斯特　109, 159

布鲁克　109

赫尔德　108

俾斯麦　109, 110, 114, 127

斯宾格勒　37, 321, 326, 334

尼采　321

康斯坦丁·弗朗兹　110

保罗·拉加德　110

拉采尔　3, 111, 117, 149

弗里德里希·瑙曼　112, 113, 116

康登霍维-凯勒奇　114, 115, 117

白里安　46, 98, 115, 131, 189

爱德华·赫里欧　115

豪斯霍弗　117, 149, 150

荷马李　175

卡尔·施米特　11, 13, 14, 19, 26, 30-32, 40-42, 64, 106, 108, 119-158, 161, 205-207

斯坦利·亨培克　191, 196

蓝辛　136, 182, 183, 196, 207, 288

布莱恩　72, 180

希特勒　13, 69, 108, 150, 151, 158, 320, 325

塔夫脱　94, 175, 221

诺克斯　175
亚洲主义　11, 14, 15, 21, 31, 37, 39,
　　　83, 160, 162-166, 168-171, 174,
　　　176, 183-186, 198, 203, 207-210,
　　　214, 215, 218, 220, 223, 227, 274,
　　　276, 277, 280-284, 286, 293-295,
　　　297, 298, 300, 307-310, 312, 326,
　　　327, 332-335
东亚联盟　309, 310
福泽谕吉　163
大隈重信　14, 165, 168, 169, 173, 174,
　　　179-181, 208, 285, 286, 294, 300
头山满　166, 168, 294, 302
北一辉　170, 181, 182, 185, 190, 294
近卫笃麿　14, 166-168, 174, 199, 214,
　　　215, 218, 219, 222, 293
近卫文麿　166, 199, 200, 202
德富苏峰　14, 184-186, 209, 331
浮田和民　14, 167, 168, 185, 186, 332
金子坚太郎　14, 135, 143, 172-173
石井菊次郎　14, 136, 182, 183, 190,
　　　196, 207, 288
安井郁　15, 205
松下正寿　15, 205, 206
田畑茂二郎　15, 205, 206
大川周明　176, 203, 204
平山周　168, 170, 294
内田良平　168, 170, 171, 176, 177,
　　　294
松冈洋右　194, 200, 322
天羽英二　14, 197, 315
广田弘毅　14, 197
田中义一　187, 188, 265, 305, 312
小寺谦吉　14, 169, 183, 184, 331
高桥是清　176
后藤新平　176
伊藤博文　168, 172, 176, 214, 215
樽井藤吉　163, 166, 214, 280
草间时福　162
高平小五郎　172, 174
橘朴　191
冈仓天心　174, 191, 332
立作太郎　14, 189, 194
横田喜三郎　14, 194, 195
内田康哉　14, 194
稻原胜治　193
高木八尺　193
松原一雄　14, 192, 193
平野国臣　161
佐藤信渊　161
胜海舟　161
森有礼　161
石原莞尔　190, 309
竹内好　15, 160, 209
大东亚共荣圈　14, 32, 41, 161, 199-
　　　206, 209, 322

战国策派　37, 38, 281, 321-326, 334

"一战"（第一次世界大战）3, 8,
　13, 25, 26, 30, 31, 36, 38, 62, 63, 83,
　86, 98, 103, 108, 111-116, 118-122,
　125-127, 129, 133, 136, 138, 139,
　142, 145, 147, 148, 150, 158, 160,
　176, 179, 181, 183, 186, 195, 197,
　199, 201, 208, 210, 232-234, 276,
　281, 288, 291, 301-304, 315, 316,
　321, 329, 330 , 335

"二战"（第二次世界大战）3, 8,
　13-15, 32, 40, 41, 55, 63, 64, 68, 69,
　99, 101, 102, 104, 119, 120, 130,
　133, 138, 148, 153-156, 159, 161,
　204, 205, 279, 311, 321, 325

有机体　111, 117, 149, 206

地缘政治　2, 3, 13, 44-46, 50, 52, 55,
　102, 103, 107, 108, 110, 114, 117,
　118, 149, 150, 155, 156, 183, 210,
　324

政治地理学　2, 3, 108, 111, 117

李鸿章　42, 161, 162, 164

谭嗣同　235

黄遵宪　162, 218

毛泽东　36, 38, 39, 41, 233, 235-240,
　253, 270, 274

梁启超　1, 15, 25, 35, 37, 89, 105, 160,
　180, 187, 214, 217, 219-224, 227,
　232, 281-292, 303, 327, 328, 333

康有为　15, 37, 42, 43, 62, 120, 163,
　167, 175, 214, 215, 218, 219, 221,
　246, 280-282, 312, 325, 326, 333,
　335

章太炎　171, 172, 247, 294, 296, 297,
　327, 334

汪精卫　199, 201, 203, 310

欧矩甲　35, 221, 222, 225, 226, 246,
　247, 274

蔡锷　180, 222-224, 287, 300

李大钊　15, 38, 254, 255, 268, 276-
　278, 281, 306, 326-332, 334-336

陈独秀　233, 268, 270, 327, 334

袁世凯　31, 35, 177, 179-181, 210,
　224, 229, 255, 286, 287, 293, 298,
　300, 301, 327, 328, 331-333

蒋介石　37, 42, 77, 188, 243, 245, 250,
　256, 258, 259, 268, 271, 272, 275,
　281, 310-321, 333

胡汉民　228, 247, 268, 269, 309, 310,
　313

孙中山　15, 36, 37, 42, 43, 175, 176,
　180, 181, 222, 229, 238, 241, 245-
　249, 251, 252, 263, 268, 277, 281,
　288, 293-312, 333-335

陈炯明　238, 240, 247-249, 250, 268

阎锡山　242, 245, 246, 256-259, 269,

271, 272, 275
孙传芳 241-243, 246, 251, 256, 260, 261, 263
吴佩孚 242, 243, 251-254, 256, 261, 264
郑孝胥 266, 267
龙兼公 236, 237
唐继尧 243-247, 268, 269, 303
刘湘 250-252, 254
王占元 251, 253, 254
冯玉祥 241, 243, 250, 252, 253, 255, 257, 263
曹锟 257
赵恒惕 235-239, 248, 254
谭延闿 235, 237-239
卢永祥 240, 241, 248, 255
齐燮元 241, 260

张作霖 188, 241-243, 246, 254-256, 265, 277
李厚基 246
李济深 250
唐绍仪 247
伍廷芳 74, 247
岑春煊 247
陆荣廷 247, 248
熊克武 250, 252
陈树藩 263
张学良 188, 254, 256, 265, 314
于冲汉 265, 266
雷海宗 321
林同济 321, 325
何永佶 321, 323-325
洪思齐 38, 322, 323, 325, 334

后记

我经常在半夜时分下楼,到卢瓦尔河边透气。对面南特岛上的灯火倒映在湍急的水面上。除了水流声,以及偶尔疾驰而过的汽车的声音,再也没有别的声响。有一天晚上胸闷气短,在河边喘气时,看到那摇曳的光影,脑海中浮现的是过年时孩子们点燃的烟花棒喷出的火花,只是,这火花是静默的,而且越喷越趋微弱。

而在生活秩序还正常的时候,总有人倚着栏杆,一边抽烟一边聊天,当我走过的时候,总有人跟我打招呼"Bonjour",不管是否认识我。这是处于法国外省的南特比巴黎更让人暖心的一个现象。然而现在,这些问候都消失了。卢瓦尔河从城市中间穿过,将寂静分成两半。

这部书稿就是在寂静的卢瓦尔河岸边完成的。我在2020年1月份的第一个星期一抵达法国南特高等研究院(Institut d'études avancées de Nantes),受到已经在这里驻扎三个月的一群同事的欢迎。这是一个非常国际化的高等研究机构,研究员的构成具有广泛的地域代表性,来自亚非拉发展中国家的学者占到一半左右的比例。在这里,可以和阿根廷学者讨论罗马教廷,和印度学者讨论莫迪的印度教民族主义,和埃及学者讨论中东在上个十年的动荡,和喀麦隆学者讨论他们的去殖民化经历……有一天晚上，一位法国钢琴家造访高研院，和同事们共进晚餐之后，即兴弹了五六首曲子。音乐响起，同事们或站或坐，有人托着下巴，有人闭上双目，有人目不转睛地注视着钢琴家的双手在琴键上跳跃，所有人都沉浸在优美的音乐之中。

当新型冠状病毒肺炎在中国刚刚大规模暴发的时候，这里波澜不惊。偶尔有外国同事问候我家人在国内怎么样了，但没有人觉得他们自己也面临着这样的威胁。但我内心已经无法保持平静。自从武汉"封城"之后，中国正在进行着一场抗疫苦战，这场苦战在西方世界的舆论中得不到多少理解和支持，满眼皆是隔岸观火乃至落井下石的论调。2月下旬，当中国已经控制住了疫情的蔓延之时，意大利的疫情开始暴发，然而欧洲各国仍旧是马照跑、舞照跳，欧洲群众对于疫情的理解是，这不过是另一场流感，只是对老人有明显的威胁，年轻人多洗手就好。但疫情的蔓延非常迅速。在2月份，我非常担心国内亲友同事们的安危；到了3月初，就变成了国内亲友同事担心我在欧洲的安危。

虽然欧洲各国政府已经目睹了中国在2月份的苦战，然而面对疫情，他们采取的行动极其缓慢——这向我们证明，从知情到行动，中间有着很大的一段距离，这是普遍的现象，责怪中国没有及时提供信息，只是推卸自身责任的手段。然而，意大利不断上升的死亡率，终于让各国的决策者们无法拖延，各国政府陆续跟进防控，从禁止大型活动、关闭学校，到关闭"非必要"的服务场所，许多国家最终进入全民禁足状态。

3月16日，南特高研院停止一切线下集体活动，就连图书馆的服务也停止了。世界卫生组织宣布，欧洲已经是病毒传播的"震中"（epicenter）。对我们来说，剩下的生活，就是在这座寂静的城市里留守与隔离。

传说中的欧盟的团结,在大难临头之时并没有如期出现——于泥泞中越陷越深的意大利,在发出求救信号之后,并没有得到其他欧盟国家的回应,只有刚刚走出困境、身体仍然虚弱的中国为其提供了积极援助,至于欧盟各国之间相互"截胡"抗疫物资的现象,更是层出不穷。❶在欧洲疫情进入高峰期时,欧盟才"如梦初醒",在边界政策、财政、金融、防疫物资、疫苗等各方面做出一些协调。

　　传说中的西方阵营的团结,也并没有出现,当特朗普总统受到股灾的暴击,从梦游状态中醒来,开始着手抗疫的时候,首先干的事情就是宣布切断美国与欧盟之间的交通;欧盟支持世界卫生组织(WHO)领导全球抗疫,而特朗普政府却不断攻击世卫组织,并最终切断与世卫组织的联系。在疫情持续期间,特朗普政府还对一系列欧盟国家发动了贸易调查。病毒的传播没有疆界,它通过痛苦和恐慌,把全人类连为一体;然而人类对病毒的应对,却不断地暴露乃至加强原有的许多边界与隔阂。

　　在中国疫情最严重的时候,在中国市场上赚过很多钱的美国商务部长威尔伯·罗斯(Wilbur Ross)却幸灾乐祸,称疫情有助于工作回流美国。但不久,当美国疫情暴发之后,特朗普政府交出的是一张苍白的答卷,在其他发达国家已经基本控制疫情的时候,美国仍然在高位平台上运行,死亡人数节节攀升。2020年,我们见证了美国疫情危机、经济危机和种族危机的叠加。中国在第一季度为了抗疫也付出了GDP同比下降6.8%的代价,但先于全球绝大多数国家走出困境,其经济生产有了更为坚实的信心基础。中国生产的

---

❶ 在中国、俄罗斯、委内瑞拉与古巴援助意大利之后,德国在压力之下,从意大利、瑞士、法国等邻近国家接受了一些病患,但数量有限,并不足以成为欧盟团结的标志。

抗疫物资，更是许多国家获得抗疫胜利不可或缺的物质基础。在这场全球性的灾难中，中国不仅向伊朗、伊拉克、巴基斯坦等发展中国家伸出援手，还向一系列发达国家输送了大量救援物资和抗疫经验。当然，国际上的"中国援助赎罪论""中国援助夺权论"等各种杂音也一直没有断绝。

2020年2—3月，时间的流速变得无法确定。每天一起床，都是各种爆炸性的新闻，持续到夜深。我经常心潮起伏，夜不能寐。然而，我毕竟不是能够拿起手术刀直奔抗疫一线的医生。能够发挥我知识特长的地方，或许仍然是对全球秩序及其法律框架的思考。在这场全球性的大灾难之后，全球秩序何去何从？预言是困难也是危险的，然而对于历史经验的研究，或许可以为我们走向未来提供思想的拐杖。正是在这样的背景下，我一边密切关注每天层出不穷的爆炸性新闻，一边继续钻故纸堆，把许多思维的断片连在一起，最终完成了这部书稿。

如同前两本小书《旧邦新造：1911—1917》《万国竞争：康有为与维也纳体系的衰变》一样，这本小书是当代问题激发之下的历史研究。它处理的时间段，从1814—1815年维也纳会议开始，到1945年"二战"结束；它主要探讨"门罗主义"话语在美国、德国、日本与中国四个国家的传播与运用，但同时也涉及拉丁美洲、大英帝国、意大利、俄苏、印度、澳大利亚等地区和国家对于"门罗主义"话语的运用。它勾勒出了一个"门罗主义"话语的谱系，但更重要的是揭示"门罗主义"话语变迁背后的近代空间政治，从全球、区域到国家以及省域。

本书最初的基础是两篇论文，第一篇《威尔逊主义的退潮与门罗主义的再解释》发表于《探索与争鸣》2019年第3期，另一篇《卡尔·施米特论国际联盟与欧洲秩序的败坏》发表在《开放时代》

2019年第3期。《卡尔·施米特论国际联盟与欧洲秩序的败坏》的思路，源于2018年春季与国际法史学家托尼·卡蒂（Tony Carty）合作带领学生一起阅读卡尔·施米特的 Der Nomos der Erde 所带来的体会。在那门课上，我们既细读了施米特的文本，也对19世纪以来国际体系的变迁，进行了很多探讨。在此基础之上，我对施米特思想与中国近代道路的关联性做了一些进一步的思考，成文后，曾在2018年8月刘小枫教授主持、在长春举行的第二届六绎论坛上获得讨论。我的探讨基于一个非常朴素的认识：德国在近代国际秩序中处于中层，一方面受到全球霸权的压力；另一方面，对于非西方国家与中东欧的小国与弱国，却又经常持俯视态度。施米特的理论集中体现了这种位置和视角。而中国在近代的国际体系中地位更低，甚至濒临被瓜分的边缘，因而从晚清开始，中国的知识分子和政治精英对于许多沦为殖民地的弱国，经常有兔死狐悲之感。这种国际位置的不同，也就会带来视角的不同。毫无疑问，近代以来的中国，对于国际体系中的霸权，无论是全球霸权还是区域霸权，有着更为显著的批判视角。

而《威尔逊主义的退潮与门罗主义的再解释》则缘起于2018年底《探索与争鸣》杂志关于"一战"结束一百周年的约稿。在接到约稿后，我初步决定写威尔逊总统的命运，阅读了一些威尔逊传记。我注意到，威尔逊决定性地改变了对"门罗主义"的解释，使其所关注的空间，从西半球转向全球。我因而意识到，有可能以"门罗主义"为线索，将中国学界对于美国外交中"孤立主义"与"国际主义"之争的分析，推向更为深入的境界。在研究美国"门罗主义"解释演变的过程之中，"门罗主义"话语对其他国家的影响，也成为非常自然的关注点。《威尔逊主义的退潮与门罗主义的再解释》的终稿，梳理了"门罗主义"话语在美国、德国与日本三个国家所经历的解释演变的基本线索。本书前三章发展了这篇文章的基本框架，并订正了其中的一些错误。

在探讨日本的"门罗主义"话语的时候，我已经遭遇了中日两国文化—政治精英的相互影响的问题。比如说，在1898年，近卫笃麿就曾经和流亡日本的康有为谈及"东洋"的"门罗主义"。那么，"门罗主义"话语在中国究竟是怎么传播的呢？郭双林教授2006年的一篇探讨"门罗主义"与晚清中国民族认同的论文，发表之后多年无人跟进，却让我看到了许多重要的线索。在其工作的基础之上，我进一步研究旅日精英与"亚洲主义"、"门罗主义"话语的接触、吸收和在此基础上的言说，并与19世纪"门罗主义"在中国国内的传播做比较。在经历系统的史料搜索之后，图景逐渐变得清晰：19世纪《字林西报》等外文报纸对于"门罗主义"有一定的探讨，但并没有引发士大夫主流的关注；对于"门罗主义"的集中兴趣，是在旅日精英之中发生的，而当时的背景恰恰是美西战争之后美国对于菲律宾的征服。美国在亚洲的扩张，在中日两国的知识分子中都引发了某种危机感，而"亚洲主义"与"门罗主义"话语的结合，正是在这一背景下发生的。但在中国旅日精英那里，"门罗主义"话语却与"反满革命"相结合，发展出一种反满的"省域门罗主义"。

在辛亥革命之后，"反满"的诉求淡出，但伸张地方自主性的话语，却长盛不衰。威尔逊设立战时宣传机构公共信息委员会，其中国分部与中国的知识精英结合，不断宣传美国正面形象与威尔逊的国际秩序主张，在中国产生了重大影响。许多中国知识分子将"门罗主义"与"联邦主义"视为同构的、体现"民主""自治"的组织与制度理念。尽管威尔逊个人的声誉在1919年遭到了沉重打击，但在20世纪20年代初期的"联省自治"运动之中，

"门罗主义"与"民主"、"自治"、"保境安民"等理念关联在一起,在中国的舆论界一度成为一个非常炫目的政治关键词。然而,随着国共两党达成通过社会革命重新统一全国的共识,"省域门罗主义"的声誉江河日下,其"民主""自治"的意涵日益淡出,而"封建割据""对抗统一"的含义日益凸显。在"门罗主义"的全球传播之中,近代中国出现的"地方主义"与"门罗主义"话语的结合,是美国、德国与日本三个国家都很少出现的,因而具有相当大的独特性。

与此同时,我也密切关注近代中国知识分子和政治精英对于美日"门罗主义"话语的反应。在研究"省域门罗主义"的时候,我已经对以康有为、梁启超为核心的知识群体进行了一定的思考。在进一步的研究中,我将眼光投向了其他代表性的人物,如孙中山、蒋介石、李大钊,处于国共两党之间的国家主义势力对于国际秩序也有一定程度的思考,本书选择了与中国青年党关系比较近的"战国策派"的论述作为代表。全书结束于对李大钊的探讨,他对日本"门罗主义"话语的批判最为彻底,在对国际秩序的思考上,具有最强的"反霸"色彩。在20世纪的革命与建设中,李大钊的精神得到了继承和发扬,在今天仍然可以提醒我们,在国际秩序的转变中,我们可以拥有什么样的理想与愿景。

本书的构思与写作获得了许多机构与师友的帮助。我所工作的北京大学法学院给了我充分的自由空间,做横跨法学、政治学与历史学三个学科的研究;中信改革发展研究基金会慷慨资助了本书的研究;法国南特高等研究院为本书的最终定稿提供了孵化环境,我在此尤其要感谢高研院的灵魂人物 Alain Supiot 教授以及同届访问的王璞教授和来自阿根廷的历史学家 José Emilio Burucúa 教授带来的启发。

本书的部分章节或片段曾在以下研讨会上分享，并得到众多师友的评论：2019年12月14日在北京大学文研院举行的"世界政治史视野下的中国成长"研讨会，8月25—26日在重庆大学举行的第八届"法权秩序与中国道路"研讨会，7月8—12日在北京大学法学院举办的第二届"法意"暑期学校，6月21—22日在北京理工大学法学院举办的"人类命运共同体：中欧文明与新全球法律秩序"国际研讨会，5月25日在上海外国语大学全球文明史研究所举办的"历史时空中的中国与世界"研讨会，5月8日在中国人民大学法学院举办的"门罗反对威尔逊？区域霸权与全球霸权的空间之争"会讲，等等。对于组织和参与以上研讨活动的师友，我要在此致以衷心感谢！

在所有这些活动中，讨论最为密集的是刘小枫教授主持的"世界政治史视野下的中国成长"研讨会，这是一个闭门会，共有从"五〇后"到"九〇后"将近三十位学者到场，对本书一个较早版本的文稿，进行了超过三个钟头的"会诊"。我在此将会诊的记录抄录如下，以供读者参考：

复旦大学政治系的任军锋教授主持第一场，北京大学法学院副教授章永乐博士提交讨论的文本长达十七万字。该文勾勒了"门罗主义"的全球模仿，但主要涉及四个国家——美国、德国、日本和中国。美国的"门罗主义"突破西半球，发展到全球阶段之后，这套话语体系明明是在搞单极霸权，却包装成对某种共同威胁的反抗。在这套政治修辞下，美国从区域霸权发展到全球霸权基于同一套话语框架，改变的是对它的解释。"一战"后德日两国的理论家与政治家则截取了美国的区域霸权实践与门罗主义话语结合的经验。书稿对中国的讨论占到一半篇幅，主要涉及两方面，一是晚清与民国围绕省域自主性发展出来的"省域门罗主义"，以及近代中国政治—文化精英与美日两国"门罗主义"话语的纠缠与搏斗。"门罗主义"话语史的背后是近代中国在区域霸权与全球霸权的重压下"旧邦新造"的历史进程。

章永乐博士采取形态学的方法，从"门罗主义"表述形态的相似性入手，考察各种表述之间是否有相互影响的关系。他在引言和讨论中强调，"门罗主义"在书稿中是一个符号、一个话语框架，不同政治势力从自身的利益和情感出发，为其注入自己关注的内容，并且相互影响相互激发，从而形成一道丰富的话语光谱。

四位与谈学者对章永乐文展开评议和讨论。高波首先提出，章永乐从世界史和世界政治的视野出发，把空间政治纳入考量，在考察"门罗主义"时他体现出对语词的不信任，这有助于纠正概念史和思想史中的某种文字本位主义。高波提出了两个建议：其一，追踪政体这条线索；其二，进一步处理日式"门罗主义"者对中国革命的支持与其"门罗主义"话语逻辑之间的关联。

刘晗提出，在概念层面，最核心的问题是"门罗主义"与现代主权国家的关系。美国提出"门罗主义"，既有孤立主义的面向，也有要改造老欧洲的冲动。可以进一步考虑两个问题：一、从地缘政治的角度来看，美国"门罗主义"防御的边界在哪里？二、美国如何看待主权？其看法与我们通常对主权的看法有何不同？

孔元认为，书稿的写作方式可以与"全球思想史"（global intellectual history）的方法谱系对接。16世纪以来的欧洲史主要有两条线的发展,即资本主义和民族国家。章稿主要涉及第二条线,但可以有更多的政治经济学层面的讨论。不同类型的"门罗主义"话语背后对于区域霸权与全球霸权的实质态度,可以进一步讨论。

方旭提出,对"门罗主义"概念的讨论可以进一步明确地和"帝国"概念的讨论关联在一起,可以进一步呈现施米特早期对大英帝国的批判,后期施米特转向区域霸权的说法亦可斟酌。至于近代中国出现的"省域门罗主义",则很可能是对美国"门罗主义"的一种误读。

刘小枫认为,书稿的史料非常丰富,下一步修改的关键,是以更强有力的理论框架来驾驭这些史料。同时,书稿强烈的现实关怀与社会科学式的中立化方法之间也会存在张力。支撑"门罗主义"的是自由主义的正义观,对此需要有价值层面的回应。

杨念群认为,"门罗主义"到另一个地方,含义就会发生扭曲,关键在于展现"门罗主义"表述背后的地方性的政治逻辑。同时,在方法上,如何平衡全球史观和中国视角两者之间的关系,也是晚近的"全球史"研究常见的挑战。

主持人任军锋总结说,中国的成长越来越刺激我们的想象力,以上的讨论提供了一个样本,供我们思考历史中的政治问题与当下发展的关系,并探讨这一问题意识如何在学术研究中展开。

作为当代中国政治地理学/地缘政治学思想研究的重镇,刘小枫教授对于学术思想作品的生产规律,有着非常深刻与精准的把握。在这样的工作坊上,可以"红红脸、出出汗",真正实践"批评与自我批评",被批评者与批评者都有实在的收获。这有助于及时提升获得讨论的作品的质量,并推进相关领域的研究。师友们的阅读、批评与期待,都令我深深感动,在此对他们表示衷心的感谢。我相信,如果中国学界能将更多的学术经费和学术精力,投入到这样的"集体会诊",中国学术的格局会大不一样。但作为这个会议的"被研究员",我非常清楚,本书的终稿只是勉力回应了师友提出的一部分关切,至于达到多数人的期待,恐怕是遥不可及的目标。

感谢佩里·安德森与卡洛·金兹堡两位博士论文导师多年以来对我孜孜不倦的教导和鼓励。没有安德森教授 2016 年在北京大学发表的一系列关于"大国协调"的演讲❶,我不可能迅速转向对国际秩序与国际法的研究。而金兹堡教授的历史研究作品,尤其是《奶酪与蛆虫》,一直是我研究方法上的榜样,时刻提醒我细致辨别历史的纹理,不能轻易跃过当下与历史场景之间的距离。金兹堡教授于 2019 年秋天访问北大,给我带来了又一次研究方法上的洗礼。本书得益于他们的教导,但一切错漏和不完善之处,均出于作者本人的疏忽与不成熟。

在此,我还要感谢汪晖、黄平、甘阳、王绍光、苏力、冯象、梁治平、崔之元、潘维、张旭东、黄兴涛、郭双林、强世功、Tony Carty、王锡锌、陈端洪、中岛隆博、石井刚、吴重庆、杨立华、罗岗、李猛、丁耘、韩潮、李放春、王献华、欧树军、张广生、姜佑福、白钢、何建宇、魏南枝、鄢一龙、贾晋京、王维佳、陈柏峰、郭雳、聂鑫、张泰苏、殷之光、陶庆梅、张翔、刘忠、田雷、萧

---

❶ [英] 佩里·安德森著,章永乐、魏磊杰编:《大国协调及其反抗者:佩里·安德森访华讲演录》,北京:北京大学出版社 2018 年版。

武、常安、于明、陈若英、潘妮妮、刘卓、刘诚、阎天、陈一峰、左亦鲁、唐杰、张慧瑜、汪洋、陈颀、李广益、李晟、徐戬、李斯特、杨昂、魏磊杰、丁晓东、卫纯、李振、汪卫华、马建标、陈玉聃、雷少华、孙飞宇、蒋洪生、昝涛、瞿骏、王钦、刘洋、刘晨光、孔元、王锐、潘丹、郑寰、葛小辉等师友的长期鼓励、支持和启发，感谢史志强、朱晓琦、盛差偲、金雨萌、史庆、吴蔽余在文献搜集、解读和文字编辑方面给予的帮助，感谢徐斌、邵六益、傅正以及我们的"半渡"读书小组的其他朋友共同呵护的一个阅读和批评的思想空间。最后，衷心感谢三联书店的舒炜、冯金红、钟韵三位老师，没有他们的支持和推动，本书不可能在三联·哈佛燕京学术丛书中得到如此迅速的出版。

这是一本凝视深渊的书，它在读者眼前呈现的并不是欢乐祥和的景象，而是围绕着空间与边界展开的各种冲突。人们对行走在深渊旁边的人持有某种怀疑是有道理的，因为尼采说过："当你在凝视深渊的时候，深渊也正在凝视着你。"❶ 如何既凝视深渊，又心存光明？支撑我的是一种确信：自从国民革命以来，以古老的中国乡土为背景，抗击内外敌人，为更为公正的国内与国际秩序而奋斗的游击队员们，承载着光明的力量。他们经常身处生存的黑暗绝境，却不断地给他们所扎根的土地带来希望。在我的外祖父——一个亲历过游击战争的平凡农民的身上，我经常能看到这种力量。

这正是为当代中国秩序奠定基础的起源性的、生生不息的力量。只有对这种力量保持敞开，我们才能够在一个日益技术化与官僚化的时代，保持一种方向感与平衡感，才能够在巨大的生存灾

---

❶ Friedrich Nietzsche, *Jenseits von Gut und Böse*, München: Goldmann Verlag, 1990, p. 71.

难骤然降临的时候，克服麻木、冷漠、怠惰、傲慢与自私，"筑成我们新的长城"，保护生命，保护社会，保护对于美好生活的期待。2020年中国人民的抗疫斗争，已经向我们昭示了这种力量是何等可贵，相信未来还将继续带给我们这种启示。

我把这本小书献给我的思想战友张晓波。他曾经在《解放日报》上为我的第二本书《万国竞争：康有为与维也纳体系的衰变》写过热情洋溢的书评。此时此刻，他已经长眠地下，无法读到我的文字了。然而他生前设想的全球秩序的大变局正在加速发生，如果他能够看到这一切，相信他会和我一样，既忧虑，又欣慰。

2020年3月31日初稿成于法国南特

6月27日改定于北京大学

出版后记

当前，在海内外华人学者当中，一个呼声正在兴起——它在诉说中华文明的光辉历程，它在争辩中国学术文化的独立地位，它在呼喊中国优秀知识传统的复兴与鼎盛，它在日益清晰而明确地向人类表明：我们不但要自立于世界民族之林，把中国建设成为经济大国和科技大国，我们还要群策群力，力争使中国在21世纪变成真正的文明大国、思想大国和学术大国。

在这种令人鼓舞的气氛中，三联书店荣幸地得到海内外关心中国学术文化的朋友们的帮助，编辑出版这套《三联·哈佛燕京学术丛书》，以为华人学者们上述强劲吁求的一种纪录，一个回应。

北京大学和中国社会科学院的一些著名专家、教授应本店之邀，组成学术委员会。学术委员会完全独立地运作，负责审定书稿，并指导本店编辑部进行必要的工作。每一本专著书尾，均刊印推荐此书的专家评语。此种学术质量责任制度，将尽可能保证本丛书的学术品格。对于以季羡林教授为首的本丛书学术委员会的辛勤工作和高度责任心，我们深为钦佩并表谢意。

推动中国学术进步，促进国内学术自由，鼓励学界进取探索，是为三联书店之一贯宗旨。希望在中国日益开放、进步、繁盛的氛围中，在海内外学术机构、热心人士、学界先进的支持帮助下，更多地出版学术和文化精品！

生活·读书·新知三联书店
一九九七年五月

三联·哈佛燕京学术丛书

[一至十七辑书目]

第一辑

中国小说源流论 / 石昌渝著

工业组织与经济增长
的理论研究 / 杨宏儒著

罗素与中国 / 冯崇义著
——西方思想在中国的一次经历

《因明正理门论》研究 / 巫寿康著

论可能生活 / 赵汀阳著

法律的文化解释 / 梁治平编

台湾的忧郁 / 黎湘萍著

再登巴比伦塔 / 董小英著
——巴赫金与对话理论

第二辑

现象学及其效应 / 倪梁康著
——胡塞尔与当代德国哲学

海德格尔哲学概论 / 陈嘉映著

清末新知识界的社团与活动 / 桑兵著

天朝的崩溃 / 茅海建著
——鸦片战争再研究

境生象外 / 韩林德著
——华夏审美与艺术特征考察

代价论 / 郑也夫著
——一个社会学的新视角

走出男权传统的樊篱 / 刘慧英著
——文学中男权意识的批判

金元全真道内丹心性学 / 张广保著

第三辑

古代宗教与伦理 / 陈来著
——儒家思想的根源

世袭社会及其解体 / 何怀宏著
——中国历史上的春秋时代

语言与哲学 / 徐友渔 周国平 陈嘉映 尚杰 著
——当代英美与德法传统比较研究

爱默生和中国 / 钱满素著
——对个人主义的反思

门阀士族与永明文学 / 刘跃进著

明清徽商与淮扬社会变迁 / 王振忠著

海德格尔思想与中国天道 / 张祥龙著
——终极视域的开启与交融

第四辑

人文困惑与反思 / 盛宁著
——西方后现代主义思潮批判

社会人类学与中国研究 / 王铭铭著

儒学地域化的近代形态 / 杨念群著
——三大知识群体互动的比较研究

中国史前考古学史研究 / 陈星灿著
(1895—1949)

心学之思 / 杨国荣著
——王阳明哲学的阐释

绵延之维 / 丁 宁著
——走向艺术史哲学

历史哲学的重建 / 张西平著
——卢卡奇与当代西方社会思潮

第五辑

京剧·跷和中国的性别关系 / 黄育馥著
(1902—1937)

奎因哲学研究 / 陈 波著
——从逻辑和语言的观点看

选举社会及其终结 / 何怀宏著
——秦汉至晚清历史的一种社会学阐释

稷下学研究 / 白 奚著
——中国古代的思想自由与百家争鸣

传统与变迁 / 周晓虹著
——江浙农民的社会心理及其近代以来的嬗变

神秘主义诗学 / 毛 峰著

第六辑

人类的四分之一：马尔萨斯的神话与中国的现实 / 李中清　王　丰著
(1700—2000)

古道西风 / 林梅村著
——考古新发现所见中西文化交流

汉帝国的建立与刘邦集团 / 李开元著
——军功受益阶层研究

走进分析哲学 / 王 路著

选择·接受与疏离 / 王攸欣著
——王国维接受叔本华
　　朱光潜接受克罗齐美学比较研究

为了忘却的集体记忆 / 许子东著
——解读50篇"文革"小说

中国文论与西方诗学 / 余 虹著

第七辑

正义的两面 / 慈继伟著

无调式的辩证想象 / 张一兵著
——阿多诺《否定的辩证法》的文本学解读

20世纪上半期中国文学的现代意识 / 张新颖著

中古中国与外来文明 / 荣新江著

中国清真女寺史 / 水镜君　玛利亚·雅绍克著

法国戏剧百年 / 宫宝荣著
(1880—1980)

大河移民上访的故事 / 应 星著

第八辑

多视角看江南经济史 / 李伯重著
(1250—1850)

推敲"自我"：小说在18世纪的英国 / 黄梅著

小说香港 / 赵稀方著

政治儒学 / 蒋 庆著
——当代儒学的转向、特质与发展

在上帝与恺撒之间 / 丛日云著
——基督教二元政治观与近代自由主义

从自由主义到后自由主义 / 应奇著

第九辑

君子儒与诗教 / 俞志慧著
——先秦儒家文学思想考论

良知学的展开 / 彭国翔著
——王龙溪与中晚明的阳明学

国家与学术的地方互动 / 王东杰著
——四川大学国立化进程（1925—1939）

都市里的村庄 / 蓝宇蕴著
——一个"新村社共同体"的实地研究

"诺斯"与拯救 / 张新樟著
——古代诺斯替主义的神话、哲学与精神修炼

第十辑

祖宗之法 / 邓小南著
——北宋前期政治述略

草原与田园 / 韩茂莉著
——辽金时期西辽河流域农牧业与环境

社会变革与婚姻家庭变动 / 王跃生著
——20世纪30—90年代的冀南农村

禅史钩沉 / 龚隽著
——以问题为中心的思想史论述

"国民作家"的立场 / 董炳月著
——中日现代文学关系研究

中产阶级的孩子们 / 程巍著
——60年代与文化领导权

心智、知识与道德 / 马永翔著
——哈耶克的道德哲学及其基础研究

第十一辑

批判与实践 / 童世骏著
——论哈贝马斯的批判理论

语言·身体·他者 / 杨大春著
——当代法国哲学的三大主题

日本后现代与知识左翼 / 赵京华著

中庸的思想 / 陈赟著

绝域与绝学 / 郭丽萍著
——清代中叶西北史地学研究

第十二辑

现代政治的正当性基础 / 周濂著

罗念庵的生命历程与思想世界 / 张卫红著

郊庙之外 / 雷闻著
——隋唐国家祭祀与宗教

德礼之间 / 郑开著
——前诸子时期的思想史

从"人文主义"到"保守主义" / 张源著
——《学衡》中的白璧德

传统社会末期华北的生态与社会 / 王建革著

第十三辑

自由人的平等政治 / 周保松著

救赎与自救 / 杨天宏著
——中华基督教会边疆服务研究

中国晚明与欧洲文学 / 李奭学著
——明末耶稣会古典型证道故事考诠

茶叶与鸦片：19世纪经济全球化中的中国 / 仲伟民著

现代国家与民族建构 / 昝涛著
——20世纪前期土耳其民族主义研究

SDX & HARVARD-YENCHING ACADEMIC LIBRARY

第十四辑

自由与教育 / 渠敬东 王 楠著
——洛克与卢梭的教育哲学
列维纳斯与"书"的问题 / 刘文瑾著
——他人的面容与"歌中之歌"
治政与事君 / 解 扬著
——吕坤《实政录》及其经世思想研究
清代世家与文学传承 / 徐雁平著
隐秘的颠覆 / 唐文明著
——牟宗三、康德与原始儒家

第十五辑

中国"诗史"传统 / 张 晖著
民国北京城：历史与怀旧 / 董 玥著
柏拉图的本原学说 / 先 刚著
——基于未成文学说和对话录的研究
心理学与社会学之间的
诠释学进路 / 徐 冰著
公私辨：历史衍化与
现代诠释 / 陈乔见著
秦汉国家祭祀史稿 / 田 天著

第十六辑

辩护的政治 / 陈肖生著
——罗尔斯的公共辩护思想研究
慎独与诚意 / 高海波著
——刘蕺山哲学思想研究
汉藏之间的康定土司 / 郑少雄著
——清末民初末代明正土司人生史
中国近代外交官群体的
形成（1861—1911）/ 李文杰著
中国国家治理的制度逻辑 / 周雪光著
——一个组织学研究

第十七辑

新儒学义理要诠 / 方旭东著
南望：辽前期政治史 / 林 鹄著
追寻新共和 / 高 波著
——张东荪早期思想与活动研究
（1886—1932）
迈克尔·赫茨菲尔德：学术
传记 / 刘 珩著